八股文話

五

龔篤清　龔昊　乌媛　编著

国家出版基金项目
NATIONAL PUBLICATION FOUNDATION
2011—2020年国家古籍整理出版规划项目

CNS
岳麓書社·长沙

总　目

上编　著述

第一册

第二册

第三册

第四册

下编　杂著

第五册

第六册

目　录

下编　杂著

第一部分　名人话八股

下编　杂著

第一部分　名人话八股

名人话八股总导读

在明、清两代，要想当官显身，光宗耀祖，写好八股文、考中科举是必由之路。于是，为个人前途与家庭命运计，无数才华横溢或者才气不足却一心苦学的士人都往这条狭窄的小路上挤。乡、会试三年一科，一般省份一科只取几十名，会试一科全国也只有三百左右的名额。而在所有的古代文体中，八股文是最难写的，这几乎成了一条公理。且八股文写得好不好，是能否考取秀才、举人、进士的主要甚至是唯一标准。所以，苦心钻研八股文写作，几乎成了明、清士人的主要甚至是唯一的学习内容。

无数学人都将精力、智慧投入到八股文的研究与写作中，其中必然会有一些才气超群、诗书满腹、悟性很高的人冒出头来。他们凭着先天的资质和后天的努力，将八股文研究透了，对其本质和文体特征有着深刻的认识，并形成了自己独到的理念、观点和方法。他们用这些东西去指导写作，便形成了有鲜明个性特征的系列八股文，影响了一批人去效仿、研究、写作。他们又以自己的实践，丰富和发展了这种风格独特的八股文，以至在八股文坛形成一个流派。其领军人物，便成为八股文坛的大师、名家或高手。

也有的人并未接受过理论指导，仅凭着自己的聪明才智和刻苦努力，将八股文写得让人眼亮神旺，真个写出了水平，写出了特色。他们在实践中不断总结，也形成了自己的写作理念与写作方法，也影响了一批人去效仿、研究、传播。其标杆人物，也成为八股文大师、名家、高手。

于是一个个八股文大师、名家、高手都会通过著述、文章、书信、批点选本、为其崇拜者的八股文集写作序言等各种方式，向社会传播自己的八股文理念、观点、作法。其中有不少是经验之谈，具有真知灼见。通过他们的笔，通过不同的视角，明、清两代不同历史阶段八股文的方方面面都被描述出来。假若我们能把这些东西统统搜集起来，八股文的真实面目便可以被准确地描绘出来，多少难点疑点问题都可解决，多少盲区误区都可以攻克。

可惜的是，这只是一种梦想。经过数百年刀兵水火的毁坏，虫蛀风蚀的破坏，阅读者有意无意的损坏，特别是废除八股取士制后，由于人们对它的不屑乃至咒骂所产生的毁坏更是灾难性的，毁灭性的。到今天，原本汗牛充栋的有关八股文的言论已所剩无几，甚至片纸难求了，只能令人望洋兴叹，徒唤奈何。就连卢前在《八股文小史》第七章《关于八股之文献》中所列八股文集的序言，今天都无法找全了。他写书的时间距今不到百年。

然而，名家们谈论八股文的资料对研究八股文来说太宝贵了，是必不可少的。于是，我们上穷碧落下黄泉，从旧书店里，从文物市场的地摊上，从书贾手中，从明、清文人的著作里，从转弯抹角得到的信息中，从各种八股文选本内……四处搜觅，八方抄录，终于编出了本书的"名人话八股"部分。

"名人话八股"部分只收名家的文章、书信，主要是他们为自己或亲朋戚友的八股文集所写的序言。入选的标准，首先要是八股文名家，或兼有是名的诗人、文学家、名臣等，总之首先要有名。其次是所收文章要有内容，确实言之有物，言之成理；确实能从某一个角度揭示八股文的本质、特征、发展变化状况甚至是规律，指出作法的特点；确实对某位作者的作品作出准确、有见地的评价，对其学习八股文的经过及心路历程有真实的记叙，从而能反映出某些时代特征来。对那些泛泛而谈，言之无物，甚至是满纸谀词的篇章，一概不收。有些名家大师级人物的精华言论，因已收入本书的《明文海》（选）时文序中，如艾南英、章世纯等人的，本处就不再收录。

每位名家的文字之前，都撰有“导读”，叙述其生平经历，并依据收录的其言论对其八股文观作出概述，欲为读者诸君起点引路的作用。但限于水平，所见未必正确，留待高明指教。由于八股文这种文体与其他文体不同，它是专门用来塑造写作者的道德价值观的，从人看文及从文看人，两者都很重要，故有些名家的生平经历写得翔实一些，目的便是让人们从其经历去看八股文对他人生的影响，以反观八股文的价值、功用。这点苦心，望读者诸君能谅察。

应该特别申明的是，还有一些八股文名家的文章应该收入，但限于篇幅，限于当今某些文献资料的单位化、个人化，要采辑则需花费甚巨而无力承担，故明知其藏在何处，也只有徒唤奈何，忍痛割弃了。

（龚　昊）

吴宽话八股

导读

吴宽（1435—1504），字原博，号匏庵，苏州长洲（今江苏苏州）人。

吴宽“年十一，入乡校习科举”（吴宽：《匏翁家藏集》卷四十一《旧文稿序》），“以文行有声诸生间”（《明史·吴宽传》）。但因鄙薄时文，“属意古作”，而不得中举。吴宽不以为意，反而下更大功夫去攻读古文，“研究其立言之意，修词之法，不复与年少者争进取于场屋间”。不久，逢大比之岁，提学宪臣知道他的才学，强行送他去参加乡试，结果中了第二名。四年后，参加明成化八年壬辰（1472）科会试，中会元，殿试又中状元，授翰林院编撰。

孝宗为太子时，吴宽侍读东宫。孝宗即位，升他为左庶子，预修《宪宗实录》，进少詹事兼侍读学士。

弘治八年乙卯（1495），擢吏部右侍郎，因继母去世，离职服丧。服满还任，转为吏部左侍郎，改掌詹事府，入东阁，专典诰敕。时武宗为太子，吴宽侍读东宫。是时，宦官为控制太子，不想让他接近儒臣，多次找借口间断讲读。吴宽即率同僚上疏反对。孝宗皇帝赞许并采纳了其意见，从而打破了宦官的奸谋。

弘治十六年癸亥（1503）进礼部尚书。当时词臣中声誉最著者为吴宽，其次为谢迁。但谢迁入阁十年，号称贤相，吴宽却无缘入阁。吴宽虽“阻于仕路，而闻宠若惊，见辱不怒”，处之泰然。七十岁时，多次引疾辞官，被皇帝慰留，后卒于官。赠太子太保，谥文定。

吴宽一生不喜八股文。然而，八股文对他的思想的塑造仍是成功的。他一生恪守孔孟的中庸之道，“行履高洁，不为激矫，而自守以正”（《明史·吴宽传》）。遇朝廷大事，他总挺身而出，以儒家伦理道德观去律己处事，见识往往超人一筹。孝肃太后崩，将祔庙，下礼官集议，时廷臣不能决。吴宽独请别官，得到皇帝的赞同。“孝宗之所以为孝，实由吴宽成全之。人臣之功莫大于成就君德，观公之议礼典核，斟酌人情，司马、欧阳亦当拱手避席。”（梁章钜：《制义丛话》卷之四）这是后人对他所作所为的高度肯定。

吴宽自幼聪颖，于书无所不读，博学多才。为文不事雕琢，自然浑成，外若简淡而意蕴深长。诗则有典则，一洗近世纤新之迹。吴宽还工书法，风格与苏轼相近。

吴宽为官清廉。有田数顷，常用来周济亲朋故旧之中的贫困者。他重义讲情。同年好友贺恩病重，他接至家中给他诊治，晨夕看护。贺恩不幸去世后，吴宽又为他服丧一个月。他这种扶贫济困、救人于危难的精神反映出他得了儒家思想的精髓。

吴宽虽不喜八股文，但自小即下过苦功钻研，并颇以其八股文为自傲。少年时他“与诸生一再试郡中，偶皆前列，辄自满曰：‘吾足以取科第矣。’”（吴宽：《匏翁家藏集》卷四十一《旧文稿序》）他又熟读《文选》《史记》《汉书》及唐宋各大家古文，“研究其立言之意，修词之法”，且因其不喜八股文，便有意无意地将古文作法甚至诗词作法引入其中，故其八股文形成了自己的特色。公正地说，他是以古文为时文最早的开创者。

俞长城评论吴宽的八股文说：“每诵吴匏庵稿，春容尔雅，不动声色，文以养胜者。”（转引自《制义丛话》卷之四）

俞长城以其对八股文深入研究之功力，对吴宽八股文特点的认识是比较准确的。吴宽的八股文如其为人处世一样，简淡自然。

吴宽对儒家经典了然于胸，又领悟很深，所以无论何等难作之题到了他手中，他都能写得题切正旨又自然浑成，表现出很高的驾驭能力。如其《不幸而有疾　景丑氏宿焉》题文，本是一个极为难写的截搭题。而他以“大贤托疾以辞其君，而因委曲以望其臣焉”二句破题，将题之首尾绾定，恰好如题，表现出对经文高度的把握能力。由于对题从何处起，又从何处止，看得明，划得清，一笔挥写，便使文章波澜万丈，与那些拘泥于截搭题之“吊、渡、挽”者，真有云泥之隔。方苞对此文给予高度评价，他说：“义意曲尽，骨脉甚紧，有如柳子厚所称昌黎之文，若捕龙蛇，搏虎豹，急与之角而力不敢暇者。虽隆、万间之灵隽，天、崇间之劖刻，岂能过此。以肤浅直率为先辈者，可爽然自失矣。体制正大，不得以题有割截而弃之。”（见方苞：《明文钞》三编中该文评语）

吴宽天分很高，且于书无所不读，故能将历代古文写作方法融贯于八股文中，舂容尔雅，从容写出，不见雕琢痕迹。他的八股文名篇《子在齐闻韶　一节》题文即是明证。

全文结构有法，曲折入情，寄托高远，又绝无浮泛之态，虽是八股文，实则像一篇古文。

吴宽论诗论文，主“气充”“理直”“言达而畅”，反对雕琢，主张自然。他推崇唐诗，认为唐诗之所以动人，是“由于蓄于胸中者有高趣，故写之笔下，往往出于自然，无雕琢之病”（吴宽：《匏翁家藏集》卷四十四《完庵诗集序》）。至于文，则自《史记》《汉书》而下，至唐、宋及至明初宋濂，均有所取，尤其推崇韩愈、苏轼。

吴宽曾主典文重责。他取士刊文，必以明经合传为主，主张文章要平正通达，明体达用。这种做法，曾对成化、弘治文风归于正起了挽回作用，故他备受后世八股文坛尊崇，享有崇高地位。

吴宽对八股文的弊端有着深刻的认识。在《旧文稿序》中，他讲述自己的亲身体验，在“入乡校习科举”的过程中，“业稍长，有知识，窃疑场屋之文，排比牵合，格律篇同之，使人笔势拘絷，不得驰骛以肆其所欲言，私心不喜”。

这番话简短却犀利，一针见血地把八股文以“排比牵合，格律篇同之”的方式来束缚士人思想，使之失去自由思想能力的巨大弊病揭示出来，让人警醒。

吴宽的这种思想达到了同时代人的最高峰。它让我们懂得，明、清两代之所以逐渐落后于世界，是因为整个民族的创新能力在逐步退化。而造成这种局面的，八股文应负相当责任。因为经过几百年的八股文写作，中国士人丧失了自由思想的要求与能力，只会遵奉皇帝的旨意与程朱理学去思索和行事，不敢越雷池一步。久而久之，思想便固化，创新能力越来越差，最后落到世界先进国家之后，换来了1840年后挨打的局面。所以，我们一定要反对那种“格律篇同之，使人笔势拘絷，不得驰骛以肆其所欲言”之类禁锢思想的东西，这就是吴宽《旧文稿序》给我们的启示。

（龚　昊）

旧文稿序

宽年十一，入乡校习科举，业稍长，有知识，窃疑场屋之文，排比牵合，格律篇同之，使人笔势拘絷，不得驰骛以肆其所欲言，私心不喜。时幸先君好购书，始得《文选》读之，知古人乃自有文。及读《史记》《汉书》与唐、宋诸家集，益知古文乃自有人，意颇属之。适与诸生一再试郡中，偶皆前列，辄自满曰：吾足以取科第矣。益属意古作，然既业为举子，势不得脱然弃去，坐是牵制，学皆不成，故累举于乡，即与有司意忤，虽平生知友未免咎予之迂，予则自信益固，方取向之《文选》、《史》、《汉》、唐、宋之文益读之，研究其立言之意，修词之法，不复与年少者争进取于场屋间。未几，当大比之岁，提学宪臣有知予者，乃强遣之，不意名在乡解。又四年，试春官皆不见黜，寻登进士第。又四年，不幸遭先君之丧而归。既免丧，理旧箧得乱稿三四编，盖自壬辰岁以前二十年间所为文也。当时自愧其词之拙陋，而毁弃者甚多，此特偶存者耳。欲悉焚之不忍，因重录而类序之。

嗟乎！予之好黄子厚之好，而朱子之所不好者也。录此不觉赧然。

——录自《四部丛刊》本《匏翁家藏集》卷四十一

王守仁话八股

导读

王守仁（1472—1529），字伯安，余姚（今属浙江）人。因筑室于故乡阳明洞，并在此讲学，世称阳明先生。

王守仁出生在一个八股世家，其父王华为明成化十七年辛丑（1481）科状元，道德文章，均为世人尊崇。刘瑾专权时，朝中大臣纷纷趋附，王华独不往。刘瑾素慕王华为人，曾两次派人对王华说，他与王华有旧，王华若能去见一面，可立登相位。王华操守坚定，不予理睬。王守仁从小即受父亲道德文章的熏陶，无论人品、八股文风都与其父相近。

王守仁少年时即中举人，学问从此大进。他自小即好兵学，且善射。十五岁访客居庸、山海关时即出塞观览山川形胜，经月才返。弘治十二年己未（1499）科中进士，授刑部主事。因西北边境紧张，他上条陈陈述守边八事，颇见军事才干，故调为兵部主事。

正德元年（1506），刘瑾逮捕南京给事中、御史戴铣等二十余人。王守仁抗章援救，刘瑾大怒。他恨王华不肯附己，现在其子又与自己作对，便廷杖四十，将守仁谪贬为贵州龙场驿丞。龙场在万山丛中，极为荒凉，苗瑶杂居，王守仁因俗化导，获得少数民族的好感，相率伐木盖屋给他住。刘瑾被诛除后，王守仁几经辗转，方回南京任刑部主事，累升至南京鸿胪寺卿。

当时赣南、福建盗贼蜂起，很不安宁，兵部尚书王琼很器重王守仁，特举荐他以右佥都御史巡抚南雄、赣南。王守仁上任后不久，即扫平了当地的盗贼股匪，表现出他具有很高的用兵制胜才能。

正德十四年己卯（1519）六月，王守仁奉命去福建平定叛军，行至丰城，宁王朱宸濠反。王守仁当机立断，返兵吉安，起兵征讨，从而赢得时间和主动。此时朱宸濠正围攻安庆，王守仁率兵攻破南昌。宁王返兵自救，两军相遇，经过三场血战，生擒了朱宸濠，为明王朝建立了不世之功。然而朝廷中的奸邪之徒先与宁王暗通，怕王守仁见天子揭发其罪，便多方诬陷，想叫武宗相信王守仁会谋反，阻止武宗与王守仁相见。王守仁几经设法，方解武宗疑虑，知其忠心为国，才遣其还镇。“当是时，谗邪构煽，祸变叵测，微守仁，东南事几殆。”（《明史·王守仁传》）

世宗皇帝即位后，召王守仁入朝，论功行赏，特进光禄大夫、上柱国、新建伯。但诸同事有功者，除个别人外，不但不升迁，反而暗中降职。王守仁气愤至极，上疏辞爵，请记录诸臣的功劳，但未获准。这时王华去世，王守仁便丁忧回家，服丧期满，也不召复。

嘉靖六年丁亥（1527），思恩、田州土酋反叛，原总督不能平定，方才诏王守仁以原官兼左都御史总督两广兼巡抚征讨。等到叛乱平定时，以归师袭八寨，扫平断藤峡的盗贼。而忌妒者诬王守仁讨平叛逆，初同贼谋。又诬其辇载金帛。这时王守仁已病重，上疏请求退归，未等上命即返。行至南安，病卒，时年五十七岁。丧过江西，军民无不缟素哭送。

陷害者却奏王守仁擅离职守，世宗大怒，追夺王守仁的伯爵。隆庆初年，廷臣多称颂王守仁的功劳，皇帝方才追赠王守仁为新建侯，谥文成。

王守仁以直节著称于世，且以书生屡屡带兵平息叛乱，清扫盗贼，“终明之世，文臣用兵制胜，未有如守仁者”（《明史·王守仁传》)。

王守仁又是明代著名的哲学家。他天资异敏，十七岁时，谒上饶娄谅，与之讨论朱子格物大旨。回家后端坐讲读《五经》，不苟言笑。后筑室阳明洞中探求学问，数年无所得。谪居龙场驿后，因穷荒无书，日思旧闻，忽悟出格物致知之理：当自求于心，不当求诸事物。他认为“道在是矣”，便笃信奉行。他大开讲席，专授“致良知”，说宋朝周、程二子之后，唯陆九渊简易直捷，能承接孟子之传。而朱熹的《四书集注》之类，是中年未定之说，不足征信。明代学术，陈献章开其端，至王守仁方才大明。因为过去只是熟读先儒的成说，没有反身理会，推见其隐，只是这也称述朱熹之言，那也称述朱熹的话，全无自己主见。自王守仁指出良知之后，人人都能一反观而自得，便人人都有成为圣贤之路。王守仁承继了古之学脉，使之不致断绝，所以学者翕然从之，形成了阳明之学，“衍于正、嘉而盛于隆、万”(梁章钜:《制义丛话》卷之四)。

然而，王守仁的制义时文却未渗入其“致良知”之思想，因为“时文必宗考亭，考亭正宗也”(俞长城:《百二十名家制义·题王守仁稿》)。他的八股时文恪守传注，谨严法度，阳儒阴释之语从未在文中出现，而以醇谨著称于世。其名作《志士仁人　一章》题文，即显现出这些特点。

这篇八股文阐释志士仁人为国之忘我献身精神，批判“偷生者”之苟且。文章对志士精神把握得准，对仁人行为掌握得熟，故写来各尽分量，文中或分或合，或互处，处处变化有法。文章通过“偷生者”在国家危难之际“避难求全”“侥幸而图存”与志士仁人在国有祸患时“捐躯赴难”“灭身而无悔”的强烈对比，对志士仁人的高尚品质给予了热情的赞颂。其中所体现的，全是儒家的正统观念，立意正大，思想纯正，气势苍劲，文字俊伟，是一篇不可多得的好文章。

由于作者就是志士仁人型的人物，无论是刘瑾当权也好，宁王叛乱也好，盗贼蜂起也好，在国遇危难之时，他都能不顾个人生死，挺身而出，文章中所写的志士仁人其实就是他自己精神行为的写照。故文章体识高卓，“气盛辞坚”，“有豪杰气象”，充满了激情和正气，读后令人想见作者的世功和品格，理解其“知行合一”的学说，也开正德、嘉靖时盛行这种写作方法的门径。

从骨子里说，王守仁是个坚定的儒家正统观念的承继者，即便是创立良知学说，受到后世诟病，但求其初心，原是为了改善和加强封建统治。他的这种理念，也深深地渗入了八股文中。他的八股文无论是内容或形式，无不恪遵雅正的传统，不肯移易，是标准的成化、弘治时文。他恪遵传注，阐发微言大义，代圣贤立言，而从不参入良知学说。其体式无不采用标准格式，以求将题旨阐发无遗。这篇时文破题、承题中规合矩。起讲提出“有临难苟免而求生以害仁者”及“亦有见危授命而杀身以成仁者”二项，已逼醒“有”“无”二字。此后用八股阐释题旨。提二股讲无求生句，以志士仁人分说。中二比接入有杀身句，虚浑笼起，将志士仁人合发。后二比实发有杀身句，以志士仁人分说。后二小比咏叹杀身句，将志士仁人互说，股末仍回顾无求生句，纯是一节题之作法。通篇文章作法高妙，对志士仁人不分高低，而两等人的身份各得。通过或分，或合，或互说，处处变化有法。至无求生句，轻发二比，接入下句，重发六比，入后仍回带上句，也是用种种合法，故后世八股文学者发出“于此服前辈文律之细”的感叹，表示对王氏时文的敬服。

王守仁家族，都是八股文的受益者，故王守仁尽管创立了良知学说，大讲义利之辨，但从不否定八股文的功利性。

在《重刊文章轨范序》中，他说：“盖士之始相见也，必以贽。故举业者，士君子求见于君之羔雉耳。”他还说：“中世以是取士，士虽有圣贤之学，尧舜其君之志，不以是进，终不大行于天下。”把举业（八股文）说成是晋见皇帝的礼物，视为士人大行其志于天下的阶梯，可见八股文在王守仁的心目中有多重要，也说明他对八股文的功利性有着透彻的认识。在《寄闻人邦英邦正》中，他劝其门人去应试，说：“家贫亲老，岂可不求禄仕？求禄仕而不工举业，却是不尽人事而徒责天命，无是理矣。”这里更是赤裸裸地指出写好八股文的好处所在，即可以脱贫养亲，享荣华富贵。从这里也可看出王守仁看问题总是从人情出发，所以他提出的理论总会征服许多人。

正因为他如此看重八股文，所以他在《示徐曰仁应试》中便谆谆教诫徐曰仁，“既业举子，便须入场”。还细致地叮嘱他入场之日应有什么样的思想与心理准备，接到题目应如何作为，乃至入场前十日应如何做，他都一一叮咛教导。这一方面说明王守仁有丰富的考试经验和对徐曰仁的关怀，另一方面也说明他对临场写作八股文的高度重视。

当然，王守仁也认识到八股文功利性可能会带来的危害，故他在劝人工举业时又叮嘱邦英、邦正，只要“立志坚定，随事尽道，不以得失动念，则虽勉习举业，亦自无妨圣贤之学”。对徐曰仁也教导说：“入场之日，切勿以得失横在胸中，令人气馁志分，非徒无益，而又害之。”即是说，既要工举业，以优秀的八股文去取功名，但又不要把取中与否太放在心上，而要“随事尽道”，不能“方其业举之时，惟欲钓声利，弋身家之腴，以苟一旦之得，而初未尝有其诚也”（《重刊文章轨范序》）。这就是王守仁的八股文功利观。

在王守仁极为有限的八股文论说中可以看出，他是最早主张以古文为时文者之一，这也是他的八股文既有如古文一样气势沉雄，挥洒自如，又讲究起伏开合之法的原因所在。

在《重刊文章轨范序》中，借评价宋代谢枋得“取古文之有资于场屋者，自汉迄宋凡六十有九篇，标揭其篇、章、句、字之法，名之曰《文章轨范》”的机会，发表了他对古文与时文关系的见解。他说：“自举业之习起，而后有所谓古文。”这即是说，自古以来，本无所谓古文，只因人们将应试之文称为时文，才有古文之称。而从根本上说，古文、时文都是文，是文则有一致性，故他主张：“夫求工于举业，而不事于古，作弗可工也。”换言之，就是要像作古文一样作时文，用后来的话说，就是要以古文为时文。由此看来，他是在唐顺之等人之前即已提出要以古文为时文的人，也可以说他是以古文为时文的先驱者。这就是王守仁对八股文的革新所作出的贡献。

（乌　媛）

山东乡试录序

山东，古齐、鲁、宋、卫之地，而吾夫子之乡也。尝读夫子《家语》，其门人高弟，大抵皆出于齐、鲁、宋、卫之叶，固愿一至其地，以观其山川之灵秀奇特，将必有如古人者生其间，而吾无从得之也。

今年为弘治甲子，天下当复大比。山东巡按监察御史陆偁辈，以礼与币来聘守仁为考试官。故事，司考校者，惟务得人，初不限以职任。其后三四十年来，始皆一用学职。遂致应名取具，事归外帘，而糊名易书之意微。自顷言者颇以为不便。大臣上其议。天子曰：然，其如故事。于是聘礼考校，尽如国初之旧，而守仁得以部属来典试事于兹土，虽非其人，宁不自庆其遭际。

况又夫子之乡，固其平日所愿一至焉者；而乃得以尽观其所谓贤士者之文而考校之，岂非平生之大幸欤！虽然，亦窃有大惧焉。夫委重于考校，将以求才也；求才而心有不尽，是不忠也；心之尽矣，而真才之弗得，是弗明也。不忠之责，吾知尽吾心尔矣，不明之罪，吾终且奈何哉？盖昔者，夫子之时，及门之士，尝三千矣。身通六艺者七十余人。其尤卓然而显者，德行言语，则有颜、闵、予、赐之徒；政事文学，则有由、求、游、夏之属。今所取士，其始拔自提学副使陈某者，盖三千有奇，而得千有四百；既而试之，得七十有五人焉。

呜呼！是三千有奇者，其皆夫子乡人之后进，而获游于门墙者乎？是七十有五人者，其皆身通六艺者乎？夫今之山东，犹古之山东也。虽今之不逮于古，顾亦宁无一二人如昔贤者。而今之所取，苟不与焉，岂非司考校者不明之罪欤？虽然，某于诸士亦愿有言者。夫有其人而弗取，是诚司考校者不明之罪矣。

司考校者以是求之，以是取之，而诸士之中苟无其人焉，以应其求，以不负其所取，是亦诸士之耻也。虽然，予岂敢谓果无其人哉？夫子尝曰："鲁无君子者，斯焉取斯。"颜渊曰："舜何人也，予何人也，有为者亦若是。"

夫为夫子之乡人，苟未能如昔人焉，而不耻不若，又不知所以自勉，是自暴自弃也；其名曰不肖。夫不肖之与不明，其相去何远乎！然则，司考校者之与诸士，亦均有焉耳矣。

嗟夫！司考校者之责，自今不能以无惧，而不可以有为矣。若夫诸士之责，其不能者犹可以自勉，而又惧其或以自画也。诸士无亦曰："吾其勖哉！无使司考校者终不免于不明也。"斯无愧于是举，无愧于夫子之乡人也矣。

是举也，某某同事于考校，而御史偁实司监临，某某司提调，某某司监试，某某又相与翊赞防范于外，皆与有劳焉，不可以不书。自余百执事，则已具列于录矣。

——录自《王文成公文集》第十五卷，王守仁撰，清康熙乙丑五世孙王贻乐刻本

重刊文章轨范序

宋谢枋得氏取古文之有资于场屋者，自汉迄宋凡六十有九篇，标揭其篇、章、句、字之法，名之曰《文章轨范》。

盖古文之奥不止于是，是独为举业者设耳。世之学者，传习已久，而贵阳之士，独未之多见。侍御王君汝楫，于按历之暇，手录其所记忆，求善本而校是之，谋诸方伯郭公辈，相与捐俸廪之资，锓之梓，将以嘉惠贵阳之士。曰："枋得为宋忠臣，固以举业进者，是吾微有训焉。"属守仁叙一言于简首。

夫自百家之言兴，而后有六经；自举业之习起，而后有所谓古文。古文之去六经远矣。由古文而举业，又加远焉。士君子有志圣贤之学，而专求之于举业，何啻千里。然中世以是取士，士虽有圣贤之学，尧舜其君之志，不以是进，终不大行于天下。

盖士之始相见也，必以贽。故举业者，士君子求见于君之羔雉耳。羔雉之弗饰，是谓无礼；无礼，无所庸于交际矣。故夫求工于举业，而不事于古，作弗可工也；弗工于举业，而求于幸进，是伪饰羔雉，以罔其君也。

虽然，羔雉饰矣，而无恭敬之实焉，其如羔雉何哉？是故饰羔雉者，非以求媚于主，致吾诚焉耳；工举业者，非以要利于君，致吾诚焉耳。

世徒见夫由科第而进者，类多徇私谋利，无事君之实，而遂归咎于举业。不知方其业举之时，惟欲钓声利，弋身家之腴，以苟一旦之得，而初未尝有其诚也。

邹孟氏曰："恭敬者，币之未将者也。"伊川曰："自洒扫应对，可以至圣人。"夫知恭敬之实在于饰羔雉之前，则知尧舜其君之心，不在于习举业之后矣。知洒扫应对之可以进于圣人，则知举业之可以达于伊、傅、周、召矣。吾惧贵阳之士谓二公之为是举，徒以资其希宠禄之筌蹄也，则二公之志荒矣，于是乎言。

——录自《王文成公文集》第十五卷，王守仁撰，清康熙乙丑五世孙王贻乐刻本

示徐曰仁应试

君子穷达，一听于天。但既业举子，便须入场，亦人事宜尔。若期在必得以自窘辱，则大惑矣。

入场之日，切勿以得失横在胸中，令人气馁志分，非徒无

益，而又害之。场中作文，先须大开心目，见得题意，大概了了，即放胆下笔。纵昧出处，词气亦条畅。

今人入场，有志气局促不舒展者，是得失之念为之病也。夫心无二用，一念在得，一念在失，一念在文字，是三用矣，所事宁有成耶？只此便是执事不敬，便是人事有未尽处。虽或幸成，君子有所不贵也。

将进场十日前，便须练习调养。盖寻常不曾起早得惯，忽然当之，其日必精神恍惚，作文岂有佳思？须每日鸡初鸣即起，盥栉整衣端坐，抖擞精神，勿使昏惰。日日习之，临期不自觉辛苦矣。今之调养者，多是厚食浓味，剧酣谑浪，或竟日偃卧。如此，是挠气昏神，长傲而召疾也，岂摄养精神之谓哉？务须绝饮食，薄滋味，则气自清；寡思虑，屏嗜欲，则精自明；定心气，少眠睡，则神自澄。君子未有不如此而能致力于学问者，兹特以科场一事而言之耳。每日或倦甚思休，少偃即起，勿使昏睡；既晚即睡，勿使久坐。

进场前两日，即不得翻阅书史，杂乱心目。每日止可看文字一篇以自娱。若心劳气耗，莫如勿看，务在怡神适趣。忽充然滚滚，若有所得，勿使气轻意满，益加含蓄酝酿，若江河之浸，泓衍泛滥，骤然决之，一泻千里矣。每日闲坐时，众方嚣然，我独渊默；中心融融，自有真乐，盖出乎尘垢之外而与造物者游。非吾子概尝闻之，宜未足以与此也。

——录自《王文成公文集》第五卷，王守仁撰，清康熙乙丑五世孙王贻乐刻本

寄闻人邦英邦正

昆季敏而好学，吾家两弟得以朝夕亲资磨励，闻之甚喜。得

书备见向往之诚，尤极浣慰。

家贫亲老，岂可不求禄仕？求禄仕而不工举业，却是不尽人事而徒责天命，无是理矣。但能立志坚定，随事尽道，不以得失动念，则虽勉习举业，亦自无妨圣贤之学。若是原无求为圣贤之志，虽不业举，日谈道德，亦只成就得务外好高之病而已。此昔人所以有“不患妨功，惟患夺志”之说也。夫谓之夺志，则已有志可夺；倘若未有可夺之志，却又不可以不深思疑省而早图之。

每念贤弟资质之美，未尝不切拳拳。夫美质难得而易坏，至道难闻而易失，盛年难遇而易过，习俗难革而易流。昆玉勉之！

——录自《王文成公文集》第五卷，王守仁撰，清康熙乙丑五世孙王贻乐刻本

张居正话八股

导读

张居正（1525—1582），字叔大，号太岳，湖广江陵（今属湖北）人。

张居正少时聪颖绝伦，十五岁中秀才。巡抚顾璘读了他的八股文感到惊奇，说："国器也!"不久，中了举人。明嘉靖二十六年丁未（1547）科中进士，改庶吉士，"日讨求国家典故，徐阶辈皆器重之"（《明史·张居正传》）。

张居正为人，"勇敢任事，豪杰自许"（同上）。他当上内阁首辅后，利用手中权力，雷厉风行地在嘉靖、隆庆以后推行改革措施，起了一定的进步作用。他具有鲜明的改革思想，认为"天下之事，极则必变"（张居正：《张文忠公全集》文集十一《杂著》）。他讲求实效，凡事务实。为纠正嘉靖、隆庆时政局的混乱，他大力整顿吏治，铲除腐败；他量入为出，节约开支。他整顿财政田赋，推行一条鞭法，对明代中叶以后商品经济的持续发展，起了促进作用。他"为政，以尊主权、课吏职、信赏罚、一号令为主。虽万里外，朝下而夕奉行"（《明史·张居正传》）。

张居正改革，是明朝统治者为挽救明中叶以后积弱积贫的统治危机而搞的一次改良活动。嘉、隆时期，明朝的财政年年亏空，经过张居正的改革整顿后，变得库有盈余。在军事上，张居正当政前"虏患日深，边事久废"的局面也大为改观。从这些方面来说，张居正的改革是有成效的，他的确是中国历史上不可多得的政治家。

由于张居正在世时对明神宗事事牵制而引起他内心强烈的反感，张居正去世才几个月，他即下诏追夺张居正的官秩，接着又查抄了他的家。张居正的改革措施也大多被取消。从此，明王朝的政治日益腐败，一天天走向衰亡。

张居正不刻意为文，而其制作，“庄雅冲夷，真醇正大。无奇谲之态，无藻缋之色，无柔曼之容，无豪宕之气。读其文而得其所以为文，见宏邃之养焉，见精明之识焉刳割之才焉，见笃实之学焉”（吕坤：《张太岳集·序》）。吕坤对张居正诗古文词的评价，亦包括了对其八股时文的特点的认识。

文如其人，这一点在张居正的八股文中体现得特别明显。他是一个杰出的政治家，具有宏邃的学养，又具有精明的见识，一生相业，最以综核见长。他的八股文是政治家的八股文，有鲜明的政论风格。这些于《生财有大道　一节》程文中即可见其大概。

这篇文章，是张居正当主考官时写作的程文，给考生作范文用的，写得中规合矩，质实简严。

文中所阐述的理财的重要性，理财的原则与方法，凝聚着作者多年的经验与思考，俱是他的真知灼见。他当上首辅后所施行的理财理念与方法，正与此相同。所以顾开雍在评述这篇文章时说：“一生服炼，借题吐出，精光奕奕，如对其人。”真是知人知文之言。

全文理足气弘，是作者“以豪杰自许”的雄豪心态的直抒，故有笼罩一世之气概。文如其人，这就是绝好的证明。

张居正的另一篇名作《先进于礼乐，野人也；后进于礼乐，君子也。如用之，则吾从先进　一章》题文，也是一篇程文，是他主持隆庆五年辛未（1571）科会试时所作。文章阐释孔子论礼乐崇尚质朴的道理，写得真醇正大，文中“无奇谲之态，无藻缋之色，无柔曼之容”，却一气贯注，让人读后可见张居正学问之深，识见之明，以及求真务实精神之强。文章深入浅出，明白易懂，针对性强。具有很强的政治性。

这个文题与“生财有大道　一节”题，归有光在他之前都写过，且都是传诵一时之名作，其文高古深厚，叹为观止，再作者无人可及，只有张居正这两篇程文可以与之比肩。自明朝至清朝的二百多年里，八股文坛都把归、张这两篇文章等列齐观，奉为神品，其他人写作这两个文题的名作都被降一格视之。由此可见张居正不仅以大政治家闻名于世，对其文也应作如是观，应称之以写作高手、八股大师。

张居正对明代八股文的一大贡献，是与他推行政治、经济领域改革的同时，对当时芜靡已极的八股文也进行了改造。他利用手中的权力，对怪诞的试题和空疏的文风，仿效嘉靖革新中的做法，予以整顿，以倡导实学之风。他要求：“试题必明白正大，无或离析章句以为奇异，无或避忌趋好以长谀佞。抡文必崇尚雅正，无或眩华遗实以滋浮靡。有能综览古今，直写胸臆者，虽质弗弃；非是者，虽工弗录。”（张居正：《张太岳集》卷七）此举在万历前期一度使八股文风归之于正，受到后世八股文界的推崇。

嘉靖末年，八股文出现了空前的危机。在社会奢靡之风的影响下，“时艺至嘉靖末年芜靡极矣”（梁章钜：《制义丛话》卷之五）。张居正对八股文文题必明白正大及抡文必崇尚雅正的要求就是针对芜靡已极的八股文而来的。其目的，就是他在《辛未会试录序》中指出的，要使“文而返质”，“取裨实用”，要像洪武时一样，取中进士者，“其作为文词，皆据经义，不务剽剥葩藻”（《襄阳府科第题名记》）。这就是张居正的八股文观，也是他写作八股文的指针。

（乌　媛）

辛未会试录序

隆庆改元之辛未，复当会试天下士。届期，礼部尚书臣晟、侍郎臣希烈、臣大绶以请。上若曰：兹吁俊登献惟重典，其命辅臣居正典试，学士调阳辍讲筵事副之。

臣祇奉明命，不胜大幸。伏念臣一介草茅，经术浅陋，往荷先帝简拔，侍上于潜邸，时时诵说所闻，得效启沃。及上登九五，录用旧学，即召臣入赞机务，一岁中迁至孤卿，夙夜兢兢，念皇上所以拔任臣者，即捐糜一身，何足用报。惟当搜罗天下才俊，以布列周行，共熙帝载，庶足以仰酬其万一尔。

有告臣曰：某也贤，克称厥位，辄手记而心存之，荐达之恐后；某也能，克任厥职，亦手记而心存之，荐达之恐后。然负奇抱艺，伏在草莽者，未有以闻也。乃今谬司校文之任，得以尽观天下士，简汰而搜拔之，则所知益广，所荐达益多，而区区图报之忱，亦可借是以少塞矣，岂非臣之至幸至幸者与！

乃以二月己亥，偕臣调阳及内外诸执事，陛辞入院，合两畿诸省前后所贡士四千三百余人，如故事，二试之。戒诸执事，咸既乃心，试题必明白正大，无或离析章句以为奇异，无或避忌趋好以长谀佞。抡文必崇尚雅正，无或眩华遗实以滋浮靡。有能综览古今，直写胸臆者，虽质弗弃；非是者，虽工弗录。盖阅二旬而告竣。遵宸断，取四百人，梓其姓名与其文之优者，为录以献。

录既成，臣与臣调阳暨诸执事聚而观之。曰："文不近实矣乎？"佥曰："实矣。""士能尽如其文矣乎？"曰："未可知也。"虽然，既以是取之，敢不以是望之。顾诸士脱蒯屦而登王庭，犹未知上意之所向与已之趋者，宜何如也？臣请告之，以定厥志。

臣闻世之治也，恒自文而返质；其既也，恒自质而之文。昔者孔子欲损周之文，从夏之忠，而不可得。有能究礼之本者，则深嘉而亟叹之，诚达于时宜如此也。明兴二百余年，俗凡几变矣。我皇上嗣大历服，于兹五年，悬象布令，作则垂范，一切务剽剥枝曼，以崇本质。省章奏之繁词，握默运之元柄。言不蕲工，期尽诚款；行不蕲卓，取裨实用。侧席寤寐，惟欲得忠信、诚悫、直谅、不欺之士而任之。故臣敢以诸士进。夫帝有帝臣，王有王佐，霸有霸偶。今上所修，帝道也，诸士固且愿为帝臣。其上一乃心，端乃志，毋作伪为乱真，毋矜名以示异，毋窾言而不中其实，毋诡故而不近人情。宁拙而迟，毋巧而速；宁有瑕而为玉，毋似玉而为石。忠信直质，以事其上。若是，斯可以为帝臣，而无负于今日之举矣。不然，是主与臣意异矣。臣主意异，不能治三家，况天下乎！

臣事皇上久，窃有窥上意之所在，故于诸士始进之日而告之以此。夫士有才而不以进，有司之过也。主德不宣，申令不熟，标准不立，约束不明，臣等之过也。主德已宣，申令已熟，而众弗率，则士之过也。若是者，谓之跃冶之金，匠者睨而弃之。邦有常刑，臣不敢庇。於戏，登兹录者，可不勖哉！可不惧哉！

——选自《张太岳集》卷七，张居正撰，清江陵邓氏翻明刻本

辛未进士题名记

隆庆辛未，礼部大比贡士，中式者四百人于廷。皇帝临轩亲策，问以隆礼敦让、化民成俗之道。赐张元忭等及第、出身有差。已，所司循故事，请立石太学题名。有诏，令臣为之记。初，臣典试南宫，诸士实繇臣以进，故上使臣记其事。

臣既阅其甲第姓名，乃窃叹曰：夫诸士之托名于贞石也，将以蕲不朽也。闻古之所称不朽者三，而言居其一。然自书契以来，士之殚精神于毫素，期以为后世名者众矣。今世所称名家、大方可指数者无几耳。乃默识躬蹈之士，倜傥非常之人，虽不蕲以言传，而只辞片语，往往见称于人。或勒诸金石，守为蓍蔡，无敢忽焉。何哉？天下之物，必有其实，而后乃发之于华。芳林堕蕊，采撷遗英，色非不鲜，彩非不炫也，乃不终朝而萎翳者，无本故也。故德与功，本也。言，华也。道德有诸中，于是以宣其蕴蓄，则为有德之言，而德非言之所能尽也。功绩底于成，于是以述其梗概，则为后从之言，而功非言之所能尽也。惟不得已而发之于言，而言又不足尽其蕴，斯其为言也，听之而有味，爱之而必传。盖古之所为者以此。向也，臣固闻诸士之言矣。今既因其言以策名于朝，又勒名于石，则诸士之所蕲于后世者，亦徒以其言而已乎？其犹未也。

夫德与功与言者，析之则三，撮之则一。德与功待言，而言不出于德、功者，未能传也。今诸士抑首受书，幸一旦离蔬释屩，而登天子之廷，其德与功，且未见其端倪也，而独以其言蕲名于后世，庸讵能乎？君子进德修业，忠信，所以进德也；修词立其诚，所以居业也。夫修词在立诚以存忠信，则其为言也孰尚焉？诸士其亦务所以进德居业者，以自树其本，而后修词以立其诚。由是令名载而行之，虽与天壤俱敝可也。不然，则昔之植碑沈石者，虑陵谷之有变迁，而其名不可磨也。今陵谷未改，而其言已澌尽矣！莓苔并没，燕山之石可胜用乎？然其德政，至今犹在人口者，则非徒恃以言耳，故臣以为不朽之图，在此不在彼也。

是科也，贡于南宫者三百□十□人，前科附廷对者□人，合四百□人。

懋修谨按：故事，会试主考者即记题名。辛未当先父，而是科张阳和、邓定宇二公屡为请索。先父以机务未暇，遂延，至五科俱未镌记。张、邓二公每以为言。适先父作记已成，而二公又以差去，不及催请，此记遂久留书记所。而先父告终，二公俱不在京师矣。其后癸未，礼科以五科无题名记，缺典为请。上命自内阁以下词臣撰补之，而五科缺典始完。懋修亦不知先父亲笔书记，乃在记室所也。遗笥之手泽空存，公庭之贞石未勒。梓此以存，凡以完词林之逋。乃辛未诸公，咸未之见也。

——录自《张太岳集》卷九，张居正撰，清江陵邓氏翻明刻本

襄阳府科第题名记

汪大夫守襄阳之三年，诸大令既举，乃惟章表人物，以兴士励俗。取明兴以来，郡中科第之士，总百□十人，出诸属邑者咸附焉，勒石学宫，虚其左方，以俟来者。而余适以使事道汉上，为记其事。

夫自我国家以科目选士，士生此时，即行若由、鱼，才怀管、萧，是亦无繇以进。顾一切皆限以科条矩矱，虽绝材奔驷，亦必俯首屈就羁靮。而足力稍后者，又辄有顿踬之虞。故襄阳为楚中巨郡，然二百年来，而阖郡之士登名科第者，才百十人而已，可不谓希觏而阔闻者哉！然余闻之，古之觇国者，恒视其有人无人以为强弱。夫谓国有人者，非肩摩毂击，朝市皆盈也；而无人者，又非宫府左右，尽皆虚也，得士与不得士而已。夫得，则以一二人重于千百；不，则以千百人轻于一二。故马不必拥轴，要之齐足；木不必蔽乘，要之中墨。夫士恶可以多寡言哉！

国初之取士，或拔于台隶，或举于三老，或奋于刀笔。当时号为制科者，率不过百余人。其作为文词，皆据经义，不务剽剥

葩藻，乃近时人所共姗笑者。而名卿硕士，往往多出其中，功烈施于后世者，至不可缕数也。

今文教大兴，海内向学，于是悉罢诸荐士路，一切网以科第。士争趋阙下，若鱼鳞杂遝，云合雾集。文学彬彬，可谓极盛。然考其功实，顾相悬也。异日者，天子患吏治之不振，增颁制额，广罗英俊，令穷乡鲰邑，皆用科第士以为长吏。其欲兴平致理，盖惓惓焉。乃求之愈多，而呈材愈乏。若是者何？撷华之悦目，固不若摘实之充口。故士之适用，诚不可以多寡论也。

余尝往来襄汉间，美其风俗。与缙绅大夫处，咸质直重厚，辩于心而讷于口。及闻长老言，前辈风烈，尤为恂实尔雅。大者，以经术取卿大夫，辅翊其世主，功名著于春秋；小者，下至郡邑守令，咸可称述。沨沨乎固大国之风也！如此，即百□十人，庸可以少称乎哉？夫人材之污隆，由于风俗；乃风俗亦赖人材以成。亢桑抱道，畏垒大穰。绵驹善讴，齐右变俗。故君子之处世，所以制俗者也，非由俗制也。将使浮者挽之以就实，而况实焉者乎？漓者酿之以还醇，而况醇焉者乎？语曰："不习为吏，视已成事。"后有兴者，考德论世，审名实之所归，察操执之所究，斯亦得失之林已。若曰整齐其故事而已，非大夫意也。

——录自《张太岳集》卷九，张居正撰，清江陵邓氏翻明刻本

李贽话八股

导读

李贽（1527—1602），原名李载贽，字宏甫，号卓吾，又号温陵居士，福建泉州晋江人。

他出身于航海贸易世家，有人分析他有波斯血统，也有的认定他为回族。总之，不同民族的血统也许就是形成他倔犟难化个性的一个原因。他自幼攻读经史，但他不受程朱理学的束缚，释、道也不信，他就是他，没有专制社会需要的奴性。

明嘉靖三十一年（1552），他考中壬子科福建乡试举人。因家贫而放弃进京会试，直接申请为官，历任河南共城（今辉县）教谕、南京国子监博士、北京礼部司务、南京刑部员外郎等职。万历五年（1577）出任云南姚安知府，在任上为促进民族和谐、社会安定做了不少事。但由于他身上少了点奴性，“唯以不受管束之故，受尽磨难，一生坎坷，将大地为墨，难尽写也。为县博士，即与县令、提学触；为太学博士，即与祭酒、司业触……司礼曹务，即与高尚书、殷尚书、王侍郎、万侍郎尽触也。高、殷皆入阁，潘、陈、吕皆入阁……又最苦而遇尚书赵。赵于道学有名，孰知道学益有名而我之触益又甚也。”（《焚书》卷之四《豫约》）以这种个性，自然难以在需处处看上官脸色行事的官场立脚，他有自知之明，虽然内心极为矛盾，在与焦弱侯的信中说：“怕居官束缚，而心中又舍不得官。既苦其外，又苦其内。此其人颇高，而其心最苦，直至舍了官，方得自在。弟等是也。”（《焚书》卷之二《书答》）但还是在知府任期未满时辞去官职，走上了归隐著书、传学门生的道路，先后在湖北黄安、麻城、河南商城、河北通州（今北京通州区）寓居、讲学、著书。

因李贽思想受王守仁后学泰州学派和禅宗影响较大，他非孔斥圣，强调社会平等，反对凡圣之分，智愚之别，并特别反对专制教条与男女之别。他还否定了一切思想领域的迷信，认为《论语》《孟子》等经典是孔门弟子随笔所录，并非万世之至论，故他反对一切“以孔子之是非为是非”。如此种种，在当时都是骇世惊俗、石破天惊之论，故受到道学家们的坚决反对。他不断迁徙，实际是在躲避他们的迫害。

但在密不通风的专制网络之中，他是无处藏身的。万历三十年（1602），李贽因在著作中揭露了曾与他有交谊的湖北黄安籍大官僚耿定向的假道学而遭到诬告。神宗帝便下令以敢倡乱道、惑世诬民为名将他逮捕系狱。他这时已年抵七十六岁，但生性倔犟的他倔性大发，要变牢房为书房，在狱中著述不已，要以笔墨纸张为武器与专制礼教决临死一仗。是年三月十五日，不屈的他用入狱为他剃头的僧人的剃刀割喉。但他未马上死去，在痛苦中又熬过两天。此后，他还以手写字与侍者作了最后一次谈话。侍者问：“和尚痛否?”李贽在手心写道：“不痛。”又问：“和尚何自割?”又写：“七十老翁何所求!”最后于十六日夜子时瞑目长逝。

有学者认为李贽是否定八股文的，这是无知妄说。李贽斥圣非孔，颇具怀疑精神，但他并不反对八股文，因为他对做官是有兴趣的，这在他与焦弱侯信中所说的“怕居官束缚，而心中又舍不得官”中已充分体现。他也非常明白，在当时要想当官，舍八股文即别无他路。故他对八股文还是下过功夫的，所以十六岁即考上秀才，二十五岁又考上举人。因家贫无力赴京会试，才放弃夺取进士功名。从其言行中都可看出他反对的是科举考试中的舞弊作假而不是八股文本身。他在《卓吾论略》中说，有的人“因取时文尖新可爱玩者，日诵数篇，临场得五百。题旨下，但作缮写誊录生，即高中矣”（《焚书》卷之三《杂述》），这才是他不喜的。

此外，李贽对八股文的阐发必须依据朱熹的传注有所不满。他曾努力去理解孔孟之道，特别是官方规定的朱熹传注所确定的道学思想，但他发现在现实中朱熹的那一套根本不是那么回事，便对程朱传注不以为然。他说：“信如传注，则是欲入而闭之门，非以诱人，实以绝人矣，乌乎可！”（《焚书》自序）但经过三次乡试都不中，他才悟出了在八股文中应如何对待朱熹传注才合考官之意：“稍长，复愦愦，读传注不省，不能契朱夫子深心。因自怪，欲弃置不事。而闲甚，无以消岁日。乃叹曰：‘此直戏耳。但剽窃得滥目足矣，主司岂一一能通孔圣精髓者邪！’”（《焚书》卷之三《卓吾论略》）他后来用这种方法教人，热衷于编选时文，以揣摩时尚语气来博取功名。有中的，有不中的，他归之于运气，不再说什么不了解圣人微言大义即写不好八股文之类的腐话了。可见他对八股文的功利性与实质有了切实的把握。这种见解在其为人代作的《时文后序》中有较全面的体现。

在《时文后序》中，他一开头便明确指出：“时文者，今时取士之文也，非古也。”这表明他清楚地认识到八股文只是在科举考试中用以衡量士人能否取录的工具，并强调其是“今时”用以取士者，“非古也”。接着指出：八股文是“一时之制”，这个“时”既强调八股文的现实性，又含有衡文高下的即时性，故后面说“权衡定于一时，精光流于后世”，“彼谓时文可以取士，不可以行远，非但不知文，亦且不知时矣。夫文不可以行远而可以取士，未之有也”。在短促的考试场中写出的八股文可以“行远”，可知这样的八股文是值得称道的，因为“国家名臣辈出，道德功业，文章气节，于今烂然，非时文之选欤?”从这些话里，可以看出李贽对优秀八股文的赞赏。故那些认为他对八股文持否定态度的说法是不正确的。他否定的是那些不读书，只靠剿袭而幸取功名的人与那些烂旧时文而已。至此，李贽的八股文观就跃然而出了。

（龚　昊）

时文后序代作

时文者，今时取士之文也，非古也。然以今视古，古固非今，由后观今，今复为古。故曰，文章与时高下。高下者，权衡之谓也。权衡定乎一时，精光流于后世，曷可苟也！夫千古同伦，则千古同文，所不同者，一时之制耳。故五言兴，则四言为古；唐律兴，则五言又为古。今之近体既以唐为古，则知万世而下当复以我为唐无疑也，而况取士之文乎？彼谓时文可以取士，不可以行远，非但不知文，亦且不知时矣。夫文不可以行远而可以取士，未之有也。国家名臣辈出，道德功业，文章气节，于今烂然，非时文之选欤！故棘闱三日之言，即为其人终身定论。苟行之不远，必言之无文，不可选也。然则大中丞李公所选时文，要以期于行远耳矣。吾愿诸士留意观之。

——录自《焚书》卷之三，李贽撰，湖南省社会科学院图书馆藏明刻本

焦竑话八股

导读

焦竑（1540—1620），字弱侯，号澹园，又号漪园，学者称澹园先生，江宁（今南京）人。

他是明代以学问渊博而著称的学者，名声仅次于杨慎，又为著名理学家，在中国学术史、思想史、文化史上均占有重要一席，为明嘉靖、隆庆、万历三朝士林的领袖人物之一。

焦竑自幼颖慧，综览群书，十六岁即以第一名考中生员。二十四岁以高名次考中举人。此后七应会试而不中，直至五十岁时，考中万历己丑（1589）科会试第三，殿试一甲一名，中了明代第七十二名状元。历任翰林院修撰、会试房官、国史纂修、东宫讲官、丁酉科顺天乡试副主考。后受人诬陷被贬为福建福宁同知，次年在官员大计中又被考以“浮躁”，遭“镌秩”，便弃官归乡，过着隐居讲学的生活，其家园林澹园成为天下学者名士焦聚之地。他一边著述，一边钻研理学，名望越来越高，一时成为学术界、思想界、文化界的实际主盟，时人尊之为“士林祭酒”。四方学者莫不以得其延见为荣，获其文章书法为宝。当时的著名学者如徐光启、耿定向、王畿、罗汝芳、管志道、邹元标、周汝登、陶望龄、李贽、袁宏道、袁宗道、袁中道、黄汝亨等或为其友，或为其门生，都对他钦敬有加。

焦竑文章写得好，除古文各体及诗、书外，也擅八股时文。焦竑十六岁以第一名考中秀才，二十四岁以高名次考中举人，后以会试第三进入殿试而夺魁成状元，便是其八股文写得出色的明证。

焦竑的八股文有着明显的个性。其一，他在基本尊经守注的基础上主张率性而为，有平易自然之风。其二，他的八股文不发空论，主张经世致用和文以载道。其三，他的八股文既能直发心得，又讲究作法，反对像当时的八股文坛一样一味求奇求新，以致失去阐发题目奥旨深蕴的做法。其四，其文坚守了本原经典，错综史籍，法韩、柳而铲其奇，达曾、王而削其蔓的以古文为时文的准则。

焦竑对于决定士人前程的八股文有过一些说法，但长篇大论罕见。现将其在笔下表露的八股文观综述于下：

他高度评价八股文的社会功能与价值。

在《贺沈君凤冈举明经序》中，他指出："国家罢前代诗赋，独群多士以经术造之。"故"国初，名公巨卿勋业烂然，率繇此出"。

在《顺天府乡试录后序》一文中，他指出："正统之末，倾危极矣，赖耆俊不二心之臣，兴坏扶微，而竟以安艰难之天步。"他在谈论顺天府乡试取录卷时，以于谦等在正统年间挺身而出，不避个人生死而挽救了国家的事实，来证明八股文对造就这些忠臣的作用，是对八股文社会价值的高度点赞。

作为丁酉科顺天乡试的副主考，焦竑承担着评文高下以资取录的责任，在这篇文章中，他提出了选文的标准："其综叙天人，若秦越人之视疾，隔垣而洞五藏也；其引事理当否，若庖丁奏刀騞然，而大軱释也；其方物出虑，而通达大体，若弘羊之握算而析秋毫也。"他在这里提出的三个方面的选文标准就是他的八股文优劣观。

在《答柯学台》中，焦竑借评论其刻卷提出了"雅淳清妙，不诡于正"的八股文佳作标准。综合上面三条标准，其八股文优劣观便基本上可以把握了。

焦竑对隆庆、万历时八股文的弊端有着明确的认识和揭示。

在《贺沈君凤冈举明经序》中，他指出："近世士习巧伪，经术之中复出歧径，以濠上、竺乾语采掇而离合之，以相矜严，此与诗赋靡曼之习，亦奚以异。主司者或为其所炫，而穷经之士始诎矣。"

在《与柯学台》中，他指出："东南士习刓敝，岁以弥甚。诡僻者猎异而罕窥其原，凌跨者妒前而不顾其礼，托籍冀进倩人饰丑者在所而是，而又耆利鲜耻之朋羽翼之。"正是当时的刓敝士习，造成了八股文的种种弊端。在《答柯学台》中，他说："文敝久矣，后生小子未暇穷经哲理，辄取古文奇字，鳞次为文，因之取上第者累累而是。当事者至奉诏条，三令五申之，不能止也。"指出的当时八股文弊端所在，给研究八股文史的人留下珍贵史料。

在《谨述科场始末乞赐查勘以明心迹疏》中，焦竑给今人留下了罕为人知的科场八股文信息。

首先，它告诉我们乡试中正、副主考的阅卷分工："正考阅《易》《书》二经，副考阅《诗》《春秋》《礼记》三经，各不相涉。"

其次，指出正、副主考的权力范围："场中阅卷，正考或可兼副考之事，副考不能侵正考之权。"

其三，告诉今人《五经》中"《春秋》《礼记》名为孤经，佳卷原少，《礼记》入试止百八十人，臣遍加品阅。"

以上信息，对了解以《五经》分房的乡试情况颇有价值。

对明代的八股文状况今天知之甚少，因资料散佚损毁太多，故焦竑有关八股文的言论虽少却显得宝贵，可补研究工作的不足。

录入本书的文章，均依明万历三十四年刊刻的《澹园集》校点。

（乌　媛）

贺沈君凤冈举明经序

国家罢前代诗赋，独群多士以经术造之。好古者尝患不足收博雅之才，余窃以为不然。诗赋浮华薄技，稍有才者可以猝办，至于经术，非缊藉之深不能入。夫惟缊藉之深也，高明者浸渍日久，既可化轻俊为敦厚；沈潜者磨厉已至，亦能矫颓堕为奋迅。所以均节人才之有余不足，令得其平而用之也。国初，名公巨卿勋业烂然，率繇此出，岂词华末艺之所能及哉？近世士习巧伪，经术之中复出歧径，以濠上、竺乾语采掇而离合之，以相矜严，此与诗赋靡曼之习，亦奚以异。主司者或为其所炫，而穷经之士始诎矣。

余友沈君凤冈，少承侍御公庭训，卓然以经学名其家，即汉儒之专门讲授不过也；循循雅饬，自结发以来，无一发言举趾之失。事父母，友兄弟，于古之六行，殆兼其实而不必居其名，所称经明行修者，非君其谁？借令有司能得君而荐于朝，讵不为世道赖哉！顾学使者时时推毂君，而都试辄为有司所遗。君顾不以屑意，其修于经与行自如也。顷岁，乃终不能不为有司所知，而以明经贡于礼部，待上亲试而用焉。盖君之行其志有日矣。

夫骐骥、騄駬，置之室中不能捕鼠也，负軶而趋则一日千里；干将在箧，拂钟不铮，试物不知，异日者断蛟螭，截犀兕，岂异物任哉？用与不用也。吾乡乙公瑄、张公祺、丁公镛、沈公庠、王公銮诸人，始皆以明经进，迨扬于王廷，遭时遇主，科名遂擅天下。故士患无实耳。谓学行如君，而竟泯泯焉，吾不信也。

同社诸君子喜主司之能得君，而君之进而有为于是始也。属余言以贺，遂书而投于君之左骖。

——录自《澹园集》卷三，焦竑撰，明万历三十四年刻本

谨述科场始末乞赐查勘以明心迹疏

昨闻科臣项应祥、曹大咸以科场事指议及臣。自当静听处分，而臣顾冒昧有言者，以事关大体，不容默默也。

臣自入词林，知典试一差，皆以序及。先年有建议不次差遣，以杜弊端者，向未举行。昨顺天府臣以考官请，皇上特点陪者二人，以中允全天叙主之，而臣副焉。识者谓作奸者既投之无隙，当事者亦借以自明。都城喧传，以为圣明举动，出于寻常万万也。不料忌者眈眈虎视，协谋倾臣，故命下之日，即造作流言，互相鼓煽，有非一端。臣恃皇上天日照临，置之不问。今科臣果摭拾其余，形之论列矣。

应祥言涉风闻，尚无意必，大咸随声丑诋，意必逐臣，以快忌者之心。是使用正不用陪，必可豫拟，而皇上一不得以自由也，岂不悖哉！臣之立身自有本末，大咸既所未知，科场校阅各有分职，大咸亦所未谙，而轻信邪人，听其指使，不思甚矣。

文之好恶，本无定评，乃祖宗以来，必以去取之柄付之文学侍从之臣者，为其有专职也。今诸卷具在，皇上敕九卿在廷诸臣虚心详阅，当否自见。独于举人吴应鸿、汪泗论、曹蕃、郑棻等中式，谓为臣罪，则尤大谬不然者。科场旧规：正考阅《易》《书》二经，副考阅《诗》《春秋》《礼记》三经，各不相涉，载在《词林典故》甚明。如吴应鸿、汪泗论、郑棻皆正考全天叙所取也，其有无弊端，天叙任之，臣不待言。中惟曹蕃一人为臣所取耳。《春秋》《礼记》名为孤经，佳卷原少，《礼记》入试止百八十人，臣遍加品阅，蕃之四经五策，词义独胜，是以首拔之。今落卷具在，其优劣可按覆也。大咸乃摘其数言，而遽疑臣与分校何崇业，至有“千金一掷”之语，不知千金以投之臣乎，抑投之崇业乎？果谁为过付，谁为证据乎？崇业与蕃同寓虎丘，当问之崇业，北监未就，倏准部考，当问之礼部，于臣何尤？汪泗论，选贡之隽也，往岁为臣子授经三月而去，臣不谓无，然臣两子应试，以臣为考官，遵例回避，塾师例无回避，则法之所不禁也。臣谓有意退人与有意进人，皆属不公，臣不敢为。且《书经》分属正考，臣亦安得而予夺之？

盖场中阅卷，正考或可兼副考之事，副考不能侵正考之权，于理易见。今置正考不言，而以正考所取之人混加之臣，此其言非公平，意主罗织，行路知之矣。况臣等自承命以至入帘，仅隔一夕，迅雷掩耳，敏者莫措，谓诸生能遽夤缘于臣等，臣等能遽为诸生地，非鬼神不能也。是天叙与臣可皆无辨，独大察一事，则臣犹有言焉。

臣于壬辰奉差南还，次年抵京，传闻中伤之人有诬臣借徐性善银买房者，都御史李世达等查性善簿籍，借银者多，无臣姓名。又性善抄没三年之后臣始借居今房，又非臣所买也。一时诸臣，以公议为臣辨白，臣方家居，相去三千里，安能逆知其事而浼之？臣非县官，安得私役水手，臣非将官，安得隐占军丁？所扣粮饷，不知出何衙门？问之大咸，当有不能置对者。夫莽、操、懿、温，古之篡逆乱臣也，自非手握重兵，威权震主者，未易以此拟之，而大咸不难以加臣，则其余固不足道已。

臣束发砥砺，朝野共知，一旦为言者污蔑至此，其尘点清班，惭负夙志，亦已甚矣。伏乞皇上敕下部院，严加根究，有一于兹，甘伏斧锧。至于臣行不足以服众事，必待于自明，其为材品已自可知，尤望速赐罢斥，以塞忌者之意。即栖迟林壑，歌咏太平，未必非臣之福也。臣不胜惶悚待命之至。

——录自《澹园集》卷三，焦竑撰，明万历三十四年刻本

与柯学台

仆跧伏衡门，日寡梯接。癸酉秋，明公首举上京，得其制义读之，如风采星华，私心叹服，因讲闻明公之为人。寻知自循良为执法，盖所至有铮铮声焉。客岁滥竽一第，幸从荐绅大夫游，此奉颜承教之会也。乃明公以督学载简书而南矣。跂望光尘，弥增延结。顷家僮来，知明公垂念眇末，树楔展礼，绸缪备至，且感且愧，不自知所以堪之也。东南士习刓敝，岁以弥甚。诡僻者猎异而罕窥其原，凌跨者妒前而不顾其礼，托籍冀进倩人饰丑者在所而是，而又耆利鲜耻之朋羽翼之，非名世大贤，执化标清，幸窦杜绝，巧伪之端，靡能返也。而适得明公，非东南之厚幸乎。仆为弟子员时，士迷沿謍袭，群蚁慕膻，徒利禄识耳。迨耿先生振铎于兹，士心霍然如醒得解，乃知觉性之固存，冥冥之可旦也，而非明公其畴能踵之。

蒋廷评行，草草附言，一鸣谢悃。且感明公风义岿然，而幸乡人之首被之也。不觉覼缕如此，惟崇照幸甚！

——录自《澹园集》卷十三，焦竑撰，明万历三十四年刻本

答柯学台

客岁不揆以竿牍自通，甚愧率略。顾蒙辱赐报言，奖借逾溢，非不佞某所敢承也。捧读刻卷，言人人殊。总之雅淳清妙，不诡于正，为之叹服。盖文敝久矣，后生小子未暇穷经哲理，辄取古文奇字，鳞次为文，因之取上第者累累而是。当事者至奉诏条，三令五申之，不能止也。门下岁比，既以此殿最之，而又明

示之鹄如此，士习其有瘳乎？昔欧阳子痛排轧茁之陋，时得士如曾、苏，而物论哗然，未能遽服。盖久之而庆历之文追还古始，谁之力也？惟门下坚持之而已。“夜气”二字，孟子发千古之所未发，此真前人所云“梦觉关”也。门下于此提撕，可谓得其肯綮。盖如此即为知，存此即为致，非有二理，所从言之异耳。仆性寡昧，即师友渐摩最深且久，而欲策高足，一涉道津，未之能焉。门下其不鄙而教之，至望。未间，惟为斯文自重。不宣。

——录自《澹园集》卷十三，焦竑撰，明万历三十四年刻本

顺天府乡试录后序

岁丁酉秋，京师复当大比士，府臣以请。上命中允臣天叙典厥事，而以臣某副之。臣自壬辰滥竽礼闱，至是两与校士之役，而弥有感于人文之盛也。

国家道化，郁蒸庞礴，既深且久，盖穷檐蔀屋，咸耀于光明，矧京师建首善所自始与！贤关之鼓箧而游者，皆四方所推，择百一之选也。臣纵观其文，辄叹曰：“技盖至此乎！”其综叙天人，若秦越人之视疾，隔垣而洞五藏也；其引事理当否，若庖丁奏刀騞然，而大輒释也；其方物出虑，而通达大体，若弘羊之握算而析秋豪也。臣于此，矍然有不寐之怀焉。虽然，臣守官词林，抽览故府，于人材华实登降之际，未尝不太息也。

我二祖兴建大业，罗群才而器使之。当是之时，天地菁英，缊而未流，然士大夫往往以体国为荣，自营为辱，骏声鸿烈，烂然至今。即正统之末，倾危极矣，赖耆俊不二心之臣，兴坏扶微，而竟以安艰难之天步。绵历而至弘、正间，遗老彬彬质有其文者，未尽也。乃方内晏如，或酣豢于贵富而无为，其流至左事

功，右文墨，与时恬嬉，而身家之念觭重矣。皇上英武，同符二祖，匈奴解辫臣伏，海不扬波者，垂二十年。顷虏间渝约内讧，岛夷与属国相攻，直疥癣忧耳。当事者部署其间，四顾不给，时哆口高谈市声哗众者，非少也，卒莫有一奋身而系其颈者，则信乎体国之难已。

夫自营之与体国，奚啻霄壤，而士驰此如骛者，见华标而忘实蹈，其积渐使然也。臣以故按此品士，有能酌理味以融胸怀，谙国故而需注厝，斯华实相副者也，亟收之。即不然，而华不逮实，亦收之。其诡故畔经者，虽搜奇抉异，坌出幻化，置不录。岂臣之好文与众异哉？窃念国初之人讷于口，而实则有余；近日之人辩于文，而实则不足。实有余者，难在身，而利归于国；实不足者，难在国，而利归于身。士至于利归其身也，世何赖焉！

臣诚不自揆，思与世还淳也，必自士始。盖自入棘以来，心怦怦惧也，已乃跂而思曰：庶有一二体国者出，而瑞于宗庙社稷，为多士先登者乎！夫磁石不能引瓦也，而可以连铁；黑螟不能代牺也，而可以致雨。以彼异类耳，而犹相应答如桴鼓如此，矧士以实倡而不响然，图之如不及者，非夫也。《诗》有之："彼都人士，出言有章。行归于周，万民所望。"借令有都人士为万民望，而又得一二人焉为都人士望，譬之和銮在御，执策而临康庄，推之挽之，奚适而不可。异日者，天子嘉其劳，士绅让其美，四方载其德，百世垂其声，虽与国初诸耆硕身名俱泰可也。而臣不佞，所借手以报上者，亦可少塞。

已录，将献，臣宜序末简，因具述其概，以为多士规。

——录自《澹园集》卷十五，焦竑撰，明万历三十四年刻本

书葛万悦制义

一技所得，虽以艺自列，然必妙解投机，精潜应感，则械用不存，而神者受之，讵可以辙迹求哉！制义以传圣言，有若画然，以似为工。今夫眷墨设色，摹形取类，皆案物得之，岂知妙悟者索之造物之先，凡赋形出象，触之天机，待其见于胸中者，浓纤疏澹，分布而出矣，然后假之手而寄色焉，斯进于技已。万悦之于义，第得其形似已耶。余观其丰容骨法，间所为使形者，若可以意色得之。噫！亦工矣。抚卷之余，谬题片语而归之，以见此虽小道，非造其悬解，取成于心者，不易论也。

——录自《澹园集》卷二十二，焦竑撰，明万历三十四年刻本

汤显祖话八股

导读

在高手如云的隆庆、万历八股文坛，汤显祖是一个出类拔萃者。当时有“江西四隽，缺一不可”之说，这四个人即邹泗山、万国钦、汤显祖、叶修。他们同是江西人，同为明万历十一年癸未（1583）科进士，且同是隆庆、万历年间八股文名家. 邹泗山以文风冲夷，万国钦以简古，汤显祖以名隽，叶修以理解精醇、机法绵密著称于世，故又有“四隽一榜并列”的说法。到清代，赵吉士则把汤显祖与王鏊、唐顺之、瞿景淳、薛应旂、归有光、胡友信、杨起元等并列为明代“举业八大家”（赵吉士：《寄园寄所寄》卷七），特别推崇他的八股文。不过，长期以来人们只讲汤显祖的文学成就、戏剧作品，却只字不提对其一生思想和文风有重大影响的八股文，因而对汤显祖的认识和研究就只能处于一个肤浅的层次。

汤显祖（1550—1616），字义仍，号若士、海若、海若士，自署清远道人，晚年自号茧翁。所居书斋自名为玉茗堂、清远楼。抚州临川（今属江西）人。为中国明代杰出的戏剧家、文学家。他的传奇作品“临川四梦”，以横溢的才华和遒劲的笔墨塑造出生动而又丰满的艺术形象，同时也融会了晚明进步社会思潮的精华，使其登上了时代思想文化的顶峰。

汤显祖出身于书香门第，祖上四代皆有文名。汤显祖生于这样的家庭，自小即受八股文和诗文写作的训练，儒家经典烂熟于胸。因八股文讲求排偶，他从小即学会作对子。五岁时以善于作对子而闻名于乡。十三岁时，县学训导主持考试，要汤显祖解答所谓“形而上”这一难题。汤显祖指着课桌说：“形而上谓之道，形而下谓之器。”县学教官无不惊叹称奇。次年，他即考中秀才。二十一岁时中举，声名大著。

从小即开始的八股文写作，使儒家正统思想在其头脑中深深扎根。他中举后进京会试，这时首辅张居正为网罗海内名人，以壮大子侄声势，特邀汤显祖与其子交游。汤显祖为人刚正，认为这与圣贤之道不合，毅然拒绝。结果，万历五年丁丑（1577）科、八年庚辰（1580）科两次会试，张居正的两子嗣修、懋修分别中了探花、状元，而才华横溢的汤显祖却名落孙山。直到万历十一年癸未（1583）科，即张居正去世后的第二年，汤显祖才考中进士。次年，被授以南京太常寺博士之职，后任南京礼部主事。

万历十九年辛卯（1591），天下灾异相连，三月又逢星变，汤显祖忧国忧民之情大涨，便上《论辅臣科臣疏》，弹劾大学士申时行等人误国，字里行间对神宗皇帝也予以讥刺。为此，他被贬为徐闻县（今属广东）典史。两年后，迁任遂昌县（今属浙江）知县。

汤显祖在遂昌任职五年，显示出很强的行政才干，他为民兴利除弊，政绩卓著，深受当地百姓的爱戴。他的事迹，在遂昌百姓中代代口耳相传，直至道光年间，其《听说迎春歌》犹在当地传唱。然而，此时已是一个不要理想，不讲人格，只认金钱的时代，汤显祖所奉行的儒家道德观和价值观已不合时宜。虽然汤显祖在遂昌深受百姓爱戴，但他对朝廷的腐败政治始终采取一种批判的态度，所以受到朝廷当权者的排斥。汤显祖开始察觉到这个社会与自己的理想是如此的格格不入，决计投劾还乡。万历二十九年辛丑（1601），首辅沈一贯等人借察政之机，以“浮躁”

的罪名将他罢职“闲住”。从此之后，汤显祖在临川过着隐居著述的生活，直至病死。

纵观汤显祖的生平，可以看出在他任遂昌知县之前的岁月里，虽屡经挫折，还保持着一种极力探求社会和人生出路的积极态度。此后，他因无路可走，奋斗终究归于失败而看破红尘，陷入了“厌逢人世懒生天”（《汤显祖诗文集》卷一四《达公来自从姑过西山》诗，载上海古籍出版社1982年版）的深沉悲哀之中。他的所有文字，包括其文学作品和八股文，也以此为分界线，大致呈现出比较昂扬或比较低沉的格调。

早年，儒家正统观念在汤显祖的头脑里占据统治地位。虽然他在少年时期即拜王守仁学说的分支泰州学派著名学者王艮的三传弟子罗汝芳为师，但直到他中进士之前，泰州学派的思想并未对他造成大的影响。他的诗文，特别是他的八股文中所表现出的是正统的儒家思想，即便是到了汤显祖被追论削籍，回乡闲住，在指点那些慕名而登门求教八股文的弟子，如中进士后当过达州、遵义知府，官至福建盐运使的黄太次；号称临川“后四才子”的晚明八股文大家陈际泰、罗万藻、章世纯、艾南英等人时，他仍授之以正统的儒家观念。陈际泰、罗万藻、章世纯、艾南英四人在天启、崇祯年间能掀起一场八股文回归传统的运动，与汤显祖的教诲不无关系。

汤显祖的八股文一般都择理精醇，且针对性强，言之有物，无当时的空疏之风，且讲究写作技巧，出以名隽。

汤显祖以一个杰出的文学家来写八股文，故其八股文无论是语言或格调，都带有文学的色彩，其文有明显的古文化趋向。明末文士陈名夏在《汤海若先生制艺序》中说，汤显祖的“古文词及诸制艺，巧心俊发，鲜采动人，魏晋诸名士不足多也。为魏晋者有真有伪，学既荒塞，取资偶丽，貌既狞恶，而粉饰盛容，此有识者之所过而羞也。若先生文有其质，言有其则，镂刻万物之形，巧夺前人之义，虽未纯乎大雅，岂不卓然领袖于英华之苑哉”。清代杨懋建说他“以妍炼擅场，文情闲逸，顾盼生姿。无事钩章棘句，而题之层折神气毕现”（《四书文源流考》）。这些说法切中汤显祖时文的特征。

汤显祖是个杰出的戏剧家，最善于塑造人物形象，他的这种艺术才能在其八股文中也有所显现。他的八股文最擅长入口气代圣贤立言。由于他学识渊博，能发题旨之精义，又有艺术才华，能将这些微言奥旨以圣贤的口气生动传神地表达出来，故使其八股文显得深刻、生动。

汤显祖是个才华横溢的大才子，其为文又具有才子的特点：文章讲究技巧，富有文采。

从汤显祖八股文的特色可以印证他为文是在其八股文观的指导下进行的，其文是其八股文观的外化。

从现存的几篇他为友人所写的八股文集序言和书信中可以看出，他最重视的是八股文写作者的才华与其写作的技巧。至于八股文必须遵循的遵经守注原则问题，因在他所处的隆庆、万历年间已经淡化，所写之文只要不公然离经叛道，考官一般不会追究，故他不予谈论，这也显现了一种时代特色。这也是他会将八股文写得花团锦簇、摇曳多姿，满是才子气的原因所在。

汤显祖认为，要想写好八股文，首要的条件是作者要有灵性。他在《张元长嘘云轩文字序》中指出，世上“能为伎巧文章，竟伯什人乃至千人无名能为者”，原因是他们“性少灵者”。对那些“天下始好为才士之文”，以“文故有体”而怀疑的人，他驳斥说，世上能动者“莫不有体，文之大小类是，独有灵性者自为龙耳”。把有灵性者称为人中之“龙”，这是他对灵性的最高礼赞。

汤显祖还认为想写好八股文，需要讲“气”与“机”。“气”是中国古代文论中必讲的一个名词，但很难讲清，汤显祖也没有正面去讲什么是“气”，只是用了一系列的比喻来讲“气”与“机”的关系。我们仔细琢磨，他这里所讲的“气”，就是写作时的心态，即是写作时要有一种平和，没有功利的心态。他所讲的“机”，就是机法。只有“气”与“机”相辅相成，才能“足以吐纳性情，通极天下之变”，写出好文章，“下此，百姓文章耳”。他读了朱懋忠的三十篇时文后，在《朱懋忠制义叙》中说：“两者俱来矣。勃律晴晔，其高华之执也。夭绍汪洸，其长广之思也。捷疾倏烁，不伤于法；增积委磊，不伤于神。”称赞这三十篇八股文“正正堂堂，与天下智计之士夺纛而舞，江以东不足为也”。

汤显祖心目中的好八股文标准在《合奇序》中提了出来：“予谓文章之妙，不在步趋形似之间。自然灵气，恍惚而来，不思而至。怪怪奇奇，莫可名状。”所以他在《王季重小题文字序》（该文收入《明文海·时文序》中）称赞归有光的长句文，诸燮的绪论，胡天一的奇想，是“时文字能于笔墨之外言所欲言者”，而王季重（思任）“以能为古文词、诗歌，故多风人之致”，也应属于这一行列。在他眼中，这四人的八股文才是真正的好文章。此外，他在《与张异度》的信中称赞其制义“气质为体，既写理以入微；音采为华，复援情而极变”，也是好文章。这些议论与评价，无不表现出汤显祖以充沛的情感，起伏、离合、断接的技巧来衡量八股文优劣的观点。

汤显祖是其八股文写作理念的忠实践行者。他在《汤许二会元制义点阅题词》中说：“予弱冠举于乡，颇引先正钱（福）、王（鏊）之法，自异其伍，已辄流宕词赋间。所知多谓予，何不用法更一幸为南宫首士最，而好自溃败为？予心感其言，不能用也。”放着进士功名不去取，而要坚持用钱福、王鏊所倡导的讲究作法之路走下去，这就是汤显祖重视八股文写作方法的最好例证。

（乌　媛）

朱懋忠制义叙

通天地之化者在气机，夺天地之化者亦在气机。化之所至，气必至焉。气之所至，机必至焉。孙策起少年，非有家门积聚之势，朝廷节制之重，然以三千人涉江、淮、吴、会，立有江东，袁、曹眙愕而不敢正视，然竟以蹶，此气胜而机不胜者也。诸葛武侯精其技，至于木牛流马，然终不能出汉中、夷陵一步，窥长安、许、洛者，此机胜而气不胜也。天下文章有类乎是。莽莽者气乎，旋旋者机乎。庄生曰："万物出乎机，入乎机。"天下有中气，有畸气。中主要而难见，畸挈激而易行。气与机相辅相轧以出，天下事举可得而议也。吾以为二者莫先乎养气。养气有二。子曰："智者动，仁者静；仁者乐山，而智者乐水。"故有以静养气者，规规环室之中，回回寸管之内，如所云胎息踵息云者，此其人心深而思完，机寂而转，发为文章，如山岳之凝正，虽川流必溶湇也，故曰仁者之见；有以动养其气者，泠泠物化之间，亹亹事业之际，所谓鼓之舞之云者，此其人心炼而思精，机照而疾，发为文章，如水波之渊沛，虽山立必陂陁也，故曰智者之见。二者皆足以吐纳性情，通极天下之变。下此，百姓文章耳。盖日用饮食而未尝知为者也。

余与懋忠尊人景岳先生学同校、宦同地最久，懋忠因时时过而论业焉，殆数年于兹矣，未尝不以气机二字相属。而近读其所奏文章三十篇，则两者俱来矣。勃律晻晔，其高华之执也。夭绍汪洸，其长广之思也。捷疾倏烁，不伤于法；增积委磊，不伤于神。殆久于山水动静之意，而庶几焉者。懋忠为我言曰："生意所欲为，固不止是。时时读书，为人间事所废。不然，殆有进而可以当先生者。"然则生之所以养气发机者，得微有偏智之累乎。

虽然，持此三十篇者，正正堂堂，与天下智计之士夺纛而舞，江以东不足为也。

——录自《汤显祖全集》诗文卷三十一，徐朔方笺校，北京古籍出版社 1999 年

合奇序

世间惟拘儒老生不可与言文，耳多未闻，目多未见，而出其鄙委牵拘之识相天下文章，宁复有文章乎？予谓文章之妙，不在步趋形似之间。自然灵气，恍惚而来，不思而至。怪怪奇奇，莫可名状，非物寻常得以合之。苏子瞻画枯株竹石，绝异古今画格，乃愈奇妙。若以画格程之，几不入格。米家山水人物，不多用意，略施数笔，形像宛然。正使有意为之，亦复不佳。故夫笔墨小技，可以入神而证圣，自非通人，谁与解此。吾乡丘毛伯选《海内合奇》，文止百余篇，奇无所不合。或片纸短幅，寸人豆马；或长河巨浪，汹汹崩屋；或流水孤村，寒鸦古木；或岚烟草树，苍狗白衣；或彝鼎商周，丘索坟典。凡天地间奇伟灵异、高朗古宕之气，犹及见于斯编。神矣化矣。夫使笔墨不灵，圣贤减色，皆浮沉习气为之魔。士有志于千秋，宁为狂狷，毋为乡愿。试取毛伯是编读之。

——录自《汤显祖全集》诗文卷三十二，徐朔方笺校，北京古籍出版社 1999 年

张元长嘘云轩文字序

天下大致十人中三四有灵性，能为伎巧文章，竟伯什人乃至千人无名能为者，则乃其性少灵者与？老师云，性近而习远。今

之为士者，习为试墨之文，久之，无往而非墨也。犹为词臣者习为试程，久之，无往而非程也。宁惟制举之文，令勉强为古文词诗歌，亦无往而非墨程也者，则岂习是者必无灵性与？何离其习而不能言也。夫不能其性而第言习，则必有所有余。余而不鲜，故不足陈也。犹将有所不足，所不足者又必不能取引而致也。盖十余年间，而天下始好为才士之文，然恒为世所疑异，曰乌用是决裂为，文故有体。嗟，谁谓文无体耶？观物之动者，自龙至极微，莫不有体，文之大小类是，独有灵性者自为龙耳。

近吴之文得为龙者二。龙有醇灏丰烨，云气从滃郁而兴，幽毓横薄，不可穷施者，钱受之之文也。有英秀蜷媚，云气从之，夭矫而舒，凌深倾洗，不可测执者，张元长之文也。受之之文已贵。独元长庞然家居，尚未有贵而独行之者。山东王公又新为常郡理，得其文，爱重之。驰以示予。读之既，叹曰，所为文目天下之至杂而不可厌也。出入元长指吻间，而天地古今人理物情之变几尽。大小隐显，开塞断续，径廷而行，离致独绝，咸以成乎自然。读之者若疑若忘，恍然与之同情矣。亦不知其所以然。然则元长不尝试为墨程习乎？曰，彼以灵性习之者也。度其十余年中，习气殆尽，故伎巧至于斯。善乎王公题其文曰嘘云。言嘘气成云也，龙也。龙何习哉！

——录自《汤显祖全集》诗文卷三十二，徐朔方笺校，北京古籍出版社 1999 年

汪闇夫制义序

说者云，舒撄宁实蚤慧，其家司马，故晦之以神其事。夫以撄宁之大对，其援古昔，切时世，有学究老吏所不能，说者良不妄。以予所闻汪闇夫，何年少而多奇也。其为文奇肆横出，颖竖

独绝。旁薄而前，天下莫能当。闻其家太史，故欲为晦闷。扃之深室，置书数万卷，绝不通宾客。度非太史不能成闇夫矣。虽然，闇夫之光故自难掩。贾生弱冠，吴河南举秀上闻；王僧虔弱龄，袁司徒望风推服。世患无吴、袁耳。此道父不能誉其子，亦安能闷其子耶？风胡之治剑也，百辟而成之，秘不以示人，而锋芒睒绝，乃至于斗截彗飞，鸣吴出楚，其秘之久也。玉人之攻玉也，百琢而成之，不示人以璞，而精华流炫，乃至晁采宵光，城秦国虢，其藏之久也。闇夫之秘藏久矣，太史可出以示人矣。

——录自《汤显祖全集》诗文卷三十二，徐朔方笺校，北京出版社 1999 年

汤许二会元制义点阅题词

人之爱子甚于爱其身，度其身常智，度其子常愚，此其故何也？予弱冠举于乡，颇引先正钱、王之法，自异其伍，已辄流宕词赋间。所知多谓予，何不用法更一幸为南宫首士最，而好自溃败为？予心感其言，不能用也。庚、壬二午间，制义不能盈十。比杭守贰监利姜公奇方迫予明圣湖头，令作艺，已近腊而逾春，卒卒成一第去。久乃悔之。予力与机可为王、钱，而远之者，亦非命也。生长子蘧，年孟舒早慧，因以所常悔者望之。取国朝省会诸元作，定为“正清”“侧清”之目，示之。儿蘧曰：“何一以清耶？”予曰：“万物惟清者贵。元骨皆清，十之三不能无侧者耳。”此目随蘧亡去。欲更目之。仲大耆曰：“元多时贵人，或以侧为讳。”已之。

时季子开远方学艺，求可为法者，予教之曰：“文字，起伏、离合、断接而已。极其变，自熟而自知之。父不能得其子也。虽然，尽于法与机耳。法若止而机若行。”钱、王远矣，因取汤、

许二公文字数百篇，为指画以示。汤公止中有行，行而常止。许公行中有止，止而常行。皆所为“正清”者也。不从横气来，不从横袭见；得天高而人深，故法圣而机神。此予之所迁延流离而不能得者也。而以教吾子，此岂不谓之大愚也哉！（庚戌）

——录自《汤显祖全集》诗文卷三十三，徐朔方笺校，北京古籍出版社 1999 年

萧伯玉制义题词

唐人有言，不颠不狂，其名不彰。世奉其言，以视士人文字。苟有委弃绳墨，纵心横意，力成一致之言者，举诧曰，此其沸名已耳。下者非其固有，高者非其诚然。予少病此语。必若所云，张旭之颠，李白之狂，亦谓不如此名不可猝成耶。第曰怪怪奇奇，不可时施，是则然耳。

予所友吉州人士最笃。长者义理淳深，少者亦复风气雄远，缓急可为世有。故予每见吉州人士辄喜，实不同余州人也。九月，听榜南州，累累然诵其名，至泰和萧君士玮，则哑然。群叹曰，此名士也。予益为之喜。已乃知为予邑南海叶侯所录。伯玉来谒谢，而同陈大士夕予，燕语冲然，流莅今昔，目中久不见如许客也。明日，得其文字十数首，大致奇发颖竖，离众独绝，绳墨之外，粲然能有所言，非苟为名而已。大士曰：“方岳李公、观察葛公且为伯玉刻此行之。”夫二公者，士所证向闻人也，而已尔，则向所云不可时施者，又不然矣。夫不苟为名而又可以时施，此亦天下之至文也。

——录自《汤显祖全集》卷三十三，徐朔方笺校，北京古籍出版社 1999 年

与张异度

读门下制义，气质为体，既写理以入微；音采为华，复援情而极变。虽未尽发渊海之藏，亦已少窥风霞之色矣。企佩弥怀，觏止何日？

——录自《汤显祖全集》诗文卷四十六，徐朔方笺校，北京古籍出版社 1999 年

答黄右文

制义精熟至此，卒遇之，玉露金膏，不知黄监元武库中物也。尚未融妥处，终有词人意在。长君业已斐然，次公、三公，殆是小谢更清越，非火攻者，甚为兄喜。近日北人士如方之细，如房如宋之伟，皆江右人所不及。文字欲商者幸时相示。

——录自《汤显祖全集》诗文卷四十六，徐朔方笺校，北京古籍出版社 1999 年

袁宏道话八股

导读

袁宏道（1568—1610），字中郎，号石公，又号六休，世称中郎，湖广公安（今属湖北）人。年十六为诸生。明万历壬辰（1592）科中三甲九十二名进士。历官吴县知县、国子助教、礼部主事、吏部稽勋郎中等。为知县听断敏决，有政声。与其兄袁宗道、弟袁中道并有才名，时称“三袁”。而宏道在“三袁”中成就和影响都最著，是公安派的创始人及领袖人物。

袁宏道坚决反对前后七子的文学复古主张，主张文学革新与创造。他对文学古与今的论述，强调了文学的时代性和发展观，以及作家的个性，打破了主流的正统文学规范，为新兴市民文学的发展开辟了道路，相当有力地动摇了复古派的理论基础，击中了复古派“文学退化论”的根本要害。钱谦益指出：“中郎之论出，王、李之云雾一扫，天下之文人才士始知疏瀹心灵，搜剔慧性，以荡涤摹拟涂泽之病，其功伟矣。”可见他在反对前后七子复古主义的斗争中和对当时文学的解放，起过重要作用。

袁宏道的诗文，风格自然直率，直抒性灵，多写闲情逸致，有唯美倾向，在当时及对后世影响均很大。在20世纪初，散文界仍有很大一股势力主张向他学习写作方法与思想。有《袁中郎全集》。

袁宏道认为，时代是发展变化的，故文学也是随时代而发展变化的，“古有古之时，今有今之时”，“世道既变，文亦因之”。因此，“文之不能不古而今也，时使之也”。他还认为：“代有升降，而法不相沿，各极其变，各穷其趣，所以可贵。”他并不反对学古，但反对摹拟古人的“机格与字句”。他说：“法李唐者……法其不为汉，不为魏，不为六朝之心而已，是真法者也。”因为“物真则贵”，文学贵在创新。故他曾不惜以矫枉过正的态度，对明代盛行的民歌、戏曲、小说等通俗文学也采取了热烈欢迎和虚心学习的积极态度。对明代独兴的八股文，他也是盛赞并欢迎的。

袁宏道自小即习八股文，十六岁即中秀才，二十四岁考中进士，加上他有极高的文学才气，力主性灵说，故其八股文造诣很深，写得清新别致，在当时别具一格。他作文重经文本义，对其理解必由自己的心灵而出，强调自己的感觉，而不依傍程朱传注。他又主张创新，故能竭力发掘题中的文学因素，将其扩充放大，将八股文当成文学作品来写。这样其八股文往往用形象的语言来阐发抽象的道理，笔下倾注个人的情感，故对题旨的把握常与程朱传注在似与不似之间。他求新求变，认为“不穷新而极变则不时”，故其文皆新奇富有文学色彩，善于描摹题中人物心理口吻，务求动人而又不大悖传注，说理入时又有理趣。其《硁硁然小人哉》即为万人同赞的名作。

由于有了这样的写作实践和对文学应随时代而发展变化的观念作导引，故他在《诸大家时文序》中，对八股文这种合时之文大加肯定。虽然有人因为“士虽借以取世资，弗贵也，厌其时也”，他却认为“夫以后视今，今犹古也，以文取士，文犹诗也。后千百年，安知不瞿、唐而卢、骆之，顾奚必古文词而后不朽哉？且所谓古文者，至今日而敝极矣。”这种以合于时代之文即好的观点，是与其文学观一致的。

他认为由于前后七子的复古，把当世的古文都糟踏了，因为“优于汉谓之文，不文矣；奴于唐谓之诗，不诗矣。取宋、元诸公之余沫而润色之，谓之词曲诸家，不词曲诸家矣。大约愈古愈近，愈似愈赝，天地间真文澌灭殆尽。”而只有八股文一枝独秀。他说：“独博士家言，犹有可取。其体无沿袭，其词必极才之所至，其调年变而月不同，手眼各出，机轴亦异，二百年来，上之所以取士，与士子之伸其独往者，仅有此文。”他又以文必重时来驳斥那些因八股文有与时俱变性而加以轻视的人说：“而卑今之士，反以为文不类古，至摈斥之，不见齿于词林。嗟夫，彼不知有时也，安知有文！”持这种重时文而轻古文的态度，在历史上可谓第一人，可见他对文章必合于时而作的“时”字的重视。这种见解无不出于他清楚地认识到八股文受时代影响而变动不居的特性。他说：“尝以今日之时艺，与今日之时事相比较，似无不合者。”故他对八股文的随时代而变是大加赞赏的。

（乌　媛）

诸大家时文序

今代以文取士，谓之举业，士虽借以取世资，弗贵也，厌其时也。夫以后视今，今犹古也，以文取士，文犹诗也。后千百年，安知不瞿、唐而卢、骆之，顾奚必古文词而后不朽哉？且所谓古文者，至今日而敝极矣。何也？优于汉谓之文，不文矣；奴于唐谓之诗，不诗矣。取宋、元诸公之余沫而润色之，谓之词曲诸家，不词曲诸家矣。大约愈古愈近，愈似愈赝，天地间真文澌灭殆尽。独博士家言，犹有可取。其体无沿袭，其词必极才之所至，其调年变而月不同，手眼各出，机轴亦异，二百年来，上之所以取士，与士子之伸其独往者，仅有此文。而卑今之士，反以为文不类古，至摈斥之，不见齿于词林。嗟夫，彼不知有时也，安知有文！

夫沈之画，祝之字，今也；然有伪为吴兴之笔，永和之书者，不敢与之论高下矣。宣之陶，方之金，今也；然有伪为古钟鼎及哥、柴等窑者，不得与之论轻重矣。何则？贵其真也。今之所谓可传者，大抵皆假骨董赝法帖类也。彼圣人贤者，理虽近腐，而意则常新；词虽近卑，而调则无前。以彼较此，孰传而孰不可传也哉？

——录自《锦帆集》，袁宏道撰，明末刻本

王思任话八股

导读

王思任（1575—1646），字季重，号遂东，又号谑庵，绍兴山阴（今浙江绍兴市）人。明万历三年（1575）生于北京，清顺治三年（1646）逝于绍兴。

和当时所有的世家子弟一样，王思任自小即研读儒家经典，攻习八股时文。他天才英发，又幸运万分，在科举这条崎岖小道的攀登上异常顺利。他五岁即遍读《四书》《五经》，十岁即开始作八股文，十九岁中举，二十岁即成进士，少年科第，风光无限。

不过，当他释褐步入官场，即运交华盖，坎坷异常。

由于他恪守儒家正统的伦理价值观，为人正直而又有骨气，初任县令，便为民请命，意轻五斗，三仕三黜，偃蹇宦途。他不肯党附东林，又不愿依归阉党，故两头受击，通籍五十年，三为县令，一为推官，一为教授，两为臬幕，三为主政，一为兵备使者，一直沉沦下僚。直至明亡，鲁王监国，始任宫詹，晋少宗伯，但没几天鲁王就被打败，他便逃回家乡。他曾总结自己落得如此下场的原因是：他“不曾投刺东林、魏党，乞食墦间，沽名井上。所以然者，脚底有文，脚心有骨”。应该说，这些话说到了点子上，其骨气确为他带来了厄运。

王思任不愧为儒家思想的忠实执行者。他那句怒斥晚明权奸马士英，拒绝其进入绍兴的名言“吾越乃报仇雪耻之国，非藏垢纳污之区”，曾激励过无数越中士人。清兵南下，占据绍兴，有人邀他投诚。他闭门大书不降。他誓不朝见，不剃发，不入城，仅携书一卷、棋一枰遁入山中。当他听说有人向清朝诸王举荐他时，他写信给其表弟说：“我非偷生者，欲保此肢体以还我父母耳。时下尚有旧谷数斛，谷尽则逝，万无劳相逼为。”果真，他偶患小病即绝食僵卧，待新谷登场时他已绝食而亡。临终时书“忠孝文章”四字令人悬于中堂，然后大呼“高皇帝”三声才瞑目。王思任以其悲壮的举动，为后人留下一个供万世景仰，能舍生取义的忠烈形象。

王思任十岁能文，古文、词、诗歌及书法、绘画皆名重一时。然而令他文名显赫的，还在于他的八股时文。他不仅选编过《庆历小题选》《明文珠玑选》等八股文选本和大受欢迎的自己的时文集《小题怡赠》，还因在八股时文界的名声大地位高，而为许多友人或慕名而求的士人撰写过不少时文集序言。在这些序言中，王思任阐述了许多独到的见解。

他针对万历八股文变革时不遵经文，率自抒发胸臆，自作评论，不顾题目的作法，总结出一套既不墨守成规，敢于创新，又不动摇时文宗旨的新相题法则。他说：“孔孟语言，无有小处，大题小做，小题大做，题外生文，题中归命，一部缩入一章，一章缩入一句，知是者吾与之论文矣。”（《小题怡赠自序》）这种相题法在当时和清代，都被八股文坛视为时文正宗。

他特别重视破题的作用，说：“抡文如选色，其面在破，其颈在承，其肩胸在起，其腰肢在股段，其足在结束，其大体在长短纤肥，神态艳媚，若远若近，是耶非耶之间。而总之以面为主，面不佳，百佳费解也。岂有不能破而能文者乎?”（《著坛搜逸序》）所以当时科场中，“原以破题定甲乙”，“看其破题，元必高于魁，魁必高于诸进士”（同上)。他还总结出“大题可以逃败，乡愿居之；小题可以见才，狂狷居之”的规律，并举例说："守溪、荆川、昆湖、鹤滩、鹿门、思泉诸老常乐为之，皆从狂狷诣中行者也。嗣后岳阳、侪鹤、海若、鹿巢、西铭、衷一、楚望、宾王诸君子互出旗鼓，各极狂狷之致。"（《小题怡赠自序》）这就把八股文的风格与各人的个性、才情结合起来，有助于人们对八股时文的认识。

王思任是个有名的文学家，他以其丰富的想象力，将八股文这种文体与人的相貌相比，说："文而曰体，文从体出也。自破首以下，皆体也。体莫正于人，而人不易正，则相与敧而遁之，遁而远之也。国初之文，传人之貌。成、弘以至隆、万，则由貌而神矣。万历之末，俱学传人之影。至于今传影不得，则起而传人之梦。岂惟传人之梦，乃传奇肱乳目之梦也。"（《许玉史近义草序》）以人之体貌来比喻明代八股文的变化特征，形象易懂。这种独创性的描述八股文发展轨迹的做法，只有王氏才能。

令王思任驰名于明、清两代文坛的还要属其八股文。其友张岱说他十三岁就读于万历八股文名家黄洪宪家中。他"落笔灵异，葵阳大喜而斧藻之"，传授他八股文技法，他"学业日进"。他中举成进士，"房书出，一时洛阳纸贵。士林学究，以致村塾顽童，无不口诵先生之文。其幼小题，直与钱鹤滩（福）、汤海若（显祖）争坐位焉。"（张岱：《王谑庵先生传》）汤显祖曾把王思任与归有光、诸燮、胡天一称之为"时文字能于笔墨之外，言所欲言者"（汤显祖：《王季重小题文字序》）。而王思任的八股文因"能为古文词诗歌，故多风人之致，光色犹若可异焉"。认为"其为文字也，高广其心神，亮浏其音节，精华甚充，颜色甚悦眇焉"。其小题文字能于放纵之中谐趣横生。特别是那些说物说事单句题，"与义无与，亦无所碍"，他能"以灵隽之思致，写令生活"，"洁净中含静光远致，聊拟其笔意以骀宕心灵"（王夫之：《夕堂永日绪论外编》），很受王夫之称赞，将他与汤显祖、赵南星、刘侗称之为善作此类题之高手。《许子冠乎》即为其小题名作。

这个题目来自《孟子·滕文公》，原是孟子为揭穿许行抹煞劳心与劳力者分工不同之虚伪性时所说大段话中的一句。

在这篇八股文中，作者以文学家雅洁、流丽的语言，摹声摹神，叙写人物，只将“未必冠”“未必不冠”两意反反复复勘驳到底，一步步将孟子说“冠乎”的“乎”字时那种轻蔑的语调全盘托出。令人如闻其声，如见其人，“乎”字神情，活跳纸上。王思任的文章大都有放纵而谐趣横生的风格，这种风格与其通脱自放，不事名检的谑浪个性有关。个性所致，他常以诙谐为文，喜欢使用戏谑的言语。此文是为了揭露许行之伪，故笔下颇出讥讽之词，使文章显得生动、通俗，没有一般八股文的那种僵硬气味。然而其吐属皆雅，了无芜秽语，这是为其学识素养所决定的。

王思任深受儒家思想的熏陶，坚持八股文要恪遵经旨的功令。但他决不是个保守主义者，在八股文的格式及相题的方法上他绝不墨守成规，敢于突破那些不顾阐述题之义理的需要，只求合乎格式与规定而不惜削足适履的做法。此文就根据行文之需要只采用六股，且其对股的字数又不摹其出股之语，斤斤然句栉字比，而是敢于使用散文句式，化比偶为单行，从而使这篇八股文具有古文的色彩。八股文旧有的相题之法规定，在作本题时，其内容不得牵涉上下文，不得使用上下文中的词句。但王思任为了较为自由地表达自己的思想，深入地开掘题旨，他就大胆地打破这一陈规。如后比的出股中出现的“烦”字，即映题之下文中的“何许子之不惮烦”的“烦”字。后比的对股中的“伪”字，即映下文的“国中无伪”及“相率而为伪者也”等句子中的“伪”字。这些地方都是明露下文字面，是严重违规的，所以清代一些八股文名家对此惊叹说："前辈之无忌讳如此。"这些做法表明明代万历年间以后八股文的写法在变革的潮流中的确发生了巨大的变化，变得亲切一些了，变得人性化一些了。

王思任的八股文有一个突出的特点是能张扬自己的个性。

当代许多人一说起八股文，便认为它死板，是一种文字游戏，束缚了个性，显现不出作者的性格与气质。其实，这是不懂八股文所致。优秀的八股文如同好的古文一般，能尽显作者的学识与才情，表现出其独特个性，只是这类文章在八股文的初创阶段为数不多。因为其时特别强调恪遵传注，体会语气，谨守绳墨，尺寸不逾，不过敷衍书义而已。且当时管制极严，人们不敢，也无法表现其才情、个性。到正德、嘉靖之后，唐顺之、归有光之徒，以古文大家气魄，运之时文，八股文的格局为之一新。特别是到万历之后，八股文大变，人们或讲机局，或尚才情，或喜词藻，日新月异，八股文就成了人们发表崇论宏议的平台，表现个性的工具。议论纵横，气势雄浑之文有之；体气宏大，表露性情之文有之；拟声摹神，生动活跳之文有之，故不能一律将其视为死板。

例如徐文长为人狂放、尖刻，他的八股文就表现了这种性格。其《今之矜也忿戾》文云："其视己也常过高，而身心性情之际，每怀不平；其视人也常过卑，而亲疏远近之间，鲜能当意。义利之辨未尝不明，但其所见者自以为义，而谓天下则皆利也；是非之故亦未尝不悉，但其所执者自以为是，而谓天下则皆非也。此非直浑厚惇大之体无所望也，好胜不已，而其势必至于争矣。"言为心声，古今诗文往往能自肖其人，八股文则言之尤畅。此文刻画矜字、忿戾字入骨，直肖徐文长其人，八股文之可以表达人之性情于此可见一斑。

王思任的八股文也常表达出他的个性，《人莫知其子之恶》

即是明证。

王思任聪明绝世，伶牙俐齿，为人谐谑，风趣尖刻，举世无双。他自称“兴还高，人不腐。舌如风，笑一肚。要读书，恨愚鲁。半通今，半博古”，便是这种个性的自我描述。这种个性，不仅在其诗文中得以反映，在其八股文中也有表现，使它们带有明显的王氏印记。

如作者在概释父子关系时说：“而家之中，莫亲于父子，亦莫疏于父子。非父之疏其子也，亲极反更疏耳。”这番话一语道破父子亲疏相互倚存的辩证关系，读了便让人明白父子间过分亲爱便是自我疏离，从而领悟到溺爱之极便是害子之极。寥寥数言，句句存作者尖刻之性，出其矢口放言，略无忌惮之情。

文中多讥讽之语，如在描写父母偏爱时说：“凡言人之子俱不美，独言及其子则无不美”；“本愚也，而以为诚笃；本狂也，而以为高明”；“誉言至则惟恐其不详，毁言至则惟恐其太尽”。这些话描述出父母溺爱子女的种种情状，语带戏谑，内含讥刺，无不是王思任性好谑浪的反映。

用八股文表达性情源起于正德、嘉靖以古文为时文之际，盛行于万历之后。王思任此文是一篇议论纵横、妙趣横生又说理透彻的好文章，它充分展现了王思任的个性，可视为万历时用八股文表达人之性情的代表作。

（龚　昊）

邹五从听石草序时艺

肉气灵活，俱从窍出。窍之最急者曰声，而不审聪明睿知，以聪为兄乎。声者，天之所爱吝也，昆虫得其一二，鸟兽或三四焉，而人得其亿万，圣贤得其不可思议者，以为群声之主，脱口落墨即中律度。一部《四书》，圣贤无声之声尽传如此。世儒苦功令割声为题，又认题为字，但能视题，不能听题，此所以无高文也。

蠡口邹五从，未壮取高魁。予旅居庐阜之下，怀刺见投，一接见之，玉缨竹采，豪电陆离。徐对之，温温抑抑，几坐我于玄风朗月之表。意气默可，不介言深。出文字一帙见示，抟奇抉妙，沥神攻髓。岂当日生长邹鲁，亲聆謦欬，有宿世通乎？何其声之相似也，不可思议！得此一谱，遂开人世思议之路。吾不知五从之耳，何以锦洞至此！蠡口石钟山，被坡老拈出，非风非水，非石非空，乃尽鲸钟凤管之妙。五从篱落间物，或者有得于斯乎？稿未属名，题《听石草》以归之。

——录自《谑庵文饭小品》卷五，王思任撰，王鼎起选编，清顺治十八年刊本

许玉史近义草序

文而曰体，文从体出也。自破首以下，皆体也。体莫正于人，而人不易正，则相与欹而遁之，遁而远之也。国初之文，传人之貌。成、弘以至隆、万，则由貌而神矣。万历之末，俱学传人之影。至于今传影不得，则起而传人之梦。岂惟传人之梦，乃传奇肱乳目之梦也。浸假而身长千里，为不饮不食之烛阴，究竟

归于混沌，眉目不施，手足不设，而犹以为未极。此非作者之罪，乃赏之者之罪也。

何幸有玉史先生，毅然独出，还其胎而正其体，由梦而收之于影，由影而活之以神，由神而肖之以貌。取法王唐，寄裁田邓，鼓吹郝李。大言名理，小言笑哑，具从窍灵生动，以至相好端严，靡不可模可范。此其才不欲为鬼魅，而以人统觉世者，真孔真孟在是矣。文章之苦，豫章齐鲁更甚。而近日三吴亦中其魔。凡事天下效苏人，独此道苏人不安其自。守溪先生尚在，玉史到关，明日先遣太牢祀之。

——录自《谑庵文饭小品》卷五，王思任撰，王鼎起选编，清顺治十八年刊本

小题怡赠自序

有塾师教小儿作对“月圆”，一儿曰“星满”，一儿曰“风扁”。风何以扁？曰：“看缝。”师大笑。是儿茁发听鹿，弱冠探花，为学士。“星满”者寿衿耳。宣和爱画，题传殿宫：“暗尘随马去，明月逐人来。”无当意者。一士人上奏画：一少年一老人并辔走，少年仰顾，老者鞭指其影，袍袖风前鼓，此马尾鬣蹄意俱拂往，恍笃速有声而不可止也。称旨，赍西锦二匹。王实甫《草桥惊梦》以孙飞虎白马将军相厮逐，不明不了，妙甚。此从漆园蝴蝶蜕来。予在云间，见一优儿作莺入梦，着淡红衫，掉两臂，浓粉涂朱，挂一鸦帕，似出棺之尸，此描魂沥魄手也。吴儿斗纸叶，取极上桌；王积薪论棋，全在冷绰侵剪；秦青之歌，音穷而韵方转。凡此皆文诀也。孔孟语言，无有小处，大题小做，小题大做，题外生文，题中归命，一部缩入一章，一章缩入一句，知是者吾与之论文矣。但大题可以逃败，乡愿居之；小题可

以见才，狂狷居之。守溪、荆川、昆湖、鹤滩、鹿门、思泉诸老常乐为之，皆从狂狷诣中行者也。嗣后岳阳、侪鹤、海若、鹿巢、西铭、衷一、楚望、宾王诸君子互出旗鼓，各极狂狷之致。

而醉李黄葵阳先生延漏仲容名师教其幼履素，复征余伴之，大集新旧之藏，颁之教而示之的，以为能小题即能大题矣。履素家学异资，文心藻秀，而予则朝气崛蛮，多所杜撰。然每奏一篇，先生辄呼叫“可儿，可儿”。他日名世，犹记虎豹犀象作出，长安喧沸，正孙策提刀十三岁也。幸第后以《松龛集》行海内。寻有《及幼草》，有《庠言》有《示儿》有《改儿》诸稿，皆予所自怡者。兹老矣，俱合刻之。念陶隐居事，岭上白云，人所共见。私我庭户，亦觉不悦不怡，则还我自怡，即以赠我，亦未为晚。不然前辈成己成物之心何居乎？叙《小题怡赠》之意如此。

——录自《谑庵文饭小品》卷五，王思任撰，王鼎起选编，清顺治十八年刊本

青溪儒童小试序

青溪令季考秀才之日，即季考儒童。曷为乎儒童有季考也？曰附于秀才之考而有季也。曷为乎附于秀才之考而有季也？曰季考为正考地也。孤寒者于无紧要之中遇主于巷，而高明之家欲其子之齐语，引而置之庄岳之间也。群英毕至，少长咸集，约二千三百有奇。

于是青溪令出理题试儒，出枯题试童，出一理一枯之题以试可儒可童者，而儒童之技具奏。风彩下射，虎气腾上，不守父师成说而独写灵心者，首拔之。红霞照玉，月香秋生，未赐天厨之珍，而亦不食人间烟火，次拔之。笔下有文，胸中有字，五官匀

称，六辐辏停，是苦心用意之客也，再拔之。而或丈瑕尺瑜，小腐大腐，目下未必超超，将来或当了了，终拔之。于是青溪令又为之点圈涂改，取其最隽者如干篇，附录于秀才之后。觉青溪秀才之文固好，而儒童之文又好甚也。或曰毛羽不丰满者，不可以高飞，岂其父兄不如子弟？予曰不然，美妇逊女，良玉逊璞，盖自古记之矣。

——录自《谑庵文饭小品》卷五，王思任撰，王鼎起选编，清顺治十八年刊本

诗三四房选序

阅文如听味，浓恶枯苦，厥罪惟均。菜在肉边则菜胜，肉有莱意则肉佳。虽云舌端三昧，而物理应自如此。至于文章，何独不然？正欲与子侄等商兑颐卦，而友生以诗若而房丐选。一切醯酱桂姜，皮毛髓汁，俱命玄水汰尽，第赏其先天之味，最清最厚者，养脾悦口而止。夫义所同嗜，下箸便知，固不必杯盘珍谲，走马取天花，而苦酒试龙鲊也。海内荀勖符朗，近出师旷之上，我为段丞相老婢而可乎。

——录自《谑庵文饭小品》卷五，王思任撰，王鼎起选编，清顺治十八年刊本

小题锐序

越中舆地绛阙，直通阆风，灵碧日来，生气愈出。予每以一日之长，不辞形秽，往往题于珠玉之前。亦既惓涩，久作铁门限矣，而门人沈尔汇、唐伯文辈以所刻《小题锐》征言。或曰："此毛遂之锥，刘章之剑，孙策之矛，太史慈之槊，少年场，锷

不留人耳。”是不然，文章之祖必本于火，火之精欺日藻天，而其体则锐。分焰重英，不可向迩，文之至也。山川效之，得锐者胜，则有鼎湖拔空，华不注兜卓，桂林千笋，匡庐五老，诸巨罗剪峰，一望而刺瞳警骨矣。苍颉书成，鬼神夜哭，中山兔长，咄咄逼人，是笔者火之子而锐之先也。文章不取锐，将钝汉是可儿耶？虽然，针有青莲，板床有魏牧，悉从钝得锐。磨淬之极，天颖自标。不则棘猴之颅，将何作削？狂蚕之尻，但有一螫已耳，而又奚取于进之速也。诸君文具在，锦肱秋眼，一鹄万矢，所向无前，而中坚后劲俱妙能夹持之。海内行行，且当避其作鼓之气，而吾独服其不一于锐者如此。

——录自《谑庵文饭小品》卷五，王思任撰，王鼎起选编，清顺治十八年刊本

墨铎序

《连山》，天“易”也。《归藏》，地“易”也。《周易》，人“易”也。固也，人“易”之言精。由今观之，止有天“易”而已。人得父始生，天者，人之大父也。五经言人事俱本于天，《书》敛若，《诗》于昭，《春秋》系王，《礼》太一，皆天也。《易》者天之统，有一字言人不出于天者乎？顾言天者不备，不如天之自言。天之自言，圣人是也。人脱天壳以来，懵然如孩，昏然如醉，卧人呓呓，不知其父即为天，日汩其清明之体殆尽而止。天圈一太极，人可寤矣而不寤；天于是倩庖牺为指犁然画卦，人可寤矣而不寤；天于是开文周为目，文以目语之，周以目成之，而人又不寤；天于是不得已劳尼丘为舌。至尼丘以舌从事，而《易》之蕴乃苦。故《诗》《书》执礼，不妨公之门生。而至于《易》，则尼丘独取之不欲逊。其曰五十学《易》匪赝

也，以为知命之年必某也可，庶几代天言云尔。一日，高坐杏坛，韦编三绝之际，喟然叹曰：“文不在兹乎!”此时尼丘洗心于《易》，内洽渊微，外动謦欬，皆《易》也，则皆天也。不知何一封人，骤见之曰：道在是矣。此天之喉舌也欤哉？胡不生之于昼，而生之于夜也？世之魔不厌倦，则觉之声不厌烦，天劳之者，乃谆谆然未七十而如八九十者乎，铎之思亦过半矣。

尼丘死，而铎传于卜氏。卜氏死，铎悬之不传。施雠、孟喜、梁、京、费、郑辈出而欲攘之，然皆落象数之詹詹，各得其片响，铎终悬而不下。程朱出，铎次第复振。高皇帝表章以四《易》试士，一以传注为师，铎乃如尧鼓禹钟，雷鸣狮吼于宙间。盖尝缔审尼丘之铎，其轻重缓急抑扬之节，音犹在耳。于元亨利则轻之，而于贞则重也；于吉则缓之，而于凶悔吝则急也；于屯蹇困否则以轻且缓者扬之，而于丰临豫泰则重且急而抑之也。故铎之义在音，音之妙在手。惟圣通天，有言即命，不然安所用金口而木舌乎？则此数百首墨义，由音响溯之程朱两先生，由程朱而溯之卜夫子，以上达于尼丘、羲氏。对越昊天，孰云文章小技可以瓦缶弃之也？此王君达铎墨之意也。

——录自《谑庵文饭小品》卷五，王思任撰，王鼎起选编，清顺治十八年刊本

来香社草序

李广之军苦不能射，屏居南山下，搏沙为左贤王，置五十步，以黄肩拟之。三日得其腹，十日得其目，一月而得其喉。得腹者共饮食，得目者貂，得喉者与金。则与之矢十金，俄而贤王之喉矢无集地矣。金愈进，步愈舒，右北平之役，虏以此逃去。人知志一可以动气，而不知气一可以静志。志至于静，则思无

二。格灵有专门，天下至巧至妙之事，皆气以先之也。

近吾越中举子业称极盛，而来香社诸君又最。人握奇篇，曾篝灯竟读之，如听云璈，如挈火浣，如遇宝青雄贝，理必窍凿，言恐口先，何英人之勃勃也？夫气之所往，在纸纸立，在字字飞，此自诸君余勇，而抑知故将军之所以射乎？没石之技起于射虎，射虎之技起于贯虱。视虎犹虱，则无全物；视虱犹虎，则无空物。志气交竞之时，不可以先后论也。射有似乎，君子其将然我也耶？

——录自《谑庵文饭小品》卷五，王思任撰，王鼎起选编，清顺治十八年刊本

自怡篇序

文莫妙于天，天之文何在？曰：其灵在空，其健在转，其骨在青，其精在日，其韵在雪与月，其采在霞，其叫号狂怪在风雷，而其变幻诡戾、惚恍合离不可想测处则在云。是故诸象形声俱有定轨，而惟云流今古曾无同局。兵家言韩云如布，宋云如车，秦云如行人，蜀云仓囷，齐云乃绛衣。此神其变之说，而以常惑之者也，乃所以幻之也。但云有真体，观云有术，必观其心。黄盖金翘，赤雕五色，虽烂焉卿吉，吾觉其阿闪而躁。惟是白云之兴，春容淡漠，其行浩浩，其留囷囷，肤寸而合，不崇朝而遍天下，荀氏所称友风子雨，托地而游，故足多也。是将无心山岫，育群生以还六气，岂仅仅岭头供人把玩哉？巽之以此名其篇，盖寓迹于冲而意实不可一世云尔。虽然，此大物也，持赠与人亦大不易。有缙云氏起，则文命之候，当令入房。如其不然，宁暂捷之笼中，毋遽贡于艮岳也。

——录自《谑庵文饭小品》卷五，王思任撰，王鼎起选编，清顺治十八年刊本

著坛搜逸序

先时主司命一题，了了高悬，如灯谜待举子打破，取青钱去。逾时试官借举子文温题目，侦听物价，真正方高下也。迨今日则一揣摩，一求索，两人相取如摸盲，绊则怒，撞则笑而已。予为童子时，读先正文，俱确不可易。即如君臣一题，瞿昆湖、金星桥、王荆石各正性命，决不那借。看其破题，元必高于魁，魁必高于诸进士。而当日场中，原以破题定甲乙，帖括名次具在，可复而按也。

盖尝论之：抡文如选色，其面在破，其颈在承，其肩胸在起，其腰肢在股段，其足在结束，其大体在长短纤肥，神态艳媚，若远若近，是耶非耶之间。而总之以面为主，面不佳，百佳费解也。岂有不能破而能文者乎？虽然，面难办也，亦大不易识。贫鳏躁士，得粉即欢，见夷光乱发之际，便有决骤唐突之意。此惟真能好色者，方可以别色也。如第惊皙肉一首，三十六宫，平康北里，无不可销魂者，岂知“绝代有佳人，幽居在空谷”乎？吾因张亦寓兄弟之搜逸，而一及之。亦寓曰：“函之久矣，被谑老一口道破，怪哉！”

——录自《谑庵文饭小品》卷五，王思任撰，王鼎起选编，清顺治十八年刊本

尺木堂稿序

巽倩占解头十日，忽屈易，主司不怿，辄多其房额一人示酬补。如此重巽倩，然而巽倩不以此重。巽倩试必首其偶，其偶必心服。而是秋牍出，偏师直捣，人人讶巽倩非平日，巽倩不以此

轻。巽倩未入棘，昵就予呼卢雄饮，自言持三日粮，必破赵方会食。既而牍成即示予，卜魁解若券取，然得失互见。而予亦不以此轻巽倩重巽倩，则为之语曰："他人之文，吾爱之；巽倩之文，吾畏之。"则又尝戏拟之曰："貌美骨妍，发可以鉴，而无奈其悍且妒也。举关穴革，射石没羽，力至矣，而无奈其鞅鞅跋扈何也。嘶风划电，腾跳万丈之岖，如驰金埒，而无奈其善蹄人也。"

巽倩家贫任侠，出则落落不羁，归则爇苦膏一蠡，向钟定鸡鸣之际，或抄或读，俱系大书。尝与予谈历下弇諆，定欲裁成之为一家言。此其举踔阔厉，不得已俯首博士业也。天下之人，得气者可以处大事；天下之文，得气者可以取大名。江淮湖海非不浩汗，然而由地中行，至黄河则从天而下，堆滚暝眩，冲啮横来，不知纪极，则气实先之。吾不畏江淮湖海，而独畏黄河以此，巽倩之文不其然乎？世更有乘槎客，能遇之者，其以予言谶也。

——录自《谑庵文饭小品》卷五，王思任撰，王鼎起选编，清顺治十八年刊本

倪鸿宝制艺序

宇宙，大穴也。大穴之中，皆千孔万窍之所据。灵洞环通，愈上愈有，第著血心一粟，则窒绊而不可解。有两高才，善用玄行之路，居陋巷者曰钻，其法以急而破实，居阙里者曰贯，其法以缓而串虚。一凡道德性命，功业文章，具从此出。吾尝以此相人，高高下下，视其自所谓孔窍者以为高下而已。

古虞倪玉汝，脱胎之后即欲腾翻大穴，每喜湛思，钻贯互用。上穷碧落，下索黄泉，一语之间，而神马思车已周万里。束发隽贤书，待诏金门不报，归缩其身，拟极虫豸之态，蠕之股

也，飞之翅也，蠢动之眉而蒸湿之尻也，具画一玉汝，以此自戏。即以此认真，俄而顶光一发，鹏云龙海，狮雪象山，形至玉汝而了不可得。其人甚平，其思甚怪，吾每度其肠，必有九疑转面，三峡倒流之景。度其肺肝，如五岳真形紫莲花，盖仰度其容纳传度之官，必另开一蕊宫林屋，笙箫缥缈。而度其心肾之交，则火藻焰天，玄池浴日，不敢迫视者也。是当扼明通之管，以干办人所不济，济所不先之事。三不朽惟所用之，其孔窍自别耳。人或以我佞玉汝，且莫读其歌诗古文辞，试出时义以视之，有不愕然灵动，眨眼一思者乎！岂谓玉汝得一第而遂佞之也？

——录自《谑庵文饭小品》卷五，王思任撰，王鼎起选编，清顺治十八年刊本

钱谦益话八股

导读

钱谦益（1582—1664），字受之，号牧斋，后自号牧翁，又自号绛云老人、东涧遗老等，江南常熟（今江苏省常熟市）人。

钱谦益自小广览经史子集各部书籍，对八股文亦有专攻，故科场顺利，于明万历三十八年（1610）即考中一甲三名进士。官至礼部侍郎，以东林党魁而受政敌攻讦，借科场作弊说事使之被削籍归。日以作文咏诗、广储天下善本为乐事，阴则图谋东山再起，未果。

福王时，征为礼部尚书，因受阮大铖、马士英等扼制，没有建树。清兵南下，多铎定江南，钱谦益迎降，授礼部右侍郎管秘书院事，充修《明史》副总裁。任职仅六个月，即告病归乡，以文章标榜江南，后进奉为文坛领袖。暗中则支持反清人士，与东南义军通。康熙三年（1664）卒，年八十三。

钱谦益以东林党领袖之身曾活跃于晚明政坛，却以降臣身份奉事异族，因此被士林讥斥不屑。虽后来暗中支持反清复明，又是一代文宗，仍被讲求节操的明代遗民所不齿。乾隆帝也把他列入贰臣之列，这是一个失节者之悲哀。

就像他前后为人判然若一分为二，前为君子后为小人一样，从他前期所写的文章中也看不出其八股文观有丝毫反主流、离经叛道的气味。

钱谦益力主八股文要依经傍注，虽然较之过去必须要遵经守注之功令已有所退步，但这是万历以后八股文坛的一种共识，且并不离经叛道，与功令不大悖，钱谦益当然不会迂腐到要退守旧规，招人厌恶的地步。他是一个极善与时俱进的圆融之辈。

在《翁子安制义序》中，他赞扬“子安之文，原本经术”。又在《四书传火集序》中说，所刻之该书，“不过庆、历间举子之文耳。然而发挥经术，根据理道，本雍容矩矱之风，而黜叫嚣儇突之习”。他称赞“子安之文，原本经术”，又夸《四书传火集》所选之八股文都为“发挥经术，根据理道”，有“雍容矩矱之风”之作，即可看出他的为文所宗。

在《黄蕴生经义序》中，他称赞黄蕴生（淳耀）“沉潜乎训义，反复乎句读，砻磨乎事业，而奋发于文章，沉浸酞郁，含英咀华，张皇幽眇，闳其中而肆其外”。即是说，他把沉潜于钻研传注，反复攻读经文，视为黄淳耀能写出优秀八股文的首要条件，这也是他写作八股文要依经傍注宗旨之声明。

在《王芳洲制义序》中，他驳斥了“今之时艺，不及诗赋可以行远”的言论，说：“今以文人之语，代圣贤之言，经国之业，匠心之理，举在尺幅之中，其标置视诗赋少下，而于以通经学古，则以涂视诗赋为尤近。芳洲之为文，沈酣理窟，穷极义府，然后润之以菁英，传之以藻绘，视世之取青妃白以剽贼为能事者，不啻土苴视之。”他称赞代圣贤立言使“经国之业，匠心之理，举在尺幅之中”，而王芳洲为文“沈酣理窟，穷极义府，然后润之以菁英，传之以藻绘”的做法，正是“以文人之语，代圣贤之言”的最佳途径。在这里，他把自己主张八股文要阐发圣贤之道的主张及作法都表达出来了。

由于他有如此观点，所以他在《家塾论举业杂说》中说，时文“必不传”，但又“何可废”，因“三百年之举子，精神心术，著见于是”。对说八股文“坏人心术”的说法，他绝不认同，说：“学者先论说，若有识者，必知理趣，孰非修身行己之事。本朝名公，多出科举。时文中议论正当，见得到处，皆是道理。汝但莫作凡子见识足矣，科举何尝坏人。”“必不传”，“何可废”，“何尝坏人”，三种认识构成了钱谦益完整的八股文价值观。

钱谦益是主张以古文为时文的，虽然这也是时风所致，但他以一代文宗之威望，振臂一呼，自然可为以古文为时文的运动起到鼓舞作用。在《郑闲孟时文序》中，他力赞以古文为时文的主帅之一归有光的时文“力追古文辞，昌言模拟窜窃之陋”。而认为郑闲孟之八股文，“非惟习进士业者不能知，即今之号为古文者，皆远莫逮也。”且指出其作法：“已而深求其指，一篇之起伏，与一言之笼挫，曲折苍老，皆深得古人之意。”借评述归有光及郑闲孟的八股文，宣扬了他倡言以古文为时文，在时文中要有“古人之意”的主张。

对于八股文在嘉靖与万历时的变化，钱谦益也有记叙。在《四书传火集序》中说：“嘉靖之季，公车之文，冗长腐烂，不可绳约”。在《陈中丞时义序》中说：“今世文体变坏，如夷言鬼话，不可方物。”在《黄蕴生制义序》中说：“以制举之业言之，万历初年，吴中习于浮靡腐烂。”这些记叙，既为我们展现了当时八股文的状况，为了解明代八股文史提供了史实，又表明了钱谦益的八股文优劣观。

钱谦益的八股文观中最有创见的，莫过于他对八股文流派的分类。

在《家塾论举业杂说》中，他把八股文分为举子之文、才子之文、理学之文三类，并指出每类文章的特点与代表人物，分辨其真伪。

所谓举子之时文，就是“本经术，通训故。析理必程、朱，遣词必欧、苏，规矩绳尺，不失尺寸。开辟起伏，浑然天成。自王守溪以迄于顾东江、汪青湖、唐荆川、许石城、瞿昆湖，如谱宗派，如授衣钵，神圣工巧，斯为极则。隆、万之间，邓定宇、冯开之、萧汉冲、李九我、袁石浦、陶石篑诸公，坛宇相继，谓之元派，江河之流，不绝如线。久而渐失其真，汤霍林开串合之门，顾升伯谈倒插之法，因风接响，奉为金科玉条。莠苗稗谷，似是而非，而先民之矩度与其神理澌灭不可复问矣。此举子之文之伪体也。”揭示了真体之特征后，又指出伪体之由来，使人们对举子之文有了全面准确的把握。

“何谓才子之时文？心地空明，才调富有。风樯阵马，一息千里，不知其所至，而能者顾诎焉。钱鹤滩、茅鹿门、归震川、胡思泉、顾泾阳、汤若士之流，其最著者。虞澹然、王荆卿、袁小修，其流亚也。莽荡如郝仲舆，杂乱如王遂东，窃衔窃辔，泛驾自喜，可与龙文虎脊，并称天马乎？此才子之文之伪体也。”

“何谓理学之时文？季彭山，姚江之别支也；杨复所，近溪之嫡孙也；赵梦白，洛闽之耳孙也；李卓吾，枣柏之分身也。称心信理，现量发挥，可以使人开拓心胸，发明眼目。既而缙绅先生罢闲讲学，点缀呫哔，招摇门徒，以灯窗腐烂之辞，为扣门乞食之计，风斯下矣，文亦如之。此理学之文之伪体也。”

以描叙三类时文的特征及伪体而将三者明晰界定，就为我们认识明代八股文的发展变化提供了可倚傍的视角。这是钱谦益对八股文史研究所作贡献，也是他学通古今，目光如剑的结果，更是他八股文观的体现。

（龚　昊）

四书传火集序

是集也，盖选刻隆庆戊辰以来至于今日，传写杀青之文，长蘅、淑士互相刊定，而静之、平仲为之卒业授梓者也。刻既成，淑士抵书告予：子其序矣！嗟乎！予之释兹也久矣，其何以序斯集哉？

忆往年与长蘅同上公车，时时谈古今文字。长蘅亟称归太仆，以为比肩曾、王，空同辈所不逮也。予心志其言而未敢信。迩年读太仆集，识近代文章之谬，益服膺长蘅，以为知言。盖太仆殁未久，其师友绪论，在鹿城、练川间，多有能传道之者。而淑士为诸生时，与长蘅切劘最久，有所撰著，皆取诸文从字顺，而不为诘曲绸缋之辞。其风流弘长，所得于太仆之乡与其人者，固不可诬也。今兹之刻，不过庆、历间举子之文耳。然而发挥经术，根据理道，本雍容矩镬之风，而黜叫嚣隳突之习。静之、平仲，后先踵益，若出一手。文章之流别，与问学之渊源，盖亦可以想见矣。

嘉靖之季，公车之文，冗长腐烂，不可绳约。唐中丞之门弟子，乃始有《正脉》之刻，原本师门之指授，而规世以典雅，隆庆初之一变，不可谓非其力也。今文运日靡，文心日薄。世所争嗜角好者，要之如土龙刍灵，象物而已，体气骨格，无有存焉。得是集以为质的，安知不有读书穷理，闻先民之风而兴起者乎？君子之泽，五世而斩。诸子之于太仆也，如先河焉，如望祀焉。其于以掉鞅文囿，起雅变俗，岂不亦有余力矣哉！

客或谓予："今世操文章柄者，是不一姓。然而尚论或党仇朽骨矣，评骘或傅会炙手矣，市交之赤牍，弹事之白简，与铅椠杂出矣。岂有如太仆所訾謷一二妄庸人为之巨子者乎？淑士之怀长蘅曰：‘一编存故篋，字画《麻姑》细。仿佛共丹铅，深夜重门闭。’读其诗，静好其德，而金玉其音，犹有先民之思焉。选文，小道也，可以论世。子能无余忾已乎？”予曰：“善哉！非吾所及也。”姑牵连书之，以为《传火集》序。

——录自《钱牧斋全集·牧斋外集卷第三》，钱仲联标校，上海古籍出版社 2003 年

黄蕴生经义序

嘉定黄蕴生，金声而玉色，规言而矩行。韩子之称李翱，所谓有道而文者也。儿子孙爱，自家塾省余山中，奉其文三十篇以请曰：“幸一评定之。”

余曰：“吾何以定而师之文乎哉？而师之学，韩子之学也，其文，韩子之文也。口不绝吟于六艺之文，手不停披于百家之编，记事必提其要，纂言必钩其玄，焚膏油以继晷，恒兀兀以穷年。而师之为学之勤也，不若是乎？沉潜乎训义，反复乎句读，砻磨乎事业，而奋发于文章，沉浸醲郁，含英咀华，张皇幽眇，闳其中而肆其外。而师之为词之富也，不若是乎？处若忘，行若遗，俨乎其若思，取于心而注于手，惟陈言之务去。而师之为文之专也，不若是乎？偃仰一室，啸歌古人，耕于宽闲之野，钓于寂寞之滨，玉固未尝献而足固未尝刖也。而师之为道之勇也，不若是乎？虽然，有本焉。行峻而言厉，心醇而气和，昭晰者无疑，优游者有余，养其根而竢其实，加其膏而希其光，仁义之人，其言蔼如也。此而师之所以为学为文者也。”

孙爱起而拜曰：“小子朝夕在函丈之间，服膺吾师，不知吾师即今之韩子也。请以斯言授简，以为吾师近艺序。”

——录自《钱牧斋全集·牧斋初学集卷三十二》，钱仲联标校，上海古籍出版社 2003 年

陈中丞时义序

吾友旦融陈公，谢中州节钺，杜门却扫，横经枕籍，家人莫见其面。而里中俊乂，执经问字者，户屦恒满，欣然起而应之。布席函丈，离经辨志，断断然有洙、泗、濂、洛之风。诸生间以时义为请，见猎喜心，舐笔和墨，挥洒立就。诸生相与缮写成诵，因以镂版流布，则兹集诸篇是也。

吾乡之人文，莫盛于嘉靖中。而毗陵唐襄文、吾邑瞿文懿两公，为之魁宿。中丞少服膺两公，得其神理于百年之后，其为文雍容和雅，有伦有要，如介圭之有邸，如精金之有声。今世文体变坏，如夷言鬼语，不可方物。读中丞之文，俨然先民典刑，如东京父老，得复见汉宫威仪，当有为感而流涕者矣。

文懿入翰苑后，不复染指时义。而襄文之文，则得之登第为多。盖其再三迁谪，穷居尚志，往往托经生之言，以传写其胸中之蕴藉。中丞今日，盖亦相似。襄文留心经济，攻苦食淡，虽枪棍之粗技，风角之杂占，皆穷日分夜以有事焉，而其志则有超然于物外者。当淮上寇急，羽书洊至，与羽人禅客，放舟三山，若释然无有所事。其诗曰："闻道维扬迎帅急，道人方在水云间。"盖其托寄如此。中丞之在中州，裹粮坐甲，戴星露宿，上马督战，磨盾草檄。角巾东归，如老生宿儒，日夕以丹铅句读为能事，不独其文似襄文也，其为人亦似之。晋人有言曰："好以暇，好以众整。"费祎之围棋饮酒，寇准之呼卢纵博，识者知其能办贼。何者？其神全，其气足，其心常超然于事外也。观中丞之时义，则知其萧闲镇定，虽口奴闯贼，交绥接矢于五步之内，目不

为瞬而足不为却也。吾以为中丞之时义，非时义也，其诸暇整之律令，而经略之成书也与？请以是序中丞之时义，并以稔于海内之知中丞者。

——录自《钱牧斋全集·牧斋外集卷第三》，钱仲联标校，上海古籍出版社 2003 年

郑闲孟时文序

吾友郑闲孟携所作四书义过余。余索而读之，窃怪其郁然而阴，炳然而明，山川云物，回合互见于尺幅之中。已而深求其指，一篇之起伏，与一言之笼挫，曲折苍老，皆深得古人之意。故余以为闲孟之文，非惟习进士业者不能知，即今之号为古文者，皆远莫逮也。然而闲孟之于文则有本矣。

嘉靖之季，昆山归熙甫，力追古文辞，昌言模拟窜窃之陋，至谓一二妄庸人为之巨子，其名亦卒为一二人所抑没。而熙甫之门弟子在嘉定者，独能邮传其师说，久而愈著。其闻而知之者，若娄子柔、唐叔达、程孟阳辈，累累相望焉。是故嘉定之士，讲贯服习，最为近古。而闲孟游于诸君子，才气壮健，远骋高视，不顾流俗。以其绪余为时文，若壅大川而决之，其能与古人相上下，宜无疑也。

当熙甫之世，所谓一二人者，海内望走，若玉帛职贡之会，惟恐后期。而熙甫与其门弟子补衣疏食，端拜雒诵，相与唱叹于荒江墟市之间而已。今之为一二人者代有，其旁出叫嚣者亦鼎列天下，号为文章家。而嘉定诸君子，守其朴学，婆娑里社，有如桓谭所云"亲见杨子云，容貌不能动人"者。余尝语客："古文一派，近在嘉定，他皆不足存也。"客掩耳而走。余亦淟然悔之，非悔其言也。余既不能慷慨攘臂、轩翥大雅之后，又无气力足振

襮人而啅噪不已，无所与于文章，而徒为诸君子之累，是亦悔也。今又将累闲孟矣。

虽然，令闲孟姑舍所学，贬损其志气，从事于窜窃叫嚣之业，则为所谓一二人者不难，而世之高之者不少矣。今闲孟远骋高视，不顾流俗，又以其绪余为时文，闲孟之自累也，岂有既耶？抑亦讲贯服习，濡染于训诂风雅之道，宁薄于当世，而不愿为俗耳庸目所取贵耶？闲孟其知之矣。

闲孟属余为其序，而余书是言复之。世之习进士业者，必以余言古文为迂阔，而其号为文章家者，曰："彼自为时文序耳。"顽然置之，无复省录。余之累闲孟者或浅矣夫？因闲孟寓诸君子，视何如也？

——录自《钱牧斋全集·牧斋外集卷第三》，钱仲联标校，上海古籍出版社 2003 年

王芳洲制义序

唐人以科举取士，士子装卷轴以求知于先达，谓之行卷，或曰夏课。至王荆公创为经义，始破终结，犹然律赋八韵之意。盖合明经制科而一之，莫善于此。今士子有得隽于乡者，多集其平生揣摩之言，汇而行之，亦曰行卷，犹唐之遗语也。

今岁秋，邑之得隽者五人，王子芳洲在焉。其尊人喜赓率芳洲端拜谒余，而请序其制举之文。余亦何以序芳洲哉？

余尝集唐人诗至数百家，其间大集巨编，寥寥数家，一篇两篇或至数十首，往往在人口，盖当时行卷也。或以今之时艺，不及诗赋可以行远，则窃以为不然。诗赋源于周人，定于宣父，沿流而下，嘲风弄月之语，往往为儒者诟厉，至以高才有文为不幸。今以文人之语，代圣贤之言，经国之业，匠心之理，举在尺

幅之中，其标置视诗赋少下，而于以通经学古，则以涂视诗赋为尤近。

芳洲之为文，沈酣理窟，穷极义府，然后润之以菁英，传之以藻绘，视世之取青妃白以剽贼为能事者，不啻土苴视之。其为人深心湛思，去嗜绝好，衡门两版，丛书其间，有如韩退之所云“是以能蝉脱俗学，超乘而先鸣”。斯集也，悬之国门，即唐人之丹铅甲乙应制擅场者，犹未能与之争先，而况其戋戋者乎？

芳洲胚胎前光，服习家学，如玄圃之玉，多而愈珍，非如他人沾沾一章半句之间者。以喜赓之读书缵文，积之十余年，而联翅接翼，待芳洲而俱奋焉。乌衣、马粪之诸王之盛，将复见于今世，而瑯琊、太原在近地者，将鼎足而为三矣。余为书此以竢之。

壬午嘉平，虞山老民钱谦益书于优昙室中。

——录自《钱牧斋全集·牧斋外集卷第三》，钱仲联标校，上海古籍出版社 2003 年

家塾论举业杂说

余少事科举之业，聊以掉鞅驰骋，心颇薄之。通籍以还，都不省视。今老矣，惛惛如隔世事。从子孙保，读书缵言，胚胎前光，评选皇明制科文字，请余为序。茫然无以应也。老人多忘，览尘偶忆，杂书闻见数条，并示吾儿孙爱，俾传诸家塾耳。

或问：“时文可传乎？”曰：“必不传。王介甫始作制义，而介甫之制义，今无只字。刘文成《覆瓿集》所传春秋义者，前元应举之作，兔园村夫子，咸可以奋笔也。”“然则可废乎？”曰：“何可废也！三百年之举子，精神心术，著见于是。天启乙丑而后，文訞迭兴，辛有百年之叹，于尺幅中见之。识微之君

子，慎思之可也。”

《横浦心传》曰：“或问：‘科举之学，坏人心术。近来学者，唯读时文、事剽窃，更不曾理会修身行己是何事。’先生曰：‘汝所说皆凡子也。学者先论说，若有识者，必知理趣，孰非修身行己之事。本朝名公，多出科举。时文中议论正当，见得到处，皆是道理。汝但莫作凡子见识足矣，科举何尝坏人。’”

王龙溪云：“举业不出读书、作文两事。读书如饮食入胃，必能盈溢输贯。积而不化，谓之食痞。作文如写家书，句句道实事，自有条理。若替人写书，周罗浮泛，谓之沓舌。于此知所用心，即举业便是德业，非两事也。”追忆邹东廓往年赴会，少子颖泉垂龆相随，动静俨如成人，不屑屑于章句，而大旨大端，默有契悟。命题操笔，绝不为俗套所泥，务出新意，发难显之词，而亦不乖于度。兄弟子侄，相继者数辈，是第一等万选青钱，业举者之榜样。诸友反而求之，始信余言之非妄也。

冯祭酒开之，好作经义。紫柏大师遗书诲之曰：“时义不做亦可，即阿郎并相知求教者，称心现量，打发足矣。何必苦心自作。昔李伯时画马，秀铁面诃之，以为必入马腹而堕地狱。今之留心时义者，心术纯良，一旦出身做好官，则亦有益。如心术不佳，借此出身，为大盗而劫人，则先生之罪，较李伯时尤甚。”

赵浚谷子有俊才，不课举业。其婿李廓庵怪而问之。浚谷曰：“吾见近来举业日敝一日，故不欲儿曹为之。”廓庵曰：“近来举业日盛一日，乃以为敝，何也?”浚谷曰：“子试举近代举业之佳者以示余。”廓庵检得《十先生稿》瞿昆湖《子使漆雕开仕一节》文字呈上。浚谷看讫，问曰：“此文佳处何在?”廓庵指其讲“子说”处云：“‘即其不轻于仕，则他日之能仕可知。即其不安于未信，则他日之能信可知。’此皆前人所未发。”浚谷曰：“吾谓近来举业之敝，正指此等处也。子之悦之，只悦其当下一念，岂暇推及他日。他日之信不信，夫子岂能预保而预喜之耶？《荀子·非十二子》有漆雕氏之儒，毕竟斯之终未能信，流为曲学。使夫子预保而预喜之，是为漆雕氏所卖矣。圣人不若是愚也。即如近日抚、按奏吾乡灾伤，若极叙目前冻馁流离之状，天子必恻然怜悯蠲赈。乃云若不蠲赈，他日必为盗为乱，国家且受其祸。以祸怵之，而恻隐之心薄矣。又如言官论高中玄，言其刚愎褊急，无宰相度，彼亦何辞。乃云他日必为秦桧、李林甫。玄中素以豪杰自负，不可一世，士以此目之，彼岂心服。他日柄用，其恣睢不平之气，必有当之者。吾老矣，子当亲见之。"已而部覆陕西灾伤，得旨果无蠲赈。而隆庆间高公以阁学莅吏部，首考察科道，黜向时言事者，一一如赵公言。

余谓四公之论举业，皆聊尔及之耳。横浦、龙溪就举业说修行法，紫柏就举业说出世间法，浚谷就举业说世间法。应以举子身得度者，即为现身说法，此中故有第一义谛也。

杜工部云："别裁伪体亲风雅，转益多师是汝师。"余谓时文亦然，有举子之时文，有才子之时文，有理学之时文。是三者皆有真伪，能于此知别裁者，是亦佛家所谓正法眼藏也。

何谓举子之时文？本经术，通训故。析理必程、朱，遣词必欧、苏，规矩绳尺，不失尺寸。开辟起伏，浑然天成。自王守溪以迄于顾东江、汪青湖、唐荆川、许石城、瞿昆湖，如谱宗派，如授衣钵，神圣工巧，斯为极则。隆、万之间，邓定宇、冯开之、萧汉冲、李九我、袁石浦、陶石篑诸公，坛宇相继，谓之元脉，江河之流，不绝如线。久而渐失其真，汤霍林开串合之门，顾升伯谈倒插之法，因风接响，奉为金科玉条。莠苗稗谷，似是而非，而先民之矩度与其神理澌灭不可复问矣。此举子之文之伪体也。

何谓才子之时文？心地空明，才调富有。风樯阵马，一息千里，不知其所至，而能者顾诎焉。钱鹤滩、茅鹿门、归震川、胡思泉、顾泾阳、汤若士之流，其最著者。虞澹然、王荆卿、袁小修，其流亚也。莽荡如郝仲舆，杂乱如王遂东，窃衔窃辔，泛驾自喜，可与龙文虎脊，并称天马乎？此才子之文之伪体也。

何谓理学之时文？季彭山，姚江之别支也；杨复所，近溪之嫡孙也；赵梦白，洛闽之耳孙也；李卓吾，枣柏之分身也。称心信理，现量发挥，可以使人开拓心胸，发明眼目。既而缙绅先生罢闲讲学，点缀呫哔，招摇门徒，以灯窗腐烂之辞，为扣门乞食之计，风斯下矣，文亦如之。此理学之文之伪体也。

茅鹿门云："王、唐、瞿、薛正宗之外，钱兼山善发挥枯题，能敷演一言为千百言。周用斋善收拾长题，能攒簇千百言为一言。泾阳先生与学者言：唐、瞿之文，中行也。我之文，狂也。陈筠塘、储樊桐之文，狷也。今人知陈、储之氏名者鲜矣。"

嘉靖以前，士习淳厚。房稿坊刻，绝无仅有。评选程墨行于世者，敖清江、项瓯东也。嘉靖末年，毗陵吴昆麓、吴江沈虹逵游于荆川之门，学有原委，始有《正脉》《玄览》之刻。学者皆宗尚之。厥后则有刘景龙之《原始》，范光父之《文记》，皆以轨范先民，本原正始，而时贤之窗稿，青衿之试牍，皆不得阑入焉。万历之中，娄江王逸季始大操月旦之评，然用以别流品、峻门户而已，未及乎植交。万历之末，武林闻子将始建立坛坫之帜，然用以招朋徒、广声气而已，未及乎牟利。启、祯之间，风气益变，盟坛社坛，奔走号跳，苞苴竿牍，与行卷交驰；除目邸报，与文评杂出。訞言横议，遂与国运相终始。以选文一事征之，亦当代得失之林也。

天启初，汤临川之仲子大耆偕朱如容掌科游长安。如容盛谈时艺，称临川文如杜诗，无一字无出处。坐客有面折之者曰："《左传》'阴饴甥曰：小人戚，谓之不免；君子恕，以为必归。'

临川《君子实玄黄二句》文云：‘周师入，君子怒可也。’改恕为怒，有何出处？岂时文应使别字乎？”仲子曰：“尝有人问家先生，家先生曰：‘君子如怒，乱庶遄已。吾此文引《诗》语对《左传》也。’”如容鼓掌曰：“吾谓无一字无来处，岂非诚证乎？”其人俯首而去。如容语余：“先辈文不可轻易弹驳如此。”

万历间，王麟洲督学闽中，擢晋江李衷一于诸生中。时衷一已为宿名士矣，己酉科遂中解元。余生才四年耳，初学举业，先宫保命读衷一小题文，日课不辍。又得其刊行《四书文彀》，奉为彀率。丁未落第，相遇于虎丘，观其衣冠举止，俨如古人。谈及《文彀》，衷一蹴然拱手曰：“当时偶标目示二三学徒，不意其遂传，无从禁止耳。”是岁归闽，悉取近科时文选次为一集，题之曰《赴鹄编》，而叙其缘起曰：“向之云《文彀》者，志先正之彀，余与受之之所共也。今之云《赴鹄》者，赴受之之鹄也。”曹子建谓刘季绪才不逮于作者，而好诋诃文字，掎摭利病。如衷一之虚心善下，推挹后辈，岂徒贤于世之君子乎？余少壮盛气，颇犯季绪之病。老不解事，犹有余愧。《诗》不云乎：“其维哲人，告之话言。”其在今日，追维衷一之德音，其亦可告已矣。因孙保之请序，附著末简，且以志余愧焉。

——录自《钱牧斋全集·牧斋有学集卷四十五》，钱仲联标校，上海古籍出版社 2003 年

黄蕴生制义序

当嘉靖之季，天下之词章，浮华剽贼，互相夸诩。昆山归熙甫以通经师古之学，起而正之。畹晚不遇，声华寂莫，独与二三学者，微言高论于荒江老屋之间。其为制义之文，根极理要，与王济之、瞿师道驰骋上下，他未尝过而问焉。熙甫既没，其门人

之在嘉定者，能守其师说，流传而不变。故嘉定虽小邑，其人士多能通经学古，不汩没于俗学，则得之熙甫之门墙者为多。

以制举之业言之，万历初年，吴中习于浮靡腐烂，嘉定则有李茂实、张伯隅、金子鱼一辈，以尔雅清虚为宗，而娄东、虞山应之。既又降而为轧茁吊诡，则吾友徐女廉、李长蘅、郑闲孟又以其雄深淡荡之文出而树帜，吴风为之再变。迨于近日，诐淫交作，鬼怪横行，而侯豫瞻、雍瞻、李缁仲、黄蕴生后先奋笔，昌明雅道。当榛芜充塞之日，不为俗变而能变俗，尤可尚也。

蕴生之文，余为叙而行于世，其推尊蕴生之文甚至，而海内咸以余言为允。今蕴生亦既登于贤书，将进而列于承明著作之庭，其制义之业，与王、瞿、熙甫辈，驰骋上下，不足道也。今天下俗学益炽，古学浸微。人皆以通经师古为言，而沦胥沉溺，日以益甚，则枝柱廓清之责，岂能无望于蕴生乎？传闻熙甫上公车，赁骡车以行。熙甫俨然中坐，后生弟子，执书夹侍。嘉定徐宗伯年最少，从容问李空同文云何？因挟《空同集》中《于肃愍庙碑》以进。熙甫读毕，挥之曰："此亦无他，只文理不通耳。"偶拈一帙，得曾子固《书魏徵传后》，挟册朗诵，至五十余遍，听者皆厌倦欲卧，而熙甫沉吟咏叹，犹有余味。宗伯每叹先辈好学深思，非后生所能窥也。蕴生将昌明古学，障狂澜而东之，其必自熙甫之绪言始。

余向序蕴生之文，儗于唐之韩子。由熙甫之学进而之于韩，又进而之于六经，所谓不为俗变而能变俗者，不独制举义而已也。蕴生勉之矣！

壬午易月十七日，虞山友人钱谦益序。

——录自《钱牧斋全集·牧斋有学集文钞补遗》，钱仲联标校，上海古籍出版社 2003 年

翁子安制义序

吾邑翁奉常兆隆，在神宗朝以正直忠厚，领袖掖垣。历官清卿，需次节钺，未及枋用而殁。海内惜之，以为人之云亡，不独乡邦之人，有梁崩奄及之嗟也。兆隆殁垂三十年，而其叔子子安登于贤书，乡里父老，相聚叹息，以为苏颋有子，愈于李峤之无儿，咸以为善人之报。而子安携其行卷以示余，俾为一言之弁。

余惟子安生长富贵，在绮纨襦袴之间。当其少遭闵凶，家门凌落，风雨漂摇，岌岌乎有孤生鲜民之忧。子安矫志厉行，食贫攻苦，荼蓼以操其心，而盘错以坚其节。冰凝虫蛰，镞羽括砺，以候阴阳消息之变。至于今，心志定矣，骨节坚矣，其丰基厚墉者，既已卓然有成矣，而后鹊起以赴功名之会。人皆歎子安之少遭闵凶，以为险阻艰难，实备尝之，而岂知天之所以成子安，厚蓄而大发之也哉？

子安之文，原本经术，渔猎子史，铁心钵肾，刮骨擢髓，篇有百尺之锦，而句有千石之弩。世受胡氏《春秋》，专门名家，收罗旁魄，抉摘疑互，安成、晋江诸名家，皆为避席。深思好学，极深研几，皆以穷年继晷，弋而获之。非犹夫肥肠满脑，骨腾肉飞，以一往中隽为能事者也。观子安之文，则子安之所以为文者，亦思过半矣。

当神庙之末，国论沸腾，国家有大议，台省人持一喙，如沸羹之不可止。奉常平心易气，徐出一言，中朝皆叹伏屏息。余尝语奉常："汉儒者决朝廷大疑，定大事，往往皆用《春秋》，公其得《春秋》之深者乎？"奉常每捧手逊谢。子安且射策南宫，出当天下大议，其将抱遗经、挟家学以往，不但以制科之业，夸阀阅于里门也。余将拭目以俟之。

壬午嘉平月，虞山老民钱谦益题序。

——录自《钱牧斋全集·牧斋有学集文钞补遗》，钱仲联标校，上海古籍出版社2003年

黄道周话八股

导读

黄道周（1585—1646），字幼平，号石斋，福建漳浦铜山（现东山县铜陵镇）人。幼聪慧好学，五岁时，学《论语》，他问授者："圣人只教人以读书，有子何教人以孝弟？圣人只教人以老实，曾子何教人以省事？""授者不能答也。"（洪思撰《黄子年谱》）

黄道周少负奇节，以孝闻，年十四慨然有四方之志。游学至广东博罗县，在韩日缵家饱读异书。曾趁酒酣即席援笔立就数千言，名声大噪。他修心养性达炉火纯青地步。崇祯某年，黄道周游金陵，谭友夏与他订交。因"黄造次必于礼法，诸公心向之，而苦其拘也，思试之"。便找来一聪慧通书史又有姿色，"见者莫不心醉"的顾氏妓女，将黄道周灌醉后，叫她光着身子睡在他身边。黄道周醒后，对她丝毫无犯。"顾遂昵近公，公徐曰：'无用尔。'侧身内向，息数十转即酣寝。"天明，顾氏出门对等着听新闻的诸公讲了晚上的情况，说："公等为名士，赋诗饮酒，是乐而已矣。为圣为佛，成忠成孝，终归黄公。"（方苞撰《石斋黄公逸事》，载《黄漳浦集》卷首，清道光十年刻本）所以，黄道周以道德高尚，不苟细行而驰名士林。

黄道周于明万历四十年（1612）补郡弟子员。万历四十三年乙卯（1615）科乡试本拟取第一名，而以违式被除名。督学郑三俊深为叹息。万历四十六年戊午（1618）科福建乡试，中式第七名举人。天启二年壬戌（1622）科中二甲七十三名进士。

选庶吉士，历编修，监修国史实录。经筵故事，展书官必奉书膝行而进。黄道周认为膝行非礼，以平步进，魏忠贤怒目摄之，他毫无惧色。

当时魏忠贤虐焰方炽，黄道周与文震孟、郑鄤相约上疏弹劾。文震孟请以先行一步，若被杀则郑、黄再接着干。黄道周疏稿已写好，却因母亲即将迎京同住，怕遇难后牵连母亲，故三次拟疏又三次焚掉，郑鄤以为他胆怯了。他后来上疏说及此事，心有愧疚："鄤与震孟先后抗疏，臣以迎母且至，三疏三焚，郑鄤常以为怯。"（庄起俦编《漳浦黄先生年谱》，载《黄漳浦集》卷首，清道光十年刻本）未几，乞归。旋丁内艰，服满还朝，出典浙江乡试，毫不徇私，权贵子弟多不得志，都侧目而视。还朝，晋右中允。

黄道周为官严冷方刚，正直敢言，不避斧钺，以风节高天下，公卿多畏而忌之。崇祯三年（1630），因疏救旧辅钱龙锡，以直言触怒崇祯帝而降调，钱氏得免死，他乞休得归。在乞休疏中说自己为官首尾不过三年，"在朝班不上三十日，食俸米四石五斗"（庄起俦编《漳浦黄先生年谱》）。可见为官并未给他带来多少好处。

崇祯十年（1637）回朝，分校会试，升谕德，掌司经局，屡因上疏直言，受严旨切责，他却无怨无悔，屡责屡言。崇祯十一年（1638），廷推阁臣，崇祯要用杨嗣昌等，他力劾之，逆披龙鳞，被谪戍广西，途中被传旨复故官。回朝力请，得允回乡养病。

福王当国，被召拜为礼部尚书。在被遣祭告禹陵时，弘光朝亡。走衢州，奉唐王，用为武英殿大学士。因郑芝龙不肯出兵抗清，黄道周请自往江西图恢复，所至远近响应，得义兵九千余人。至婺源，与清兵战，失败被执至江宁，幽居别室，囚服著书。临刑，意气自如，过东华门，坐下不起，说："此与高皇帝陵寝近，可死矣。"监刑者从之。

黄道周学贯古今，所至学者云集，被尊称为石斋先生。他精天文、历数、皇极诸书，所著《易象正》《三易洞玑》，学者穷年不能通其说，他却用以推验治乱。其所指陈，深中时弊，论才守，足为万世楷模。

他儿时不肯治举子业，但长大后却下过大功夫去写作。"生平著经书制义，其刻行于世者曰《逆流小草》，其未刻者亦不下千余首。尝有言曰：'战场中拔父救兄，异乡里遇妻怜子，天下事都如做秀才赴科场时，则何事不可做也。'"（庄起俦编《漳浦黄先生年谱》）可见其在八股文上用力之巨。

他的八股文能融经铸史，理正气宏，很有特色。会试时房师韩日缵得到一份弥封的墨卷，其行文风格他一看便感到奇异，断言说："此必福建黄子也。"等到填榜拆号，果真便是黄道周的。可见其文确有特色，为天下周知，高明者一看便能分辨。

黄道周历来坚持八股文必根柢于经，内容必切于实用。

在《诗一房制义序》中，他表明自己是反对刻房稿的。在当时，房师对门生有一言九鼎之效，但黄道周不惜冒犯，一再用言行表明自己的立场：先是对向他要房稿的房师说自己的房稿"无有也"，实在无法，"乃勉搦管作七义应之"。他之所以持此态度，是因为他洞察到房稿是在考场中匆匆而就，内容空虚，甚至是摹仿之作，于世事无补。十六年后他"自觅房稿"，更懂得"天下之治不治，不在于文章；人才真伪，不系于看房稿、不看房稿"，"泛泛看房稿，不如诵《孝经》，于以灭贼，犹易为功也"。

正因为有这样的认识，故他主张，"凡人学问，处处要从心性中出，勿从口耳边来"，作八股文也要这样。在《倪鸿宝制义序》中，他揭示出明末写八股文的陋规："未落笔前，约有五避"，"正落笔时，约有四逃"，"既落笔后，有三不理"，并说"夫天下大人不用此十二者，则无复文章"。对于这种陋规恶习，他和著名文士倪元璐（鸿宝）都以为耻，认为是"目串口了之文"。因为依据十二条陋规写作，使得八股文与现实完全脱节，于"条达政体"丝毫无补。故他盛赞倪元璐能有益于世的八股文，其目的就是为了让士人们以之为榜样，弃文坛陋规恶习，重视经世致用。

其实，在八股文史上，每到朝代更替，国家危急存亡之秋，必然会有人出来振臂高呼，要改革八股文，使之能有益于世道人心。天启、崇祯年间黄道周、艾南英、陈大力、陈子龙等是这样做的，晚清时期亦无不同。在光绪、宣统年间当过军机章京的许宝蘅，在其《许宝蘅日记》丁巳（民国六年，1917 年）阴历八月十五日记叙道："检阅己亥、庚子所作八股，有《知者不惑》一篇，为讥张文襄而作，时有伪帝之狱，文襄颇为所惑；又有《滕文公问为国　两章》一篇，为刺变法而作；又有《能言距杨墨者》一篇，亦刺戊戌政变所作。方泽山师改本尤为痛切言之，亦致不满于文襄也。往时作八股，寻行数墨，不知所云，至戊戌、己亥间客涢口平镜芙处，公牍甚简，读书作文颇有所得，惜乎改试策论，此事遂废，不得一较其优劣。循览此册，感叹久之。"（《许宝蘅日记》第二册，中华书局，2010 年，第 609 页）许氏当年在武汉，与其师都以八股文为武器来讥刺时任湖广总督张之洞，可见与晚明一样，晚清八股文坛也有一股力量在推使八股文去虚就实，以求有益于世道人心而救亡。

在《谢光彝制义序》中，他指出："凡天下有文之言，不足以独反众乱，先众治棼，简而孤理之，皆不足以为之才；其有才之言，不足以独反众乱，先众治棼，简而孤理之，皆不足以为之文。”这也是在说，当天启、崇祯内忧外患交加，国运惟危之时，八股文必须能于反乱治棼有益，像谢光彝的那样才称得上好文章。

正因为黄道周强调八股文要于世道人心有益，故他十分关注万历、天启、崇祯时八股文的变化，对导致八股文违背有益于世道人心的弊端，他都要一一加以抨击。

他在《谢光彝制义序》中指出：“制举义自近七八年来，其为之者益难矣。前数十年，田、邓、萧、李递师天下，袁、陶、吴、汤相踵继之，天下之言不归陶则归汤，其意皆主于蕴藉，反缩守约，使人趣履冲龠，有游、夏之意。既而弦急柱反，噎蓄嚏决，文人才士不能自锢于尺幅，其名师天下者亦浸淫旖旎以为文章，王汝中、李宏甫之言始复重于天下。归王之言幻，归李之言荡，于是勃溪溲溺、不则不洁之言皆形于文章，而文人才士始不复能束脩以自师于天下。”他把自万历以来八股文坛宗奉的名家“相踵继之”，因各自主张不同而造成晚明八股文坛“勃溪溲溺、不则不洁”的后果都揭示出来，并表示对这种状况的不满。

黄道周对于天启、崇祯年间八股文出现的四大弊病，也表示惩责，因为这破坏了八股文的文体功能，极大地妨碍了欲使八股文有益于世道人心之崇高目的。他在《杨文正公制义序》中说：“且今文之可讥者有四，而今之人皆不能察之：戴髅为头，帽通八寸，伧升食店，雏争上风。此四者，蛙紫所归疑、弓玉之大窃也。其与今之真能经子者分眼别体，有如鸟蠹而论者，必云沆瀣之通本诸一气，又可嗤矣。”黄道周能从别人难以觉察的文体变化中看出八股文走向衰败的趋势，并力图矫正它，可知他的确是一个有责任感，有担当，一心欲以革新八股文而为救亡之用的杰出士人。

（龚　昊）

诗一房制义序

予壬戌初登第，座师觅房稿，予谢无有也。缪告诸同志，今天下省此著，一心独运，乌黔鹄素，虎炳豹蔚，还其自然，而天下可治。座师以为不可，乃勉搦管作七义应之。今又十六年，而予自觅房稿，无复缪告似予者。予乃喟然叹，谓予之陋也。天下之治不治，不在于文章；人才真伪，不系于看房稿、不看房稿。诸士读《语》《孟》《学》《庸》诸经，或二十年，或三四十年，及其开口，无一语似者，而独怪房稿涎沈能灵。甚矣，予之陋也！凡秀才看房稿有二义：一以识天下贤豪精气相取，卓荦之士，三载晤言，如隔半壁；一以知天下风会变迁所在，思为裁量，如以己意处海上方。舍是二者，泛泛看房稿，不如诵《孝经》，于以灭贼，犹易为功也。余少不看房稿，中年始看房稿，毕竟带些子房稿意。今房中能文之士，盖亦有不看房稿者，或时看之，亦不可知。大约如历子循行耳，决不敢以白吉黑凶、黄平碧毒取分天下，惟约天下。三年看房稿，七年看经史，六十年看《学》《庸》《语》《孟》，如此七十，寿于天地，花时春秋，生韵自见。郈根矩曰："学问之道，志高者通之，醪醇糟粕存乎其人。"予始以不刻房稿而天下可治，今又以天下治不治不在房稿，而复尊其意义，宝其精神，刻之看之，如不可已者。甚矣，余之陋也！

凡人学问，处处要从心性中出，勿从口耳边来。从口耳边来者，如听街谈，闻欢说苦，冷齿搏胸，枉自啼笑。从心性中出者，如向战场拔父救兄，如在异乡遇妻怜子。此处看不分明，切勿读书也。每见朋友端杯清问，初寒温时，金声玉色，正眼相看，有三分圣贤；才过数次，寻其语言，事事是从口耳边过。以此二三十年都是口耳生活，便有七分优孟耳。周公是圣人，父子兄弟皆王侯官家，看他《伐木》之诗说“乾餱、失德”，《棠棣》之诗说“原隰、裒”，又说到“鹳鸣、妇叹”“瓜苦、烝薪”，如此心性，岂是口耳边来？今作文章人，打扮推敲，十分好看，何曾有个意思如战场中拔父救兄，如异乡中遇妻怜子，如此虽千百篇，不过啼笑街谈。假如转面，字字问心，即此百三十五篇，何曾有一字不是性力所生，心汗泡过？吾生平不作口耳生活，今日不忍受人口耳供养，只要大家做事都如秀才进场屋时，何坚不摧？何敌不破？移向圣贤，千古上下，亦无圣贤也。今日刊房稿，不是本怀。论其本怀，即刊千篇，不了圣贤三分事。且如此卷首篇“止至善”，末篇“践形”，形如何可践？至善如何止？得两句看不分明，终身拿笔子不得，如何更说百篇千篇？看分明时，即此两篇，说得三分，已做得七分事业也。

张中贲一日过问：“战场中拔父救兄，异乡里遇妻怜子，此意是如何？何诗近之？”仆云：“兄试举似。”中贲云：“‘何有何无，黾勉求之’，此是战场中拔父救兄。‘虽无旨酒，式饮庶几’，此是异乡里遇妻怜子。”仆云：“此犹是悲欢上事，七情三心，如何便得精进？”中贲又云：“‘我日斯迈，而月斯征’，此是战场中拔父救兄。‘心乎爱矣，遐不谓矣’，此是异乡里遇妻怜子。”仆又云：“此又在坐卧边，七心三情，如何直到巅际？”中贲云：“如何？”仆云：“此中大抵无坐卧处，如有坐卧处，夫子晚年应无忧乐也。”中贲良久便云：“‘予羽谯谯，予尾翛翛，予唯音哓哓’，此是战场中拔父救兄。‘未堪家多难，予又集于蓼’，此又是异乡里遇妻怜子。”仆云：“圣贤立身，只是此意。若无此意，圣贤亦不须生。孩子做文章，心攒口干，吃多少板子，直到老来，仰视玄苍，依旧是此孩子，切莫道‘莫远具迩，并坐鼓簧’也。”中贲云：“然则如何是践形？如何是止至善？”

仆云："此中亦无坐卧，心力尽时，性地自见。小鸟空中，亦自践形；蜗牛盆中，亦自止善。《诗》云'我任我辇，我车我牛'，此便是践形。'风雨胶胶，鸡鸣喈喈'，此便是止至善。"中贲云："然则如何得亲切明白?"仆云："举看北极，纤毫不动；中夜搔肚子，百倍分明。"

——录自《黄漳浦集》卷二十二，黄道周撰，清陈寿祺编，清道光十年刻本

倪鸿宝制义序

凡人临文，未落笔前，约有五避：避遇惊波，避途有不涉，避人墙坚，避舌出，避风雨总至。此五者，初路人皆用之。题不称手，仰鼻蹙额，生昔所蓄，一旦坐失，此遇惊波也。波定途平，意致不兴，附人行间，不知主名，此途有不涉也。翻书百篇，无语可亲，虽坠钻穷，叹与鬼邻，此人墙坚也。自出灶突，与妻长诀，闻人火发，怖而井没，此舌出也。前多作者，时英猬集，主雅能文，不如束笔，此风雨总至也。遇此五者，应避则避，不避则地方立失。正落笔时，约有四逃：逃愚曰诚，逃怯曰法，逃塞责曰挑，逃落草曰饮水。此四者，当路人皆用之。欲言不能，张口哺尘，自谓悬痈，上唇生津，此愚逃诚也。夜不敢行昼则伏，守则有余攻不足，循行数墨，称足不辱，此怯逃法也。间亦学人，偶作尔语，跳荡欲前，不知其处，此塞责逃挑也。盛服偾装，本色忽坠，啖枣食饵，反以为贵，此逃落草曰饮水也。遇此四者，应逃则逃，不逃则性命随之。既落笔后，有三不理：已贵不理贱；已誉不理毁；无咎无誉，则桥足坐睡，理之不已，则大道必死。此三者，归路人皆用之。

夫天下大人不用此十二者，则无复文章，而吾友倪鸿宝耻

之，吾亦耻之。然吾耻之欲不为，不能也。人敏钝不同，劲隼戾天，一搏十里，国马走地，虽埒二十步，不骤不至。今天下固乐为目串口了之文也，以为是目串口了者，其人必白心黄理，不滓富贵乎？抑以其中洞朗，条达政体耶？即使其白心黄理，条达政体，见湛深博丽之文，不以为好，亦应不以为恶。且天下之道，非治必乱，其治之必有圣贤之文，乱之必有奸雄之才，奸雄之与圣贤皆希觏而可怪，其中相见目串口了者如负蚁子也。天地谓是众溷目串口了、日避日逃、不理不止，故为奸雄以乱之，又为圣贤豪杰以治之。豪杰圣贤之出，必多不屑，而少当人意。今鸿宝之文笔落纸，飞而驰去成市者，何也？鸿宝以为是圣贤虽貌甚得，其耻未死，即不碍其口目为湛深博丽以饵之，使其饱我者，奸雄之肘足未可骤使也。夫鸿宝亦遂至此乎？鸿宝为吾言："尔质强，乔疏无阴，虽自理，人不听尔。吾因其长而用之，不远怖人，不失其所喜。"夫鸿宝则固欺我也，彼以其无不通，而使我愕然失所逃避，吾犹将从之前后，中际不见首尾，则何如掺笔而度江海之埃乎？

——录自《黄漳浦集》卷二十二，黄道周撰，清陈寿祺编，清道光十年刻本

杨文正公制义序

当十年前，仆俯首为文，即意至才起，回视棚架，复疑不可。自以为平生精气为帖括所拘持，每向人云："熊狼之挂柔绳，何时出力乎？"当是时，天下之禁，以为作古一字，如系石鸟羽，坐取不升。既数年，而格理骤变，体经切子，溯回取难。自仆视之，斯亦熙景之明征，文人之巨力矣。然而今之论文者，焦然引为大忧。夫立于典坟以观今之举业，其为道里，非竖亥、大章可

得穷步也，以其东走日下，渐为后之不可知则不忧；以其凌宋蹙唐，意且噩然，不屑汉魏者，何为独忧之？

且今之用忧如此者，仆闻其语，殆有二端。其一谓古言变今制，则灾害随之。为此语者，其人病魇。夫高皇帝之教吏，使之学于一代圣人之言；其教士，则使之代为二千年圣人之说。高皇帝以为仁义道德非一代之事，而二千年圣人之情，非一代之衣冠声笑可影息模呼而出之者也。国家本以律令绳吏，以文章恣士，未有王钺鞭禁宁越。今无端发龂，岂非梦魇乎？其一谓文心旁骤，是论兵端召夷狄之祸。为此语者，其人心覆。夫谓韩、柳之轶欧、曾，以枚、邹而盖燕、许，此明宋不如唐，唐之让汉也。然夷狄当汉而慑，唐则已张，宋乃大横。即以汉一代言之，马迁在廷，浑邪入侍，班固奋笔，白盘献诗。及其后衰，寝尊荀蔡，斯征文心，召兵由于单茶。今例云然，岂非心覆乎？故曰灾害兵端者，今之人皆乐以是二说起文章之狱，皆敢以是二狱坑学问之儒，魇覆不救，至于颠丧。故使今之论文者，梦不绝齁，心不朝肺，则文章之一事未可得为也。

且今文之可讥者有四，而今之人皆不能察之：戴髅为头，帽通八寸，伧升食店，雏争上风。此四者，蛙紫所归疑、弓玉之大窃也。其与今之真能经子者分眼别体，有如鸟蓥而论者，必云沆瀣之通本诸一气，又可嗤矣。天下之病皆在于不审真伪，不审真伪则作者妄作、议者妄议。苟不辨子则必中鬼，苟不辨鬼则必中子，子鬼相战，政刑无章，使世脊然不得平治，是非等之，咎谁咎哉？自仆之见，以为天下真可以文章之道治之也。九府之才，三年虽盛，时跨及者不过数人，当璧压纽，一人而已。尊此一士以召天下，使共学之士悟其所至，正变近远，以求至理，博串群言，正以仁义，金石鼎尊，涤其粉气，胸贯腕强，头脊俱起，决锐致功，形为能事。天下之乱，庶其豸乎？于是刻杨机部稿。

——录自《黄漳浦集》卷二十二，黄道周撰，清陈寿祺编，清道光十年刻本

郑道圭制义序

吾友郑道圭，虎视文坛既十余年，传者心貌其人，必尊宿负奇，荡轹一世，顾方三十余，包举冲如也。自余识道圭，则已具湛深，不为惊挺之气，意所不屑，嶷然而止，不知何时命诸峭峻，拔天出地？大约人文如云，出山都不自见，除坟衍外，肤寸所吐，奇峰阑干，抗手搏之，无所复触裛袂而已。今天下人共称道圭，以道圭内视，宁自谓至。且道圭即心自负，宁知天下一尊逊之若此哉？

仆自少为文，于侪辈中最钝，然其意以为言者，即甚美好，槿落英开，不过十数年而止，故虽刻意，反面自照，有如啐呓。今见道圭文，兰香石坚，天下人多诵之，如将十世者，则是可为也。人意候不同，不见苦则不得乐。然已见苦者，终谈之不乐。蜃之气为宫阙，或值之饮酒，或值之破舟。一蚌之甲，或半以为清水，或半以为灰。奚择乎？自吾见道圭，于此亦三变矣。余始见其文，垂锦于竿，标瀑洒然。既见其文，十爪不动，跳坐虎头，跪而食豹。今又一日非昔也。夫使道圭不变，而吾见为变，则是此物者随目映漾，非有定性也。如使吾变，道圭亦与之俱变，则是此物者随方映目，亦非定性也。道圭既湛深，包举众妙，故以其定性付之己，以其不定性付之知己者。仆浅人也，生平于此都不得力，夜梦孔孟开口向我，犹畏其唾。今既幸舍彼，则又何知焉？同舍陈明卿及同乡蒋若椰，能为精诣玄胜之谈，如得其言者，吾无所事复云矣。

——录自《黄漳浦集》卷二十二，黄道周撰，清陈寿祺编，清道光十年刻本

谢光彝制义序

制举义自近七八年来，其为之者益难矣。前数十年，田、邓、萧、李递师天下，袁、陶、吴、汤相踵继之，天下之言不归陶则归汤，其意皆主于蕴藉，反缩守约，使人趣履冲翕，有游、夏之意。既而弦急柱反，噎蓄嚏决，文人才士不能自锢于尺幅，其名师天下者亦浸淫旖旎以为文章，王汝中、李宏甫之言始复重于天下。归王之言幻，归李之言荡，于是勃溪溲溺、不则不洁之言皆形于文章，而文人才士始不复能束脩以自师于天下。

夫以先天下而舍所谓文人才士者，奚以也？凡天下有文之言，不足以独反众乱，先众治棼，简而孤理之，皆不足以为之才；其有才之言，不足以独反众乱，先众治棼，简而孤理之，皆不足以为之文。以吾所见，世之可为文才者寡矣。江右诸贤，有其理而乏于用；江左诸贤，有其韵而薄于致。即今英能，所在蔚起，然人人自以为豪杰，飙发云翳。夫天下之大，天圆而实方，地止而实流，木石尽行，川岳倒垂，人皆不见，各认其所居而自以为正侧奇平、大言小语者，真天下之大误也。仆自少小为文，喜自意向；既二十余，深自痛悔。凡为文章就，辄置水火间，有一二及人耳目，为世所笑，如仆者诚短于文才，不足谈也，又敢于料天下之士？然知为王汝中、李宏甫，则乱天下无疑矣。

吾友谢瑟甫，蚤自标树，其文章能举无际而横之尺幅，复以尺幅喷薄无际，兹则已先治乱而为之言。文人才士能束脩以自师于天下者，其在斯乎？以是而为制举义，则又何谓之难也？

——录自《黄漳浦集》卷二十二，黄道周撰，清陈寿祺编，清道光十年刻本

邑侯汪彦辅制义后序

通人之大奉有二：一曰政事，一曰文章。其品位亨畅，其文章必典雅，政事必辨治。繇是而推，文章典雅，政事辨治，其品位必亨畅无疑也。裴晋公与退之同事淮西，未尝一赓篇什。司马温公与子瞻同居玉局，未尝一论文字。苏、韩名满天下，而当时訾讥，书身相等。今试平心取晋公所论文体上下诸篇，及温公元祐诸章疏观之，平雅精深，含蓄蕴藉，诚有退之、子瞻之所未至者。即如《淮西碑》《表忠观碑》，或裁新杼，或袭旧章，使晋、温二公为之，必自不同也。

项水心太史与仆最莫逆，每晤对夜分，未尝辍掎摭利病。今所叙汪侯制义，独以"温克魁梧、孝友贞介"定其名品。吾因暇日读汪侯之文，三复项太史题别之篇，知太史所教我者多矣。世俗重名位，动以名位品第人政事、文章。仆不知名位，并不知政事、文章，然于至性之谈，反复晤咏，尝闻其语矣，尝见其人矣。不揣荒陋，附诸孔迩，以慰调饥。

——录自《黄漳浦集》卷二十二，黄道周撰，清陈寿祺编，清道光十年刻本

谭元春话八股

导读

谭元春（1586—1637），字友夏，湖广竟陵（今湖北天门市）人。

他二十岁时与同邑之钟惺结交，这时钟惺年已三十二岁。《明史》中说他“名辈后于惺，以《诗归》故，与齐名”（《明史·谭元春传》）。两人志同道合，共同编选了《唐诗归》《古诗归》，使“钟、谭之名满天下，谓之竟陵体”（《明史·钟惺传》），以致“钟、谭之说大炽”（《明史·袁宏道传》）。

谭元春从小即潜心于古文及八股文写作，然至明天启七年丁卯（1627）科乡试才考中举人，并夺得第一，称为解元，时年已四十二岁，而钟惺已病逝于乡。此后参加过几科会试均不中。崇祯十年丁丑（1637）他又进京参加会试，病死于旅次。

谭元春与钟惺同为竟陵派的两个主要代表人物，是明代重要的古文家。他与钟惺一样，标举“性灵”和“幽深孤峭”，反对复古模拟之风和公安派的“俚俗”，主张对古文进行革新，倡导为文要“真有性灵之言，常浮出纸上，决不与众为伍”（谭元春：《诗归序》），要“孤怀”“孤行”。他还主张不拘守古法，要对旧格套有所突破，曾说：“尝恨世人闻见汩没，守文难破。”（谭元春：《退谷先生墓志铭》）他的古文追求奇特的文风，章、句、字均呈现出艰涩险僻的特点。

谭元春也与钟惺一样，是一个八股文名家。他自小即浸淫于八股文的写作之中，与当时的士人一样，醉心功名，五十二岁仍不畏旅途劳顿，千里迢迢赴京赶考。在利禄的驱动下，他将全部心智都倾注在八股时文上，故对八股文有很精深的研究。在以古文为时文的大潮中，他是一个弄潮健儿，在时文的写作中运用古文写作的理念与方法是必然之举，也使他在天启年间成为一个敢于领异标新，独具特色的八股文名家。

谭元春的八股文与其古文十分接近，在风格上追求奇特，构思、立意必求与众不同；在句式上追求骈、散相间，故文章凝炼、简整而别致；遣词造句必求生冷怪僻，标新立异，决无万历末年及天启时专以模拟古人及剽窃《史记》《汉书》词句的毛病。他虽然与公安派关系很好，特别尊重袁宏道，但也反对模仿他们。他文中没有公安派的“戏谑嘲笑，间杂俚语”的毛病，追求的是“法不前定，以笔所至为法”，“词不准古，以情所迫为词”（谭元春：《诗归序》），以致其时文经常不按固有格式写作，其名作《道并行而不相悖》便体现了这一点。

根据朱熹的传注，这一章经文，是讲述圣人之德，并说：“天覆地载，万物并育于其间而不相害，四时日月错行代明而不相悖。所以不害不悖者，小德之川流；所以并育并行者，大德之敦化。小德者，全体之分，大德者，万殊之本。川流者，如川之流，脉络分明而往不息也。敦化者，敦厚其化，根本盛大而出无穷也。此言天地之道。”

文题“道并行而不相悖”只是这章经文中之一句，如只就题旨来阐释，题境实难描画。即使按惯例，将章旨融会于题中也难以着笔。谭元春与竟陵派的其他人一样，是个文体的革新派，他敢于冲破八股文立意及必须肖题之规定，其提比一股说并行，一股说不悖；其中比则将题目上文之“四时之错行”和“日月之代明”分述一番，根本不管语侵上文之禁，只就眼前情景，点缀数笔，唱叹一番。其观物察事都源自己见，皆从自己心灵流出，而不是乞灵于故纸，故显得见识迥异于常人，这种完全古文化的做法也被当时及后来的许多人视为妙法而奉行。王步青在评点此文时便称赞说："无限神奇，都在里间。后生妙解此诀，安得不心花瓣瓣开。"

作为一个以古文为时文的名家，谭元春必然会对八股有自己的看法与主张，只不过较之他人，且受其为文喜隐晦风格及不喜爱八股文的原因所束，言论相对较少而已。

谭元春是服膺八股文要阐发圣贤之旨，也即是要遵经守注这一基本原则的，也提倡要奉行前人所创制的基本法则，使八股文具有雅趣，所以他在《冷光亭制义序》中要批评"圣贤之旨，先辈之则，高士之趣，久已烟积云埋于手口之外"的现象。他盛赞金正希的时文，其中一个重要原因就是认为它"真理学语录尔"。这就将其态度彰显无遗。但他"惧其一字一句，无故而冒之以成法，大乖予向者不衫不履之意"（《自订制艺序》）。

谭元春对八股文也力主"性灵"。在《金正希文稿序》中，他描述金正希"或俯而翻书，或仰卧而思其曲折，追其微茫，自尊其性灵骨体，以冒乎纸墨之上，任其所往而不收也"。

为宣扬其"性灵"的为文主张，在《冷光亭制义序》中，他竟把明代八股文与晋代文风等量齐观，说："我朝之时艺，若晋人之放达，窥窦脱裈，风俗成矣。其中不乏清言微论，争为第一流者。"他称赞其友孟诞先"其制义脉清、格浑而词幽三致意焉"，他批点《晋书》，要与孟诞先之时文"先后行世，以证我朝制科，与晋代清谈，其揆一而已矣"。

他于时文又力主"幽深孤峭"。在《龙梦先长安近艺序》中，他称赞其在长安所作八股文"渊永清奥"，即有"幽深孤峭"之风。在《冷光亭制艺序》中，他说："善作时艺者，必天下之奇人。未有天下之奇人而肯下堕于近世好奇之习，先持一必为奇文之心，令人可测其奇而耳目之者也。夫奇人之于文，非其自欲为异，乃其人不能同。因其不同而呶呶焉，以为怪物，以为戾气，避之惟恐其晚。”在这里，他借评价奇人之文来表达对“幽深孤峭”这种奇特文风的盛赞，以及对其时文因有“幽深孤峭”的特点而骇世惊俗，不为考官认同的愤慨。

他对八股文用于科场，成为取中与否的最主要甚至是唯一标准而产生的弊端有着清醒的认识，发出了谴责之声。

他看到八股文煽发了人们的名利之争而耗士人心力。在《金正希文稿序》中，说：“天下之人，怵于昔人久定之名，动于今人易售之路，而不暇自伸其才力精魄，以争奇人魁士之所不能致，又不暇自理其喧寂歌哭，以挽神鬼人夭之所不能夺。而日夜艰瘁，灯寒齑苦，从俗所号，为制科之文，毕委心力以求之，究竟命数，所幸所不幸，与此何涉哉？而以予私计之，凡此心力之耗，与人世声色货财，同一苦毒。”而谭氏本人亦身受其害，天启四年，他以恩贡赴京考举人，“念道里长，去亲远，年迫四十，食玉炊桂，出入沙粪之中，似不容空返。此念偶邪，误听人言，束心学程墨时文，昼讽诵之，夜覆被思之，技将成而精光退。”此科荐而被黜，三年后才考中解元。以后考进士是屡败屡战，直至病死于赶考途中。谭元春是以亲身经历，来为八股文取士所诱发的名利之争之“苦毒”作了一个有力的佐证，更证明他对八股文弊端认识之正确。

谭元春的文字因追求“幽深孤峭”，都有一种晦涩的气味。这些八股文集的序言也具此风格。故对其真实思想要多加琢磨才能把握，但其主要内容即如上述，据此亦可探知谭元春的八股文观了。

选入本编的谭元春时文序，均录自《新刻谭友夏合集》，明张泽等评，崇祯六年张泽刻本。

（龚　昊）

汪闇夫时文序

予不幸出入于浮名之中者十余年而厌之。而友人汪闇夫曰："楚士之名其子矣，次者予。恶，是何言也?"

闇夫闭关十年，与砌苔檐溜相朝夕，以鸟空虫响为伴侣，而名已汩汩沧沧于海之内。予虽亦辱人口耳，然常逐车船之用矣，常烦和平之听矣，常啸于阮籍下山之时矣，常咏于袁宏月夜之浦矣，虽无意于名，而名亦有从此而得者，是以自厌也。故予自年渐深，意渐怠，天下之人，始有非之者，而予不辩。非惟不辩也，反觉天下之人，堕于吾年深意怠之中，适投吾厌之之意，而救其所悔。然不可以是而悔闇夫之名也。

闇夫之名，生于其闭户，而不生于舟车朋友之间也，乃闇夫则自悔之。予近日见其道心沈退，学力幽壮，方目适于麏麚之野，而晦之以八关之斋、六逸之竹，其于名何有哉？而予又告之曰："名之为物，往而不知其所在，来而不知其何由，无形无影，无首无脊，浮动于不可知之中，而我之根深蒂熟者，遥遥与之相应，亦如人之须眉发三者而已矣。夫三者非有用于人也，而子以其无用于人而去之乎？其将存之乎?"闇夫曰："存之。"曰："如是，则名生于闭户者，何可悔也？虽生于舟车朋友之间，而实生于闭户者，又焉足悔也战?"

闇夫乃检其前后文而尽刻之。

金正希文稿序

予于金子正希之文，而不敢题为制科义也，直题之曰"文稿"。犹之乎读汉注疏尔，犹之乎观史论尔，犹之乎上下诸子尔，犹之乎名臣奏、大家集，而真理学语录尔，故题为制举义而有所不可。然于所为经史子集之类，其阔且大者近之，而一言一事之美，可举以为称者，不屑近也；奥则者近之，而其熟滑者不屑近也；质雅者近之，而其蒨艳者不屑近也。

呜乎！天下之人，怵于昔人久定之名，动于今人易售之路，而不暇自伸其才力精魄，以争奇人魁士之所不能致，又不暇自理其喧寂歌哭，以挽神鬼人天之所不能夺。而日夜艰瘁，灯寒齑苦，从俗所号，为制科之文，毕委心力以求之，究竟命数，所幸所不幸，与此何涉哉？而以予私计之，凡此心力之耗，与人世声色货财，同一苦毒。使其欲为古文字，则将舍此而别有古文，苟真有志性命也，不舍此将无以学道。由此言之，彼耗心力于举业者，其于人世嗜欲，以何分别而独得美名也乎？

金子年少深默，冷面隔俗。每披其帷，或俯而翻书，或仰卧而思其曲折，追其微茫，自尊其性灵骨体，以冒乎纸墨之上，任其所往而不欲收也。每金子一文出，而骇者至于不能言，爱者亦至于不能言。观其伸纸用笔，俯思仰叹时，何知世复有骇与爱者，但曰吾所有止此耳，舍此宁复有物乎？予谓金子虽俯思仰叹，备极寒灯苦齑之事，而卒未尝耗其所为心力也。何也？其心力殆历录然存也。

吾弟服膺阅其稿竟，掩卷曰："直一味根器之言也。"如是，则题以"文稿"而亦将有所不可矣。

柏鸾堂合艺序

予甲子寓燕万福寺，有柏贰株，鸾壹只，相为伴侣，意甚乐之，不知有尘沙劳薪，因名其堂曰柏鸾堂。而与江夏胡子用涉、嘉鱼金子正希朝夕谈文字，出时贤好尚之外。世久不谈先正，久不谈古文，久不谈书意，惟予三人犹闭门私言之，且曰正希文最奇奥澒洞，才独高，中或稍晚。而正希即以是年举第十一人，越三年即成进士去。余丁卯始归隽于楚，又罹亡慈之戚，不得望春明门一步。而用涉清圆之文，反冉冉故吾也。得失之故，岂尽为人所料哉？

正希旧刻文稿，字字皆予评订，偶拔其尤，益以《白下草》数首，用充把玩。予方有自订稿出，亦密择百余篇，授少弟元亮、犹子简、笃辈，盖家庭薰习，恐其太远，不得不尔，而亦有数篇为坊刻所无者。两稿在几上，适有白门客见之，即欲持往，尼之不可，因急索笔，为写柏鸾一段因缘。予每同朋友住通都大邑、深山僻寺，其间聚散语默，一字一步，固未尝顷刻忘于怀也，而独文也与哉？

龙梦先长安近艺序

予癸丑八月来游九峰，数日之间，颇得山之肤理情形，题诗而去。引中所谓龙君读书其中，追陪不倦，使予语默酒茗皆得其所，即指友人龙梦先也。是时梦先察予游山颇细，以为必知文，出所作示予。予惊而叹曰："子之神在山水，固宜有此也。"切脉者，手必至于脉而后灵；抚弦者，手必至于弦而后响，文乌有不至而可以浪言者哉？王夷甫云："吾闻阮宣子可与言，但未知其亹亹之处定何如耳。"夫"亹亹之处"，即予所谓"至"也。梦先乃真有所"至"矣。我观夫不至者，清则如萍之浮于水也，幽则如阴崖之疑鬼神也，深则如射覆之无一不射而卒不言其为蜥蜴也，古则如曝万卷书于庭而仍纳笥中也，此皆梦先之所耻而不道者也。

今年予读书九峰，则梦先燕游矣。梦先犹不忘癸丑之言，闻予在山中，不归于家，而以其文来山中曰："夫燕都，风尘名利之场也，而我游其间，直以为山中也。"予又惊而叹曰："子之神不在燕都，固宜有此也。"昔之文手至于其脉而后灵也，今之文隔垣即灵矣；昔之文手至于其弦而后响也，今之文但知琴中趣，何劳弦上声矣。而其中所为"至"者，如萍浮于水者，亦至也；如阴崖之疑鬼神者，亦至也；如射覆之卒不言其为蜥蜴者，亦至也；如曝书于庭者，亦至也。此则有深意，有妙理，作者不能明言，而予适知之耳。

予近日所见梦先长安诸作，渊永清奥，与长安之风气不类，始惭予往者南游，居清华处，今日住山，坐深杳中，而其文皆不类。可见存乎其人，不存乎所历之地。然则梦先虽终身燕都，亦非风尘名利中人矣，而况其客游乎？

积烟楼近稿序

诞先有一楼，环楼皆山也，山内皆湖也。山之烟下而止于楼，湖之烟浮而交于楼，竟晨达夕。烟有新故，而主客僮仆欣欣焉皆在烟中。予乐之，题曰积烟。

然诞先非有文士远戾，则闭户读书，累月不出。其去予家六百里，每江舟相过，则以数月课投示尚未授一人丹铅者。予深服其高简矜慎，以为作文士者必有本原。使诞先无奇情别眼上下古今之意，而与众人逐队拜尘，不惟出之为文定然落夹，而湖山之烟久矣，其辞楼而去矣！

甚矣！予畏诞先也。君之文厚而予苦薄，君之文温而予苦燥，君之文沈而予苦率，君之文阔而予苦狭，君之文对客可成，净秽喧寂如一，而予苦欲屏人始就。甚矣！予畏诞先也。然予惩妖媚而诞先同，予惩浮浪而诞先同，予惩诘曲而诞先同。使无一同焉，不惟诞先择友其难其慎，而予尝住楼中，又安能衣袂之间无非片片烟乎？

予又与诞先约：君之时文字名成矣。元次山，唐之诗人也。读其《春陵行》，真至而朴厚。与武昌孟云卿徜徉抔湖、退谷之间，交好游处，以诗道往来。今退谷、抔湖未落人手，君其林而麓之，以永此积烟楼于千古，予愿为次山矣。

冷光亭制艺序

我朝之时艺，若晋人之放达，窥窦脱裈，风俗成矣。其中不乏清言微论，争为第一流者。而乐令之言曰："名教中自有乐地。"允为古今谈论之宗。阮嗣宗，至放人也，而文帝以为至慎。知至慎之即为至放，吾与之言时艺矣。

善作时艺者，必天下之奇人。未有天下之奇人而肯下堕于近世好奇之习，先持一必为奇文之心，令人可测其奇而耳目之者也。夫奇人之于文，非其自欲为异，乃其人不能同。因其不同而呶呶焉，以为怪物，以为戾气，避之惟恐其晚，予所以中夜徬皇，如有所结者久矣。窃以为轧茁之字句，上下连而不断，浓媚之藻泽，彼此串而不穷，楮幅之后更添楮幅，笔墨之外无复笔墨，似深不深，似远不远。而间有因之前茅者曰："此敝帚而已，何必不出于此，而向孤檠寒炉之际，寂寂十年。"难乎！既为奇人，安能听之，必且岿然灵光于其间，不清其脉，如圣贤所以云云；不浑其格，如先辈所以云云；不幽其词，如高士所以云云，恐不肯止也，冤哉！其怪物之而戾气之，而避之，而反以苦心之良工为欺人之英雄也哉！

予所最善友孟诞先，奇人也。其制义脉清、格浑而词幽三致意焉。圣贤之旨，先辈之则，高士之趣，久已烟积云埋于手口之外，而无一语堕好奇之习与必为奇之心。而不识者又以为平。以奇人为好奇，与以奇人为平，彼安窥其意思之各有在乎？予往在南中，奇士之海也。如冯宗之之平，马巽甫之奇，予不觉其何平何奇也，见时使我快，别后使我思，或第或不第，不问矣。会此意可以放，可以慎；不会此意，岂惟夷甫、辅之之辈不可为训，即乐令名教一语，恐徒助酸馅者张目耳。

今年家居无事，批点《晋书》，足令此意畅然。寻当与诞先之文，先后行世，以证我朝制科，与晋代清谈，其揆一而已矣。

自订制艺序

予生平见人中后必谈文，人亦倾耳而听之，以为中固文章之效也，中而冠其曹，则尤文章之力也。尝从而笑之：牛已肥而始欲探其爵禄不入之胸中，鸿已飞而始欲留其雪上偶然之指爪，呜呼！世安有此哉？

默省前事，予于诸生时弃时取，于其业时作时止，于世所号为名文章者时效时鄙，纵心一往，耻为教束，终身老巾衫，吾不怨，而随科推移，忝窃至此，正予不敢妄谈文之日矣。独恨壬子以来，文字多在人间，坊间之刻且四出，惧其无故而加之以定论，又惧其一字一句，无故而冒之以成法，大乖予向者不衫不履之意。适有以文请者，草土中借以遣哀，合旧来师友圈点过宽、评骘过厚者，削之以几于尽，而更自下圈点，自下评骘，略明孤往之怀，且以见得失真不在此耳。

家弟元声、元礼，识之过乎予者也，同词以请曰："斯言出而世复有以君为欺人者，将奈何？"呜呼！是又不然也。人各有才与志耳，才才有分，志志有数，字千写而必肖其初之肥瘦，思万变而必依其初之高凡，是岂无分数耶？人一切枉之，而舍平趋奇，舍奇就平，希一旦之合者，造物之所必怒也。有道于此，尽其才，笃其志，勿逢造物之怒，是其人也，于遇不遇何有乎？而遇未尝不在其中，或者有之耳。

往甲子，予以恩贡上京，念道里长，去亲远，年迫四十，食玉炊桂，出入沙粪之中，似不容空返。此念偶邪，误听人言，束心学程墨时文，昼讽诵之，夜覆被思之，技将成而精光退。虽闱中为本房所收，彼造物者安肯听其苟得？于是谬讹其五策字句，以巧行其怒。予惧甚，退而不敢作一字者三年。夫予固退而三年不敢作一字者，而又敢欺人乎哉？

曾异撰话八股

导读

曾异撰（1591—1644），字弗人，福建晋江人。生于明万历十八年庚寅（1590），卒于崇祯十七年甲申（1644）正月初三，终年五十四岁。

在晚明士林中，曾异撰是个饱学多才之士。他博通经史，曾为南赣巡抚曾纮更定王惟俭所撰《宋史》。他擅长诗与古文。诗作排荡有奇气，古文则清真悲怆，颇获时誉。但使他名满朝野的还要属其八股时文。

曾异撰是个秀才的遗腹子，家中尽管贫困异常，他那寡母还是晨纺夜织，供他读书习科举。褓裾中其母便喃喃教他读父书。六七岁时母亲篝灯于床，展书于枕，手纺口授，曾异撰则偃卧而读。十岁时学作八股，尤喜纵横排荡之风格。年轻时即中秀才，但蹭蹬科场，久困诸生，用他自嘲的话说，他是一个“为时义而不易售者”。直至崇祯十二年己卯（1639）科才考中举人，这时他已四十九岁了。次年，他赴京会试，不中。三年后，他再次入京，参加癸未（1643）科会试，又不中，怏怏而归。原本就是衰病之躯，经受不起长途风霜之苦和忧郁之磨，回家后一病不起。崇祯十七年甲申（1644）正月初三，这个人家正在欢乐的日子，他却撒手人寰。一个才华横溢的智士就这样死于科举之路。著有《纺授堂集》。

正因为在八股取士的小路上奔波劳累了一辈子，曾异撰对八股取士制的利弊都看得极为透彻，思想中充满了苦闷与焦灼。他悲愤地指出："今天下之人才，帖括养成之人才也；今日之国家，亦帖括撑持之国家也。吾观三岁取士，名为收天下豪俊，当事者舍经义而外弗阅。再三试闱牍，偶有通达慷慨之士，不以为触犯忌讳而不敢收，则谓是淹滞老生，反不如疏浅寡学者。"他因此把士人生于八股取士的时代称为"不幸"（《明文海》卷二百五十五）。他认为凭自己的资质，若无科举之累，得肆力于诗古文，虽不能说一定会胜过司马迁、杜甫，也未必会在他们之下，因而对写作八股文充满了怨愤，说："以此为应制帖括事，每一举笔，辄谓我留此数点心血，作一篇古文辞，数首歌行，直得无拘无碍，而又庶几希冀于千百年以后，何苦受王介甫笼络。"（《答陈石丈》）

然而，作八股，求功名，释褐衣紫，显亲扬名，是他挥之不去的情结。科举就像叫人上瘾的鸦片烟一样成了他毕生的追求，他曾与友人说："私念我辈，既用帖括应制，正如网中鱼鸟，度无脱理。"对八股取士的批判态度，及其对功名富贵的无限眷恋，造成了曾异撰内心的极度苦闷与苍凉，产生了思想与行动的巨大矛盾，更造成了他命运的悲剧：从情感上他厌恶束缚思想的八股文，而在理智上，他又明白只有八股文才能让他脱贫致富，实现其治国平天下的抱负。故而在实际行动中，他仍以攻读《四书》《五经》，钻研八股文作为自己的首选。

凭着他俊秀的资质，凭着他的苦攻，曾异撰成为晚明八股文坛上出类拔萃的大家，对晚明八股文的变革曾作出过理论上的贡献。

曾异撰因其真才实学，力主为学要经世致用，对八股有精湛造诣，故当时有许多文士请他为自己的诗文集和八股文集作序。如收入《明文海·时文序》卷三百九中的《叙王有巢文》《周亮如制义序》《序刘子卮草》《徐文匠制义序》《自叙四书论世》

《王有巢哀帖序》《序龙虎吟》《叙旅誓》《叙庚午程墨质》《序癸酉闱牍抄》。在这些序文中，他系统地阐述了他的八股文变革主张和看法。其中最主要的一点是他反对八股文言“腐妄不可用之理”和言“头巾帖括糊目而互相呼拜之学”。力主言理要“适于世事”，言学要参以“其人之世”（以上引文均见曾异撰：《自叙四书论世》），这就为崇祯年间八股文的变革提供了理论依据。这个时期救亡图存者主张八股文要“有所感触而后为之”，“借经义以道世事，发挥胸中之奇”，使经义为挽救危亡的国运而效力，其理论基础便是曾异撰的八股文言理须“适于世事”，言学要参以“其人之世”的观点。八股文之所以能在崇祯未世出现血色辉煌，与曾异撰的推动有着重要关系。

曾异撰不仅对王有巢具有“长吉之幽险，扬子云之隐奥，而更以其小李广将军之笔意，而刻画乎古先圣贤之须发眉面……靡不精至”（《叙王有巢文》）之时文却不被考官看好而表示不满，也对以程墨为标准来衡文不满，更对八股文文体加以抨击。他在《序刘子卮草》中说：“今世之时文，其命题仅四五字，多不过二十余字，而展之为破、承，又展之为首、尾，又展之为中央、前、后之八股。此夫不能为简也……为时文者而仅如题而已，则但还其四五字与二十余字而止，而时文可以无作。”

曾异撰还是晚明文坛的八股文高手，他的八股文写得无不理足气充，纵横激荡，新见迭出。其论事类的文章皆为排荡经术之文，其谈理讲学之文则为清真快逸与定气、矜格、认脉、摹神之文。他意有所感，则以《四书》《五经》之言，论今日之事，带着浓郁的现实色彩，经世致用的理念表现得特别明显。《圣人之忧民如此》即为其代表作之一。

这篇八股文的题目摘自《孟子·滕文公》。它是孟子在列举了尧舜等圣人为救治百姓疾苦而作种种周全考虑与不懈努力的事实后所发的一句赞语。朱熹在《孟子集注》中也赞同孟子的见解。

按照八股功令，曾异撰在作此题文时必须遵循孟子的原意，并按朱熹的传注来阐发这句话中包蕴的微言奥旨，将其写成一篇歌功颂德的文章。但这个题目前人不知写过多少文章，若按八股功令，只有嚼别人嚼过的馍，说别人说过的话，陈陈相因，述腐妄不可用之理，这是曾异撰所不愿做的。

曾异撰身处万历之后八股文已开始变革的时期，他本人对束缚个性和思想的八股功令已心存不满，力求变革。故在他的笔下，八股文都能突破功令，以古文的理念来写时文，并以之表达自己对世事的看法。

曾异撰这篇八股文，并未按朱熹规定的题旨去赞颂尧舜等人如何忧民，而是灵心独运，异境特开，紧扣题中“如此”二字作阐发。在他看来，孟子所述尧舜禹益等圣人并不能解决所有民生疾苦，他们的才能不同，能解决的民生困苦也不同，“势未可以遽求备”，故只能慧眼识才，让他们在其他贤人的辅佐之下，解决不同的民生疾苦。“粗举其端，俟夫踵事者有可继耳”，在曾异撰看来，这才是孟子所说的“忧民如此”的真实含义。

应当说，曾氏的这种见解无疑是独到且正确的，具有实事求是的历史眼光，称得上是“妙笔精思”，“灵区独辟”（《明文钞》三编该文评语）。

曾异撰是力主为文要以《四书》《五经》之言论当今之世的，他这么去揭示题旨是有现实针对性的。从万历后期开始，明代社会日益腐败，民生疾苦日益加重，其重要原因是万历、天启、崇祯皇帝都不能识拔才能之士，反而重用奸人阉党，排斥忠贞能干之士，使得国势日渐衰微，民不聊生。曾异撰在文中说：“且其时，固不止此数圣人左提而右挈矣。奉若天时，则既命羲和，而皋夔诸臣，备明刑礼乐之官，皆为数圣人之辅者也。使数人而外，而更无协助之工尹，则其忧又有不止于是者。盖至今叹其有不可胜用之才，而犹屹屹然形神几困若是。”这段话，就是对明末不能识拔人才的腐败政治的批判。

这篇八股文只有中、后四股，省去了提二股和束二小股，这是曾异撰对八股格式的一种变革。曾氏对八股格式对人的拘束牵制早有认识，在变革中自然会涉及这一关键，在以古文为时文时大胆革新时文体式，而按阐述题旨的需要去决定体式，此文即将提比和束二小比省略。因提比是虚讲，只在题前着笔；束二小比用于回应揭醒全篇，归结全文之意。而这些功用，曾异撰在破题、承题、起讲、入题及大结处均已表现过，无庸赘述。一切从文章的实际出发，这就是曾异撰决定格式的原则和出发点。

曾异撰在作中比时其意思表面上是缩退一步，实则赶进一步。其出比从圣心来阐述，对比则从民心来阐述，两两对映，从而逼取题中“如此”二字的意义，构想奇妙。

后二比则翻进一层，旁见侧出，曲尽形容。

在作法上，作者在中、后四比中偏说“仅如此”和“不止于是”，纯用八股作法中的“加一倍法”作翻势来跌宕题意，逼拶下文，使“如此”二字空中激荡，逼塞全文。

该文气势磅礴，中后比凌空盘远，文意之曲折，用笔之伸缩进退，腾挪变化，无不入妙。逼取下句如在喉间，不吐不快，将题中“如此”二字完全表达出来，又不侵上犯下，曾异撰八股水平之高，于此可见一斑。

（乌　媛）

又复曾叔祈书

愚意今之帖括，当如古人引诗之例，随其兴会而解之。愚近喜读《左氏传》，凡左氏引诗，皆非诗人之旨。然而作者之意趣，与引者之兴会，偶然相触，殊无关涉。精神百倍，此非诗人之情，而引诗者之情也。后之训诂注疏者，自舍其情，而徇圣贤之貌。而今之为帖括者，并舍圣贤之貌，以徇虚训诂注疏者之貌。辗转相摹，愈求肖而愈远矣。

——录自《尺牍新钞》卷之一，周亮工辑，清道光丁未刻本

答陈石丈

每阅墨艺房书，辄有弃日之叹，以为前世司马子长、杜甫诸君，何幸而不为此。彼亦人耳，使我无科举之累，得肆力于文章，固未能胜之，亦未必尽出其下。以此为应制帖括事，每一举笔，辄谓我留此数点心血，作一篇古文辞，数首歌行，直得无拘无碍，而又庶几希冀于千百年以后，何苦受王介甫笼络。如此意况，似于富贵功名一道，极相嫌恨。虽未甘谢去巾衫，飘然为隐士逸民，又似不可强，昔人所谓抑而行之，必有狂疾耳。天下事必且日甚一日，此后极难题目，正需我辈为之。弟衰惫无受鞭蹄足矣，兄不可不自励也。

——录自《尺牍新钞》卷之一，周亮工辑，清道光丁未刻本

与邱小鲁

某未衰而老，颠毛种种，每顾影自叹。唇腐面皱于八股中，

而又似不愿处其罗笼之内。私念我辈，既用帖括应制，正如网中鱼鸟，度无脱理。倘安意其中，尚可移之盆盎，畜之樊笼。虽不有林壑之乐，犹庶几苟全鳞羽，得为人耳目近玩。一或恃勇跳跃，几幸决网，而出其力愈大，其缚愈急，必至摧鬐损毛，只增窘苦。如某得无类是，缚急力倦，正不知出脱何日耳。小鲁何以教之？

——录自《尺牍新钞》卷之一，周亮工辑，清道光丁未刻本

与施辰卿书

作理题正当如剥笋，皮壳不尽，真味不出。今之深于说理者，不但不剥其壳，且包封数十重厚皮茧纸，浪说煨而食之之雅，此则不但无笋味，人亦不知其为笋矣。至于某某诸竖儒，妄言先辈但以寥寥数语言，不敢尽为合作，此又似不食笋肉，但掇皮煮汁略一沾唇而止者。鄙意如此，所作者不能如其所言，但以破今时之失，未为不是也。

——录自《尺牍新钞》卷之一，周亮工辑，清道光丁未刻本

与施渔仲书

兄飘然高蹈如赤松子仙游，视萧相国汉廷械系，不哑然一笑乎？然闭户著书，正在此时，无帖括之累，头巾之缚，史迁、杜甫，唯吾意之所之，此吾辈善占便宜妙着也。若以为隐居放浪，业已谢去巾衫，遂可从诸少年，作狭邪世外之乐，则是张子房不辟谷访黄石公，而学魏公子之饮醇酒近妇人。此古人郁郁不得意，而求死不得者之所为。兄今方为天下第一等快活之人，作第一等高尚之事，无错认题目，倒行逆施，效日暮途远者云云也。

——录自《尺牍新钞》卷之一，周亮工辑，清道光丁未刻本

吴应箕话八股

导读

吴应箕（1594—1645），字次尾，号楼山，明南直隶贵池县（今安徽省池州市石台县）人。

吴应箕自少勤学，天资颖悟，遍读经史典籍，却“困庠序二十载”，至崇祯十五年（1642）因乡试取中副榜才出贡成为副贡生。

他生活于晚明，直面朝廷腐败，阉党横行，出于秉直之性和所学之旨，便以气节自许，仰慕东林党人中忠烈之士，满怀爱国赤忱。曾参加在当时被视为“小东林”的复社，与张溥、张采、陈子龙、夏完淳并为其领袖。崇祯十五年（1642），以副贡入都，公卿咸加礼遇。

崇祯初年，阉党魏忠贤余孽阮大铖被列入“逆案”，削职为民，避居安徽怀宁老家，但贼心不死，仍图东山再起。崇祯五年（1632），他在幕后操纵，于怀宁成立了“中江文社”。由于方以智的揭露，中江文社土崩瓦解。加上李自成兵马占据了安徽不少地方，阮大铖便逃至南京，又暗中招纳亡命之徒，用金钱、美女及演剧收买复社人士，招摇撞骗，大有卷土重来之势。

阮大铖的行径，激怒了复社志士。他们警惕阮大铖复出后很可能成为魏忠贤第二，会危害社稷，决心驱逐他出南京。于是，共推吴应箕起草了《留都防乱公揭》，由天启朝受阉党迫害致死的忠臣子弟，东林党魁顾宪成之孙顾杲带头署名，复社中坚陈贞慧、黄宗羲、周镳等共署后予以公布，对阮大铖的罪行给以严正声讨。《公揭》淋漓尽致地揭露了他“献策魏珰，倾残善类”，至今犹在“招纳亡命”“阴险叵测”的丑恶嘴脸，体现了复社志士“但知为国除奸，不惜以身贾祸”的坚强意志。最后，吴应箕以顾杲名义在笔下发出慷慨激昂的战叫：“若使大铖罪状得以上闻，必将重膏斧锧，轻投魑魅。即不然，而大铖果有力障天，威能杀士，杲亦请以一身当之，以存此一段公论，以寒天下乱臣贼子之胆。”（见谢国桢：《明清之际党社运动考》）这篇公揭发表之后，不仅唤起了正人君子的义愤，将阮大铖吓得“杜门咋舌欲死”，躲到城郊的牛首山寺庙中几年不敢公开露面，也使吴应箕的文名远播，正气四射。

崇祯十七年甲申（1644），李自成攻占北京，崇祯帝在煤山自缢。不久，清兵入关，驱走李自成，占领北京并建立清朝。福王在南京登基，改元弘光，重用马士英与阮大铖。

阮大铖立即报复与《留都防乱公揭》有关的人员，周镳入狱，吴应箕冒死入视。阮大铖急捕之，他逃亡以避。顺治二年（1645），清兵南下，弘光朝大批官员出降，南京被占。江上义兵蜂起，吴应箕痛哭起兵抗清，聚众四五万，自率一军攻池州，不克。同事者逃去，吴应箕独自募士，以计复建德、东流。

天启、崇祯朝八股文大家金声承制署池州推官，监纪军事以抗清。金声兵败，清兵追逼，吴应箕拒战池州南部大楼山，杀伤相当。不久众溃，只身躲藏于婺源、祁门边界，被获不屈。身陷清兵营中，一定要上坐。清兵亦敬他是条好汉，不肯加害。到后来奉令杀他，领他到市集上去行刑。他从容地说：“这不是杀人的地方。”走到松树林子，说：“这儿可以。”一个清兵用刀在他头边比划，他怒斥道：“我的头岂是你可以断的吗？”对清总兵黄某说：“这颗头麻烦你来砍，但不要去掉我的大明头冠，我要戴着去见崇祯帝于地下。”据说，其就义处，血迹百年仍在。人们私谥他为文烈。乾隆四十一年（1776），清廷追谥为忠节。

吴应箕家贫，连粥都喝不上，全靠其妻李氏夜绩以佐。相传应箕死难，其妻出金衣带贿赂清兵，使其速杀己。清兵破其脑去，五日后竟复合，世人皆钦其贞烈。

吴应箕学贯经史，能古文，又有才华，故八股文写得很好。他以古文为时文，能以超妙的文笔，将题中义理尽行揭出，颇受时人好评。他考中生员后，"所历六七宗师，皆拔之高等"，却"七事场屋而不收，至文未经阅者三遭焉"，只在乡试考中副榜，即今之备取生，得为副贡。"困庠序二十载"，他却"不为悲也。以知与不知，皆浮沈于世俗之中，而得失有命，固不可强。且此岂真能轻重天下士哉！"（以上引文均见《上金楚畹督学书》）

由于有此见识，他对八股文从无贬词，而能以客观公允之态度去评判其价值与弊端。他曾选评了不少时文墨卷集，所作序言与尾评，都能秉持公正，以自己的学识与素养去阐发其功用得失。在《崇祯甲戌房牍序》中，他阐述了自己选编时文墨卷的宗旨："夫选文而第程量已效之人，则文者末也。风烈事功，所系不在是。选已效人之文，而有所发明当否，使天下之士，尊一王之制，明圣人之书。即知言之无与于道者，虽其人既贵，其贵人之文，虽蒙进退人者所许与，而布之为书，而下之从违，犹在此不在彼。"也就是说，他选文是论文不论人，是要看文章能否使"天下之士，尊一王之制，明圣人之书"。若是"知言之无与于道者，虽其人既贵，其贵人之文"，即使已被主司所称许，也不让其入选自己所编之书。

他认为自己这样做的好处是："上以翊天子广求俊乂之心，俾谠言深识，罔所忌畏，得发愤于文字之间，而言之无罪；下以诱进来学，群服于至当，俾肆力学问者，益有所取以自验，用夺其几幸苟得之心。"他还认识到："今主司所以登士，士所以自庸，其不从科举之文则已矣，其不能不从科举之文，则所号为程墨者，不可不实求其然。求其然而后繇文章而施者，可以使之无不然。然则不负科名者，乌在文章一道，谓吾可不必尽心哉！”（见《历朝科牍序》）有了这种认识与担当精神，所以他一而再，再而三地进行历朝墨卷选评，颇有乐此不疲之好。这也是他的八股文观之呈现。

由于他选评得当，所选之书很受士人欢迎，故“金阊书林，迎予千里”，请他去选编崇祯丁丑科房牍。他“于是入天都，下钱塘，溯苕禾，至虎丘而休焉”。他从“为各经师所已选者”，“合之行藏诸刻”计一万五千余篇，“谬以意择之”，从中选取合乎自己标准的“佳文八百余篇”（以上引文均见《崇祯丁丑房牍序》）付刻成书。

由于理念正确，选文准确，选评刊行的历科墨卷等当然能使士人懂得是“吾所谓有规矩准绳不可易者”而大受欢迎了。

但他也认识到“程墨为士子利禄之资，而世于经义，益务苟且”（见《诗经程墨文辩序》）的弊端，而推崇张尔公“不回利禄之心莅文，则言之不几于道，子必弃之矣。彼言不足志，虽未必不获者，宁躬去之”（同上）的墨卷选文态度。

对于八股文这种文体的产生、发展与本质，吴应箕有着准确的认识，这是他学识、素养之所致。在《历朝科牍序》中，他指出：“文之始兴也，初无定体。自建之为制，然后有规矩准绳之不可易。从来取士之法，如诗、赋、策论，无弗然者，何但今科举之文乎！本朝科举之文，前代未有，行之既久，其法加严。立为比偶，非若诗、赋、策论，犹可穷极才学，则其尺幅较狭，缘于发明经义。圣贤有一定之论，注疏有不易之说，又非若它文可以私智臆识，随所移缀，遂以中度也，故其理道为甚深。以甚深之道，殚致于至狭之幅，宜二百年来，作者非可亿计，而合者第足指数耳。”对八股文的认识到如此深刻程度者，历史上不可多见。可见吴应箕对八股文用力之勤，研究之深，非常人可比。

对于八股文的作法，吴应箕别具只眼，从其在明代的变化情况来揭示。他在《历朝科牍序》中指出：“文章之法，肇于洪、永，详于成、弘之间，莫盛于庆、历初年，即莫敝于万历末季。其流也，自场屋之程墨始。故欲科举之文不亡，当先从场屋之程墨论之。欲成、弘之文再觌于今，又当先从其源流本末备论之，以明其盛者使可复，而其敝也未尝不可反。”他认为，只要把握住八股文的源流本末，成化、弘治的八股文作法所造成的盛况必将再现，再以之“阐扬祖宗之制，原本圣贤经传大旨，使天下知科举之文，其法终不可亡”。

对于八股文的大题、小题之分，他也有独到之见，他认为同样是从《四书》《五经》中生发出来的文章，却分成了大题文与小题文，是不同层级的考试要求不同所造成的。乡、会试命题，希望能从所出题之文章中“尽见士子生平，故题主于理义之说为多。而又有触忌犯讳之虑，则非典雅明正者无取焉”，这就出现了所谓的大题。至于小题，是提学官们在考取生员及对生员进行岁、科试时所出，“多截断章句，谓可以见人仓卒之智。即以使雷同假托者，技穷于无所施，而后其为别白也易。于是凡《四书》中一切深隐之文，纤曲之义，大可容白虎之论究，小可以逞稷下之辩说者，其题皆蔽之曰小也。”（以上引文均见《四书小题文选序》）这种界定大题、小题的视角，非对科举考试和八股文的本质有深刻认识者不能为。这反映出吴应箕对八股文的研究确实到了精深的地步。

他还对八股文所存在的弊端、改正方法等有所论述，这都是其八股文观的组成部分。

从吴应箕对八股文的态度、其人生经历及临难所表现的大义凛然来看，八股文对其世界观、价值观的形成，无疑是起过重要作用的。八股文传输儒家正统道德价值观的功用从他身上可见一斑。

（龚　昊）

四书大全辩序

明兴，以礼乐文章治天下，而所以造士者，非圣人之道无取。夫圣人之道，六经其灿然者矣。其最精微，莫如四子之书。于是表章《四书》，专取朱注行之，谓汉、唐以来，能折衷圣人之道，使微言大义不为异端邪说所乱者，莫朱子若也。乃当时秉国者，受成祖文皇帝命，尤有《四书大全》之辑，岂非以圣人之道大，即朱子有未尽，则群儒之说，奈之何其尽废也？意甚深远哉！予尝取其书究之，其中有所发明者固多，即醇疵未尝不相半，至其与圣道相戾者复不少，抑何欤？岂非当时承旨者，未能深窥祖意，但取成书，不暇精择，又时日不给，所委而分汇者，多小生竖儒，识未逮欤？今习者第谓此成祖皇帝颁行之书，有敢议论其间者，是毁圣而倍上也，殊知其不然哉！

国家之制，行之久而当否见，则其论说之是非，亦未有不久而愈明者也。既是非较然矣，复以创于更制之难，而并我圣祖阐扬圣道，造进学士之意，浸以微失，此又谁之过欤？

于是袁州张子独忧之。因于数百年之后，为历朝诸人所不敢异议者，取其说之疑而辩之。或曰："是毋乃不足间执谗慝之口乎？"予曰："不然。夫二祖之考古定制，广厉教化，不可谓不详且尽。乃祀圣之典，至世庙始定，即历代从祀，方不难有所予夺，况依傍圣人而为说者哉！使张子得时行道，必将以此为黼黻圣治之大端。今穷而著书，独先从事于此，此固文皇帝在天之灵，而圣人之道未坠地之验也。其以为朱子功臣，为杨文贞诸公之静友，又何疑哉！"张子闻之曰："然。"于是以其书授之梓。其辩为世所共见，予不必论。夫以今日科举之弊，盖有异端邪说，剽窃前人之议，而恣其猖狂无忌者矣。张子独起而辩之，则张子之为人，亦吾之所不必论者也。

崇祯己卯岁孟冬朔日。

——录自《楼山堂集》第十六卷，吴应箕撰，《四库禁毁书丛刊》集部第十一册，北京出版社 1997 年影印本

诗经程墨文辩序

今年张尔公应试南都，甫入闱，视七艺不自得，即掷笔出，不复卒事。于时同人叹惜，以为张子贫，不能西归，合百金为之装。张子却之峻，不可之词见于色。

予谓张子方寓食丹黄，为仰事计，以义受友，何不可也？张子曰："友以予贫而助之，友即不德色我。我非本分有也，虽道义而有不可。予以所选之书教天下，业书者向其利以为德，致币而予甘焉，犹予受直也，虽圣贤不以为非。"予曰："有是哉！子于辞受断断也，以视子所尝去取之文，意有未惬，虽尊官膴仕，不肯假一字，其断然者盖如之。即以是而验子于功名之际，假卒其闱事，虽不满志，宁遽知其不遇，而必不幸一第，以违厥心。如子者，直律躬以律文。凡夫文字之役，一自子所衡量者，而人品心术系之矣。以兹之选，讵不贵哉！且子今所为选者，诗义程墨也。程墨为士人利禄之资，而世于经义，益务苟且，亶足篇数遂释之矣。以子不回利禄之心莅文，则言之不几于道，子必弃之矣。彼言不足志，虽未必不获者，宁躬去之。其以督选，又宁取其足以苟焉者而遂止耶？"张子曰："如子言，吾何敢当。夫予窃有志焉。予诵《诗》三百，而见今之诗，非昔之诗也。予所流连反覆，而冀一身遭者，予固自有在。而今兹之选，则亦其寄焉。如子言，吾何敢当。"

呜呼！张子所谓寄焉者，予亦知之矣。夫励羔羊之节，而可

为邦之司直者，张子不既有之乎？其有者，其见于断然者，皆是也。若是则张子即谓兹为寄焉可矣。

崇祯丙子冬月。

——录自《楼山堂集》第十七卷，吴应箕撰，《四库禁毁书丛刊》集部第十一册，北京出版社 1997 年影印本

国门广业序

南京，故都会也。每年秋试，则十四郡科举士，及诸藩省隶国学者咸在焉。衣冠阗骈，震耀衢术。豪举者挟资来，举酒呼徒，征歌选伎，岁有之矣。而号为有气志能文章者耻之，键户若无闻，遇则逡巡从道傍避去。数十年来，求胜游之可传，高会之足纪者，盖渺耳。

自崇祯庚午秋，吾党士始合十百人为雅集。其集也，自其素所期向者遴之，称名考实，相聚以类，亦自然之理也。计其时为聚者三，主之者，刘伯宗、许德先、沈昆铜也。癸酉则杨龙友、方密之。再一举行，而莫盛于姚北若丙子之役。

夫吾党自庚午后，汇聚之士，半为升用，其本末固已见于天下矣。攻之者且四面至，物盛而忌，夫何怪乎！于是天下方以社事为讳。而姚子独于忧疑满腹，谗口方张之日，大聚吾徒而盟之曰："吾党所先者道也，所急者谊也；所讲求者，异日之风烈事功；所借以通气类者，此文艺；而假以宣彼我之怀者，此觞聚也。今天子圣明，深以儒效不彰，疑科举士为无用。吾党思所以仰副当宁之意，以间执谗慝之口者，则举视此聚耳，何畏哉！"予闻其言而壮之。予因忆昌、启间，正人一时向用，吉水诸公，至于都门聚讲，而邪者掊击不遗余力。善乎福清有言，我国家三百年，所少者此一事耳。今吾党之聚，何敢自附前哲，然异己者

不少矣。姚子独毅然行之，一无所畏，固为其难者哉！

姚子乃裒诸聚者之文而刻之，其不在此聚，而素为此聚之徒者，犹之聚也。于是并其文而广之，颜曰《国门》，总之不离乎聚者也。刻成，征序于予。予观姚子密识藻鉴，其所称道之文，必无不佳，此无容予言也。予知姚子于文亦直寄焉，而所以聚者，岂在是乎？故为述聚所自始，以志一时之盛，因见姚子之独能为其难者如此。

——录自《楼山堂集》第十七卷，吴应箕撰，《四库禁毁书丛刊》集部第十一册，北京出版社 1997 年影印本

崇祯甲戌房牍序

或问于吴子曰：“仲尼不云乎，天下有道，则庶人不议。即如今之号为房牍者，是南宫既隽之士，所自表其素所蓄积也。是当代之名卿巨公，以其所得士之行卷，刻而布之，以风式天下也。今且取其所已刻者，删之选之，去留甲乙，与原书合者无几矣。天下购其选与删而读之者，率又从下而不从上，此亦奚啻夫议哉！而子躬蹈之也。”

予应之曰：“否否。国之衰也，然后有监谤之使。其亡也，禁士不得以其学非上之建立。今天子圣明求贤之急，至拔士于贡额之外，则夫一日之知，一人之鉴，其不足定天下士也明矣。天下士不荣人之已第，必考其素业，以自内验所学，不畏上之悬书。至驳其定论，使后起者无贸于所从，是非之公也。于是贤者知取信于天下，诚非一日之故。幸者知吾亦有所不足恃，而不至尽生天下苟且弋获之心，向三王而更王也。士生于时，亦或未能免此，而将等于庶人之诛耶？且夫文章之有论辩，亦岂与非议制建之事，可同年语哉！予尝闻之古人矣。古人于经术学问之际，

亦何其气决敢任欤！故有并业弟子，传著或异矣。亦有同产季昆，师受则殊。本所自授也，见偶异焉，至指之为大愚。雅称石友也，义不阿焉，而移书侃侃，宁惟是乎！君父至尊亲也，经论异同，则有间焉。盖至有杀身临刑，卒不敢枉学以从者，何则？诚有所自据也。予尝读书，深叹以为人心所以未亡，圣人之道，所不至澌灭尽者，此非其极验哉！是故为贵人之文矣。"

曰："此吾已效者也，宜世皆谀之不敢非。此其文可废也，主司亦既布其文成书矣。"

曰："吾能进人退人者，彼士何能议我。此其书亦可废，则取其书而删之选之，本无所可否也，姑寓依违于其所已甲乙者。"

曰："吾愚人也哉，而以其是非，与彼贵人及能进退人者角也。且文亦讵有定耶？"

呜呼！选文若此，是又向之敢为无道之议者所羞称也，即安得谓公道之能在下哉！夫选文而第程量已效之人，则文者末也。风烈事功，所系不在是。选已效人之文，而有所发明当否，使天下之士，尊一王之制，明圣人之书。即知言之无与于道者，虽其人既贵，其贵人之文，虽蒙进退人者所许与，而布之为书，而下之从违，犹在此不在彼。如是敢谓房牍之选，为一时之业而已乎！上以翊天子广求俊乂之心，俾谠言深识，罔所忌畏，得发愤于文字之间，而言之无罪；下以诱进来学，群服于至当，俾肆力学问者，益有所取以自验，用夺其几幸苟得之心，诚选者事矣。而无道之议，有一于是哉！虽然，此非予之敢任也。予所不敢依阿已效之文，而有所辨论异同其间。假古人而在，君亲之尊，生死之重，曰，吾不以易吾学也。嗟乎！是亦有其志焉已矣。

——录自《楼山堂集》第十七卷，吴应箕撰，《四库禁毁书丛刊》集部第十一册，北京出版社 1997 年影印本

崇祯丁丑房牍序

予之为房牍选也，始于崇祯甲戌。既已见成事于天下，故今复不得辞。金阊书林，迎予千里。予于是入天都，下钱塘，溯苕禾，至虎丘而休焉。文自京刻为各经师所已选者，五千余首，合之行藏诸刻，又万余首，予阅不能五旬毕，谬以意择之，得佳文八百余篇。书既成，例序之以行。

客问予曰："子之论文详矣，今兹之选，亦有说乎?"夫予往者之论文也，以理以体。理者，为圣贤之论所从出，学术之邪正于此分，性道之离合于此辨也。而体者，则谓文有一定之章程不可变，有自然之节叙不得乱也。繇今思之，是二说者其迹也，执二者之说，以迹合之，犹易也。察世运之所趋，庶几于其言系之者，其惟气乎！夫昔人之论气也，辨之清浊之间耳，吾谓莫如审之于强弱之际。今天下可谓有气哉，□□吾疆矣，寇烬吾原矣，嚣竞长矣，节烈替矣，议任之途相诡，成败之数不胜矣。窃疑三鼓既竭，莫今为甚。而靡然者，则尽于文见之。夫然文之为风声也，乂何疑哉！且气不可作而致者也。非不可养而至，腐师俗儒所谓养者，发于言则夷易，措之事则和平。试迹其为夷易为和平者，悦靡靡之可听，冀庸庸之多福耳。呜呼！此不知夫至刚至大者，为何语乎！然则予所谓莫今为甚者，皆坐是误也，此属又乌足与语文哉！是故予不能作天下之事功也，名节也，而风之以各见之文，不能尽救天下之文也。察之于至细之气，夫刚气之所发，必不剽也，必不袭也，必不芜而秽，不矜而肆，不恇而寥落也，必当理，必合体也。推之为忠臣，为介士，为强力有为，为震挠不诎者，必是人，必是言也。非是者，其气靡也。气靡者，言离也。剿古人之已说而不情，规先民之成格未能似，犹曰：此体也，此理也。吾谓是大伪不忠，大贪不谨。趣荣势以远节烈，隳军实而长寇仇者，必是言，必是人也。予之搜爬荡涤，盖自此文始矣。

客曰："若是，是天下之知言者，莫子若也。"夫予则安敢。予欲天下作文者，因吾说以反而自循其气，繇是以阅吾选也，其庶乎！

——录自《楼山堂集》第十七卷，吴应箕撰，《四库禁毁书丛刊》集部第十一册，北京出版社 1997 年影印本

历朝科牍序

文之始兴也，初无定体。自建之为制，然后有规矩准绳之不可易。从来取士之法，如诗、赋、策论，无弗然者，何但今科举之文乎！本朝科举之文，前代未有，行之既久，其法加严。立为比偶，非若诗、赋、策论，犹可穷极才学，则其尺幅较狭，缘于发明经义。圣贤有一定之论，注疏有不易之说，又非若它文可以私智臆识，随所移缀，遂以中度也，故其理道为甚深。以甚深之道，殚致于至狭之幅，宜二百年来，作者非可亿计，而合者第足指数耳。

且夫场屋之文，号曰程墨矣，岂非吾所谓有规矩准绳不可易者乎！以所为难于尽致者言之，则文章遇合，不可同论。是故虽以巍科巨第，不更举而立效者，其为墨也，果能使天下奉其尺度为不可易欤？若然，即典试者，宜先有不可易之法矣。今其人皆有贵人贱人之权也，尝试问其言，抑果有当于程焉者否乎？是故场屋之文，号曰程墨矣，要皆名然而实否。夫主司所以登士，与士所以自庸，其然否既如此，则夫士人平时所冀幸者，不过操不然之说，以为苟可获焉已耳。生心害政，使数年科举之文，至不

可究极，而其它亦犹之是者，其实皆繇于此。盖吾痛憾成、弘以后，昔所为加详之法，而今寖以息微也。

夫今主司所以登士，士所以自庸，其不从科举之文则已矣，其不能不从科举之文，则所号为程墨者，不可不实求其然。求其然而后繇文章而施者，可以使之无不然。然则不负科名者，乌在文章一道，谓吾可不必尽心哉！始进不正，未有能正。吾未见操不然之说，以庸其身而事其君，而其人之有一当焉者也。古人所称大器者，无有越规矩准绳之中，而又况文章之事欤！

文章之法，肇于洪、永，详于成、弘之间，莫盛于庆、历初年，即莫敝于万历末季。其流也，自场屋之程墨始。故欲科举之文不亡，当先从场屋之程墨论之。欲成、弘之文再觏于今，又当先从其源流本末备论之，以明其盛者使可复，而其敝也未尝不可反。此吾所以论次程墨，繇国初而迄今之意也。

先是，历科程墨选者不一人，而穷极流弊，惟予选为甚。夫好尽言以翘过，昔之所深戒也。然以阐扬祖宗之制，原本圣贤经传大旨，使天下知科举之文，其法终不可亡，而名实然否之间，尤使人览而感慨系焉者，则功与罪，予亦俱有之矣。

崇祯甲戌夏月某日。

——录自《楼山堂集》第十七卷，吴应箕撰，《四库禁毁书丛刊》集部第十一册，北京出版社 1997 年影印本

四书小题文选序

同一四子之书也，则同一四子书之文也，又别之为大小题者何？曰：此以试分者也。

夫春秋二试，主司所命者，冀以尽见士子生平，故题主于理义之说为多。而又有触忌犯讳之虑，则非典雅明正者无取焉。于

是书之为大题者，可数而知也。

它如有司岁月之试，多截断章句，谓可以见人仓卒之智。即以使雷同假托者，技穷于无所施，而后其为别白也易。于是凡《四书》中一切深隐之文，纤曲之义，大可容白虎之论究，小可以逞稷下之辩说者，其题皆蔽之曰小也。嗟乎！小题之难为工也，盖有十倍于大者矣。吾又闻本朝以小题著名者，不过数十家，每科亦不过数人，此又何也？岂以场屋取进不在是，故士但使足以侥幸小试焉而止，而人之才有能有不能，其能为小者，其有不可强而学者耶？以其难为工者，而责之于童而习之之人；以其不可学而能者，又使天下群试有司者，其始必出于是。此犹人之初生也，未能立而不仆，遽望其疾趋不息也，有是理哉！

夫天下理一而已。拙大而工小，未有也，则简小而慎大，亦未有也。吾严以程大，使以文明题者，根柢于圣贤之蕴，其说可以引伸触类，而唯其所用。复宽以量小，使因题治文者，虽至于纵横驰骋，要之唯变所适，而其不可越者自在也。是则小大题之分也以试，而吾之合之也犹以文。文之选也，其又乌可已乎！

——录自《楼山堂集》第十七卷，吴应箕撰，《四库禁毁书丛刊》集部第十一册，北京出版社 1997 年影印本

四书小题文选后序

予之为小题选也，别昌、启以来之文为近集。以文者时为之，士不能违时自见，故于近日之文，宜益务尽心。夫然予之选文，顾独严于近，何哉？夫予尝感慨昌、启以来之事，而叹生心之害，皆自文始，世不之察耳。其所读者圣贤之书也，所取者科第，而所行者皆狗彘不为之事。乙丑、丙寅间，诸人殆不忍言，今试取其文覆焉，有一非柔滑者乎，非诡诞者乎，非猖狂纵恣而

不轨理道者乎！彼作文之心，以为吾逐利否耳，虑非顾行也。故其徒一得志，而几覆人国。呜呼，可畏哉！

自今上躬戡祸乱，荡然与天下更始。又恐文之积习难化，厘正之诏，每试辄下。而《孝经》小学，复加意举行，期以养之义理之正，用以作文人忠爱节烈之心。而迩者功效不彰，名节鲜著，则不可谓乙丑、丙寅间之无其人也，不可谓逐利不顾行者之无其心也。不此之察，使其文之既效者，与道德仁义之言，淆混而行于世，毋论先正醇雅之风不可复见，即国家所需于文者谓何，而使浸淫流荡，以极其生心之害，彼乙、丙间事，可再堪哉！

予不揣愚钝，每于选文之中，辄鳃鳃虑之。夫入吾选者，亦未知其人果何如，然其文为柔滑也，诡诞也，猖狂纵恣而不轨理道也，若是者吾必扫除务力。而尤加意小题者，小题为人所童而习之，养正于蒙，则小题之谓也，即今日国家欲得文人之用，而先以《孝经》小学行之有司之意也。吾故曰，近集者，时为之也。

——录自《楼山堂集》第十七卷，吴应箕撰，《四库禁毁书丛刊》集部第十一册，北京出版社 1997 年影印本

徐又章制艺序

刘禹锡云："池州之有九华，造化之尤物也。"夫天地精华之气，不著于人文，而徒使山川发其秀，则安得谓吾池之以九华重哉！或曰，岭以南人文不著者，山川夺之也。故滇、粤之间，嵌空奇秀，犹吾江南篱落间物，而见者无称焉，不胜称也。

若江以南，山水不奇之处，其人文必多寥落。夫然微独九华之秀，于吾池无所夺，而使池之人文，有所蒸而发之者，非九华

曷以哉！于是予于九华人士，见以文称者，必睨而意之曰："此必有异。"而今适得之徐子又章。予向未识又章也，读其文，几使人疑举业之间，有蔚宗、彦昇其人者。乃交又章。而威仪玉立，又适如其文。此非有所降而钟之者，则九华之间，虽号文区，要犹是齐声相和，千人一曲耳。高言何绮，乃幸觏之又章，又章秀于山川乎！则禹锡之言，为九华重也，而有所以重九华者矣。

——录自《楼山堂集》第十七卷，吴应箕撰，《四库禁毁书丛刊》集部第十一册，北京出版社 1997 年影印本

问：制科得人，今不逮昔。议者至欲罢之，幸其事寝。然制科果无弊欤？兼行骑射果为得欤？

取士之法，古今不一途。要其法行之自后，未有不滋弊者也。夫因其弊而厘之，虽循法犹可以得士。若以法之必弊，欲尽举而更焉，窃恐一旦尽夺士子所繇进，非惟不足以得人，反以召乱。

夫今之极弊而不可不厘者，科举取士之法是也。以高皇帝之神圣，仿古定制，岂不能多为之途，令人才不窘于用？乃三年而定科举之制，至六年而罢。后十七年复颁定成式，以著为令。历代奉行，至今几三百年，法益加密，无敢议更者，以人材所从出也。夫时非开创，君非圣神，亦欲破格取人，登进不次，此立败之道。士不纳之于学宫，教之以礼义，绳之以艺文，困之以科场，其秀黠材敏者，将何以约束其心，而驯服其气。愚是以谓科举之法，虽不可以得异士，而异士不能外。原非以便庸流，而中人皆可勉，然后叹圣人创制之意甚深远。今虽极敝，亦陵夷之势

使然，非国家制科之初意也。且今科举之法，亦何尝与初制有合哉！

初制但通经书大义，故士得以其余研精性理，博览史传，非若今之雕绘词章，士自比偶文字外，即不知宇宙更有何书也。初制兼重策论，故士前场经义质雅，而二三场学问赡博，条对详尽，又非若今之专事经书，主司阅文命中，即不问后场作何语也。天下之能督课士子者，教官也。初制非选择不得为是官，故官是职者，既使之造就人才，又聘之典试场屋，诚重之也。高皇帝时，尝召对访问，有不达世务民瘼者，则罪之。谓士子不能资以服官，则学官之设，原非专以文艺造士也。今则司训者皆癃废之岁贡，领谕者半乞恩之举人。贡则但縻官廪以责束脩，举则兼通干谒以俟迁转而已。即号为贤杰者，月有程课，即为尽职，而他何知乎！天下之能变移士习者，内则祭酒，外则督学也。闻之先朝，非极天下之选，不得居是职。高皇帝于国学尤加意焉，盖尝诛吏部尚书以尊崇宋讷矣。提学之差也，两京则持斧之使，各省则廉察之司。诚欲其秉宪立严，使无得而挠其事者。是故骥、勉著南北之声，而陈、魏得宽严之体。彼其时名卿巨辅，出其教育者，固可指而数也。今之祭酒何如乎？提学何如乎？官不必以望推也，道不必以严立也。两雍为师徒之传舍，直省完岁汇之成规而已。道德之薰陶，问学之资长，荣辱之风厉，知遇之鼓舞，行之必以其诚，化之必期于效，盖历二三十年未一遘者。而其中陵夷苟且之故，不可胜举。然则幸而得隽者，不过皆诡遇捷取之士，非实有所挟而往也。又加以科场之官，取之以资俸，而命中之技，得之于轻华。天下之人材何繇而成，即何繇而进乎？以是谓制科为不敝之法，谁其信之。虽然，以其弊而并创去其法，毋论负圣祖设科之至意，群天下学宫之士，其不能徙业者，用何途以处之。即材士诚不必拘此一途，然仓卒何以自见。而公卿大吏，无一不从此出者，彼亦岂能别操衡鉴，以行度外事乎？愚所谓诚反其法，立以召乱者，盖为是也。

然则愚所谓因弊而厘之者何如？请令外慎提学之选，内重祭酒之责。小而甄别教职，大而严择试官。其可以变通行之者，有四事焉。一、每岁贡士可罢也；一、三场出榜宜分也；一、国学积分当行也；一、荐举人材当慎也。请于每岁贡士之期，即以督学所首拔士，充入国学。而廪生岁食之饩，则以递给高等诸生，于是诸生无不均之叹，而贡不期于衰耄，亦可造之两雍，以厚期其所至。省试之轻下场也久矣，今请尽阅三场弥封之卷，而第其高下，以次揭晓。其皆合式者为上等，中二场者次之，中一场者又次之。会试亦如其法，以为选官之次第。其文义尔雅者，既得登进，而穿贯古今，通达国体之士，亦不至于淹落。于是人人向学，当不出数年，而国家可以尽收其用。国学之以举、贡充也，所从来久。今天子亦既下明诏，使举人下第者入监矣。乃行之未久，反以之为市。其为欺罔，可胜叹哉！今请更为申禁令。两雍多士充盈，而积分之法，岁一举之。其高第者，不必更应春秋二试，即与科甲一体出身。庶其事重而人奋，将国学不期而自盛矣。此三者皆所为就科举之弊而厘之也。有非常之士，或道德之可风，或经济之夙负，此求之不在文艺之中，用之当超格例之外。则令抚、按、司、府，采访荐举，以赴部起用，不强其不愿仕者。如此是以保举辅科举之不逮，而不使科举之士，侥幸于保举之可行。其法亦可久任之而无弊。窃以为得士之方，莫良于此矣。

今议者又谓□寇不□，辽左久墟，国家所急者，知兵之士耳。今天子欲于科举之中，兼行骑射。乃诏旨久下，应者无人，此何以故？不知国家于武事已有科矣。武既兼文而不效，则文而试武，亦岂真能得召虎之臣，孙、吴之士哉！夫高皇帝亦尝令生员习射矣，非以此为试也。愚请令骑射兼优者，当于试外录用，不限人以必习，庶习者得以自见其长，而不习者亦不苦于格之不及，是兼得之道也。虽然，天下之弱，亦已极矣。士大夫劳苦不任，偷惰成风。故奸人叛卒无所畏，而遂因之以逞。诚如明旨，令士大夫人人习兵，则积弱之气当振，而国家之威，亦缘是而立，此岂不足以矫偏而救弊乎！乃下不率从，而上之令亦相玩之为故事。愚然后知积渐之难反，而向所谓更法而易乱者，非虚语也。第不知果设诚而力行之，亦令之而人不从否也。

——录自《楼山堂集》第十一卷，吴应箕撰，《四库禁毁书丛刊》集部第十一册，北京出版社 1997 年影印本

上郡守孙公论考童生荐名书辛未

生闻士大夫有廉耻，而后天下有风俗；上之人有风厉，而后下之人有廉耻。生无暇举其他，姑即一考试童生之事论，而风俗之坏，于兹极矣。揆厥所繇，则以士大夫不知廉耻，公受贿赂，相为请托。而公祖父母，不务教化，专以考试媚悦乡绅。生闻之长老，六十年前，童生有从府考托名者，举以为羞，而士夫亦深自爱而重冒嫌。故其时穷乡单户之子，多奋勉学问，而自郡邑所升之士多贤。不知奔竞之风，何以遂至此极也！

生每见试牌至日，人之相为筹算者，必曰某族有力者几人，工请托者几人，未闻计能文者几人。而为童生者，挟其厚赀，虽目不识丁，亦攘臂而议于市。又有家非程、卓，志急进取者，虽弃产称贷，亦所不顾。而其贫者，内视囊橐，辄自惭沮，未试而气已馁，一试不效，遂徙业不能复振。生见近来童生，以孤寒而能上达者，盖无几矣。乡官举人，每一遇考，其家人子弟，四出招揽，以位之崇卑，情之厚薄，为请之多寡。而黠者又负权术，

持短长，以益倍其数。又互相把持，巧为摇惑，以益昂其值。呜呼！岂祖宗所谓造就人材者，尽为仕宦作情面增田产之资乎！尤可恨者，请托府名，本为利也，而又文以美名曰荐贤。夫贤者果尽多金哉！

故生尝以五罪蔽此属矣。素无相识之雅，又非文字之缘，一旦输赀，便为请托，是攫金于市之行也。不论文艺之高下，第以金之多寡，先后其荐，是贾人交易之术也。甘言诱致，多富人子，逆知其前路必蹶，而吾囊金已盈矣，是掩取禽兽之智也。夫今之能荐人者，亦曾亲尝小试之苦乎？穷时扼腕此弊，得志而以踵事为愉快，是入官变塞之端也。在地方不留意人才，循例请托，惟利是视，则立朝安望清节表见，是居官受贿之验也。然而禁绝请托，其利亦有四。耳目不分于嘱托，则得以虚公衡文，而文之美恶易见，孤贫者不至淹落，一利也。我诚不受人之嘱，即有所博访，而人不敢欺，二利也。钻刺无路，则人皆鼓舞向学，人知上之无私，即见遗者，亦自安义命，而无嚣陵诟谇之习，三利也。且士子为齐民之表，考试为风化之先，此中请托不行，民且晓然知上之所贵，而于钱粮讼狱之类，亦可杜绝他端，四利也。夫请托之罪如彼，禁止之利如此，向使有贤公祖贤父母，正己率物，孜孜以作养人才，奖拔孤寒为念，彼请者岂不自愧？即不然，而令行禁止，势固得为也。又不然，而格于权贵，必欲吾绌法伸情，则古人砍几题门，亦非得已耳。彼乡绅岂真能自负其曲，而挠吾公祖父母之权哉！若夫童生犹列在编氓，苟隳吾法，而以身家尝试，必无幸矣。此生所以极叹风俗之坏，而专以风厉之责望上，盖为此也。

伏惟明公以进士起家，致位守牧，甫莅任而即有试士之役，诚如生言行之，此正今日厉世摩钝之急务也。生言虽狂，而听之实于治化有裨，惟采纳幸甚。

——录自《楼山堂集》第十三卷，吴应箕撰，《四库禁毁书丛刊》集部第十一册，北京出版社 1997 年影印本

上金楚畹督学书

生下愚不肖，闻之昔人，盖有知己重于感恩之说矣。居恒未尝不扼腕太息，以为知己之难也。及见今人所称知己者，不过剽窃记诵之时文，幸有司一日之知而已。呜呼！此足为知己哉！以是为知己，则今自郡邑所升，与乡会所取之士，每岁不知几千百人也，而得之者皆曰知己，是知者与受知者，亦陋甚矣。何也？以知者非皆有国士之实，而知之者原未尝有特达之遇也。若生之于明公，不谓之知己不可矣。

生困庠序二十载，所历六七宗师，皆拔之高等，生不为喜也。七事场屋而不收，至文未经阅者三遭焉，生不为悲也。以知与不知，皆浮沈于世俗之中，而得失有命，固不可强。且此岂真能轻重天下士哉！独今年科举，荷明公照拂之及，亦既赏其文矣，乃不徒赏其文也。旅见之日，独进不肖于阶下，而叹其往日之不逢，喜其年力之未艾，且致勉于后效之可收。及不肖感荷顾盼，仰首论列，又虚意垂听，使得毕献其狂。于其退也，则又略文艺，而称其气节，恕其无知，而嘉其有用。虽前此见废之卷，犹屡蒙下索，若深有慨叹于不肖之遭遇者。于时同人闻之，遍传乡国，谓明公之待愚生，盖自百年来所未有之事也。不肖归而感激至泣下。呜呼！以此而为知己，此古人之所难，而岂今之区区以文字见录者，可同日语哉！

抑生窃又自念，遇知己之前，而有怀不尽，何以自安。于是忘其固陋，尽以生平所著作上陈。盖生于时文，其合离之故，既已不越明公所指授矣。独诗与古文辞一道，自弘、嘉以来，作者

甚鲜。即今士大夫高自标许，以名世自负，然文无体裁，皆不可以传后。即其文工矣，而学无原本，于经术浅者，言终不可为世用。生不揣，于古人之书，颇有论究，而于当世之故，亦间能发明，其言或可自为一家。使自今之日，得侥幸一第，生必能自行其学，以无负明公殊异之知。即不然而终遭摈弃，生将竟其立言之志，亦终不没没于世而已。伏惟明公尽赐省察，录其言之可用者，复鉴其漆室倚吟之心，实有所不得已于此，是生之大幸也，生自是而死且不朽矣。科场条陈，生不过在事言事，并乞鉴其心之无他，尽赐施行，是又天下世道之幸也。生无任惶惧待罪之至。

——录自《楼山堂集》第十三卷，吴应箕撰，《四库禁毁书丛刊》集部第十一册，北京出版社1997年影印本

张岱话八股

导读

在八股文史上，对八股文的批判最为深刻独到，又最为大胆彻底的，要数大文学家、史学家张岱。

张岱（1597—1680?），初字宗子，人称石公，即字石公，号陶庵、蝶庵、古剑陶庵、古剑老人、古剑陶庵老人等。

张岱出生在一个科举世家，其高祖、曾祖、祖父均为进士出身。高祖张天复以文才获曾任首相的徐阶赏识，还委之以审阅考卷重任，令“第二以下，若自定之”，可见他的八股文写作与鉴赏水平相当高。曾祖张元忭是八股文高手，中过隆庆五年（1571）状元。祖父张汝霖是万历二十三年（1595）进士。其父张耀芳，极聪颖，虽“惟读古书，不看时艺”，因才气过人，十四岁时便考中秀才，但时运不佳，后“沉埋于帖括中者四十余年”，屡困场屋，到五十三岁，“闱牍佳甚，而又不售”，只得“以副榜贡谒选”（以上引文均见张岱：《张子文秕》卷九，国家图书馆藏凤嬉堂抄本。以下凡引用同一书者，均不再一一注明版本），当了山东鲁肃王右长史。

出身书香门第，自幼享受着钟鸣鼎食生活的张岱聪颖异常，诗文、书画、园林、饮食、品茶、戏曲、音乐、清玩、古董乃至民间器物制作等高雅艺术、民间艺术与日常生活艺术几乎无一不喜、无一不精。用他自己的话说，他“极好繁华、好精舍、好美婢、好娈童、好鲜衣、好美食、好骏马、好华灯、好烟火、好梨园、好鼓吹、好古董、好花鸟兼以茶淫桔虐、书蠹诗魔”（张岱：《张子文秕》卷十《自为墓志铭》)，用今天的话说，是一个品位极高的超级大玩家。其散文小品在中国文学史上占有重要地位，且有史才。一个如此冰雪聪明、博学多才的人，又出生在父祖四代科举世家，且为中过状元的曾祖极感骄傲，自然对科举功名充满憧憬，也喜好过八股文。

由于有父祖的荫庇，他从小即从明隆庆、万历时的八股文名家、他祖父的好友、曾共建史社的黄汝亨学习八股文写作。

黄汝亨博学多才，能文善诗，书法也有名气，但都为其八股文名所掩。黄汝亨视学江西时，恨时文吊诡，力挽其衰，有回澜砥柱之功。当时八股文坛有"浙中二黄"之称，指的就是黄汝亨和黄洪宪。俞长城指出，黄洪宪的八股文矜贵警卓、词意相称，而黄汝亨则"较精峭而意胜于词，似在葵阳（黄洪宪）之上"。这是公允之评。黄汝亨之时文能遵朱熹传注大旨而不拘泥于传注，能深入挖掘题理，时有新意出现，言简意精，坚凝密察，但在词语表达上创新不足。其文蕴藉极广，极使学问，极讲事实，却能叫读者不觉。在表现方式上，他对正反开合之法运用自如，使文章波澜迭起，将义理层层递进加以阐释，使文章浩气纵横，不使议论而议论极人。他又能深入浅出，将题旨说得准确通晓，易为人所接受。其文都言之有物，一字一句都经百炼。由于有以上优长，张岱的祖父张汝霖特意请他来教张岱作八股文。

不仅如此，张岱还有可能受过明代八股文大师、"江右四家"中之艾南英、章世纯的指点。因为他们都是其四叔张烨芳的好友，交往甚密，万历四十三年（1615）张烨芳去世，他们前来吊唁过。张岱与万历时的八股文名家、小题文圣手王思任交往甚多，也应受过其影响。

以张岱的绝世才华和超人的文字驾驭能力，又得名师指点，家庭的熏陶，八股文写作水平应是很高的。这从其好友、晚明著名文士祁彪佳于崇祯己卯年（1639）给他的信中就可以看出。祁彪佳说："顷闻高录（指张岱当年科试以高等录科可参加乡试），虽未足为仁兄重，而卯闱之捷（预祝张岱当年即己卯科乡试取中）实基于此，可胜额贺。"（祁彪佳：《里中尺牍·己卯》手稿，缩微胶卷，南京图书馆藏）

张岱科试取高等，证明他的八股文写得出色，所以祁彪佳预祝他己卯科乡试获中。但事实上他又一次败北。这个原因主要是他"幼遵大父教，不读朱注。凡看经书，未尝敢以各家注疏横据胸中。正襟危坐，朗诵白文数十余过，其意义忽然有省"（张岱：《四书遇》卷首，浙江古籍出版社，1985年）。八股文写作四项基本原则，最重要的就是阐发题旨必须遵照朱注，他连朱注都不读，又怎么能使文章合乎题旨呢？这是犯了大忌，所以即便其文字极佳，也无济于事，只得屡败屡战。张岱从二十岁中了秀才，直至己卯科应乡试，年已四十二岁却仍是一领秀才青衿加身，这对一个自视极高的天才人物来说是一种巨大的心理摧残。加上他自小目睹了其父十四岁中秀才后，潜心于八股文中四十多年，把眼睛都弄坏了却与举人无缘的经历，因而对八股取士的作用产生了怀疑。他六十九岁时在所作《自为墓志铭》中嘲称自己为"钝秀才"，就是对八股取士不满的一种表述。

因科举无望，他生性又潇洒不羁，故放浪人生，出入青楼歌馆，流连山水，讲吃、讲玩、讲享受，成了一个空前绝后的大玩家。明亡之后他决不肯臣服，反清又无效，便舍弃一切荣华富贵，遁入深山，过着瓶粟屡尽、不能举火的日子，在极度贫闲中写作《石匮书》，对明代兴亡史进行理性思考，对八股文的作用也进行了深刻的反思。他目光犀利，洞幽烛微，对八股文束缚人、败坏人才进而危害国家的弊病有了精到的认识。在此基础上，他对八股文进行了深入骨髓的批判。其矛头所向，直指八股文的创始人明太祖朱元璋，使他的批判闪烁出理性的、人性的光辉，也使其思想达到了同时代人所不可企及的高峰。

在《石匮书》第二十七卷《科目志总论》与第二百二卷《文苑列传总论》中，他以精炼的语句，概括指出八股文源于科举取士之用："自古取士之法，汉人以策，晋人以词赋，唐人以诗，宋人以策论，元人以曲，奄至我明，特重制义。"（张岱：《石匮书》第二十七卷《科目志总论》，上海古籍出版社，2008年影印本，第419页）

又指出了朱元璋创制八股文的实质："夫制义者，王荆公所作俑，创为八股，以摹写圣贤口吻，机锋相对，止在针芒。高皇帝识高千古，留心著作，真见诸体之难无过制义，盖用以镂刻学究之肝肠，亦用以消磨豪杰之志气者也。故后生小子荜门圭窦，雪案萤窗，白首穷经，负笥教学，虽以真正英雄屈首此道，满腹才华，满腹学问，满腹书史，皆无所用之。"（张岱：《石匮书》第二十七卷《科目志总论》，第419页）

寥寥数语，即指出朱元璋创制八股文是以"摹写圣贤口吻"的办法，"用以镂刻学究之肝肠，亦用以消磨豪杰之志气者也"，使得"真正英雄屈首此道，满腹才华，满腹学问，满腹书史，皆无以用之"，朱氏以八股文对英雄进行羁縻的用心在此揭示无遗。

在《文苑列传总论》中，张岱从文体角度更加深刻地对八股文的危害做出批判："世间凡物如商彝周鼎，其精神气魄具千年之力者，自足垂之千年。法书名画，具百年之力者，自足垂之百年。至如范泥成佛，剪彩为花，虽穷工极巧，旋瞬即坏，以绝世聪明，置之无用之地，岂不重可惜哉！故夫六经子史，商彝周鼎也；唐诗元曲，法书名画也；明之八股，则泥佛彩花也。我明自高皇帝开国，与刘青田定为八股文字，专精亹力，一题入手，全于心灵筋脉、声口骨节中揣摩刻画，较之各样文体，此为最

难。”（张岱：《石匮书》第二百二卷《文苑列传总论》，第 88 页）

张岱把八股文比之为“范泥成佛”“剪彩为花”，无“精神气魄”之物，虽穷工极巧，却转瞬即坏，毫无生命力可言，只在浪费人的聪明才智而已。其原因是在朱元璋与刘基的设计下，“八股文字，专精亶力，一题入手，全于心灵筋脉、声口骨节中揣摩刻画”，换言之，就是八股文的关键在于入口气代圣贤立言，且要模仿得像，就要全力去“揣摩刻画”。这样做便将人的精气神全都牵扯进去了。而八股文又是无生命力的泥佛彩花，如此倾注心力去写作，只能是白白浪费生命。张岱就从文体的角度，揭示出八股文的弊端，并对它徒耗人的聪明才智进行了批判。

在《科目志总论》中，他更从统治者对八股文写作要两两对偶等苛严规定入手，对八股文的弊病进行批判：“虽以真正英雄屈首此道，满腹才华，满腹学问，满腹书史，皆无所用之。特以枯管毛锥，孤行其意，一字不协，满幅俱差，片语不谐，全篇俱失。有人于此，一习八股，则心不得不细，气不得不卑，眼界不得不小，意味不得不酸，形状不得不寒，肚肠不得不腐。”（张岱：《石匮书》第二十七卷《科目志总论》，第 419 页）

八股文相对的两股必须对偶，不仅字句相协，平仄也要相对，俨然是一幅长联。“一字不协，满幅俱差，片语不谐，全篇俱失”，这样的规定，不仅给写作者带来极大困难，还使得他们的心性都会改变，使他们心细气卑眼界小，更使他们的意味变酸，形状变寒，肚肠变腐。这些当是张岱从自己的亲历亲见亲闻中总结出来。他本人就可能是因一字不协，片语不谐，心不细、气不卑、眼界不小、意味不酸、形状不寒、肚肠不腐，尽管文字美如天锦，却在乡试中屡战屡败。这种从自身体验中认识到的八股文弊端正中其要害，其批判力足以致其于死地。

张岱对八股文的批判高明之处，在于他将八股文置于科举考试中来分析，从它对科举制产生的负面影响来进行批判。他说："学使者逾年一考，省御史三年一试，连赴数科，则精神消耗，意气沮丧，大事去矣。自洪武以来，行之二百八十二年，高皇帝以之大误举子，而举子效而尤之，亦用以大误国家。何者？举子应试，原无大抱负，止以呫哔之学迎合主司，即有大经济大学问之人，每科之中不无一二，而其余入彀之辈，非日暮途穷、奄奄待尽之辈，则书生文弱、少不更事之人，以之济世利民，安邦定国，则亦奚赖焉？"（张岱：《石匮书》第二十七卷《科目志总论》，第419、420页）

张岱从揭示明代二百八十二年中八股文对科举选人的破坏来批判八股文，的确是切中了要害。以八股取士，不仅使举子精神消耗、意气沮丧，更使科举选出的绝大多数都是于国事无补之人，这就将明将亡而无一可以挽狂澜于既倒的文武官员出现的原因揭示出来了。

在《文苑列传总论》中，他更从八股取士制所引发的不可根治的剿袭弊端来对八股文，进而对八股取士制做出入骨三分的批判。他说："三场取士，又专注头场。二百八十二年以来，英雄豪杰埋没于八股中，得售者什一，不得售者什九，此固场屋中之通病也。百年以前，风气初开，尚无剿袭之弊。后自演习既久，房书社稿，充栋汗牛，好古力学之士，呕血刳心，屡遭辣刷。而少年稚子，熟读房书社稿数百余篇，便能联翩飞去。李卓吾曰：'吾熟读烂时文百余首，进场时做一日誊录生，便高中矣。'此虽戏言，委是实录。故使后世帝王开科取士，仍用时文，则家诵户弦，世世不衰，帖括之力，犹足以主持久远。若一朝更变，屏弃八股，则时文虽如山积，见之者如敝帚败屩，不待秦火而决不复留半字矣，焉能与元曲唐诗共有千古哉！是以我明人物，埋没于帖括中者甚多；我明文章，埋没于帖括中者亦甚多。盖近世学者，除《四书》本经之外，目不睹非圣之书者，比比皆是。间有旁及古文，怡情诗赋，则皆游戏神通，不著要紧，其所造诣，则不问可知矣。”（张岱：《石匮书》第二百二卷《文苑列传总论》，第88页）

这段论述，从明代科举考试，三场专注头场七篇八股文造成的剿袭之风，及所引发的士子只背诵房书社稿，除《四书》本经外，他书不读的通病，揭示出以八股文取士的巨大危害，其见解是深刻的，对八股文的批判是犀利的。

更为深刻的是，他将批判的矛头直指八股文的创始者明太祖朱元璋。他从崇祯朝覆灭时所呈现的救国救民人才没有一个，有的只是一死谢君王的人才说起，对朱元璋进行了批判：“故自崇祯末季立贤无方，于新旧甲科之中，栉比求之，并无一士。则高皇帝之误人尤小，其所以自误则甚大矣。嗟嗟，八股一日不废，则天下一日犹不得太平也！”（张岱：《石匮书》第二十七卷《科目志总论》，第420页）

张岱以其超群的远见卓识，从对明太祖朱元璋创制八股文，欲以阐发复制题旨和入口气代圣贤立言的方式来传输儒家理念，牢笼士子思想的揭示入手，指出了八股文的功用所在。又从八股文苛严的体式及规定入手，揭示八股文对士子人性的摧残，指出以八股文取士只会摧残、埋没人才，误国误民，从而触及明朝覆灭的重要原因。他敢于将批判的矛头直指明太祖朱元璋，发出“八股一日不废，则天下一日犹不得太平”的战叫，显示出他批判八股文的彻底性。在这点上，他言行一致，远比黄宗羲和顾炎武强。黄宗羲口里反对八股取士，但内心深处并未忘情于八股文的妙处。老年时，他因孙子八股文写得好，为孙子的前程，让他能顺利地通过科考考中秀才，不惜低声下气地去拉关系、通关节。他在《与徐乾学》信中云："小孙黄蜀，余姚县童生，稍有文笔。王颛庵公祖总科考，求阁下预留一札致之，希名案末。颛老相待甚厚。舐犊之情，实为可愧。"顾炎武对八股文的痛恨远在黄宗羲之上，他骂八股文之害，甚于焚书坑儒，可是他最心爱的外甥徐元文和徐秉义、徐乾学，前者以八股文好而参加殿试取中状元，后二者考中探花，都做了高官，顾炎武却经常到他们府上盘桓。只有张岱，当清政府开科取士，他的二儿子耐不住清贫，欣然赴试，张岱即谆谆戒勉："岂有西山裔，还来徒啜哺?"(张岱:《张子诗秕·甲午次儿下第归二首其一》，国家图书馆藏凤嬉堂钞本）悲愤之情，溢于言表。而当他落第而归，张岱转忧为喜，又作诗开导儿子："尔或思争气，予愿不动心。故园松菊在，对此一开襟。"(张岱:《张子诗秕·甲午次儿下第归二首其一》，国家图书馆藏凤嬉堂钞本）由此可知，不赴科举，尤其是不让儿孙参加新朝的八股文取士，是张岱誓不降清的重要底线，张岱是坚守住了的。

张岱对八股文的批判在八股文史上占有重要地位。他对八股文束缚人性、摧残人性的揭示，具有人性解放的思想因素；对八股文创制者朱元璋的批判，具有反对专制统治的思想意义。他是在写作明史时批判八股文的，因而更显示出他的批判具有理性的价值，说张岱站到了批判八股文的最高峰，应是恰如其分的。因此，我们在充分肯定张岱在中国文学史上地位的同时，也应肯定他的史才、史识、史胆，肯定他的启蒙思想家的地位。

录入本书之文章，依上海古籍出版社 2008 年影印本《石匮书》校点。

（龚　昊）

科目志总论

自古取士之法，汉人以策，晋人以词赋，唐人以诗，宋人以策论，元人以曲，奄至我明，特重制义。

夫制义者，王荆公所作俑，创为八股，以摹写圣贤口吻，机锋相对，止在针芒。高皇帝识高千古，留心著作，真见诸体之难无过制义，盖用以镂刻学究之肝肠，亦用以消磨豪杰之志气者也。故后生小子荜门圭窦，雪案萤窗，白首穷经，负笥教学，虽以真正英雄屈首此道，满腹才华，满腹学问，满腹书史，皆无所用之。特以枯管毛锥，孤行其意，一字不协，满幅俱差，片语不谐，全篇俱失。有人于此，一习八股，则心不得不细，气不得不卑，眼界不得不小，意味不得不酸，形状不得不寒，肚肠不得不腐。学使者逾年一考，省御史三年一试，连赴数科，则精神消耗，意气沮丧，大事去矣。

自洪武以来，行之二百八十二年，高皇帝以之大误举子，而举子效而尤之，亦用以大误国家。何者？举子应试，原无大抱负，止以呫哔之学迎合主司，即有大经济大学问之人，每科之中不无一二，而其余入彀之辈，非日暮途穷、奄奄待尽之辈，则书生文弱、少不更事之人，以之济世利民，安邦定国，则亦奚赖焉？故自崇祯末季立贤无方，于新旧甲科之中，栉比求之，并无一士。则高皇帝之误人尤小，其所以自误则甚大矣。嗟嗟，八股一日不废，则天下一日犹不得太平也！

——节录自《石匮书》第二十七卷，张岱撰，上海古籍出版社 2008 年影印本

文苑列传总论

世间凡物如商彝周鼎，其精神气魄具千年之力者，自足垂之千年。法书名画，具百年之力者，自足垂之百年。至如范泥成佛，剪彩为花，虽穷工极巧，旋瞬即坏，以绝世聪明，置之无用之地，岂不重可惜哉！故夫六经子史，商彝周鼎也；唐诗元曲，法书名画也；明之八股，则泥佛彩花也。

我明自高皇帝开国，与刘青田定为八股文字，专精亶力，一题入手，全于心灵筋脉、声口骨节中揣摩刻画，较之各样文体，此为最难。三场取士，又专注头场。二百八十二年以来，英雄豪杰埋没于八股中，得售者什一，不得售者什九，此固场屋中之通病也。

百年以前，风气初开，尚无剿袭之弊。后自演习既久，房书社稿，充栋汗牛，好古力学之士，呕血刳心，屡遭辣刷。而少年稚子，熟读房书社稿数百余篇，便能联翩飞去。李卓吾曰："吾熟读烂时文百余首，进场时做一日誊录生，便高中矣。"此虽戏言，委是实录。故使后世帝王开科取士，仍用时文，则家诵户弦，世世不衰，帖括之力，犹足以主持久远。若一朝更变，屏弃八股，则时文虽如山积，见之者如敝帚败屩，不待秦火而决不复留半字矣，焉能与元曲唐诗共有千古哉！是以我明人物，埋没于帖括中者甚多；我明文章，埋没于帖括中者亦甚多。盖近世学者，除《四书》本经之外，目不睹非圣之书者，比比皆是。间有旁及古文，怡情诗赋，则皆游戏神通，不著要紧，其所造诣，则不问可知矣。

昔我太祖以马上读书，遂以文章雄视千古。其授旨词臣，但取明达，勿事棘艰。故一时应运起者，如宋景濂、刘青田，皆以平夷条达，黼黻王家，遂为国朝著作之祖。方正学道法政治，寄于文词，但取名通，痛惩雕劂。杨东里总帅撰扉，创为台阁之体，不求赅洽，惟务敷通。相沿百余年，止有倚经之儒，而并无擅场之作，实则风气使然也。

孝庙以后，文士蔚起，代不乏人。古奥如李空同，葩藻如何大复，华赡如李西崖，博洽如唐荆川，雄浑如李沧溟，苍茫如王弇州。后自七才子之纵横当世，徐文长、袁中郎思以奇颖救之，而失于草率。刘子威、汤若士思以警练救之，而失于浓冶。钟伯敬、谭友夏思以淡远救之，而失于浅薄。各家造诣，深浅不同，总之祖训明达，是其根源。间有文人才士，或亦艰棘其词，而浮华艳语，稍用咬咀，味同嚼蜡矣。

昔有先达，自刻其文，问于作者曰："吾文何如古人?"或对曰："一代之兴，必有一代之文。故汉曰汉文，唐曰唐文，宋曰宋文。公之文，可谓明文也已矣!"明文二字，可以概我明一代文字。然而追论古人，孔曰辞达，孟曰言近，与我太祖不棘不艰之训，其所风尚，曾有毫忽少异也哉!

——录自《石匮书》第二百二卷，张岱撰，上海古籍出版社 2008 年影印本

黄宗羲话八股

导读

黄宗羲（1610—1695），字太冲，号南雷，学者称梨洲先生，浙江余姚人。其父黄尊素，重气节，讲操守，为东林党重要成员，因反对阉党魏忠贤而惨遭酷刑，却大义凛然，视死如归，与阉党斗争至最后一口气，因而受到时人与后世的高度尊崇。黄宗羲耳濡目染，受其父影响极深，一生以气节自律。

黄宗羲自小勤学，加上资质过人，故遍读经史百家之书，以及天文、地理、历法、数学、音乐、佛学、道教等方面的书。甚至对西方传教士传入的自然科学著作，他也认真加以研究。连被人视为不登大雅之堂的野史、演义，如《三国》《残唐》之类的书他都读过。他又是著名学者刘宗周的高足，得其指点，学问大进。故他十四岁即通过秀才考试，得补为仁和县博士弟子员。

在其父黄尊素被难后，家仇国难促使他走上了政治斗争的道路。崇祯登基后，打击了阉党。作为出庭对证人的黄宗羲，在刑部审讯曾严刑拷打其父的阉党许显纯等人时，突然在公堂上拔出长铁锥猛刺许显纯。此举轰动了整个京城，振奋了世人正义之心。“当是时，姚江黄孝子之名震天下。”（见邵廷采：《思复堂文集·遗献黄文孝先生传》）黄宗羲在国人心目中留下了大智大勇、大孝大义之高大形象。后来，他又参加了复社，并成为其中坚，尽力为提振社会正气奔走操劳。

清军占领北京后，大举南下，很快攻下杭州。黄宗羲立即投身抗清复明的斗争中。他变卖家产，毁家纾难，组织义军抗清。

在追随监国鲁王抗清期间，他坚持了许多正义主张，还提出了一些深谋远虑的进取性策略，并率兵亲临前线作战。失败后，他潜回家乡，伺机再起。因清兵悬赏捉拿，只得奉母携妻避居山中。听见鲁王由闽入浙的消息，当即前往，被任命为左佥都御史，后又提升为左副都御史。他献计献策，力图恢复，却不为人听取，回天无力，只得去注解《授时历》《泰西历》《回回历》等历书。他曾作为监军官员与澄波将军阮美出使日本，请求出兵支援，到过日本长崎岛，失望而归。

顺治十年（1653），鲁王被迫取消监国称号，浙东抗清宣告彻底失败。欲坚持斗争的黄宗羲又四处被悬赏通缉搜捕，过着颠沛流离的日子，家庭累遭祸殃，濒临家破人亡。而黄宗羲也看到了大势所趋，清政府已经坐稳了江山，人民也不愿再在刀光剑影、厮杀血拼中生活。他便告别了戎马生涯，凭借在苦难和斗争中所获得的社会知识及深入的理论思考开始了讲学和著书活动，决心为后人留下一些对治国经世有用的文章和著作。

经过后半生四十多年的努力，据统计，黄宗羲著作、编撰的各种作品总数达一百一十种，一千三百多卷，两千万字以上。且他四处讲学，大力提倡明经通史，主张经世致用，反对束书空谈，重视真才实学。在这种教学思想的指导下，仅在他建议创办的宁波甬上证人书院，前后仅八年，先后听过他讲学和向他问学的一百多人中，有不少成了当时闻名的经学家、史学家或文学家。有的则考中科举，当了清朝的官，把学到的知识运用到经世致用的实践中去。在海宁讲学时，他还培养了一个精通数学的学生陈言扬。

黄宗羲以其数量巨大，淹贯经史百家，思想博大精深的著述，向世界昭示他是清初著名的大儒、启蒙思想家、历史学家、文学家，在许多领域都卓有建树。

黄宗羲反对以八股文取士，认为八股文无益于经世致用。

他虽然深刻钻研了《四书》《五经》，又淹通史籍，通晓古文，具备了八股文写作的坚实基础，十四岁时便考中秀才，但在朋友沈寿民劝说下到南京应乡试，却落榜而归。途经京口时，他遇上晚明有名的八股文高手、中过状元、当过内阁大学士的文震孟，便呈上落榜的墨卷。文震孟阅后，大为赞赏其横溢的才华，勉励他以后“当以古文鸣世，一时得失，不足计也”（《思旧录》）。这使他认识到了科举考试用八股文取士的弊端，故他反对以八股文取士，主张改革科举制。

在《科举》一文中，他指出八股文由于只是用以解释题旨，故可模仿、抄袭而得。于是幸进者们便可不读书，只读刻印的讲章与墨卷选，即可在科举考试中造假而轻取功名，从而造成了全民不读书、不学无术的恶果。他说：“科举之弊，未有甚于今日矣！余见高、曾以来，为其学者，《五经》、《通鉴》、《左传》、《国语》、《战国策》、《庄子》、八大家，此数书者，未有不读以资举业之用者也。自后则束之高阁，而钻研于《蒙》《存》《浅》《达》之讲章。又其后，则以为泛滥而《说约》出焉。又以《说约》为冗，而圭撮于《低头四书》之上。童而习之，至于解褐出仕，未尝更见他书也。此外但取科举中选之文，讽诵摹仿，移前掇后，雷同下笔已耳。昔有举子以尧、舜问主司者，欧阳公答之云：‘如此疑难故事，不用也罢。’今之举子，大约此类也。此等人才，岂能效国家一障一亭之用？徒使天之生民受其笞挞，可哀也夫！”

有鉴于此，黄宗羲认为有必要改变以第一场八股文定高下的科举取士制，但因积重难返之势已成，制度全变则社会“不无惶骇”，“莫若就今见行事例稍为变通，未尝不可以得真才也”。所以他建议，第一场经义“当依朱子之法，通贯经文，条陈众说，而断以己意，不必如今日分段、破题、对偶、敷衍之体”。二、三场则改变其选取视角，各文体看其能否经世致用而决定取录与否。

从这些言论中可以看出，黄宗羲对八股文之弊端看得很明白，故至死反对以之取士。

他的以上观点，在其《冯留仙先生诗经时艺序》中又得到重申：“士之不学，由专工于时艺也。时艺之不工，由专读于时文也。故嘉、隆以前之士子，皆根柢经史，时文号为最盛，固未尝以之流行坊社间也。万历丁丑，冯具区集籍中名士文，汇刻二百余篇，名《艺海玄珠》。至癸未，具区为房考，刻书《一房得士录》，此京刻之始也。然壬辰尚缺三房，乙未缺一房，至戊戌而十八房始备。娄江王房仲《阅艺随录》，此选家之始也。辛丑遂有数家。自是以后，时文充塞宇宙，经史之学，折而尽入于俗学矣。然文之美恶，一听其人。故每科新贵，出其揣摩之具，示人以甘苦所在。选家从之，朱墨商量，铢黍亿测，某也名家，某也弋获。一科之风气，一科人自成之也。”这些话把他在《科举》一文中表达的观点具体化了，明确地告诉人们，墨卷及各种选本是怎样促使幸进者不读经史，只读时文的。

《马虞卿制义序》一文则揭示了高头讲章是如何导引士人连《四书》《五经》都不必读即可捷取功名的，从另一个角度展示了八股文的弊端：“念束发出游，遍交海内，时文之坛坫，可得而言。甲子（1624 年，天启四年）、乙丑（1625 年，天启五年）间，周介生倡为古学，因尚子书，《繁露》《法言》，家传户诵。又数年戊辰（1628 年，崇祯元年），张天如易之以注疏，名为表经。未几，吴次尾以八家风动江上，陈卧子以时务崛起云间，而艾千子以先民矩矱，短长当世。要皆各有长处。逮至于今，《蒙引》《存疑》之说行，士皆踽踽守其轨辙，不敢尺寸逾越于外。

已又去《蒙》《存》而为《说约》，此本举业捷径，与理学无与。黠者从而张皇其间，寱语狂呋，发为时文之批尾。面墙之士子，遂以批尾为学，无子书之雕绘，注疏之沾滞，大家之蔓延，时务之刻核，颇谐俗构。彼刍灵之象形，疑凄怆之来格，以便其空疏不学之实，则千子为之作俑也。”

这番话，对天启、崇祯年间各种言论蜂起，最后却落至靠高头讲章去捷取功名，甚至靠八股文选本中之尾批去指导写作的地步，即八股文本身所导致的空疏不学的后果，进行了深刻反思。

凡此种种，从不同视角都表现出黄宗羲对八股文弊端的清楚认识，也表明了他反对以八股文取士的坚定态度。当然，他也清楚地看到，既然八股文对传输理学思想、巩固专制统治有用而不能废，那么为实现他的“经世致用”思想，他不得不向现实低头，让他的弟子们去考科举。因为在当时社会，不考科举取功名当上大官，则治理社会的理念都无从施展。更为搞笑的是，他为了其孙子能考中生员，竟去走后门托人求情。他在《与徐乾学》信中云：“小孙黄蜀，余姚县童生，稍有文笔。王颛庵公祖岁总科考，求阁下预留一札致之，希名案末。颛老相待甚厚，舐犊之情，实为可愧。”由此可知，八股文在当时具有何等不可动摇的地位，不是时代潮流冲击，它是屹立不动的。

（乌　媛）

科　举

科举之弊，未有甚于今日矣！余见高、曾以来，为其学者，《五经》、《通鉴》、《左传》、《国语》、《战国策》、《庄子》、八大家，此数书者，未有不读以资举业之用者也。自后则束之高阁，而钻研于《蒙》《存》《浅》《达》之讲章。又其后，则以为泛滥而《说约》出焉。又以《说约》为冗，而主撮于《低头四书》之上。童而习之，至于解褐出仕，未尝更见他书也。此外但取科举中选之文，讽诵摹仿，移前掇后，雷同下笔已耳。昔有举子以尧、舜问主司者，欧阳公答之云："如此疑难故事，不用也罢。"今之举子，大约此类也。此等人才，岂能效国家一障一亭之用？徒使天之生民受其笞挞，可哀也夫！

顾有心世道者，亦明知此辈之无用，皆因循而莫之救，何也？如以朱子学校贡举私议行之，未始不可，然积重难返之势，不无惶骇。莫若就今见行事例稍为变通，未尝不可以得真才也。今第一场经义，第二场论、表、判，第三场策五道。经义当依朱子之法，通贯经文，条陈众说，而断以己意，不必如今日分段、破题、对偶、敷衍之体。论以观其识见。表以观其绮靡。判当设为甲乙以观其剖决。策观其通今致用，所陈利害，其要如何，无取谰言僻语，剿袭套话。嗟呼！举子苟能通此，是亦足矣。无奈主文者相习成风，去取只在经义，经义又以首篇为主，二场三场，未尝过目。逮乎经义已取，始吊后场以充故事。虽累经申敕，褎如充耳，亦以时日迫速，不得不然也。余尝与万季野私议，即浙江而论，举子万人，分房十余人，每人所阅，不及千卷。《纂疏》《礼记》则陈澔《集说》。故《大全》者，大不全之书也。然学者犹惮其烦苦而不之读，所服习者，《本义》《集传》，蔡沈、胡安国、陈澔之所谓五经而已。《易》《诗》《书》《礼经》，学文者犹加诵习焉，《春秋》则概删圣人之经不读，读胡氏传。传亦不尽读，择其可为题目者，以其意铺叙为文，不敢稍逾分寸，以求合于有司。又最甚者，择取传中字句文义，以意牵合，妄托圣经，移彼就此，名为合题。岂惟不合经意，揆之传者之意，亦初不自知其何以位置安排颠错之如此也！慢弃圣言，割裂传注，又如朱子所谓名为治经而实为经学之贼，号为作文而实为文字之妖者也。盖经学之弊，原于时文。昔者经义之兴，本以论断为体，不执一说。引据经传，非如后之描画声口，簧鼓吻唇。乳儿小生，侮圣言而代为之词，势不得不单守一家之诂训，以便行文。而其腐朽恶烂，不逾时历岁，改头换面，以趋新巧，使学者穷年积月，从事于无用之空言，考其实，枵然无所得也，又何有于经学哉！

然则何以正之？曰：必如朱子之言而后可。朱子论经义，欲令明著问目之文，而疏其上下文通约三十字以上，次列所治之说而论其意，又次旁列他说，而以己意反复辨晰以求至当之归。但令直论圣贤本意与其施用之实，不必如今日分段、破题、对偶、敷衍之体。每道限五六百字以上，则虽多增所治之经，而答义不至枉费词说，日力亦有余矣。盖今之时义，又与南宋之时异。朱子所谓不问题之大小长短，而欲必分为两段，仍作两句对偶破题，又须借用他语以暗贴题中之字，必极于工巧而后已，其后多者二三千言，别无他意，不过止是反复敷衍破题两句之说而已。今之八比，虽与此异，而其为弊则一也。故欲正经学之失，须革时文之体。时文之体革，然后学者可以旁通诸家之说，以求得乎圣人精意之所存，而士不苦于无用之空言，国家收实学之效也。

——录自《皇朝经世文编》卷五十七《礼政四·学校》，魏源编，清道光七年刊本

冯留仙先生诗经时艺序

士之不学，由专工于时艺也。时艺之不工，由专读于时文也。故嘉、隆以前之士子，皆根柢经史，时文号为最盛，固未尝以之流行坊社间也。万历丁丑，冯具区集籍中名士文，汇刻二百余篇，名《艺海玄珠》。至癸未，具区为房考，刻书《一房得士录》，此京刻之始也。然壬辰尚缺三房，乙未缺一房，至戊戌而十八房始备。娄江王房仲《阅艺随录》，此选家之始也。辛丑遂有数家。自是以后，时文充塞宇宙，经史之学，折而尽入于俗学矣。

然文之美恶，一听其人。故每科新贵，出其揣摩之具，示人以甘苦所在。选家从之，朱墨商量，铢黍亿测，某也名家，某也弋获。一科之风气，一科人自成之也。今也不然，新贵刻稿，自揣不厌世目，则取其所与之人之文而刻之，一卷之中不胜其杂也。选家所征名稿，一科不能数人，行求于濩落不偶之老生，取其火爇墨污之弃物，薰沐之以时贵之名，不然则其选冷淡，必为他选所诎，故一选之中真赝相半也。夫所贵乎时文而诵读之者，先资信货天下从而趋之之为风气也。今杂陈于前者，于遇不遇盖无与焉，则今日所谓风气者，选家之风气，非场屋之风气，明矣。嗟乎！学士抚揣应制之资，一变为鬻良杂苦之术，使举世尽蹈于诡给假谲之途而不觉，时文之弊一至此乎！

慈溪冯黄臣过我，欲刻其祖留仙先生《诗经义》，求序之。余之不阅时文三十余年矣，辞之再三，黄臣又以其父洁士书来请。夫先生之《诗义》，与震川之《易义》，当时并推。震川《易义》行世已久，而先生《诗义》乃出之五十年之后，非复聊尔时文可比。余谓黄臣，当与先生和陶诗同刻。郝楚望制义列于《小山草堂集》中，耿天台之集亦附制义七首，其例可按也。此等刻由，一洗刻稿选文之习，余亦何妨于序哉！

——录自《黄宗羲全集》第十册《南雷诗文集》（上），吴光编，浙江古籍出版在2012年

马虞卿制义序

老屏空山，束制义不观者五十年矣。康明府以其乡马虞卿制义属序，余无以应。念束发出游，遍交海内，时文之坛坫，可得而言。甲子、乙丑间，周介生倡为古学，因尚子书，《繁露》《法言》，家传户诵。又数年戊辰，张天如易之以注疏，名为表经。未几，吴次尾以八家风动江上，陈卧子以时务崛起云间，而艾千子以先民矩矱，短长当世。要皆各有长处。逮至于今，《蒙引》《存疑》之说行，士皆踽踽守其轨辙，不敢尺寸逾越于外。已又去《蒙》《存》而为《说约》，此本举业捷径，与理学无与。黠者从而张皇其间，襛语狂吠，发为时文之批尾。面墙之士子，遂以批尾为学，无子书之雕绘，注疏之沾滞，大家之蔓延，时务之刻核，颇谐俗构。彼刍灵之象形，疑凄怆之来格，以便其空疏不学之实，则千子为之作俑也。

昔之为诗者，一生经、史、子、集之学，尽注于诗。夫经、史、子、集，何与于诗？然必如此而后工。时文亦然。今顾以时文为师，经、史、子、集，一切沟为楚、汉，且并诸儒之理学，视之为涂毒鼓声。穷经之学，顾如是乎？

虞卿之为文也，华与实副，中与外溢，意有入而非刻露，词有章而非粉饰，其昌明庞浩之气，尤在笔墨陶冶之先。夫岂以括帖为墙壁者乎？风急天寒之夜，必有当门定脚之人，虞卿之谓欤！

——录自《黄宗羲全集》第十册《南雷诗文集》（上），吴光编，浙江古籍出版在2012年

尤侗话八股

导读

尤侗（1618—1704），字展成，一字同人，号悔庵、西堂老人，江南长洲（今江苏苏州）人。

他自幼攻习经史，尤喜诗古文。才华焕发，诗、赋、乐府均称誉一时。其乐府《西堂杂组》传入禁中，大受顺治帝赞赏。在史馆时进呈《平蜀赋》，又受康熙帝赏识。其《明史乐府》气息雄厚，想象丰富，才气逼人。诗构思奇巧，笔调酣畅，多写人们不注意的生活琐事，别具一格，王士祯称其“如万斛泉，随地涌出，时出世间，辩才无碍，要为称其心之所欲言”。

尤侗最为世人所知的是他的八股制艺。他是明末诸生，早著才名。顺治时为拔贡，其《西厢记》曲语题八股文以情感真挚动人、想象力丰富、文采斐然不胫而走，甚至流入宫中，大受顺治帝称赏，誉其为“真才子”。也因为其学问优长，才情敏捷，曾被推为永平县推官。因治刑狱非其所愿及所长，旋罢官。康熙十八年（1679），他六十二岁时应博学鸿儒科试，授翰林院检讨，康熙帝称之为“老名士”。

其才表现在能融诗、赋、乐府的文学要素于八股文中，使其八股文文采斐然，又能化经史要义，将典故史例融为妙语以出之，既传神又自然生动，无掉书袋，故意卖弄学问之迹，使其文别具一格，具有魏晋文风、词赋之气。对题理的复制，他以禅宗的妙悟来对待，别具只眼，见解新巧，与传注不离不即，识见在似与不似之间，让赏识者称其有真见卓识，见人之所未见，也令反对者悻悻然，无法说其悖反程朱。这样的做法对明代主理主法的正统八股文理念是一种大突围，影响深远。《儒林外史》中马二先生评选八股文所持理念是：“文章既不可带注疏气，尤不可带词赋气。带注疏气，不过失之于少文采；带词赋气，便有碍于圣贤口气，所以词赋气尤在所忌。”这里所说的注疏气，是指那种直写传注，只略加连缀，添加数语，即直接复制注疏以成的文章。词赋气，是那种受尤侗影响，以词赋为文的尤王体文章。

尤侗传世的八股文多“以侧艳见长”，如《乡人饮酒　一节》题文、《仁者安仁　四句》题文、《不患无位　四句》题文等，均以韵语为文，开八股文以韵语作成之先河。《不患无位　四句》题文尾评说它“高撷屈宋，艳得其神髓，不独猎其藻采”(尤侗：《尤西堂稿》该文尾评，清康熙刻本)。

而最能体现尤侗行文特色，“奇情壮采，实足以推倒一世豪杰，开拓万古心胸”(见《目耕斋读本》初集《舜有臣五人而天下治》尾评，清光绪十四年湖南文昌书局刻本)，又受到各界一致推崇的，当属其题目出自《论语·泰伯》的《舜有臣五人而天下治》一文。

全文以惊才绝艳之笔，以才使学，化用《尚书》典实，巧妙贴切，洋洋洒洒，情意悠远，义理非尽合程朱传注，却又不悖且相粘，实是才情四溢，高手妙文。梁章钜在《制义丛话》卷之八中引孟瓶庵的话说，尤侗“只还他序事之体，而奇情壮采，实足以推倒一世豪杰，开拓万古心胸，当是《西堂全集》中第一篇文字，不仅为制义绝唱也”。荆闻则夸说：“豪情盛气，直鼓而前，还他散散漫漫一篇经义文字。展成而外，而有谁何?”(见《目耕斋读本》初集该文尾评，清光绪十四年湖南文昌书局刻本）沈少潭更是赞曰：“光欲烛天，声堪掷地，此东坡所谓峥嵘绚烂者。”（见《目耕斋读本》初集该文尾评，清光绪十四年湖南文昌书局刻本）这些点赞，都说中了尤侗时文的特色所在。

尤侗谈八股文的文字不多，现在能找到的仅有五篇为他人所写的制艺序。

这几篇序与他的八股文及其他文章一样，都不按常规行文，显得与众不同，别具一格。他不正面谈八股文的理念、作法等一般八股文序言中必谈的问题，也很少集中地评价八股文有何特色与价值。而是剑走偏锋，专从作者所处的时代背景、身世经历、科场遭遇着眼，发抒感叹，或寄予同情，或表示反对，从而婉转地表达对以八股文取士制的批评。

与他的其他文字和词赋等一样，他也是以惊才绝艳之笔来写这些序言的，且笔端常带感情，使它们充满了身世遭遇之慨与知己之感。其文多用四六句式，颇近于作赋。

如他写《剑飞楼制艺序》，因《剑飞楼制艺》的作者是桐江人，他便从严子陵隐居富春江时的“子陵钓台”风景清丽，“号锦峰绣岭”写入，以古代名人名作中的华丽之章比喻作者的八股文，说它们“红迷天子之帆，紫夺星郎之帐，巧过针神之线，光浮织女之机。锦峰绣岭，吾夺以赠马子矣”。用这样华丽的词语与比喻来揭示《剑飞楼制艺》的特色，虽然能吸引眼珠，实则让人摸不清其好处到底在哪儿。唯一的作用是让人领略了一下他“以侧艳见长”的行文风格和“惊才绝艳”的才华。

在《黄九烟秋波六义序》中，尤侗深情地回忆了他以《西厢记》曲语“怎当他临去秋波那一转”为题所作的游戏八股文传入宫中，大受顺治帝称赏，“遂有才子之目”的情景，大生知遇之感。并借为黄九烟六篇“奇思妙解，侧生挺出”的同题八股文写序的机会，对那些只知墨守陈规，容不得对八股文的形式，更不用说内容，哪怕些微创新的“缙绅先生、道学夫子”进行抨击。他说：“予穷愁多暇，间为元人曲子，长歌当哭，而览者不察，遂谓有所讥刺，群而哗之。夫以优伶末伎尚不容于世如此，若以《西厢》之曲造为八股之文，向非特达之知出自先帝，则缙绅大人、道学夫子，未有不议其怪诞，执而次杀者矣，乃有从而和之如黄先生者哉！”

对于那些“负才不遇”，科场坎坷的友人，他寄予无限的同情，这是《二宋合稿序》《施长六稿序》《陆益孙稿序》的共同主题。虽然他也说了些这要归之于命之类的话，可是从他悲愤的语调中可感到，实则是对已经走上僵化之路的八股文取士制的一种谴责，抨击它埋没了人才，又耗费了他们的生命。

虽然这五篇八股文序文字含蓄，铺陈华丽，颇具文学色彩，但透过婉转的文字看本质，尤侗实际上是主张对八股文进行有限度的革新，以改变其逐渐僵硬呆滞的面貌。也主张对科举制度、考试方法进行一定的改进，以使人才能脱颖而出，而不致埋没。这就是尤侗的八股文观。

（乌　媛）

剑飞楼制艺序

州名严者，何以子陵名也？予登富春山，上有子陵钓台，云百尺丽崎，号锦峰绣岭。此垒者土也，而文以锦绣之名，殆先生之风披拂而成者耶？独怪许由古叟、园绮老翁，而《箕山》《商山》二歌犹挂人口，乃羊裘男子著述缺焉。侯司徒一书外，不益买菜，岂先生能锦绣其山，不能锦绣其文乎？

解者曰："身将隐，焉用文之？犹介子之志也。"然意菁华不闷，云雨必兴。乃落落千春，惟一皇甫方处士唇缺矣。谢皇羽死空山，久无哭声。锦绣之名，竟让山灵独享，吾不能为子陵解嘲也。

今冬，予客太末，马子肇敏扬帆来访，知为桐江白眉。既出《剑飞楼制艺》示予，离离乎金碧交辉，缦缦乎玄黄相照。昔人评颜光禄如镂锦错绣，潘黄门烂若披锦，大陆《文赋》炳若列绣，太白五脏皆锦绣，扬次公亦有锦绣屏风之目。甚哉！锦绣之名，施之笔墨，为足乐也。今观马子文，红迷天子之帆，紫夺星郎之帐，巧过针神之线，光浮织女之机。锦峰绣岭，吾夺以赠马子矣。

马子方上长安，持此卷以往金马门前，且见客星复动帝座也。

——录自《西堂杂俎一集》卷四，尤侗撰，清康熙刻本

二宋合稿序

戊子右之隽，既庭、畴三皆中副车。予既序右之稿以行，而复怃然为二子赋不遇也。已而秋律还辕，北雍双捷，予乃过右之

而太息曰："异哉！君家兄弟不其盛乎！若遇之迟速，斯固时也。乃易地而起，则更有说。"

吴越之间，山水清嘉，衣冠所聚，风流相赏，犹鼓宫而商应也。至幽燕豪杰，气韵沉雄，极睇关河，音闻间隔。今二子驱车而往，夺弧而登，使江左英华远扬京国，意者吾党之文将自南而北乎？然既庭舞象之岁，早饮香名中，更乱离风霜相半。一朝献策，声动长安，虽春秋方壮，而食报已晚矣。畴三以英妙之姿，超群而出，年未典谒便称一鸣。先辈就二子较之功名感会，岂不有时哉！二子既有其时，又有其地。语云："城南韦杜，去天尺五。"言登高者及远也。上立功业以事天子，下弘声气以求友生，二子勉诸，并以为右之勖。

予与既庭总角交欢，十年旧雨。而右之、畴三，对宇望衡，乐数晨夕。正如君实、景仁，但姓不同耳。犹记春初，二子北征，予流滞西湖，折柳遥赠，寄既庭云："野水平添晚流酒，春风细和早朝诗。"寄畴三云："休将红泪弹芜草，早使青衫染柳条。"尔时不胜暮云春树之思，由今观之，可谓善颂善祷矣。秋风报罢，歌泣无聊。闻北来好音，不觉折屐。因次其稿，复序以行，且告人曰："不宁唯是，曲江宴后，予将合二子稿序之。"或闻而诮予曰："子之序宋氏也，不既多乎？何但见汝送人作郡也！"予默无以应。

——录自《西堂杂组一集》卷四，尤侗撰，清康熙刻本

黄九烟秋波六义序

往予作《论语》诗三十首，客难予曰："经可诗矣，曲亦可文乎？"随拈"秋波一转"为题。予时被酒，走笔成之，一坐绝倒而已。不意为世庙所赏，遂有才子之目。虽天语奖藉，不仅斯

文，然观其与弘觉国师问答，读至终篇，令下转语，亦千古佳话也。亡何，宫车晚出，杖锡南归，而江潭野老，独踯躅于荒田短屋之间，追思往事，恍焉如梦，感慨系之矣。

白门黄九烟先生，于予为前辈，而好予特甚。一旦出所拟《秋波》六义示予，奇思妙解，侧生挺出，其视拙作不啻十倍。先生老矣，以前进士为村学究，岂犹沾沾争文名？不过酸齑淡饭，闲坐无聊，借此笔戏消磨白日耳。乃予读之，则忽然增鼎湖之感，不知涕之何从者。假使世庙在御，见先生之文，则凌云之慕，宁止雄似相如哉！

予穷愁多暇，间为元人曲子，长歌当哭，而览者不察，遂谓有所讥刺，群而哗之。夫以优伶末伎尚不容于世如此，若以《西厢》之曲造为八股之文，向非特达之知出自先帝，则缙绅大人、道学夫子，未有不议其怪诞，执而次杀者矣，乃有从而和之如黄先生者哉！呜呼！此虞翻所以叹恨于知己也。

——录自《西堂杂俎二集》卷三，尤侗撰，清康熙刻本

施长六稿序

吾友施古翊先生，今之笃行博闻君子也。负才不遇，以明经老矣。乙卯省试，令子长六裒然首南闱，人皆惊焉。

予乃过而贺之，曰："先生幸甚！庄子所谓不报其人而报其人之天也。以吾子之屡蹶场屋，其望贤书邈若云汉，进而第一人，不啻天神。然今一口弋而致之膝下，有不蕲然而然者。此固先生之笃行博闻，自携取之而特假手于长六，以为之券也。且以长六之才，宜其一朝而获，乃亦迟之。迟之而始售者，何与？吾又闻诸《庄子》：'风之积也不厚，则其负大翼也无力。故九万里则风（力）［斯］在下矣，而后乃今培风；背负青天而莫之夭

阏者，而后乃今将图南。’此大鹏之所以逍遥，而施子之所以一鸣惊人也。小诎者大伸，先迟者后速，理有固然，无足怪者。施子居委巷之中，空室蓬户，匡坐咏歌，声出金石，闻捷之后，徒步顾予，绝无震矜之色。盖其失之也不戚戚，其得之也不欣欣，一信之于天焉。甚矣！先生父子之有合于庄子也。”

古翊听然而笑曰：“有是哉，吾子之为是说也！然则有同与予曰，吾向者尝操觚而徒先生于坛坫之间，今吾子珍之附长六而登也，的亦有天下焉，然而瞠乎后矣。”

——录自《西堂杂俎三集》卷四，尤侗撰，清康熙刻本

陆益孙稿序

昔予祖姑适学宪陆冲台先生，厥嗣大令明农府君，予姑又配焉。故予与处实为再世中表兄弟，小时同补邑弟子员，长同学相爱也。既处实有子益孙，予字以次女，昏姻孔云，盖三世矣。里申持羊酒贺两家。及予子珍，与益孙同学又相爱。今秋，二子同举于乡。里中又贺两家羊酒，咄咄称盛事云。而予不胜有感也。

往予与处实暨乃兄灵长、汤子卿谋为四了社，接几联床，乐数晨夕。灵长早夭，卿谋继之。处实幸掇之第，中年暴殒。独予踽踽视息人间，顾影头白，颓然老矣。日月飘忽，聚散不常，追忆少年之游，岂可复得耶？

迩者庚戌之举，同里十子课文，予与处实实司月旦。每一艺成，相与丹黄甲乙，欣赏不休。壬子，彭子凝社拔螯先登，吴子律公中副车，宋子性存、吴子慎旃贡入太学。乙卯，益孙及珍举于南，慎旃举于北，尔远亦试于廷。此固葑溪盛事也，独恨处实已不及见之。闻报之日，予尚怅然不堪回首，况在益孙，能无风木之感哉！

虽然，处实郁郁不得意，赍志长往。益孙流离孤露，一旦角立杰出，将奋发前人未竟之绪，使死而有知，当含笑于九京，而又何慊焉。经不云乎，立身行道，扬名于后世，以显父母，孝之终也。益孙勉之矣。若其平日制艺，扬之高华，抑之沉实，素见赏于诸大人先生，海内必有识之者，故予存而不论。

——录自《西堂杂组三集》卷四，尤侗撰，清康熙刻本

陆陇其话八股

导读

陆陇其（1630—1692），初名龙其，字稼书，浙江平湖人。他博闻强记，年十一，即能将《左传》只字不漏地背诵。稍长，即习八股文，一本经训。家贫，就馆于外，“讲学授徒，惟以发明圣贤意蕴为急。取《四书大全》及《蒙》《存》《浅》《达》诸家之说，融会贯通，而折中于朱子，其于功名遇合泊如也”（张云锦：《陆陇其传》）。“年二十七，补生员。博观宋、元、明诸先儒书，参互反覆，疏证孔孟之旨，而一以朱子为宗。”（彭绍升：《故四川道监察御史陆清献公事状》）清康熙五年丙午（1666）科乡试中举，九年庚戌（1670）科会试中式成进士。十四年，授嘉定知县，因迕巡抚意被劾无肆应才和“以讳盗当免官”而罢归。十七年，举博学鸿儒，至京，未及试，丁父忧而奔归。二十二年，服阕补直隶灵寿知县。康熙二十九年（1690），以“学问优长，品行可用”被荐举，得旨行取，授监察院四川道监察御史。上疏论保举之捐纳宜停，先用之例宜闭，以避免买官卖官之弊，却被九卿会议为不通时务。“公复别为议争之，主议者怒，劾公阻误军机。”（彭绍升：《故四川道监察御史陆清献公事状》）不久，“试俸已满，都察院注公不称职，对品外调”，他便称病请归。康熙三十一年，馆虞山席氏。岁暮还家，一夕腹痛而卒，年六十三。雍正时从祀孔庙，乾隆时谥清献。著有《困勉录》《松阳讲义》《三鱼堂文集》。

陆陇其精研经典，“笃信朱子，躬行实践，以居敬穷理为要”（张云锦：《陆陇其传》）。他“耻空言，敦实行，切己悔过，惟日不足”。在嘉定知县任上，他“锄豪强，抑胥吏，息争讼，禁侈靡，躬先教化，恩威并著，二年民俗丕变”（张云锦：《陆陇其传》）。他被诬离职时，只有“图书数卷，伊妻织机一具”。“邑民扶老携幼，号泣呼冤，填塞街市。”在地瘠民贫的灵寿任上，他“务与民休息，讲学不倦，莅任七载，多所陈请，皆生民至计”。当御史，则正直敢言，且着眼于国家长远利益，着眼于制度建设，虽得罪上官也不改初衷。他真正称得上是一个“于世味无所嗜，惟圣贤修己治人之道，精益求精”的人。

陆陇其的八股文在顺治、康熙年间也有一定影响，这当然与他是一个“笃信朱子，躬行实践”，言行一致的名臣有很大关系。文以人名，这是一条规律。但其文确有特色，按钱谦益的观点，其文属“理学之时文”（见钱谦益：《牧斋有学集》卷四十五《家塾论举业杂说》），但又具有明代大家之技巧与风范。因为他“以习举业者，风气日靡，非先民八股矩矱，因力追成、弘以来王、唐、冯、顾诸家之文，去貌取神，自成一家言。故今所存四书文稿，皆理精法老，为举业正宗。视初年雄奇放胆之文，大不侔矣”（《陆稼书先生年谱》卷上）。清代吴光酉等人对陆陇其八股文的评价是中肯的。

陆陇其的八股文重理，其理以朱熹传注为宗。对于文辞则不讲究，认为只要出自内心情感，能将题理阐述清楚，并达于身心，见诸实践就是好文章。所以他的文章认题真，说理透彻，不讲文采，不尚奇变，作法只讲开合抑扬、深浅虚实。从表面看来平淡如水，但细读之后，可看出质朴之中蕴有余韵，表面的平淡透出深藏的哲理，实是大家手笔。

陆陇其的文品与人品是相一致的。他对八股文的价值有着独到的看法，在《黄陶庵先生制义序》中说，八股文是“宋明以来取士之具也。盖自公卿大臣以至于都邑之长，是天子所以寄股肱耳目者也，所以共社稷民人者也，所以为治乱安危之分者也，而皆于制义一途取之。其间非无英君哲相，计深虑远，辨别人才，郑重名器，而卒不废此者，何也？亦曰：是制义者，所以发挥圣贤之理也。能言圣贤之言者，必能行圣贤之行。以若人而寄之股肱耳目，托之民人社稷，则必有安而无危，有治而无乱，是取制义之意也，是五六百年来所以行之而不废也。”（《三鱼堂文集》卷九）。陆陇其明确地指出，八股文是用以取士的工具，它之所以不能废，是因为它能“发挥圣贤之理”，造就封建人才。他强调，所习经书，“俱要引到身心上去，不止从举业起见”（《陆陇其年谱》），文与行要相统一，“能言圣贤之言者，必能行圣贤之行”，否则会败坏士习民风。

陆陇其对晚明八股文大师、著名抗清烈士黄淳耀时文集的评述，是从八股文的功用、价值入手来揭示其本质。在《同邑文序》中，则从八股文的内容规定来阐述其本质，与上文的视角虽异，其效果却同，有异曲同工之妙：“夫科举之设，原非取其辞也。谓其辞善者，其志必善。能为孔孟之言者，必其志孔孟者也；能为程朱之言者，必其志程朱者也。譬之作室而求匠，召而问之，其言栋宇榱桷，广深修短之法，井井如烛照而数计，则授之材而予之稍食，未为大谬也。”这番话把明、清两代以八股文取士，其实质是想通过文辞将孔、孟、程、朱的言论即其思想传输给士人的用心揭示出来。

在《与某书》中，陆陇其则从八股文的实质出发，谈及其作法：“制义一道，所以发挥圣贤之理，非欲以炫奇而斗丽也。苟有炫奇斗丽之心，则根本已差，虽美不足观矣。”他在这里指出，八股文写作，以阐发圣贤之理为唯一目的，不能追求辞藻的华丽，内容的新奇。

从这一思想出发，他较为全面地阐述了八股文的作法。在《与某书》中，他说："愿足下细心静气，取程朱大儒之书，沉潜反覆其中，真见圣贤意旨所在，然后执笔为文，复取先正守溪、荆川、泾阳之作，循其规矩，范我驰驱，不必务为奇异，而自卓然远于流俗，此则天下之至文也。"此话揭示了八股文写作前的修为与准备：静心研究程朱之作，发掘出圣贤意旨之所在；学习王鏊、唐顺之等八股文大家的作法，"范我驰驱，不必务为奇异"，唯有如此，才能写出好的八股文。

在《示大儿定征》中，他反复叮嘱其儿要知读书之法及与八股文之关系："实欲汝读书明白圣贤道理，免为流俗之人。读书做人不是两件事，将所读之书，句句体贴到自己身上来，便是做人的法。""读书必以精熟为贵。我前见汝读《诗经》《礼记》，皆不能成诵。圣贤经传，与滥时文不同，岂可如此草草读过?"有了精熟经典的基础，才能去做八股文："方做举业，虽不能不看时文，然时文只当将数十篇，看其规矩格式，不必将十分全力，尽用于此。若读经读古文，此是根本功夫。根本有得，则时文亦自然长进。"

对于八股文本身，陆陇其是倾心赞同的，因为他认识到了它对"发挥圣贤之理"的巨大作用。但他对士子们只图幸进而导致的士风败坏痛心疾首。

他在《同邑文序》中指出，士子们投了八股文取士是以文辞取士之机，"自学者见上之人所取在辞也，于是日夜磨砺其辞以求当于有司。孔、孟、程、朱之道炼习于笔端，言之侃侃，真若可信。而问其志，则曰吾以是求吾所欲耳，岂真思实其言哉"。这样，就造成了士风的腐败。他在《谈念茖窗稿序》中说："夫今之人束发读书，揣摩当世之好尚，皇皇焉庶几其一中，得之则以为喜，不得则以为忧，非此科目也耶?"在《黄陶庵制义序》

中，他指出："自士习坏而制义为虚文，方其执笔而为之，所言者无非仁义也，而孰知言仁义者之背乎仁义也；所言者无非忠信也，而孰知言忠信者之背乎忠信也。举世滔滔，以为是取爵禄之具耳，而忘其爵禄之何以必归乎此也。苟可以悦于人，而侥幸一第焉，斯已矣，遑问其言行之合与不合哉！呜呼！士习如此，而欲得真材，以期治安，岂可得哉！是无他，则失乎制义之意也。"一言道破败坏的士习对八股文的破坏。

他还指出消除世人对八股文恶感的办法："所恶乎举业者，为其以利禄之心，从事于圣贤之书，探精索微，手拮据而口呻吟者，非以求道也，将以求其所欲也。甚者则又不待其精微，苟可以悦于人，而止饰伪长诈如市贾然，是以君子恶之。今使为举业者，无以利禄存于胸，惟知道之当求，而圣贤之不可不学。以居敬为本，以穷理为用。求之六经以探其奥，求之濂、洛、关、闽以一其途，求之史以穷其变，求之敬轩、敬斋、月川、整庵诸君子之书以博其识。精择而笃行之，口之所言，必使无愧其心；身之所行，必使无愧其言。其发而为文者，皆其得于心而体于身者也。一旦学成而荐乎有司，登乎金马石渠，天下之人见其由是得举也，则指其所业，命之曰举业，而学者固未尝自谓之举业也。其遇耶，是道之将行也，吾无与焉。其不遇耶，是道之将废也，吾亦无与焉。夫如是，则举业与圣学岂有二乎哉！"（《钱孝端经义序》）这是陆陇其所开出的挽救士习，挽救举业（即八股文）的最好单方，但在当时是无法施行的。

他在《历科小题永言集序》中揭示了这个原因："然则风俗之不端，士习之日坏，岂非自童子时始哉！……往者，嘉靖以前，天下无异学，士皆由程朱以窥孔孟。其文浑厚醇朴，惟恐一言之越乎绳墨。士习如此，风气安得不醇哉！自是以后，学日杂而文日奇，风俗日偷，非天之生材有异乎前也，其所以教之者然也。”教不得法，使人从小便滋利禄之心，故造成了八股文的败坏，大异于明代嘉靖之前，这就是陆陇其的单方不能救世的原因。

总之，陆陇其以一个真正的道学家来谈八股文，所主张的是八股文要载道，且要“得于心而体于身”，即将从八股文所体悟到的心得用之于实践。这就是陆陇其八股文论的核心所在。

（龚　昊）

与某书

岁底见足下所刊文，细读之，奇气矫矫，溢于楮墨。此诚未易才也，然有说焉。

制义一道，所以发挥圣贤之理，非欲以炫奇而斗丽也。苟有炫奇斗丽之心，则根本已差，虽美无足观矣。不知者谓足下文太奇，恐碍俗目而难售。愚意则不然。愚之所以未满于足下者，非忧其难售也。窃以为如此而售，虽售亦非所贵耳。今之务为怪僻而跻显荣者，岂无其人？识者不之取也，足下何为而流入于此哉！愚所以取足下者，以其高明之资，可与深造，而非以今日此种之文为可取也。愿足下细心静气，取程朱大儒之书，沉潜反覆其中，真见圣贤意旨所在，然后执笔为文，复取先正守溪、荆川、泾阳之作，循其规矩，范我驰驱，不必务为奇异，而自卓然远于流俗，此则天下之至文也。何为舍坦途而驰骤于荆棘哉！

至闻足下刊文之意，欲挟之以走京师，谒显要，则辱在相知，尤不敢不一言以相规。夫所贵为儒者，卓然自立而不染于流俗；安分守己而不屈曲于人，刻励于中而不肯炫耀于外，其遇与否听之命焉。一有屈曲炫耀之心，则君子耻之。昌黎之文，照耀今古，而上宰相诸书，先儒犹病其轻进。三闾大夫之《骚》，上追《风》《雅》，识者犹嫌其露才扬己。而况材未如三闾、昌黎者乎？自世教衰微，士不以干进为耻，亦不知以朴实为尚。吴下竖子，稍知句读，辄刊刻诗文以夸于侪辈。稍不得志，便迫不能待。苟可以进身者，不问其何途而从之，视圣贤安命守义之学不啻如弁髦。究竟其遇与否皆有命焉，彼其所为何，曾有毫发之益哉！此在世俗无怪其然，而非所望于贤者也。愿足下深以古道为期，而勿以流俗自处。以学问励于己，以遇合听于天，以朴实为宝，而以吴下轻佻之习为可鄙，则将来所售自不可限量，区区之事何足道哉！

相期之深，故昌陈之，伏惟鉴谅不宣。

——录自《三鱼堂文集》卷五，陆陇其撰，上海古籍出版社影印本《文渊阁四库全书》

示大儿定征

我虽在京，深以汝读书为念。非欲汝读书取富贵，实欲汝读书明白圣贤道理，免为流俗之人。读书做人不是两件事，将所读之书，句句体贴到自己身上来，便是做人的法，如此方叫得能读书。人若不将来身上理会，则读书自读书，做人自做人，只算做不曾读书的人。

读书必以精熟为贵。我前见汝读《诗经》《礼记》，皆不能成诵。圣贤经传，与滥时文不同，岂可如此草草读过？此皆欲速而不精之故。欲速是读书第一大病，工夫只在绵密不间断，不在速也。能不间断，则一日所读虽不多，日积月累，自然充足。若刻刻欲速，则刻刻做潦草工夫，此终身不能成功之道也。

方做举业，虽不能不看时文，然时文只当将数十篇，看其规矩格式，不必将十分全力，尽用于此。若读经读古文，此是根本工夫。根本有得，则时文亦自然长进。千言万语，总之读书要将圣贤有用之书为本，而勿但知有时文。要循序渐进，而勿欲速。要体贴到自身上，而勿徒视为取功名之具。能念吾言，虽隔三千里，犹对面也。慎毋忽之。

——录自《三鱼堂文集》卷六，陆陇其撰，上海古籍出版社影印本《文渊阁四库全书》

黄陶庵先生制义序

予既序陶庵先生之诗文，而推论其平日之养。或曰：先生之制义何如？予曰：先生可谓得制义之意矣。何谓制义之意？以其出入班、马，驰骋韩、欧耶？曰：不然。以其旨必濂、洛，法必成、弘耶？曰：不然。以其法乎古不戾乎今，得乎己不骇乎人耶？曰：不然。然则何谓制义之意？曰：子亦知制义之所自起乎？此宋明以来取士之具也。盖自公卿大臣以至于都邑之长，是天子所以寄股肱耳目者也，所以共社稷民人者也，所以为治乱安危之分者也，而皆于制义一途取之。其间非无英君哲相，计深虑远，辨别人材，郑重名器，而卒不废此者，何也？亦曰：是制义者，所以发挥圣贤之理也。能言圣贤之言者，必能行圣贤之行。以若人而寄之股肱耳目，托之民人社稷，则必有安而无危，有治而无乱，是取制义之意也，是五六百年来所以行之而不废也。

自士习坏而制义为虚文，方其执笔而为之，所言者无非仁义也，而孰知言仁义者之背乎仁义也；所言者无非忠信也，而孰知言忠信者之背乎忠信也。举世滔滔，以为是取爵禄之具耳，而忘其爵禄之何以必归乎此也。苟可以悦于人，而侥幸一第焉，斯已矣，遑问其言行之合与不合哉！呜呼！士习如此，而欲得真材，以期治安，岂可得哉！是无他，则失乎制义之意也。

今观先生之制义，与其养于平日而从容于遇变者，可谓言与行合矣。言与行合者，是朝廷所以重制义之意也，惜先生不幸而特以节见耳。使其生当明盛而任股肱耳目之寄，受民人社稷之重，其所树立，岂可量哉！若夫不能学先生之行，而徒学其文，以之欺世取荣，常则不足以翼休明，变则不足以卫纲常。于是群焉罪之曰：制义之不足得人也。呜呼！是制义之咎耶？抑失乎制义之意之咎耶？先生之制义传者颇多，间有非其手笔而伪托者，亦有非先生欲存之作而未及删者，用是定为若干篇，天下学者，诚读其文而想见其人，无失乎制义之意焉，则庶几矣。

——录自《三鱼堂文集》卷九，陆陇其撰，上海古籍出版社影印本《文渊阁四库全书》

谈念苕窗稿序

谈子念苕与余居相距咫尺，时得其文读之，其辞沛然以充，其气爽然以清，望而知其将奋翮云霄者也。今秋果举于乡，同里莫不相庆。盖喜文章之有据，遇合之权不在于天而在于人也。然余之为念苕喜者，又不独在是。

余尝闻商文毅公之言曰：士无以致身科目为荣，而以无负于科目为重。夫今之人束发读书，揣摩当世之好尚，皇皇焉庶几其一中，得之则以为喜，不得则以为忧，非此科目也耶？而自文毅言之，则人虽幸列于科目，而其中犹有负有不负焉。则是科目也者，未足喜也，而可惧也。夫必如何而后可以无负耶？将闳览博物以备顾问乎？《七略》、九流之书，无所不窥，毕方、贰负之奇，无所不识，求之科目之中，千百而一二焉，此足以无负矣。然昔人犹病之曰，此记诵之学耳。记诵之学可谓无负乎？将著书修辞以垂不朽乎？如迁、固之史，欧、苏之文，长卿、子云之赋，太白、子美之诗，求之科目之中，千百而一二焉，此足以无负矣。然昔人犹病之曰，此辞章之学耳。辞章之学可谓无负乎？将树功立业以自表见乎？戡乱如萧、曹，守文如房、杜，救一时之危，振一时之弊，求之科目之中，千百而一二焉，此足以无负矣。然昔人犹病之曰，此功利之学耳。功利之学可谓无负乎？夫徒有其科目，既不足以为荣，加之以记诵辞章，功业赫然，显名于世，而犹未免乎负，此非刻论也。盖士固有其当为者，而此未足以塞我之责也。士所当为者非他，孔孟程朱之道而已。是道也，闳览博物，而非如世之记诵也；著书修辞，而非如世之辞章也；树功立业，而非如世之功利也。是不待远而求之，即我束发所读之书，其中圣贤之所训诫，先儒之所注释，至精至备，举而措之，则道在是矣。而人往往徒习其言以为科目之资，而不能反求之身，一日焉得其所欲，则弃之如敝蹝。夫是以遇益隆而行益污，位益尊而品愈卑。间有能自异于流俗，则又没溺于记诵、辞章、功利之间，而不能深求乎圣贤之道。呜呼！求其无负焉者，岂不难哉！然我尝思之，人之不能造于是者，惟其志不立耳。不则自以为足，不求进焉耳。苟志立而不自足，进而不已，天下何事不可为，而独难于是耶？

我见念苕之于举业也，奋然不肯居人下，而恂恂焉若无能，是以英年而奋飞。人之听于天，而不可必得者独取之。若寄操是心也以往，岂其能得之科目，而不能得之道哉！此我所以为念苕喜也。故因读其文而序之于其首，使天下见念苕之文者，知其所重将在彼不在此，则世之囿于科目中者，其亦可以知返矣。

——录自《三鱼堂文集》卷九，陆陇其撰，上海古籍出版社影印本《文渊阁四库全书》

钱孝端经义序

儒者往往谓举业盛而圣学衰。余尝语同志：吾辈皆从举业出身，当相与努力，一雪此声。请问雪之如何？

曰：所恶乎举业者，为其以利禄之心，从事于圣贤之书，探精索微，手拮据而口呻吟者，非以求道也，将以求其所欲也。甚者则又不待其精微，苟可以悦于人，而止饰伪长诈如市贾然，是以君子恶之。今使为举业者，无以利禄存于胸，惟知道之当求，而圣贤之不可不学。以居敬为本，以穷理为用。求之六经以探其奥，求之濂、洛、关、闽以一其途，求之史以穷其变，求之敬轩、敬斋、月川、整庵诸君子之书以博其识。精择而笃行之，口之所言，必使无愧其心；身之所行，必使无愧其言。其发而为文者，皆其得于心而体于身者也。一旦学成而荐乎有司，登乎金马石渠，天下之人见其由是得举也，则指其所业，命之曰举业，而学者固未尝自谓之举业也。其遇耶，是道之将行也，吾无与焉。其不遇耶，是道之将废也，吾亦无与焉。夫如是，则举业与圣学岂有二乎哉！

然吾尝持此以告人，而人率笑其迂。一日，钱子孝端以其所作经义数十篇示我，其气沛然，其光蔚然，读之者皆以为琅玕球琳，可以登庙廊，可以耀宇宙。钱氏世有闻人，将复钟于是矣。顾钱子若不敢以是为足，不惮跋涉而询于刍荛，其心岂但与世俗之举业较短长者哉！愚时方在苫块，未暇答也。服既阕，乃举平日之所以告人者以复于钱子，钱子当不以我言为迂也。

——录自《三鱼堂文集》卷九，陆陇其撰，上海古籍出版社影印本《文渊阁四库全书》

同邑文序

胡敬斋先生尝叹科举之学坏人才，谓其丽乎辞，不知志乎善。余读其言，未尝不慨然也。虽然，是岂科举之咎哉！

夫科举之设，原非取其辞也。谓其辞善者，其志必善。能为孔孟之言者，必其志孔孟者也；能为程朱之言者，必其志程朱者也。譬之作室而求匠，召而问之，其言栋宇榱桷，广深修短之法，井井如烛照而数计，则授之材而予之稍食，未为大谬也。自学者见上之人所取在辞也，于是日夜磨砺其辞以求当于有司。孔、孟、程、朱之道炼习于笔端，言之侃侃，真若可信。而问其志，则曰吾以是求吾所欲耳，岂真思实其言哉！譬之拙匠，不务精其业，而徒拾鲁般之陈言以应对主人。幸而获其稍食，则吾事毕矣，其室之成坏坚脆，于吾何有哉！为主人者，方庆其获良工，而广厦曲榭可借以成，孰知其志之不在斯耶！所谓鷦鷯已翔乎辽廓，罗者犹视乎薮泽，而科举于是弊矣。此犹就其辞之善者言之也。其又甚者，则并其辞亦不能善。糠秕杂陈，稂莠错出，幸而涂饰有司之耳目，冒昧一第，则泰然自谓其业之成，不复知有人间学问，是又无足论矣。

然吾终不谓科举之无用者，天下大矣，有珷玞则必有和璞，有鱼目则必有隋珠。明道、紫阳，独非科目中人乎？士苟有志，虽使处秦之初，宋之季，废诗书，禁道学，犹将修身独善，以守先待后为己任。而况煌煌功令，以仁义为鹄，以六经为罗，以洙泗濂洛为招，而茫茫宇宙，无人起而应之，吾不信也。

吾邑素号才薮，起蓬蒿而陟青云者踵相接也。后进之士益蒸蒸向风，相与集其揣摩之文，梓以问世，而命余序之。夫殚精竭思上追秦汉，下凌唐宋，语必破的，言必中绳，吾党之士讲而习之久矣，岂待余言哉！然窃有愿陈者，则未知我二三同学所朝夕揣摩而烂焉于是集者，果发于其志乎？抑但丽于辞乎？其真见圣贤之道，若饥食渴饮之不容已而侃侃言之乎？抑曰姑以求合于功令乎？二者之相去在毫厘之间，而有天壤之别，我同人必有知之者。庶几哉相与砥砺，各即其所言反而实求之身，以不能为明道、紫阳自耻，毋徒思与文章之士逐鹿于中原，使天下后世谓科举之中有人焉，而无为敬斋所叹，则岂惟一邑之光，世运人心实共赖之。

——录自《三鱼堂文集》卷九，陆陇其撰，上海古籍出版社影印本《文渊阁四库全书》

历科小题永言集序

程子有言：古之人，自能食能言即有教。盖人之幼也，知虑未有所主，则当以格言至论日陈于前，盈耳充腹，久自安习，若固有之。又曰：人多以子弟轻俊为可喜，而不知其可忧也。有轻俊之质者，必教以通经学。朱子尝有取于陆子寿之言，谓子弟教作虚诞之文，皆坏其气质。古人之为子弟虑者如此。

今之教子弟者，吾惑焉。方其幼也，既未尝习之于洒扫应对，朱子所辑《小学》一书，常束之高阁，不使寓目。虽日读孔孟之言，不过以为此利禄之阶梯，未尝知其必可行不可不行也。稍长，教之为文，则挑其心机，奖其浮华，惟以惊人耳目为能事，不问其虚诞不虚诞，通经学不通经学也。侥幸一第，则便以为学成，不复知人间尚有当读之书，当为之事。然则风俗之不端，士习之日坏，岂非自童子时始哉！故吾每教童子作文，未尝不战战兢兢，惟恐一言之病，中于其心，异日将硕大蕃滋，鬯茂条达，不可救药。盖人之聪明，当扩充于范围之内，不当扩充于范围之外。

往者，嘉靖以前，天下无异学，士皆由程朱以窥孔孟。其文浑厚醇朴，惟恐一言之越乎绳墨。士习如此，风气安得不醇哉！自是以后，学日杂而文日奇，风俗日偷，非天之生材有异乎前也，其所以教之者然也。成童之时，其心先也离琢破坏，求其长大之归于醇朴，不可得矣。故当今之急务，必自教小子始。教之道，必以《小学》为基址，以濂、洛、关、闽之书为根本，以先正浑醇厚朴之文为彀率，使自孩提有识即浸灌于仁义中正之中，游衍于规矩准绳之内，如水之汪洋浩渺而不得越乎其防，则文章不期正而自正，风俗不期厚而自厚矣。

张子质夫、惇五、蒋子声御，选历科小题之文以为童子式，吾见其一出一入不敢苟且，惟误后学是惧，其亦有程子、朱子之虑耶？故为推古人所以教童子者，弁于其首，使读者知文章一途，非徒贵其机巧浮华已也。当求程子所谓可忧者如何，朱子所谓坏气质者如何，聪明日扩而范围常存，必为转移风气之人，勿为风气所转之人，庶几不负三子之志也夫！

——录自《三鱼堂文集》卷九，陆陇其撰，上海古籍出版社影印本《文渊阁四库全书》

魏禧话八股

导读

魏禧（1624—1681），字凝叔，号叔子、裕斋、勺庭，江西宁都人。明末诸生。与兄魏际瑞、弟魏礼号称“宁都三魏”，有名于时，而以魏禧为最。明亡，兄弟隐居于金精翠微峰，与李腾蛟、彭士望、丘维屏等设“易堂”，讲学论文，足不履城，号“易堂九子”，江西、福建从学者众。其初本为在翠微峰上避兵，继而从事复明活动。为此一改足不出户的做法，三十九岁后出游江浙，考察民情士气，以文会友，结纳豪杰，以图复明。在反清复明的活动中，自然会对明朝覆灭的原因进行探究，所以他在其文中对明代科举制度的弊端进行分析时，不可避免地会对八股文展开批判。

魏禧的好友，“易堂九子”之一的曾灿曾论及魏禧对八股文持否定态度的原因及其时文的特点：“子往读洪、永以来之文，自宋文宪以下，其最著者如归震川、茅鹿门、唐荆川诸先辈，正足与古人相上下。然平缓时弱之调往往而有，则岂以国家八股取士，有以靡其气而柔习其心乎？叔子当工八股时辄厌恶之，陋其体制，著《制科策》三篇，欲废之而易以策论。故其八股多闳肆奇伟浩汗之文。”（曾灿：《魏叔子文集序》，清康熙易堂刻本）

魏禧针对八股文的体式作法所造成的恶果，提出废八股文的主张，其《制科策上》说：“古者取士之途广，国家则专出于制科，而其法尤未善。八股之法，一在于摹圣人之言，不敢称引三代以下事，不敢出本题以下之文，一在于排比有定式。夫题之义理，有博衍数十端，然后足以尽者；有举其一端，扼要而无遗者。今必勒为排比，则是多端者不可尽，而得其一说而毕者，必将强为一说以对之，其对之又必摹其出比之语，斤斤然栉句比字而不敢或乱。六朝之文，俳俪为工，虽杂施于游咏笺记，而后人尚讥其陋，今以长对俳俪而译经传，其陋抑可知已。圣贤之理，适用为本。故言理不征事则迂，疏古人之言，不征后世之得失，则言之富且精者不得见。今必以为不可毫发有所损益，则是古人所一言者，吾从而再言，所短言者，吾从而长言。言之毫发逮圣人，无益，况必不逮耶？国朝黜杂学，尊孔子，勒《四书》《五经》为题目，法视前代为独正，贩夫竖子莫不知仁义道德之名。……天下奇才异能，非八股不得进，自童年至老死，惟此之务。于是有身登甲第，年期耄，不识古今传国之世次，不知当世州郡之名、兵马财赋之数者。而其才俊者，则于入官之始而后学。故居今以救制科之败，愚则以为莫若废八股而勒之以论、策。”（魏禧：《魏叔子文集》卷三，清康熙易堂刻本）

魏禧从对八股文的对偶体式，及要“摹圣人之言，不敢称引三代以下事，不敢出本题以下之文”的写作规定所产生的脱离现实、束缚写作者思想的弊病，而导致真才难出，从学而无用的角度对八股文进行抨击，从而提出废八股的主张，是很有见地的。因为魏禧是当时的古文高手，与侯方域、汪琬号称清初“三大家”，主张为文“必先立本”，力求“有用于世”。其文取法“三苏”，长于议论，多发前人所未发，自然对八股文这种束缚人的文体的弊端看得明白，加之他力求复明，故对这种无法培养、选拔真才实学，危害过明朝的文体要疾呼废弃了。

在《制科策中》中，魏禧在“非舍《四书》《五经》而别求之”的底线思维指引下，仍旧从“《四书》《五经》命题以正其本，变八股，制论策，使人得尽其才，适于实用以救其败”，从而提出一整套新的科举考试方法。无论是考试科目、考试内容、考试方法、出题方法，都较原来以八股取士有很大不同。如经艺虽仍旧从《四书》《五经》中出题，但他就提出：“凡命题，毋割裂章句以巧文（如虚缩、巧搭、枯难题之类），毋亵而不经（如钻穴、逾墙、杀鸡、攘羊之类）。”这就解决了过去割裂经文出难题、怪题，致使经文的原意出现变调却又无法根治的弊病。

为了使考试能选拔出各类适于实用的人才，魏禧还提出分通才、专才考试选用的方法：“专才者对一科，通才者对数问。中进士廷试，则使杂陈其所见，而考难之以定其官（人有平日识略出有司命题之外者，故令杂陈所见，面相考难。或天子自试，或公卿杂试之，参用虞廷敷奏、《周官》辨论之意）。于是以通才者署郡县选，专某职者就某部观政，授某部官。”这样的考试设计，可使人才辈出，各尽其才。

《制科策下》则阐发他为何提出童子要考小学，而不兼考《四书》的道理；阐发乡、会试为何首艺不是四书文而是策问的道理，及“治小学何以不治《孝经》”，“《春秋》合题可乎”的道理等，这也是对《制科策中》所提出的各项考试改革必要性的回答。如在回答“童子何以试小学”时说：“天下之乱繇风俗坏，风俗坏繇小学废。是故使之孝亲敬长，奉法守礼，童而习之，外柔其筋骨，而内植其心。故孔子曰：少成若天性，习贯成自然。今之人幼习章句，稍长治文艺，童子能时文，则泰然以谓成人，于是有身登甲第，年壮强，不能随行后长之礼者。”一席话就把童子要考试《小学》以纠风俗的目的讲清楚了。

总之，三篇《制科策》将为何要改变八股文取士，怎样改变八股取士制之内容、方法、目的，都阐述得明明白白，是在不舍弃《四书》《五经》的前提下的科举改革方案，具有很高的思想水平和认识价值。

（乌　媛）

制科策上

古者取士之途广，国家则专出于制科，而其法尤未善。八股之法，一在于摹圣人之言，不敢称引三代以下事，不敢出本题以下之文，一在于排比有定式。

夫题之义理，有博衍数十端，然后足以尽者；有举其一端，扼要而无遗者。今必勒为排比，则是多端者不可尽，而得其一说而毕者，必将强为一说以对之，其对之又必摹其出比之语，斤斤然栉句比字而不敢或乱。六朝之文，俳俪为工，虽杂施于游咏笺记，而后人尚讥其陋，今之以长对俳俪而译经传，其陋抑可知已。

圣贤之理，适用为本。故言理不征事则迂，疏古人之言，不征后世之得失，则言之富且精者不得见。今必以为不可毫发有所损益，则是古人所一言者，吾从而再言，所短言者，吾从而长言。言之毫发逮圣人，无益，况必不逮耶？

国朝黜杂学，尊孔子，勒《四书》《五经》为题目，法视前代为独正，贩夫竖子莫不知仁义道德之名。然才略迂疏，不逮汉、唐远甚。及其后，则遂欲求为东晋、南宋而有不可得者。天下奇才异能，非八股不得进，自童年至老死，惟此之务。于是有身登甲第，年期耄，不识古今传国之世次，不知当世州郡之名、兵马财赋之数者。而其才俊者，则于入官之始而后学。故居今以救制科之败，愚则以为莫若废八股而勒之以论、策。故曰：八股之为经济者，施于论则腐矣。论施于策则迂，策施于奏议则疏。何者？言理者易伪，而核事者难欺。是故法未有久而不敝，然其立法之始，则不可不尽善。

论、策之制，其敝也必有剿袭靡衍，夸而不适用，而天下之人，则势不得不取古今治乱之书而读之，而讲求天下兵马财赋、关阨险阻、时务利害之事。今夫采鱼者必张网于大泽，猎兽者必设置于深山。夫固有不得鱼兽者，顾涉泽以求兽，而越山以问鱼，是所谓索燧人以三凌之冰，絷骐骥之足而责千里者也。

兄善伯曰：破八股之陋处，字字的确公平，可以息天下之辨矣。然犹有谓八股为尽善者，真不可解。

——录自《魏叔子文集》卷三，魏禧撰，清康熙易堂刻本

制科策中

圣人之学，不明于天下，而较事功，则刑名功利之说起，求其治必乱。吾故曰：吾之说，非舍《四书》《五经》而别求之。《四书》《五经》命题以正其本，变八股，制论策，使人得尽其才，适于实用以救其败。

请言其法。凡童子试小学论一道、科经书白文三。《四书》一，《易》《书》《诗》《礼》所占经一，《春秋胡传》一。令自某处起，默书至某处止。兼唐人考字、宋人帖括之意。弟子员试《四书》一道、所占经一道、策一道。乡试策一道、《春秋》一道、判一道、《四书》一道、所占经一道。会试策二道、判六道。皆一试。

凡小学、《四书》、经，为论无定体，无长短格及称引秦、汉以下得失、当代时务诸禁。凡命题，毋割裂章句以巧文，如虚缩、巧搭、枯难题之类。毋亵而不经。如钻穴、逾墙、杀鸡、攘羊之类。凡判，必依律，去对偶，如谳狱之语，或设事造题，使议其罪。假立一事，令议甲乙所犯，据律例应得何罪。凡试策，试州县者，策以其州县之利害，或问地方现在何事，作何区处，或泛问利弊。乡试策以其乡，会试策以天下之利害。会试之策，概论国势治道，或古人当国事业者一，分吏、户、礼、兵、刑、工六职命题者一，自为

弟子员，使各占其所能，如习吏，则书一吏字于卷面，同占经例。专才者对一科，通才者对数问。中进士廷试，则使杂陈其所见，而考难之以定其官。人有平日识略出有司命题之外者，故令杂陈所见，面相考难。或天子自试，或公卿杂试之，参用虞廷敷奏、《周官》辨论之意。于是以通才者署郡县选，专某职者就某部观政，授某部官。

既受官，以奏疏。疏之体必简而直，简无繁文，直无隐事。天子一日万幾，文繁则目眩瞀虚而失要，事隐则不足知事之利害与人之贤否。奏某事，曰“某臣，奏为某事。若何则利，否则害”。言者能行，则曰“臣所见如此，臣实堪”，朝廷试而用之；否，则曰“臣能言，臣不能行。以臣所察，某臣能堪臣言”，朝廷试而用之；又否，则曰“臣所言，臣与僚友不能堪”，朝廷悬其言于朝以待能者。

或谓所言事，廷臣举无能者，言之何益？不知吾所知之人虽皆不能，天下或有能人而吾不知。即一时无其人，有必不可不存此论者，如汉武帝下诏募使绝域，虽非当务，其法可仿也。愚谓国家有大难事，竟当另设一科，悬格以募异人，储材以备急用，事毕即罢其科，不为定制可耳。乙酉自记。

兄善伯曰：法度简要，一语一字皆有精思达识，真经国大文章也。

弟和公曰：吾兄时务诸策，如此等文字皆高出陆宣公、苏文忠。

诸子世效曰：经叙有顿挫，无一繁字。

——录自《魏叔子文集》卷三，魏禧撰，清康熙易堂刻本

制科策下

童子何以试小学？天下之乱繇风俗坏，风俗坏繇小学废。是

故使之孝亲敬长，奉法守礼，童而习之，外柔其筋骨，而内植其心。故孔子曰：少成若天性，习贯成自然。今之人幼习章句，稍长治文艺，童子能时文，则泰然以谓成人，于是有身登甲第，年壮强，不能随行后长之礼者。

何以不兼试《四书》?《四书》之旨深而博，兼则粗，专则精，兼则《四书》重，小学必废。何以离《春秋》于四经?董子曰：不学《春秋》，处经事不知宜，处变事不知权也。是故人君不能辞首恶之名，而人臣不能免乱贼之诛。故不人习户晓，则匹夫不能治一家。

何以乡、会试首策也?中式者必得官，故以练事为先也。乡试之策何以不分六职?守一职者必兼知六职之故。故官欲其专，学欲其通也。会试则今日中式而明日授官尔。何以乡、会一试?能者一而足，不能者十试之以百篇无益。专才者何以授部官?将使之死于其职已矣。

官禄以能迁而职不变，终身习其事不去，则势便而智力出，唐虞三代未之能易也。朝刑暮礼，则起皋、契而生之，必不能。通才之能大，郡县之选卑，曰吾将是以为宰相，古者宰相必历试州郡，使知民情。《书》曰：“其在高宗，旧劳于外，爰暨小人。”夫天子不可坐而理，而宰相专用翰林，国家所以无相业者以此。

然则治小学何以不治《孝经》?曰：此非圣人之言，肤已甚。于小学，《孝经》之美存焉而去其肤，汉儒伪作无疑也。《春秋》合题可乎?曰：或事反而理同，或理同义相表里，于《四书》、于他经则可拟而行也，合传则不可。《春秋》之文简，又去其弑逆、崩卒为不祥，故不得不取传割裂而牵附之，以多其目，若射覆然，劳心殚智而无用。且夫武王卜洛曰：有德易兴，无德易亡。弑逆、崩卒，闻之者足以戒焉，安在其为不祥也！虽然，于《礼》、于《诗》、于小学，则又有说。《礼》出小戴，其书多龙杂而叛道，不可不厘正也，否则不得尊于经。郑、卫之诗，紫阳以为淫风者十七八，然则圣人何以不删？曰：示戒也。示戒则宜存。《新台》《鹑奔》，男女赠答秽亵之词，何以录？考乎古传得之矣。小学精，可为圣人，粗之不失常人。然而有古礼若《内则》不适时者，有阙略若朋友之义当补次者，有义精深不可喻童子者，则必考定焉，勒为不刊之书。

吾变法三策，惟制科法，虽扰攘之时、中才之主，无不可行。然其法与学校、官制相为表里，革阉宦则君必圣贤而后能，盖非减宫嫔之数，定时见群臣之制，寡欲勤政，未易言也。限田则与保甲相表里，及篇中先事数款，故曰法必相辅而后行。古人制度有此一事为尽善，而此一事所以尽善处，实不专在此一事也。三策作于乙酉五月，其后稍损益之云。癸卯自记。

彭躬庵曰：洗发重小学是根本之论，试《春秋》是特识，辨别分通才、专才是实用。其诸附见，关系学术治理，精凿不磨。

弟和公曰：朴属劲转，开阖有节，似文、武解《王会》诸篇。

——录自《魏叔子文集》卷三，魏禧撰，清康熙易堂刻本

李光地话八股

导读

李光地（1642—1718），字晋卿，号厚庵，别号榕村，福建安溪人。“幼颖异。年十三，举家陷山贼中，得脱归。力学慕古。”（《清史稿·列传四十九》）清康熙九年庚戌（1670）科成进士，选庶吉士，授编修。康熙十二年（1673）以省亲乞归。次年，耿精忠反，力拒耿之招揽，匿于山中，并以蜡丸藏密疏，向朝廷反映福建民情及耿精忠的军事布置，提出制胜方略，受到康熙皇帝的褒奖，命优叙，擢侍读学士。行至福州，以父丧归。康熙十七年（1678），又与家人平定家乡的一次暴动，再予优叙，迁翰林学士。他力辞新命，不允。两年后入京，授内阁学士，献平定台湾之策，力荐施琅统军。康熙纳其言，台湾得以恢复。康熙二十五年（1686），擢翰林院掌院学士，直经筵，兼充日讲起居注官，教习庶吉士。后又擢兵部侍郎，典会试。康熙三十三年（1694）提督顺天学政。三年后授工部侍郎。康熙三十七年（1698）任直隶巡抚，奉旨治理漳河与滹沱河，他亲自踏勘，提出切实可行的治理方案，前后只用十个月，即使子牙河工程告竣。康熙四十四年（1705）以治绩升吏部尚书，仍管巡抚事。次年，拜文渊阁大学士。康熙五十七年（1718）卒，年七十七岁。谥文贞。李光地居官谨慎清勤，极得康熙欢心，虽屡次被劾，康熙都予以原谅，故得以全身而终，后人给予“相业为我朝之冠”的赞誉（《四勿斋随笔》）。雍正初，赠太子太傅，祀贤良祠。著有《榕村集》《榕村语录》等书。

李光地是清代理学名臣，精研经史，学宗程朱理学，是清代理学的代表人物。他还知兵，精于术数。但他又善权术，能揣摩康熙心意，从不张扬，《清史稿》说“其有献纳，罕见于章奏”，便揭示出他精于权术之道。他虽屡荐人才，还救方苞出大牢，但在耿精忠作乱时，曾贪占同榜进士、同乡好友陈梦雷之功，独上蜡丸，邀得宠幸。耿精忠败后，陈梦雷以附逆逮京师，下狱论斩。李光地这才疏陈与陈梦雷两次密约提供情报的事，陈方才免死，改戍奉天，因而李光地被人视为“卖友”。可见他并非一个纯粹的理学家。

李光地学问渊深，于儒家经典和《朱子语录》极为熟悉。能文。论文以载道为首义，故其古文词多道学气。

他是清代八股文大师，与熊伯龙、刘子壮、韩菼并称为清初制义四大家。他对清代八股文的贡献，还受到过乾隆的褒扬。梁章钜在《制义丛话》中说他的八股文“直可度越汉阳（熊伯龙）、黄冈（刘子壮）、长洲（韩菼）诸公，何况余子”，“其制义亦是我朝领袖”。梁章钜是清代八股文高手，更是一个有见地的八股文评家，他对李光地作如此评价，足见李光地的八股文确有超人之处。

李光地论时文，以正确揭示题中包蕴的性理为首务。他学问渊深，对理学要义揣摩得透，故其理题文对题旨辨析极为精细，每题必有切实理解，常出独到之见，确有不可移易之处，读后让人觉得这个理题便只能写成这个样子，前人说不出，后人学不来，题目的要义被他讲光了，别人再也无法写出新义来。所以何雨崖说李光地之理题将题“做死”了，因“题之精气尽而不啻死矣”，这样的文章“乃可传”（《制义丛话》卷之九）。李光地的理题文因析理真当，微言奥义尽显，故每篇都可视为一篇朱子语录。正因为如此，他反对明末借题以抒胸中之奇，以致脱离题目发空论的做法。他说："明末时文，看其议论气势，直欲凌驾前人，掀天揭地。由今看来，卑鄙无味之甚。以其理不足，于题不相干。大约时文之坏，由不肯看书起。不肯看书，则于题理懵然。理不胜，则思以辞采胜。以辞采胜，则求新奇灵变，以悦人之耳目，遂离经叛道而不可止也。"（《榕村续语录》卷十九《诗文》）在对明末时文普遍效仿的清初文坛，李光地能这样来批判启、祯之风，就是基于他对程朱理学的信奉，和他视八股文为传输孔孟之道之工具的基本理念。俞长城评价他："李厚庵先生于书无所不通，经史、性理、天文、兵法皆默识其理，而实可见诸行事。帖括其绪余，然亦有过人者。世人为文，采今之华，袭古之意，斯已至矣。先生更熟于语录，使孔、曾、孟、周、程、张、朱千古印证不爽，盖不作帖括观也。"何雨崖则说："公文不当以时文论。"（《制义丛话》卷之九）这些话揭示出李光地的八股文观，他是将八股文作为解说经书，宣传理学的载体，而不视其为寻常的文字，更不视其为文学作品。

正因为对经书、题理把握得深透，只要将题旨原原本本地阐述出来，便是一篇有深度、有见识的好文章，所以李光地为文不太重视技巧。然而无技巧是最高技巧。其文按脉切理，洞中肯綮，好似无意为文，信手写来，却层次井然，开合得法，正反相生，巧法俱备。其辞平易自然，却清切警人，内蕴无穷，能"使抑塞磊落者读之心虚怵惕，犹觉洪音琅琅响齿牙间也"（张惕庵言，见《制义丛话》卷之九）。

李光地论八股时文又以"清淳"为宗。他认为欲使文清，又先须气盛；要使气盛，又必先通经学古，理明才气盛。他是通经学古之人，故其文皆疏朗而义理愈融，简要而气象愈远，味淡声稀，余韵悠扬，确是一等的清淳文字，是清淳雅正的范本。有《榕村制义》传世。

从所录的几篇文章来看，李光地对释书讲章极为重视。在《榕村讲授序》中，他便说："吾家子弟辈授诸经毕，即令稍诵近世儒先说理之文。"因为这是"前辈以配经书者也"。"前代成、弘先辈，未有不学此者也。前代风气之醇，人物之盛，必曰成、弘，自好异者不能改评也。"换言之，李光地认为这种"前辈以配经书者"既已造就了成、弘的人物和风气，今人去学，也可收此效益，故他大力提倡读这类讲章。这与黄宗羲反对读讲章，强调读原著的态度迥然不同。当然，李光地所指的是宋代程颐、朱熹等人的讲章，是可以"配经书"的。他在《易义前选序》中说："前朝取士尚经义，治经崇师说。"这种解释经书的"师说"，也即是讲章。

李光地还从八股文的起源来揭示八股文文体的功用，得出八股文可传的结论。

他在《名文前选序》中说，八股文"其原盖出于义疏之流，而稍叶以俳俪者也。其法虽起于熙宁之新学，然观洛、闽以来训义讲说，用其体者多矣。盖穷经之学以剖析为功，故谭经之文亦不以栉比为病也。由是观之，制举而能有发于圣贤之意，有助于儒先之说，虽与义疏注解佐佑六经可也"。

由此可知，李光地对八股文的态度与黄宗羲也不相同。李光地认为八股文起源于汉儒之义疏，"能有发于圣贤之意，有助于儒先之说，虽与义疏注解佐佑六经可也"，说到底，即可传输儒家正统思想，于维护专制统治有利，这是他的根本理念。而黄宗羲处于一个商品经济有了较快发展的时代，受时代潮流的感染，他开始形成了初步的反专制统治的思想。黄宗羲在《明夷待访录》中，破天荒地提出了"为天下之大害者，君而已矣"的政治观点，指出专制君主是"以我之大私为天下之大公"的独夫民贼，专制制度是"使天下不得安宁"的罪恶之源，天下民众不应为君主一人一姓的私利奔走效劳。在这种思想的指导下，他自然对能维护专制统治的八股文持反对态度了。

李光地有一套比较系统的，以如何在程朱传注的规范下对题旨进行深入开发为宗旨的八股文写作方法。

他指出，首先要把握八股文的本质是什么。他在《成絅斋制义序》中说："国家之令也，经尊而理明，则人心淳而世道泰。"在《杨宾实制义序》中，他又指出："顾经义之文，主于明理。"这个理，是什么？他说："盖国家功令，使士子传注是遵，格式是守，非固束天下之心思才智而使之不得逞也，将率天下尊经学古，游于圣贤之路，不导之以濂、洛、关、闽之书，则不得其门而入焉。"也就是说，这个理，即是程朱理学。在《刘益侯制义序》中，他说得更直接："言制义者先王（鏊）、钱（福），非独其体朴茂也，其究心于《或问》《大全》诸书，亦非唐（顺之）、瞿（景淳）以下所及。隆、万之际，理益庞，故体益卑。论者不知反本，而寻升降于格律之间，末矣。学《语》《孟》《庸》之理，未有精于朱子者也。是故有明三百年，崇而守之则淳，背而去之则嚣。夫当其崇而守之，未必尽得朱子之意也，而犹可以淳，况能得其意者乎！"他指明八股文就是要对朱子之理崇而守之，并以明代近三百年八股文的变化来说明必崇而守之的理由，这就把八股文写作必须遵循的根本讲透彻了。

在懂得八股文必须明理之后，必须遍读深研经、史、子、集各种典籍。

他在《韩慕庐制义序》中指出：在写作八股文之前，要"沉浸于六籍诸史，旁涉子书、《文选》，列代文章之体，靡不讨究。故虽于举子艺也，一意之设必有所自来，一材之用必有所自采，令读之者想其参差流择之苦，而不知其有渟然滃蒸之易"。李光地借评说韩菼的八股文，指出了以如何在程朱传注的规范下对题旨进行深入开发为宗旨的八股文写作的第二步。

第三，要懂得“明理之文，主于深厚、简切、平易、疏畅，而恶乎以才乱之”（见《杨宾实制义序》）。下笔时，“一字一句皆朱子之所讲而明者”（见《刘益侯制义序》），做到“理真而词健，格整而声和”（见《己丑房书逊志集序代》）。这样，“其高者乃能发先儒之意，余亦貌先民而遽似之。质其素业，乃知留心于经而研究于儒先之说者，形之于议论动止间，皆与华赝者异。考其得力，则自制举入也。制举其可轻乎！”（见《成纲斋制义序》）

这就是李光地在本书所选录之文中所表达的理学家时文观。

（龚　昊）

榕村讲授序

吾家子弟辈授诸经毕，即令稍诵近世儒先说理之文。虽今之学者不崇此，然而幼志趣舍系焉。吾惩夫晚出之为俗驱，未丱角辄已笑宋人之为腐且陋矣。此殊有关涉，非特讲解文字间也。虽然，前代成、弘先辈，未有不学此者也。

前代风气之醇，人物之盛，必曰成、弘，自好异者不能改评也。其时之讲解文章出于是乎？抑如后之出于子史杂书，旁及异说者乎？理诡于圣，文诡于经，古谓之不雅驯。故未论圣人之理，汉、唐而宋，合者谁也。圣人之文，亦未易与之并引而偶举。王守溪以韩文成句对《论语》，帖然也。出是则配焉而不类。然则后起之文，非恶其采摭子史杂书，以后代言，语附于经也，恶其不类焉耳。词句如此，义理何如哉！讲解文字之所关涉如此，趣舍何如哉！此集所编，是前辈以配经书者也。故幼者讲授自此始。

——录自《榕村集》卷十一，李光地撰，上海古籍出版社影印本《文渊阁四库全书》

易义前选序

前朝取士尚经义，治经崇师说。《易》之先，传、义并行，后乃朱说独用。或问余曰：独用其可乎？曰：周、程、张、邵起，而《易》道明。朱子之书绍述乎四家，参寻于方外，而又自得于心，申之以卜筮之说也。

或曰：今之轧朱说者，卜筮之指，谤伤尤甚，何与？曰：三代学术所尊，诗、书、礼、乐四者而已。《易》之籍掌于太卜，非学者所务也。是以秦、汉之间，齿于种树医药，其流为风雨占候。盖去古未远，相为习沿。若此其以为性命之书而首乎六经，是吾夫子所以发羲文之蕴，惠万世无穷，然亦岂尝离卜筮之指而空言设教云乎？辅嗣以来，谓《易》以空言教，大儒不免焉。自朱氏之说行，然后知《易》者象也，因依象类以喻凶吉而已；《易》者占也，系之占决以断违从而已。以言理之文读，则抵牾而义疏；以象占之意求，则简易而理得。其说殆与孔子相备而乌可訾也。

明代经学专精，逊昔《易》之一经，剿说尤多，然方其中盛，讲贯未衰，制义之文蔚然可采。说卦爻者知其足以涵天下之有，诠系传者知其足以一天下之动，择其词义之醇，有汉、魏学者所未发者焉。夫其勤不如汉、魏，而醇则过之，岂非先觉渊源所渐，故虽性与天道可得而与闻也与！夫一代文章知其盛也，由经学师说则识其后之所以弊矣。

署中欲选《易》义而苦无底本，就坊刻文征若干首，选得若干首，资于业举，故华实兼，而又序其源之出于治经者，以告子弟辈。

——录自《榕村集》卷十一，李光地撰，上海古籍出版社影印本《文渊阁四库全书》

名文前选序

制举之文可传乎？曰：可。其原盖出于义疏之流，而稍叶以俳俪者也。其法虽起于熙宁之新学，然观洛、闽以来训义讲说，用其体者多矣。盖穷经之学以剖析为功，故谭经之文亦不以栉比为病也。由是观之，制举而能有发于圣贤之意，有助于儒先之说，虽与义疏注解佐佑六经可也。

前代自洪、永之间设科取士，以经义为先。至于中世王、钱诸家辈出，而其道始盛。今择其至者，则不过熟读《章句》《或问》《大全》之书，专精于先儒之说而已。以故其取材甚雅驯，非洙、泗、濂、洛之精华不收也；其持论甚敬谨，非孔、孟、程、朱之謦欬不貌也；其传神甚微细，非圣贤之语脉文意则不敢抟合控勒，而纵横以骛驱也。后之读者以为质，此如成周之季，谓先进野人者，以经义初指揆之，既极彬彬无以加已。嘉、隆以后，异说盛流，师传毁弃，材则兼收夫子，史论则出入于秦、汉。又其甚者，则佛老之绪余，糟粕而已，至于破体坏法，踔躏颠倒，尤韩子所谓杂乱无章。而转相夸毗，侈为至极，彼不知经义设科之意，初不如此也。

我朝始复表章经学，尊重儒先，程朱之书废而复用，斯文之运盖将跨越前代。虽然，观前代制科盛晚之际，盖古人所谓采风，闻乐正变之林、治忽之征也。读者其可无辨乎是选也，得于正、嘉以前者多，而隆、万理法之未漓者附焉，目之前选。

——录自《榕村集》卷十一，李光地撰，上海古籍出版社影印本《文渊阁四库全书》

己丑墨选序

己丑礼部试，余承命典斯役，中忽被病，疮癣狼藉，坐起枝离，以卒厥事，不详不精，与初意违，至今自恨也。然文之大体，则已与同事者熟讲去取之衷，故诸子之文亦斐然而可诵。子孙辈以观风，请为摘其尤清腴者数十篇授之，而告之曰：人之材力心思一而已矣。然高下质文，其运有迁极其变，至如时鸟候虫，哀乐殊响者，何也？盖斯文之气晦明通塞为之，非尽有司士子之过。虽然，习之则业有素矣，取之则衡有定矣。衡之不审，而业之不慎，又岂非有司士子之过哉！

汉、唐、宋、明之盛，未有不泽于经术，使其文雅驯者也。故大为斯世之休征，上为国家之和应，然要不出于经明行修，则文不期醇而自醇。《易》曰：“咸述也，恒久也。”转移变化，其机甚速，而沈浸酝郁之效，则所谓美成在久者，其道不可以不养也。

今国家所以教士至矣，所以待士厚矣。士而喻于至教，厚于自待者，其必自文章之本始。夫草木之华实至微也，然察之者可以候春秋焉。无亦择之精，守之正，放洼滥而近体要，拨枝华而存本根，沐浴于久道之化，而莫不有以自贲，则科举之作虽与礼乐同流可也。

——录自《榕村集》卷十一，李光地撰，上海古籍出版社影印本《文渊阁四库全书》

己丑前后场合选序

己丑会试，予与同事者极力欲返之清淳，且以观人学殖，非兼之后场弗尽也。故命长题，展夜漏，欲使各竭其才，而戒阅者慎搜焉。中抱疾疴，不塞其初意。虽然，竣事后士友议论，则或以清淳许之者有矣。夫极清淳之至，必也通经学古，理明而气盛。今学者于是未知其优焉否也，然其心声和正，则有为之兆者。盖国家久道沦洽，人文方兴，而皇上稽古正学，粹然一以孔、孟、程、朱之道训迪磨厉，以故潜移默易，蒸蒸豹变而不自知，使由此进而逾上，岂非韩子所谓天将和其声，以鸣国家之盛者与！

子侄辈业是者欲约取而揣摩之，故检前后场凡若干篇以授，使之略知风尚而益端其趣，非闱选之全也。

——录自《榕村集》卷十一，李光地撰，上海古籍出版社影印本《文渊阁四库全书》

韩慕庐制义序

慕庐韩先生之文行于时者，盖久摩摹而拟似之，卒不能肖，以为先生之言姿成之者也。余初以为然，荒落二十余年。适衔命有督学京畿之役，一日从先生索稿观之，读才十数篇，怅然以向者未见先生之文之备为恨，喟然叹论先生文者为非。盖古之能者，未有不久于经子史集之道，而凌厉轹踔自为家以名一时者。董、晁、公孙之对，韩、柳以下至于欧、苏制策论议之作，今观之则古，在当日则皆时文也。不离乎待问应举世之所需者，而卓乎跨时耀后，岂数子之才实然哉？观数子所以自致自名者，史传及彼所叙述可见也。莫不探源以盛澜，搜根而发华，此与潢污朽株满除枯荣者异矣，而又以数子之才为之，故不可及也。

先生沉浸于六籍诸史，旁涉子书、《文选》，列代文章之体，靡不讨究。故虽于举子艺也，一意之设必有所自来，一材之用必有所自采，令读之者想其参差流择之苦，而不知其有浡然滃蒸之易。意其为造端眇虑，引曲致幽，而不悟其特变化于经传笺疏，及昔作者之微言深趣。夫是以诵摹先生者遍天下，得其体势之新、词令之隽者，其能者也。此何异游阮隃之下，写其音声，忘乎律吕者比也。

余恐读先生文者未知所以学先生，故论古人所以为文之指，必也深求其本，穷极其变，如柳、韩之告翊与中立者，然后可以即时文而进于古。夫知时文之可进于古也，善学先生者也。

——录自《榕村集》卷十二，李光地撰，上海古籍出版社影印本《文渊阁四库全书》

刘益侯制义序

言制义者先王、钱，非独其体朴茂也，其究心于《或问》《大全》诸书，亦非唐、瞿以下所及。隆、万之际，理益庞，故体益卑。论者不知反本，而寻升降于格律之间，末矣。学《语》《孟》《庸》之理，未有精于朱子者也。是故有明三百年，崇而守之则淳，背而去之则嚣。夫当其崇而守之，未必尽得朱子之意也，而犹可以淳，况能得其意者乎！

近年学者盖有句谈字议，俪枝斗叶，以为朱子意在是矣。呜呼！此其所以佐姚江之锋，而遗之禽也。朱子之于程子，文义参差者十之五，然不害为传心。后之推渊源者，亦曰如合符节，无间言焉。此真所谓能得其意者，必也逆本穷源，求诸经，质诸圣，存之以公心，折之以公道，以朱子之所以师程者师朱，然后理可明而意可得。

观益侯刘先生之制义，其庶几者乎。不知者拘于俗解习说，必骇其异也。若深于朱子之学，则一字一句皆朱子之所讲而明者，而又何异乎前代。朱了之书，功令虽中，而表章未至。今圣天子跻其祀、厘其编以统一道术、嘉惠学者，盖必有融会深造、躏庭入室以为乡校弟子倡者，先生殆其人，而兹编殆其端与！

——录自《榕村集》卷十二，李光地撰，上海古籍出版社影印本《文渊阁四库全书》

杨宾实制义序

辛未之春，承命校士，得江南杨子宾实者，其文浩如春江之潮，而独邃于理，知其非恒士也，为之不寐累夕。既乃见其人，叩为学之本末，宾实果能不惑于时，而有以用其心者。

呜呼！科举之学，识者以为敝也久矣。盖国家功令，使士子传注是遵，格式是守，非固束天下之心思才智而使之不得逞也，将率天下尊经学古，游于圣贤之路，不导之以濂、洛、关、闽之书，则不得其门而入焉。至于体制，则有王、钱诸公，其变极于归、胡而止，非无厌卑趋高，荡然破前人格律为之。顾经义之文，主于明理，明理之文，主于深厚、简切、平易、疏畅，而恶乎以才乱之，使人务为文词之华，而不尽心理义之实，又岂设科之初旨哉！

宾实登第后，读书翰林，馆课之暇，益研精于《大全》《性理》诸篇。每越数昕夜，则所见必益超绝，其视向所为羔雁者，亦糠秕已。间独慨然谓此盖国家之与士相求者，而平居所为，曾无足以发明圣贤之旨于万一，律以古人进身之义，岂能无愧？潜玩理奥，有契于心，辄成一稿曰："聊备遗忘，而亦寓吾未敢遽弃其羔雁之意也。"积有篇帙，南人将募梓之，而宾实诹于余。

余曰：质文之运，其昌也潜，其弊也寝，历代文章犹是也。故恒以百年而一变，变而不复其始。今宾实之文复于王、钱、归、胡，何其骤也。以此战艺于宗工之侧，或患暗投，而能必之流俗之卑乎？虽然，宾实既曰吾非以为文矣，如是则俗之好不好无害，请于世不请于世亦无损。吾何以赞子而徇募者之干哉！盖古之士者不敢自是，而问其业于四方，所以求益也。将为已是，则同世而相感，学不孤已。其或异于是也，必始而诟，既而疑，理义人心之同则卒于合，未可知也。南国学者最盛，而其言亦最庞，以子文试之，三者之人皆将有遇焉，盍姑付行之。吾以观风焉，抑吾观宾实之文非规摹王、钱、归、胡为之也。其理足，其气盛，其辞直以肆，不求似而神合，此殆发于心声，动乎气运，非偶然而已。《诗》不云乎："鱼在于渚，或潜于渊。"将必有勤修圭荜之下，应圣天子尊儒崇道之化者。异时正学方兴，文明之道进而逾上，王、钱、归、胡又不足云也。

——录自《榕村集》卷十二，李光地撰，上海古籍出版社影印本《文渊阁四库全书》

成绹斋制义序

制义之业，其来六百年，至今沿而未变。然前辈之朴，既不足以悦夸靡之心，末流之冗，又有以成厌倦之势，于是稍有才者涉之浅，弃之速，曰此非传世业也。吁！学而先以传世为心，吾知其所谓学者、文者、诗者所得可知已。

夫无所得而期于传者，其传可冀乎？学者之学期于有得，则制义之根本六经也，其门户先儒也，讲诵而思索之，固即汉、宋所谓专经之艺、穷理之功也，与习为浮艳而卒与古背驰者不犹远乎？是故知欲传世则视售世者有间矣，知求自得则视传世末也。吾所为汲汲焉勉子弟以制举业者，欲其借此以通经焉尔，循是以辨理焉耳。况非吾之私心也，国家之令也，经尊而理明，则人心淳而世道泰。历世之科目为有用，而平日之占毕为有施矣。

吾友成君绹斋示予所作艺，其高者乃能发先儒之意，余亦貌先民而遽似之。质其素业，乃知留心于经而研究于儒先之说者，形之于议论动止间，皆与华赝者异。考其得力，则自制举入也。制举其可轻乎！夫苟笃是而不舍焉，则所得者益深，所就者益卓。不离乎章句帖括之中，而道在是矣。

——录自《榕村集》卷十二，李光地撰，上海古籍出版社影印本《文渊阁四库全书》

己丑房书逊志集序代

为文贵清而贱浊。何则神气盛则清，衰则浊也？水之源盛，故虽挟潢污驱涂泥而不浑。及其源塞流断，则与沟渎沼沚同观，苇茂萍青无益于秽也。人之盛也，耳目言貌清明盎溢，或衰病则反是，繁词缛饰无益于昏也。虽然，神气者物之主，而有所以主乎神气者，则其道大而说长矣。以文章一事论之，词气之清，由于神气之盛；神气之盛，根于义理之明；义理之明，本于学术之端与人心之正。是亦道大而说长者也。

国家养士七十年，尊经崇儒以一天下之趋，于是人文之成变而逾上，彬彬之运不期而然。己丑之春，十五国乡宾者与计偕来，余忝分校焉。榜发之晨，听礼部吏唱姓名，则余平日倾心宿仰之畏友为多，覆检其文，又喜名实之无相谬也。诸君释褐后，富有以窗艺相投者，大抵与闱文气味皆近，理真而词健，格整而声和，昏缓浮嚣之气警然收、肃然静矣。间与同学成君絅斋精搜而详择之，得三百余首。或疑其才气浩瀚、辞藻淹茂者反不录焉。余曰："是选之意，欲扬其波而使之弥清，故不得不有所弃也。"歌舞之后与之揾山水之观，粱肉之余，为之进清芬之味，固宜有索然兴尽者。然及其气之平，神之静，亦莫不乐此之景远而味长也。然则岂独作文者发于神气之流，读文者亦关乎神气之效。余故叙之以寓鄙意，且以问南中之故人。余言狂乎？否也。犹有多名下而文阙焉未之见者，庶几续此而赠我以兼金乎！

——录自《榕村集》卷十二，李光地撰，上海古籍出版社影印本《文渊阁四库全书》

戴名世话八股

导读

在康熙八股文坛，有一位曾被人称为与韩菼在“伯仲间”（戴名世：《自订时文全集序》），对以清真雅正为标志的清代主流八股文形成起过重要作用，却又因文字狱而被世人遗忘达一个多世纪的八股文大家，即戴名世。

戴名世（1653—1713），字田有，一字褐夫，号南山，又号药身、忧庵、意园，殁后四方学者与乡先辈均称他“宋潜虚先生”，江南桐城（今属安徽）人。

康熙十九年（1680）补县学诸生，康熙二十五年（1686），以选贡生考取补正蓝旗教习。考授知县，因应京兆试而弃去。康熙四十四年乙酉（1705）科乡试中式。康熙四十八年己丑（1709）科会试中会元，殿试点榜眼，授职翰林院编修。康熙五十年（1711），因其《南山集》中“欲将本朝年号削除，写入永历年号等大逆之语”，被左都御使赵申乔参劾入狱，两年后坐大逆而被凌迟处死。实则是因他愤世嫉俗，对当时的文坛诗坛皆为争名夺利之战场大加指斥，而获喜好骂人之名，种下被杀的祸根。

他出生在耕读之家，幼极聪颖，六岁从塾师受学，仅五年，就读完《四书》《五经》，自是窥探经史百家，尤好《史记》、苏轼父子书。开始写作古文时，“好为妙远不测之文”（戴名世：《方灵皋稿序》），才思艳发，其师潘江以韩菼目之。喜好自然，曾遍游燕赵齐鲁、三吴八闽，更增益其胸中雄奇不凡之气，故其文师法自然，于淡雅平易中出情趣，开桐城派古文风气之先河。咸丰八年（1858），《桐城文录》告成，方宗诚在《义例》中论及戴氏古文，并与桐城派三祖方苞、刘大櫆、姚鼐相比较，说："文颇得司马子长、欧阳永叔之生气逸韵，其空灵超妙，往往出人意表，惟蕴畜渊懿、沉深高杰逊三家，而愤时嫉俗之作尤多，用此不逮古作者。先生又以文字得祸，未能深用力如望溪，而名亦遂湮没矣。"（方宗诚：《桐诚文录·义例》，转引自［法］戴廷杰：《戴名世年谱》，中华书局，2004年，第1010页。以下凡引用同一书者，不再一一注明版本）这是对戴氏古文特点较为中肯的评叙。平易清淡为桐城派古文特点，方苞对戴氏的文风极为推崇，称他实可为桐城派先驱之"第四祖"。

戴名世的文名更因其制义而大扬。他本不善八股文，认为它过于束缚思想，有碍古文写作，故二十岁前未曾涉足。二十一岁时，因家贫，不得已去当三家村塾师，"授徒以养亲，而生徒来学，惟时文之是师，余乃学为时文"（戴名世：《自订时文全集序》）。但他"少从事于经义，即厌世俗之文，而惟有明先辈之是尚，以谓此经义中之顾陆也。……余之经义，大抵多得力于此"（戴名世：《有明历朝小题文选序》）。他又说："不佞自初有知识即治古文，奉子长、退之为宗师。暇从事于制义之文，于诸家独好归太仆、唐中丞，于今十余年矣。"（戴名世：《答张氏二生书》）有了这些功夫素养，他成为康熙八股文坛的一匹黑马。康熙年间的八股文大师、高手，如韩菼、汪份、刘岩、方舟、方苞、朱书、张大受、何焯、刘辉祖、钱名世、顾嗣立、王汝骧、张潮、张自超、张廷玉、黄叔琳、严虞惇等，都对其八股文有很高的评价。

方舟《戴褐夫文稿序》云："今世所谓时文，又文之骈枝也，然欲其工而至于道，必其根柢本非以为时文，而其意趣初不屑为时文者也。戴子褐夫，幼不得志于时，伏奥潜深，自虞、夏、周、秦以下之书，靡不究其训义，其志将求古今数千年之废兴成毁，排缵成书以垂世行远，此其学岂局于肤近而徒沾沾为制举之文云尔哉?”“其文特灵慧要渺，奇辞奥旨，令人无从窥寻其端倪。向者贾人购而刊之以行世，海内之士，无智愚贤不肖，言时文者，必宗戴氏，于是褐夫隐其所学，而以时文显。褐夫为文，或经岁不得一篇，或数日得数十篇。”（方宗诚、戴钧衡：《桐城文录》，转引自［法］戴廷杰：《戴名世年谱》，第403页）

方舟与戴氏是同里好友，相与论文，对他知之甚深。他在序文中，对戴之时文特点给予很高评价，对其影响之大，也给予了真实记录。

戴名世的时文令许多人倾倒，他们在刻行时文集时纷纷请戴名世为之作序。在这一系列序文及一些书信中，他阐发了自己的八股文观。

首先，他正确地揭示了八股文的理学性即经学性，从而阐发了八股文的本质。

他在《有明历朝小题文选序》中从八股文的发展变化及作法来为八股文做定义，从而揭示八股文的本质：“世之学者，从数千载之后而想像圣人之意代为立言，而为之摹写其精神，仿佛其语气，发皇其义理，若是者谓之经义。其体为古文之所未有，发端于宋，至明而穷极变态，斯亦文章中之一奇也。其道譬之于画家之写生者也。写生之技莫妙于传神，然亦莫难于传神……吾以谓经义者，择圣人之言而命之题，每一题必有一题之目焉，颧颊焉，眉与鼻口焉，然而传神者必知其人之意思之所在，而乃举笔貌之，况以学者从数千载之后，而想像圣人之意代为立言，苟不深知圣人之意，则亦安能为圣人之言耶？夫能知孔子之意者，则当其立言时宛然一孔子，能知孟子之意者，宛然一孟子。其宛然一孔子、一孟子者，是为能传孔子、孟子之神者也。孔子、孟子之神，即其题而已具者也。今夫题之目与颧頬者，其义理也；题之眉与鼻口者，其语气也。目与颧頬之精神得，而眉与鼻口之精神亦无不得矣。"

戴名世在这里揭示八股文的本质是"想像圣人之意代为立言，而为之摹写其精神，仿佛其语气，发皇其义理"。而要"想像圣人之意代为立言"，又要"择圣人之言而命之题"，而"《四书》《五经》，明道之书也，而既以命之题而为之文，则涉于文章之事矣"。(戴名世：《丁丑房书序》)"今夫科举之业，其所推衍者，圣人之言，其所论著发明者，圣人之道，是则文章之事，莫大于此。"([法] 戴廷杰：《戴名世年谱》，第229页) 这就揭示了立言与《四书》《五经》之内在联系，指出八股文就是说经、解经、复制经典的文体，具有经学性。

由于八股文写作的四个基本原则中规定对义理的发挥必须依据程朱传注，而戴氏是宗程朱的，他说："《四书》历汉及唐，至宋诸儒出而其义乃大明。盖自二程子始发孔孟之秘于千载废坠之余，至朱子出而其学尤为纯粹以精，其阐明《四书》之义者，尤为详密而完备。虽其精义微言时时见于他书，而《集注》则朱子以为称量而出，增损一字不得者。"(戴名世：《四书朱子大全序》) 正因为八股文解说题旨必依据程朱传注，以戴氏的话说，就是"根柢于先儒理学之书，未之敢失也"(戴名世：《意园制义自序》)，所以八股文就具有了理学性。

为了突出八股文的理学性，他特别强调审题："每一题入手，静坐屏息，默诵章句者往复数十过，用以寻讨其意思神理脉络之所在，其于《集注》亦如之。"(戴名世：《意园制义自序》)他说时文作法有二："有行文之法，有御题之法。御题之法者，相其题之轻重缓急，审其题之脉络腠理，布置谨严，而不使一毫

发之有失，此法之有定者也。”（戴名世：《己卯行书小题序》）

其次，他认为“举业之文号曰时文，其体不列于古文之中，而要其所发明者圣人之道，则亦不可不以古文之法为之者”（戴名世：《汪武曹稿序》）。他从八股文作法的角度，揭示出八股文的文学性。

他一直认定“制义者，亦古文之一体也”（戴名世：《意园制义自序》）。所以他借归有光言事，力倡以古文为时文：“震川要亦为科举之业者，而未尝累其为古文。盖科举之业，号为时文，其体不列于古文辞之中，而圣贤之绪言在焉，安见不可为古文，而必区区于分别也？震川之时文，一以古文之法为之者也。今夫时文之弊，在于拘牵常格，雷同相从，习为判圣侮经之言，而时莫悟其非……人以为古文自古人，时文自时人，而岂知不能古文者，即不能时文乎？”（戴名世：《归熙甫稿序》，转引自［法］戴廷杰：《戴名世年谱》，第52、53页）他甚至力主古文与时文合二为一，在选编归有光古文集时，他将其时文附于后，说：“而于文章之事，一奉震川之绪言。今所录若干篇而附于其古文之后者，震川无时文也。”（戴名世：《归熙甫稿序》，转引自［法］戴廷杰：《戴名世年谱》，第53页）

他还认为区分古文时文是使时文衰败的原因，故应合古、时文于一体。他说：“窃以为制举之文，亦古文辞之一体也。世之人废古文辞不观，而别有所以为制举之文，曰时文之法度则然，此制举之文之所以衰也。今夫文之为道，虽其辞章格制各有不同，而其旨非有二也，第在率其自然而行其所无事，此自左、庄、马、班以来，诸家之旨未有异也，何独于制举之文而弃之。”（戴名世：《李潮进稿序》）

由于时文为“古文辞之一体”，“虽其辞章格制各有不同，而其旨非有二也，第在率其自然而行其所无事”，故它与古文同源，必有文学性。戴名世是八股文史上能明确揭示八股文之文学性的人，亦是他一大贡献。

既然时文即古文，故在重文以载道时必要讲法、讲辞，要以古文之作法与辞章来表达程朱之理。戴名世曾转述明末艾南英的话来表达自己的见解："'立言之要，贵合乎道与法。而制举业者，文章之属也，非独兼夫道与法而已，又将兼有辞焉。'是故道也，法也，辞也，三者有一之不备焉而不可谓之文也。今夫道具载于四子之书，幽远闳深，无所不具，乃自汉、唐诸儒相继训诂笺疏，卒无当于大道之要，至宋而道始大明。……且夫道一而已，而法则有二焉：有行文之法，有御题之法。……至于向背往来，起伏呼应，顿挫跌宕，非有意而为之，所云文成而法立者，此行文之法也，法之无定者也。道与法合矣，又贵其辞之修焉。辞有古今之分：古之辞，《左》、《国》、庄、屈、马、班以及唐、宋大家之为之者也。今之辞，则诸生学究怀利禄之心胸之为之者也。其为是非美恶，固已不待辨而知矣。自举业之雷同相从事为腐烂，则如艾氏所云，因其辞以累夫道与法者亦时有之，故曰，三者有一之不备焉而不可谓之文也。"（戴名世：《己卯行书小题序》）时文之法，"要皆以古文之旨为之者"（戴名世：《李潮进稿序》）。

他对大题小题之特点、相互关系、作法均有精辟之见。对明隆庆、万历及天启、崇祯时金正希、陈大士的八股文推崇备至，主张以之为学习的程文。他说："故推有明一代之文，莫盛于隆、万两朝，此其大较也。当是时，能文之士相继而出，各自名家，其体无不具而其法无不备，后有起者，虽一铢累黍毫发而莫之能越。在天启、崇祯中，休宁金氏、临川陈氏两家，奋然特兴，横绝一世，而其源流指归，未有不出于先辈者。"（戴名世：《庆历文读本序》）

戴名世认为八股文有与时俱变性，并通过阐述予以揭示。他说："制义者，与时为推移，故曰时文。时之所趋，遂成风气，而士子之奉以为楷模者胥会于一。然而势有所止，情有所厌，思有所穷，运有所转，于是乎数十年而变，或数年而变，或变而盛，或变而衰，往往相倚伏。而当屡变之时，辄有不变者存。理取其精深，不可变也；法取其谨严，不可变也；辞章格制取其雅驯而正大，不可变也。故曰，屡变之时，辄有不变者存。君子为其不变者，且以其不变者而变时之所趋，此则先正之文是也。"（戴名世：《宋嵩南制义序》）他还说："夫所谓时文者，以其体而言之，则各有一时之所尚者。"（戴名世：《甲戌房书序》）"时文者，时之所尚，而上之所以取于下，下之所以为得失者，则今之经义是也。"（戴名世：《小学论选序》）

他还对士人只"以经义求举，譬若叩门之石然，门开而石即弃去"（戴名世：《刘光禄墨卷序》），故造成举世不读经史典籍，只读高头讲章，烂旧时文，造成八股文剿袭雷同，而试官又只喜欢这些垃圾，致使"今之取科第者，大抵以卤莽灭裂而得之"（戴名世：《孙检讨课儿草序》）的现象进行了批判，指出明代"独以时文为尚，而进士一途遂成积重不反之势。……然而卒亡明者进士也。自其为诸生，于天人性命、礼乐制度、经史百家，茫然不知为何事"（戴名世：《三山存业序》）。这些揭发及批判，都是实事求是的，也是一针见血的。

戴名世是清代八股文史上有数的八股文高手之一。他以其八股文写作实践发展了他的八股文观。他"年二十余始从事于制举之文，其为之者不与众人同"（戴名世：《孙检讨课儿草序》），以至于有人以其不署名之乙酉乡试墨卷让人猜作者是谁时，有个僧人一看就猜出是戴氏所作。问他为什么，他说："吾素闻当今文不雷同者，惟此人，今见此文无一雷同语，以是知之。"

（［法］戴廷杰：《戴名世年谱》，第 659 页）可见他所推崇的明末金正希“独来独往，吐弃一切”（戴名世：《金正希稿序》）的做法也是他的写照，也形成其八股文的显著特色。

他为文恪遵传注，体会语气，但他有其独特的做法：“余自维禀承朱子，以求吻合于白文，未尝不视此为取舍。”（［法］戴廷杰：《戴名世年谱》，第 578 页）“余之为是也，非苟易也。根柢于先儒理学之书，未之敢失也；取裁于六经诸史以及诸子百家之言，未之有遗也。每一题入手，静坐屏息，默诵章句者往复数十过，用以寻讨其意思神理脉络之所在，其于《集注》亦如之。于是喉吻之际略费经营，振笔而书，不加点窜，此二三子之所见而知者也。”（戴名世：《意园制义自序》）所以他的八股文复制题旨及传注极为准确全面，现出理醇义精、新意迭出的特点。韩菼评其《学而时习之　全章》题文时说：“取题魂于未涉笔之先，窅袅清晖，抟风飙而出埃壒，将向来一切陈腐，悉化为神奇。”“此题草昧数百年，至今日才一创辟，谁开昆仑源，流出混沌河，奇绝快绝。”（见《戴田有自订时文全集》该文尾评，清康熙甲申刻本。以下评语均引自此书中各文尾评，不再一一出注）评其《素隐行怪　一节》题文时说：“此篇精深微妙，可谓至矣。要不过发挥《语类》所载诸条耳。今人为文，并《集注》亦粗心看去矣，文安能工？”评《赐也何如　一节》题文时说：“每一题入作者手，辄境界一新。”又曰：“其气骨何等峥嵘，风神亦极荡漾，乃知高洁情，摆脱区中缘，他人安能执笔拟之!”评《叶公问孔　一章》题文时说：“只讽咏语气，咀味神理，而题解已透，先辈所谓看书之法，以实字观义理，虚字省精神也。”

汪份评戴氏《大哉孔子　全章》题文时说：“将宋儒先生之旨，细细体认，而一洗从前时解，极有识力。至其篇法之变化，笔意之古隽，更不待言。”评其《洋洋乎如　左右》题文时说：

“阐发义理之精微，推求鬼神之情状，可入宋儒语录。”

这样的评述俯拾皆是，由此可见，戴名世对题旨与传注的准确精辟阐发复制，是通过高超的笔法与辞章来实现的，他的文章真正做到了理、法、辞三者皆具的主张，形成其“妙远不测者，仿佛想像其意境”（戴名世：《方灵皋稿序》）的文风。

戴名世从一开始，就把八股文当作古文来写，所以在他的笔下，时文即古文，从中可以看到古文的构思、笔法、气骨、辞采、意境，仿佛是司马迁、苏轼等人手笔，从而受到士人的普遍喜爱，获得极高评价。

韩菼评其《夫子当路　全章》题文时说：“《史记》叙事时，有捱几句似闲的说话，最妙。田有于《史记》，寝食不离者，故下笔能得其妙，而于长题更露出精神。”评《待文王而后兴者　一节》题文：“回环飞舞，神化斡旋，不可踪迹，此真得漆园化境，不似世人但袭内外篇一二陈语，便自诩南华老仙复生也。”

汪份评其《不患之人　人也》时说：“对说、合说、截说、串说，能使题中更无遗蕴，此题第一佳文。”评《季子文　一节》时云：“前半落笔，极其超忽空灵，后半说理，极其痛快沉着，震川、正希两公，合而为一矣。”评《吾自卫反鲁　一节》文：“桐间露落，柳下风来，则此文之清幽也。驱驭阴阳，裁成风雨，则此文之奇横也。宛云霞之在目，眇江海而为心，则此文之风神也。百余年无此作矣。”评《夫义路也　四句》云：“有笔者或疏于法，乃若逸气凌云，而于法律又复甚细，吾目中所见，未有先于田有兄者也。吾师乎，吾师乎！”

刘岩评其《子击磬于　一章》云：“心神妙远，落墨旷然，故淡淡数笔，使人寻味不尽，想见陶渊明倚杖听水声时也。”评《贤者辟世　一章》云：“风神意度，行乎其自然而然，有一唱三叹之意，其欧阳子一行传之流亚乎？”

何焯评其《岁寒然后　一节》题文时云："炼得气清，则凡骨自化，此等文亦唯有轻清之气，往来纸上，其笔与《南华》为比也。"评《不曰坚乎　也哉》时云："闲闲淡淡，若无意于为文，而神致如生，脉缕甚紧，此文章中之化境。"评《齐人有一妻一妾　一章》："嬉笑怒骂，出之淡雅，淋漓反复，归于紧密，非田有之胸次笔力，故不能为也。"

方苞评《君子之道　诬也》云："风韵极其古淡，此田有少时摹震川之作，视世之学震川者何如？"评《诗云鸢飞　一节》云："文至此，亦活泼泼地矣，反复咀嚼，其味愈永。"

对戴名世的八股文，康熙时有二百多个八股文高手名家及文评家做过评述，像上述这类的点赞触目可见，可知戴氏八股文与古文真的是融为一体，无论品质还是作法意境，都可作古文视之。特别是在描摹事物之神上尤见功夫，故韩菼在《公行子有子之丧　一章》题文尾评中说："吾尝读田有之文，篇篇有画景，有诗意，有史法，若此文直作一篇《史记》读。"

戴名世曾自述："始余之为文，放纵奔逸，不能自制；已而收视反听，务为淡泊闲远之言，缥缈之音；久而自谓于义理之精微，人情之变态，犹未能以深入而曲尽也，则又务为发挥旁通之文。盖余之文，自年二十至今凡三变，其大略如此。"（戴名世：《自订时文全集序》）乾隆时大藏书家卢址曾在抱经楼藏《潜虚先生时文全集》一书末页手题云："潜虚先生时文，丰致萧远，神情映彻，真能超越人裳，令人读之，心旷神怡。"（转引自［法］戴廷杰：《戴名世年谱》，第621页）这些变化与特点，可从其乡试与会试墨卷及其他时文中见到。

本书所收戴名世文，均参考过王树民先生编校本《戴名世集》。

（龚笃清）

四家诗义合刻序

余尝以谓《四书》《五经》之蠹贼莫甚于时文，而其于《五经》也尤甚。《四书》者，人人皆诵习之，而《五经》则各专治其一。《四书》之文，虽其至不肖者犹稍有所用力于其间，而至于经义，则虽能文之士亦或不免于卤莽以从事。何者？主司之所重不在于经义，而士之应试者盖相率苟且以应之，甚至有场屋命题之所不及者，弃去不读，盖句读亦有所不能尽，不但不解全经之义而已也。士当大比之年，辄取共所治之经删而阅之，择其可以命题者，为雷同腐烂之文，彼此抄袭，以为不如是不足以入格。而北方之士，场屋于经义四通，每四人者各出其所记一篇，互换誊写。士风之苟且至于如此，而《五经》之不芜没也几希。

江之南北有能文之士四人，曰刘大山，曰朱师晦，曰陈曾起，曰刘北固。此四人者皆治《诗》，慨然一洗世俗之陋。其于《诗》义，一以为《四书》之文之法为之。此四人者，固工为《四书》之文者也。呜呼！使天下之士治经者皆能如此四人，而《五经》之芜没庶其有救乎！

余家世治《诗》，余亦治《诗》，后亦改治《易》。而世之《易》义其为圣人之蠹贼者又甚于他经，而余疏慵固陋，不能执笔有所救正，愧四人者多矣。会师晦刻《四家诗义》既成，而属序于余，余故及之，并以告世之治经之士，读四家之文，当翻然而知所兴起也。

——录自《戴南山集》卷三，戴名世撰，薛恨生校点，上海新文化书社印本

自订周易文稿序

余家世治《诗》，余亦治《诗》，后更治《易》。呜呼！《易》之道大矣，夫子以为可以寡过。往时读其言而不知自省也，既学《易》而后知其生平动静，无时不在过之中而无有一当，辄不禁涕泪之横集也。

先是余之学《易》也，一二师友皆教余勿看讲章，勿听俗儒讲说，余从之，果有得焉。已而见近世所刻《衷旨》诸书，其荒谬不通不可胜举，而时文宗之，而《易》几亡矣。自始皇、李斯焚烧《诗》《书》百家之语，而《易》独不与其祸，至今几二千年，而乱于鄙夫小生之训诂与科举之业。岂天之欲丧斯文灭六经，而假手于俗儒，以补秦火之遗漏，不然则鄙夫小生其罪不减于始皇、李斯，而独居穷经之名，取富贵之资，圣人之道几何而不息也！

余以岁庚申冬，读书于友人赵良冶家，始静观《周易》之义。每夜篝灯为文，不蹈袭时解，颇有所发明，而文字一洗训诂举业之陋，凡五十日，得文数十篇。而先君子江干之变闻矣，踉跄弃去。今无事，偶一理之，惘然如隔世。以余之穷且多患，已无复知有生人之趣，何况于区区之文字。然是文也，于《易》之义不无小补，因存之。而吾且绝意世事，欲携《周易》一卷，隐居深山之中，朝夕占玩，考较诸家，而勒为一书，或可借以稍寡其过，亦足以乐而终身矣。因书以俟之。

——录自《戴南山集》卷三，戴名世撰，薛恨生校点，上海新文化书社印本

黄昆圃稿序

文章之遇合，盖有可必不可必者矣。可必者一出而即遇，投之而辄合，若操券而得；其不可必者，穷年毕世，至于潦倒困惫而终无一遇。世遂谓科第之得失，有数存焉于其间，理固有然，而要亦有不尽然者。

今夫匠石之操斧斤而入山林也，拱把以上者过之而不顾。其大者絜之百围，然或轴解拳曲，则亦过之不顾。至于梗、楠、杞、梓，豫章之材，未有不以为美而欲得之者也。故夫拱把以上与夫轴解拳曲之材，其遇不遇固可以数言之，若夫梗、楠、杞、梓、豫章，有遇焉，无不遇也。无不遇则其材之所可操者有以致之，而不可以数言之矣。

宛平黄君昆圃，自为童子，即以文章知名于世，居无几，即举于京兆，遂成进士，及廷对，天子亲擢黄君及第第三人。黄君方弱冠，其文自试童子至今无一落者，而人人皆以为工，是则黄君之遇合，有可必无不可必也，岂非梗、楠、杞、梓，豫章之材，虽工师匠人无不睥睨聚观，而况匠伯者乎。余之论黄君之文章与其遇合者如此，余友汪君武曹好商校人士，多否少可，而亦独极称黄君，闻余之说而亦以为然也。会武曹既论定黄君之文以行于世，而黄君属余为其序，因遂书之。

——录自《戴南山集》卷三，戴名世撰，薛恨生校点，上海新文化书社印本

蔡瞻岷文集序

时文之外有学，而时文非学也。制科之外有功名，而制科非

功名也。世俗之人第从事于时文，以期得当于制科。久之，果得当焉，则众相与贤之，以为是人也读书于是乎为有成矣。殊不知其人虽登高科，跻膴仕，而不可谓读书之有成也。夫读书之有成者，不必其得当于制科，虽以布衣诸生，萧然蓬户，而功名固已莫大乎是焉，则亦视乎其学之远且大者而已矣。

学莫大于辨道术之邪正，明先王大经大法，述往事，思来者，用以正人心而维持名教也。且独立于波靡之中，而物诱不足以动其中，富贵贫贱不足以易其节，苟其得志也，持是而往，恢恢乎有余也，苟其不得志也，亦若将终身焉。此则真所谓功名者也，此则真所谓读书之有成者也。彼时文之士，制科之徒，曾有一于此乎？

余客游四方，与士大夫交游，而求学者于时文之外，求功名于制科之外，颇得数人焉。于浙江则得万君季野，于燕京则得刘君继庄、王君昆绳，于吾同郡则得蔡君瞻岷。此数人者，其学其功名诚如余之所云云者，而非世俗之人之所及也。瞻岷通敏有才辨，其气甚豪，而钻研于典籍者又精且熟。此数人者各居异地，而惟瞻岷与余居相迩，声闻颇数。往数人尝与余约偕隐旧京，而瞻岷不果至，余亦寻自金陵返故乡，继庄则早死吴市，季野亦旅卒燕山。久之，瞻岷亦没于江都，而余与昆绳南北间隔，皆踯躅行吟，落寞无所向，其亦不能无慨也已。

季野之书在史馆，继庄之书今虽零落，然异日必有刊而传之者，而瞻岷遗稿，其友人某方捐赀刊刻之于江都。诸君子虽不得志，而立身行己，卓然为狂澜之砥，其学明体达用，辅经翼史，而文章足以发先圣之绪，砭末学之愚，其功名岂小也哉！呜呼！时文之士，制科之徒，虽一时侥幸得志，不转盼而已灰飞烟冷。乃萧然蓬户之中，布衣诸生独为其远且大者，而学问功名之事尚存于人间。此吾所为序瞻岷之文而不禁喟然兴叹者也。

——录自《戴南山集》卷三，戴名世撰，薛恨生校点，上海新文化书社印本

方百川稿序

金陵之城北有二方子，曰百川，曰灵皋，兄弟皆有道而能文者。灵皋之文，雄浑奇杰，使千人皆废。而百川之文，含毫渺然，其旨隽永深秀。两人皆原本于《左》、《史》、欧、曾，而其所造之境诣则各不相同也。灵皋客游四方，其文多流传人间。百川闭户穷居，深自晦匿，世鲜有见其文者，要其文淡简，亦非凡近之所能识，以故百川声称寂寞，甚于灵皋。

顷余家青溪之涯，距二方子四五里而近，时时相过从，得尽读两人之文，往往循环雒诵，不忍释去。已又悲世有佳文，使之沉沦里巷之中，略不知惜，而紫色蛙声，世相与尊崇推奉，使之志满气得，以为当然，良可叹也。

今年灵皋北游，糊其口于涿鹿，而余亦卖文燕市，未有过而问其直者，将遂归老江上，灌园自给，与百川兄弟寂寞著书，以俟之于后世。而灵皋自涿鹿贻书于余曰："知吾兄之深者莫如戴子，是宜为文以序之。"呜呼！余自从事于文章，举世不以为工，独二方子环堵一室，相与咨嗟吟诵，人皆笑之，今又以序方子之文也，适增其笑而已矣。他日归，当尽取百川之文次第排纂，为阐发其波澜意度所以然者，且刊以出之于世，而今为聊且书其梗概如此。

——录自《戴南山集》卷三，戴名世撰，薛恨生校点，上海新文化书社印本

方灵皋稿序

始余居乡年少，冥心独往，好为妙远不测之文，一时无知者，而乡人颇用是为姗笑。居久之，方君灵皋与其兄百川起金陵，与余遥相应和，盖灵皋兄弟亦余乡人而家于金陵者也。

始灵皋少时，才思横逸，其奇杰卓荦之气，发扬蹈厉，纵横驰骋，莫可涯涘。已而自谓弗善也，于是收敛其才气，浚发其心思，一以阐明义理为主，而旁及于人情物态，雕刻炉锤，穷极幽渺，一时作者未之或及也。盖灵皋自与余往复讨论，面相质正者且十年。每一篇成，辄举以示余，余为之点定评论，其稍有不惬于余心，灵皋即自毁其稿。而灵皋尤爱慕余文，时时循环讽诵，尝举余之所谓妙远不测者，仿佛想像其意境，而灵皋之孤行侧出者，固自成其为灵皋一家之文也。灵皋于《易》《春秋》训诂不依傍前人，辄时有独得，而余平居好言史法。以故余移家金陵，与灵皋互相师资，荒江墟市，寂寞相对。而余多幽忧之疾，颓然自放，论古人成败得失，往往悲涕不能自已。盖用是无意于科举，而唾弃制义更甚。乃灵皋叹时俗之波靡，伤文章之萎苶，颇思有所维挽救正于其间。

今岁之秋，当路诸君子毅然廓清风气，凡属著才知名之士多见收采，而灵皋遂发解江南。灵皋名故在四方，四方见灵皋之得售而知风气之将转也，于是莫不购求其文，而灵皋属余为序而行之于世。呜呼！自余与灵皋兄弟相率刻意为文，而侘傺失志莫甚于余，回首少时，以至于今，已多历年所，所为冥心独往者，至今犹或贻姗笑。今幸灵皋以其文行于世，而所为维挽救正之者，灵皋果与有责焉。而百川之文亦渐以流布于四方，则四方之士所赖以鼓舞振起者，独在方氏兄弟间，而余亦且持是以间执乡人之口也，于是乎书。

——录自《戴南山集》卷三，戴名世撰，薛恨生校点，上海新文化书社印本

陈大士稿序

余评阅有明先辈制举文章无虑数十家，而迨于天启、崇祯之间，有两家并以文显于天下，曰金正希，曰陈大士。此两人者皆天授，非人力所可及也。

大士生于临川，与同郡艾千子，俱以古文号召天下。当是时，释、老诸子之书盛行，学者剽窃饾饤，背义伤道，汩没其中而不知出，盖文之敝极矣。千子慨然悯之，取一代之文，丹铅甲乙，辨其黑白，使天下晓然于邪正，知所去取，如溺者之遇舟而起，病者之得医而生，其功可谓盛矣。而能出其才力精魄，发古人之未有，以推压一时之豪杰，则莫如大士。

大士之文，雄浑深秀，抉其髓而去其肤，摹其神而尽其变，其意义皆破空而出，人人皆如其所欲言。他人苦心呕血，累日而不能发其一意得其半词者，大士不待思索，伸纸而书，书尽而止，一艺毕，毕乃更作，如是者日数十艺而不竭，诚哉其非人力之所及也。千子论文不爽豪发，生平极喜正希，而于大士犹若有憾焉，岂以其纵横排荡，时轶出于先辈之法之外乎？余以为此乃大士之所以为文之豪也，而犹以为讥，何哉？

今夫四子之书，言简而旨博，世故之变尽具其中，埋没于腐辞陈言而不得见。亦犹名山水之幽窅奇怪，久为恶木之塞其途，而秽草之芜其径，一旦有好事者芟其径，辟其途，飞泉峭壁，幽岩好石，得以效其奇于人间，可不谓山水之遇乎。故吾读大士之文，其向往无异正希，而存千子之说，以自守于先辈之遗，而无

学大士而失之，其于文也或庶几焉，然而未敢必也。

——录自《戴南山集》卷三，戴名世撰，薛恨生校点，上海新文化书社印本

李潮进稿序

余平居读书从事文章之际，窃以为制举之文，亦古文辞之一体也。世之人废古文辞不观，而别有所以为制举之文，曰时文之法度则然，此制举之文之所以衰也。今夫文之为道，虽其辞章格制各有不同，而其旨非有二也，第在率其自然而行其所无事，此自左、庄、马、班以来，诸家之旨未之有异也，何独于制举之文而弃之。且夫制举之文，所以求得举也，然而得失之故，初不系于此。其得之者，未必其文之皆工也；其不得者，亦未必其文之果不工也。而特君子之所以为之者，必不肯卤莽灭裂以从事，而得失之数不以介于心。是故其制举之文即古文辞，其旨莫之有二也。

毗陵李君潮进所为制举之文，不肯苟且雷同，其法无不具，而要皆以古文之旨为之者。使卤莽灭裂者见之，必将举而弃之，以为非时文之法度，而岂知李君正不屑为时文之法度者乎？李君既举于乡，遂复举于礼部。夫世之人所以从事于时文者，谓其易举耳，而未见其皆得举，如吾李君之文，未尝不得举，则夫古文之旨其必欲举而弃之者，亦见其惑矣。

李君少从余友蒋君玉度游，玉度有道而能文者，源流派别，经其指授。而陈君曾起、秦君龙光，两人皆毗陵之秀也，李君相与往复劘切。以余之荒落失学，而李君不鄙而弃之，以为可与于斯文也。余尝病天下之从事于制举之文，而未见有卓然自立能读书者之出于其间，而文章之旨或几乎亡矣。今读李君之文有深幸

焉，故为书之如此云。

——录自《戴南山集》卷三，戴名世撰，薛恨生校点，上海新文化书社印本

狄向涛稿序

自科举兴而士之有功名以垂于世盖少矣。夫士之研精覃思从事于场屋之文以应科举，其得之者，往往登高第为大官，流俗之人相与艳羡之，即其人亦莫不自以为功已立而名已成也。呜呼！此士之所以无功名也。且夫功见于天下，名施于后世，若古大臣之为者，一代之中正不可多有。又其次，或效一职建一议，卓然为一世之所倚毗。他如濂、洛、关、闽，不必身都爵位，而功名为古今之所莫敌，此真所为功名者也。世之人求功名之说而不得，而以富贵当之，举世之登高第为大官者，皆相与指而目之曰功名。呜呼！此士之所以无功名也。

古者先王之教兴，士自小学以入大学，举正心修身、齐家治国平天下之理，莫不犁然具备，以故施于天下后世，而功名直昭垂至今。其理载之于书。书具在，后之人弃而不务，而研精覃思以从事于场屋之文。夫从事于场屋之文，不可以谓读书也，世之人第以是为读书之事已毕矣。夫以从事于场屋之文为读书，以科第富贵为功名，是故世之无功名者，由世之无读书者也。当此之时，苟有卓然自立于其间者，必去其富贵科第之见，而后可与共功名也，必罢去场屋之文，而后可与语读书也。

吾友狄君向涛，年逾二十即举进士，登高第，入翰林，人莫不艳羡之，而其场屋之文为士林之所传诵。果如世俗之议，则向涛之功已立而名已成，而读书之事已毕矣。向涛不色喜而抑然自下，盖其于古人之道方日进而未有已者。然则向涛之得第非向涛

之功名，而向涛场屋之文又向涛之糟粕煨烬，而非向涛之所以为读书者。由向涛之道而日进不已，吾见向涛之追踪古人不难也。至于向涛文章之美，余友刘太史陂千序之详矣。而向涛复属余为序，余故独著向涛之志如此，以见世犹有卓然自立，不为世俗之所浸淫者，并以告天下科举之士，其必有以余言为然如向涛者也。

——录自《戴南山集》卷三，戴名世撰，薛恨生校点，上海新文化书社印本

汪武曹稿序

吾友汪子武曹刻其所为举业之文，而以书贻我于秦淮，曰："愿有言也。"

夫举业之文号曰时文，其体不列于古文之中，而要其所发明者圣人之道，则亦不可不以古文之法为之者。然天下人人为之，而人人举莫能知之，背义伤道，剿说雷同，相习而莫悟其非，盖举业之名存而实亡也久矣。武曹乃以先儒之旨、前辈之法，为之止告天下，天下之从事于举业者，乃恍然悔悟其向者之非，而思改其所为，非汪氏之书不读也，风气于是为之大变。而武曹所自为之文，要自横绝一世，所谓以古文为时文者，吾于武曹见之，是则举业已久亡而实赖武曹以存之也。嗟乎！武曹之志，岂尝欲存举业之文者哉！

武曹之言曰："时文兴而先王之法亡。世之从事于举业者，冥冥茫茫，不以通经学古为务。其于古今之因革损益，与夫历代治乱废兴之故，无所用心于其间，则虽其文辞烂然，而识不足以知天下之变，才不足以应天下之用，是举业之有累于先王之法也。"余尝与武曹读书萧寺，相与抵掌扼腕，未尝不叹息痛恨于

此。而武曹熟谙前代典故，其利弊变更，言之洋洋缅缅，无不洞悉其原委。酒阑灯灺，解衣磅礴，余闻之，未尝不为之色飞而起舞也。

顾武曹抑郁不得志，第以举业教授生徒。念时文之是非关人心之邪正，俗学纷起，讲解讹谬，于是正其阙失，明其旨趣，而圣人之道以大著。夫圣人之道著是即先王之法存也。故夫武曹之于举业，以不存者存之也。嗟夫！举业者，人争为之而适以亡之，武曹本不欲存之而适以存之。然则读武曹之书与读武曹之文者，其亦可以悲武曹之志矣。

武曹古文辞深得司马、欧阳家法，区区所为时文，即武曹亦不欲自存。顾自时文兴而古文亦亡，顷者余与武曹执以古文为时文之说，正告天下，而真能以古文为时文者，武曹而外，余未之多见也。是则时文赖武曹而存，而古文亦存，而先王之法亦未尝不存。使时文而皆如武曹也，则虽存之可也。

——录自《戴南山集》卷三，戴名世撰，薛恨生校点，上海新文化书社印本

金正希稿序

余少而闻长老多道金正希名，不知其何如人也，心志之。长而从事于举业之文，见经生所习皆不是，以为当求之古人。岁乙卯，偶于书肆废纸中及人家敝筐弃不取者求之，得金正希稿数十篇，甫读其一二，则大喜曰："是当然矣。"因乞以归，人亦以其弃物也而不吾吝焉。归而理之，多脱落朽败，于他处搜求补缀，得睹其全，因装写为一集。盖深幸夫向者之不迷惑于众人汩没之途，而文章之果有真也。尝习诵读之，但见其独往独来，吐弃一切，非卑论侪俗者之所能晓，无惑乎今人之不习也。而特其

激昂豪宕之气时见于行墨之中，则又私心疑之，以为此何如人乎，宁直文士而已哉！

已而得先生出处大概，乃执书而叹，想像其为人，盖未尝不悲其志而壮其节也。夫人平居谈天下之事，非不翘然可喜，迨以身试焉，而畏首畏尾，傍徨瞻顾，当夫生死之交，易节改行，苟偷旦夕之命，于其向之言不啻若两人。然则先生之不朽者，岂第是区区之制举文章哉！

先生遭国家多难，腐儒懦夫，摇手相戒，莫敢出声，而先生深情壮气，不可抑遏，功未成而挫折以退。退而家居，帕手袴韡，以乡兵保捍乡里，亲身行伍之中，苦心焦思，卒以贾群小之怒。嗟夫！当是时，居高位据要津者，皆谗夫小人，其才力足以倾人之社稷，而魁奇英伟之才，反遗弃摈斥于荒山墟市，无可如何而付之一死，则其颠覆流离而莫之救，岂足异哉，岂足异哉！

古之志士仁人，脱然于死生之间，非不知事之不可成也，事不成而姑以尽吾心，事终不成而又不敢爱吾死，先生其可谓志士仁人欤！先生之文章气节并显于天下，距今不过三十年耳，天下不知有先生之文，亦并不知有先生之人，而独一渺然小生，拾其遗文于破麓故纸之间，诵之于空山寂寞之内，其亦可叹也已矣。乃书以为序。

——录自《戴南山集》卷三，戴名世撰，薛恨生校点，上海新文化书社印本

孙检讨课儿草序

余年二十余始从事于制举之文，其为之者不与众人同。然众人多以文名于世，或且取科第以去，而余流落困顿，为举世之所共弃，独检讨孙子未最好之，盖子未所以为制举之文者亦不同于

众人，宜其好余之文不厌也。呜呼，今之取科第者，大抵以卤莽灭裂而得之，及其得之，则又举向之所为卤莽灭裂者，视为筌蹄而委而弃之不复顾，是故终其身而懵不知制举之文者，莫甚于科第之人。则今日者，科第虽仅存，而制举之文早已亡也。

子未之文，其为之者既不以卤莽灭裂，而至于既第之后，犹时时钻研反覆，不释诸手。故其既第之后，制举之文尤工。岁乙亥，余游燕市，时时过子未邸舍，而子未出其《课儿草》示余，凡若干篇。子未之于文洵勤矣。余十余年来，忧患困穷，于世事皆不以屑意，虽向时好时文之意亦澌然尽矣。见子未之工且勤，而追忆畴昔支离攘臂其间，竟复何用，至今而惭悔交集，乃遂决然舍去，未尝不自笑也。余虽既已荒落，而子未之所为者，犹流传人间，则制举之文幸不至于尽亡也，故书之。

——录自《戴南山集》卷三，戴名世撰，薛恨生校点，上海新文化书社印本

吴七云制义序

余以举业之文为世所推，然余之志固不喜为举业之文者，而举业之家辄多以文章相示，于是四方能文之士，余皆得而交之。昔者吾友青阳徐诒孙尝为余言曰："同县有工为举业之文者曰吴君七云。"既与余别五六年，中间以书来问，辄又往往及之。今年春，七云过我于秦淮旅舍，为流涕而言诒孙死状，言已则相持泣，且曰："诒孙遗文，子当序以行世。"而余因得七云举业之文读之，益信诒孙之知言不我欺也。

七云自言，少从事于时文，未免沿腐烂之余习。长而与诒孙同读书于九华，日相钻研商榷，乃慨然毁其旧作，而崇尚先辈大家之文。今其所为，大抵得力于诒孙者为多，然犹惧未能脱然于

世俗，而愿与吾子决之。呜呼，诒孙不可作矣，今见七云如见诒孙，盖两人之笃行修谨，虚怀乐善，固有略同，而其文之阡陌意境，则吾固能言其梗概也。

诒孙好为短音促节，而激昂呜咽，时有近于讦露，而七云深入理解，转变不穷，时亦有近于漫漶，至于取法于先辈大家而脱然于世俗者，则两人固未之有异也。然余向与诒孙言，欲天下之平，必自废举业之文始，因劝之从事于性命与用世之书。诒孙善余言，而未之能行也，则吾今日之仅仅序七云举业之文者，又岂尽余之志也夫。七云曰："亡友亦时为我道斯语矣。"因书之简端。

——录自《戴南山集》卷三，戴名世撰，薛恨生校点，上海新文化书社印本

左尚子制义序

吾县先达之善为制举文者，推少保左忠毅公为最。忠毅者，天启中死崔、魏之祸者也。忠毅举万历丁未进士，当是时，文妖叠出，波荡后生，莫可救止。而忠毅所为文，超然独出尘壒，盖其生平好为清真切实之文，深入骨理，尽落皮毛，而刚劲之气，不可遏抑。

余少从事制举之文，辄取忠毅之遗编，时时诵法之不倦。而忠毅之孙曰未生，与余同学相善，两人心摹手追，未尝不叹息忠毅之文之不可及也。居久之，未生尝为余称其侄尚子之文能不坠其家法。尚子方居荒江之墟，而余居城市，间岁辄一见，见即别去，余固未尝得尚子之文而一览观之也。顷余侨居金陵，而尚子常过江访余于青溪之曲，先后出其稿数百篇示余，余反覆卒读而叹忠毅之家法果尚存也。岁己卯之冬，尚子复踵门而来请曰：

“吾将刊其稿以行于世，愿吾子序之。”盖尚子以今岁之秋举于乡，其场屋之文，四方流播，莫不称叹以为工绝，因遂欲尽读其稿，而尚子亦不能自匿也。

呜呼！方余与未生诵法忠毅之时，两人年甫二十，伤俗学之日非，追前贤之遗绪，盱衡抵掌，自谓举世莫当。浸寻荏苒，忽忽又二十余年。未生伏处田园，无意进取，而余飘泊四方，卖文以糊其口，未有访沉冥而叩寂寞者。而尚子最后起，乃能出其精气光怪，受知于主司，而流布于天下。回首旧游，欣愧交集，其亦可慨然而兴叹已矣。

顾余犹有言于尚子者，忠毅以清风劲节罹于党祸，海内至今仰之如五纬在天，芒寒色正，而余向之诵法忠毅者，固不徒以其文之善也。尚子为其后人，能不坠其家法，则他日所以自竖者，吾于今日所缀之文卜之矣。尚子欣然而作曰：“有是哉，子之言是也，余虽不敏，敢不勉之！

——录自《戴南山集》卷三，戴名世撰，薛恨生校点，上海新文化书社印本

宋嵩南制义序

制义者，与时为推移，故曰时文。时之所趋，遂成风气，而士子之奉以为楷模者胥会于一。然而势有所止，情有所厌，思有所穷，运有所转，于是乎数十年而变，或数年而变，或变而盛，或变而衰，往往相为倚伏。而当屡变之时，辄有不变者存。理取其精深，不可变也；法取其谨严，不可变也；辞章格制取其雅驯而正大，不可变也。故曰，屡变之时，辄有不变者存。君子为其不变者，且以其不变者而变时之所趋，此则先正之文是也。

吾友宋太史嵩南先生，悼时文之繁滥，乃独取先正之文，相

与依仿而驰骋，吐弃凡近，扫除尘垢，置之先正集中，几无以复辨。则时文虽屡变，而先生之文固为其不变者也。先生之文为其不变，而吾知时文风气之欲变，其在此矣。良医之发药也必因病，而国工之角胜也必争先。今之文，支离臃肿，夸多斗靡而决裂先正之规矩者至矣。先生以依仿先正者救之，因病发药而无不愈之病，争先角胜而操不败之势，则先生固时文中之良医、国工也。故曰，先生之文为其不变者，而知时文风气之欲变也。

先生年逾弱冠，即发解江南为第一人。旋登进士，入史馆。其于制义一道，犹时时不释手，揣摩讽诵，甚于寒素。夫先正之文不尽出于宦成之后，而先生所作，视未第之时更工。吾因之有感矣。夫得鱼者忘筌，得兔者忘蹄。时文者，科第之筌蹄也，收鱼兔之利而遂置筌蹄不顾者岂少哉！旧学尽失，一旦膺文章之任，卤莽灭裂以从事，固其宜也。先生曩日主试滇南，得人最盛。行且再典文柄，则时文风气之变，其必自此书始无疑矣。

——录自《戴南山集》卷三，戴名世撰，薛恨生校点，上海新文化书社印本

自订时文全集序

余少而多病，家又贫，未尝从塾师学为时文也。稍长，病有间，因穷六经之旨，稍见端倪，而旁及于周、秦、汉以来诸家之史，俯仰凭吊，好论其成败得失，间尝作为古文以发抒其意。将欲闭户著书，以自见于后世，而余多幽忧之思，性又不耽世荣，遂欲弃尘离俗，岩居川观，为逸民以终老，区区之志如此而已。

当是时，家甚贫，先君子授徒他方。而余自六岁从塾师受学，凡五年而《四书》《五经》读已毕。余以疾且偷惰，遂废弃不知自力于学，比读书稍有得，年已二十矣。先君子束脩之入不

足以给饔飧，余亦谋授徒以养亲，而生徒来学，惟时文之是师，余乃学为时文。而见近日所雕刻流传习熟人口者，卑弱不振，私窃叹之，因以其平日所窥探于经史及诸子者，条贯融释，自辟一径而行。先君子曰："此所谓为于举世不为之时者，得无不免于困乎？"先大父曰："困何伤。"因抚余项而勉之曰："是在勿怠而止耳。"

里中有潘木崖先生，博雅君子也，家多藏书，余往往从借观，因师事之。而县司教为王君我建，两人皆奇余曰："此文章风气之所系，其在韩公伯仲间乎。"韩公者，即故大宗伯慕庐先生，是时适以雄骏古雅之文登高第，所谓为于举世不为之时者也。

居久之，乃得入县学，又数年，贡于太学，先后受知于督学使者为诸城刘公、吉水李公，皆以国士相待。而余自入太学，居京师及游四方，与诸君子讨论文事，多能辅余所不逮。宗伯韩公折行辈与余交，而深惜余之不遇。同县方百川、灵皋、刘北固，长洲汪武曹，无锡刘言洁，江浦刘大山，德州孙子未，同郡朱字绿，此数人者，好余文特甚。灵皋年少于余，而经术湛深，每有所得，必以告余，余往往多推类而得之。言洁好言波澜意度，而武曹精于法律，余之文多折衷于此三人者而后存，今集中所载者是也。

余自年二十以来，于时文一事耗精敝神，虽颇为世所称许，而曾无得于己，亦无用于世。回首曩昔之志，辗转未遂，必有高人逸士相与窃笑于穷岩断壑之中者矣。始余之为文，放纵奔逸，不能自制；已而收视反听，务为淡泊闲远之言，缥缈之音；久而自谓于义理之精微，人情之变态，犹未能以深入而曲尽也，则又务为发挥旁通之文。盖余之文，自年二十至今凡三变，其大略如此。

余本多忧，而性疏放，尤不好时文，既以此教授，则不当以苟且之术贻误生徒。而世所雕刻流传习熟人口者，诸生以余教诫故不学，而余不得已，间尝自有所作，示诸生以为之式。而武曹好余文，尝教余多作，余不可，则尝闭余于萧寺中，命题以数十百计，作毕乃听出，曰："六经之旨，借君手以明耳。"而余尝以一月或十余日作已毕。故余生平之文甚多，然皆出于勉强，非其中心之好，而散轶零落不自收拾者，不知其几矣。箧中所存尚无虑五百余篇，往者常自择别，分为两集，集各近二百篇，韩公及武曹、大山、百川为叙而行之于世。海内学者，翕然信之，不以为非，转相购买，几于家有其书矣。今年秋，一二门人来谒曰："往者所刻板刓敝不可印，盍再刊之。"余乃悉取旧本更定，删去若干篇，复增入未刻诸作而以授之。

呜呼！余非时文之徒也，不幸家贫，无他业可治，乃以时文自见。失足落人间，究无救于贫困，而人世得失荣辱之境，其为幻妄，夫何足道。虚名虽盛，而谗谤亦随之，盖至是而先君子之言果验矣。余向者所与讨论文事诸君子，皆登科擢高第以去，百川、言洁，则九原不可复作。而先大父、先君子与潘、王二先生及刘公、韩公，皆相继谢世。余已年垂五十矣，抱其区区无用之书，手持而食，杂于市人村竖之间，拥褐高吟，与二三子论文讲艺于尘嚣杂遝之地，不亦愚且惑之甚乎！行且举手谢时人以去，山林杳冥，穷居不出，尚欲一酬曩昔之志，而此集也，视之已不啻遗迹，亦何所用其喋喋为。而特书其为时文之本末，以告海内学者，庶几其悲余之志也

——录自《戴南山集》卷三，戴名世撰，薛恨生校点，上海新文化书社印本

赵傅舟制义序

婺源王君汶山尝为余称赵君傅舟之为人与其文，余心志之。今年秋，傅舟自钱塘以书抵余，盛称余文之美，且曰：“余于叔父骖期所见吾子古文，必传于后世无疑。今吾之稿且刊刻行世，愿吾子有言也。”傅舟登贤书已十年，自世俗之论，以为文章之售者必工，其不售者必其拙者也。而科第为世之所重，虽其荣且显不及曩时之万一，而士薰于习俗，犹莫不艳称之。然则潦倒如余，操不售之文，而抱至拙之技，方为世人之所共弃，而傅舟已尝得志于场屋，乃独殷勤郑重，好其文而欲得其言，傅舟之为人从可知矣。

傅舟之稿为汶山所点定，汶山尝以示余，余颇叹汶山之知言。傅舟屡上公车不第，则其文尚有不尽谐于世俗者，而骖期与余交十余年，余尝称其文殆如古人所云欲语羞雷同者，而骖期亦久困公车。文愈高则知者愈少，岂不然乎。余序傅舟之稿而并及骖期，叹其真赏之难如此。而汶山言傅舟于礼部之试，皆既得而复失，然则世尚有知傅舟者，目前之得失不足论也。至于傅舟文章之工，汶山论之详矣，余不复云。

——录自《戴南山集》卷三，戴名世撰，薛恨生校点，上海新文化书社印本

储礼执制义序

太原有白君琳者，尝贻书于余曰：“仆之乡有二异焉。往者用皮以缘帽皆以貂，貂贵而羊贱，而今则皆用羊，曰，吾无所用于贵者为也。世皆贵马而贱驴，今则驴之价且倍于马，而乘马者

十无一二，不复知驴之为贱而马之贵也。呜呼！人之情大抵如此，吾惧子之貂与马之无用也。”

白君之论则激矣，然则时之所直，势之所趋，诚有可悲而叹者。国家以经义取士，其制岂不善哉？乃士之得举者不尽谓其为貂与马也。谁实为之，而使羊之皮得施于首，而驴之足得独骋于市也。贵者贱之，贱者贵之，而所举之士其中遂多有为世所嗤笑鄙夷而不足齿者。夫如是而取士之大典无乃弁髦亵越之已甚乎！则夫司校士之责者，其为侮圣经而蔑帝制，罪莫大如此矣！

吾友储君礼执之文，在近日未见有比并者。其文行于四方，四方之人皆期于得举，以为风气之转移实在于此。夫天运循环，无往不复，则夫摧陷廓清，一洗前日之秽，岂竟无人焉，而欲得夫貂与马之用，宜莫先于礼执。吾不敢以白君之料余者料礼执也，故书以序其稿，并以为司校士之责者告焉。

——录自《戴南山集》卷三，戴名世撰，薛根生校点，上海新文化书社印本

意园制义自序

余少而狂简，多幽忧之思，厌弃科举，欲为逸民以终老。年逾二十，家贫无以养亲，不得已开门授徒，而诸生非科举之文不学，于是始从事于制义。以为制义者，亦古文之一体也，乃集学徒，告以文章之源流，而极论俗下文字之非是。诸生作文，辄尝请余命笔以为之式，虽时时散轶，而存者犹四百余篇。岁癸酉秋，余自福建还江乡，偶于破簏故纸之中检出，淘汰其十二三，存其可观者三百篇，汇为一集，举以授二三门人，且告之曰：

余之为是也，非苟易也。根柢于先儒理学之书，未之敢失也；取裁于六经诸史以及诸子百家之言，未之有遗也。每一题入

手，静坐屏息，默诵章句者往复数十过，用以寻讨其意思神理脉络之所在，其于《集注》亦如之。于是喉吻之际略费经营，振笔而书，不加点窜，此二三子之所见而知者也。

窃以谓天下之景物，可喜可愕者不可胜穷也，惟古之琴师能写其声，而画史能貌其像，至于用之于文则自余始。当夫含毫渺然意象之间，辄拟为一境，以追其所见。其或为海波汹涌，风雨骤至，瀑泻岩壑而湍激石也；其或为山重水复，幽境相通，明月青松，清冷欲绝也；其或为远山数点，云气空蒙，春风淡荡，夷然傗然，远出于尘外也；其或为江天万里，目尽飞鸿，不可涯涘也；其或为神龙猛虎，攫拏飞腾，而不可捕捉也；其或为鸣珂正笏，被服雍容；又或为含睇宜笑，绝世而独立也。凡此者，要使行墨之间仿佛得之。故余之文章，意度各殊，波澜不一，不可以一定之阡陌畦径求也。二三子即余言以求其意象，当亦有惝恍遇之者乎。

呜呼，文章之事，难言之矣。余之为是也，穷而滋甚，世未有殷勤而爱惜之者，独三四故人穷士知而爱之，而余亦不忍弃也。今以授二三子，二三子不以余之穷为戒，则于是集必有所得也夫。

——录自《戴南山集》卷三，戴名世撰，薛恨生校点，上海新文化书社印本

吴弘表稿序

孟子曰："口之于味也，有同嗜焉。"是固然，然亦有不尽然者。今夫黍、稷、稻、粱，天下之正味也，而人之情顾有思得山海之珍、远方之奇异以为快，虽其未必皆可于口，而匕箸之所须，非是不饱焉。至于饮食之人，饕餮之徒，则又美恶之不择，

而馁败之酱，臭腐之物，甘之而不厌。此两者虽其高下之不同，而其为不知天下之正味则一也。虽然，山海之珍，远方之奇异，日用之所不能常有者也。馁败之酱、臭腐之物，一人属餍，见者皆唾焉。此两者，虽其所嗜在此，而不能不反而食夫黍、稷、稻、粱以养其生者，亦其势也。

今夫考官之衡文也，其唯诡怪之嗜者，则前一说也，其雷同相从，惟平庸陋劣之是嗜者，则后之一说也，而天下之正味其不入考官之口也多矣。苟一旦而食夫黍、稷、稻、粱以养其生，则吴君之文于是乎售矣。吴君久不遇，属余序其稿，余为是喻以慰其思焉。

——录自《戴南山集》卷三，戴名世撰，薛恨生校点，上海新文化书社印本

四书朱子大全序

《四书义读》，取朱子一家之言为之，采掇会粹，以类相从，而附于《章句》《集注》之下，盖发端于程君风来，而余之属笔则在于乙酉、内戌间。后因简帙重繁，又属程君去其重复，正其讹舛。丁亥秋，程君举以归余，余更略为出入，而后其书乃为定本，程君于是锓之于板，以广其传。明年春二月，刻且成，而余为之序，曰：

四书历汉及唐，至宋诸儒出而其义乃大明。盖自二程子始发孔孟之秘于千载废坠之余，至朱子出而其学尤为纯粹以精，其阐明四书之义者，尤为详密而完备。虽其精义微言时时见于他书，而《集注》则朱子以为称量而出，增损一字不得者，于《章句》则引温公之言，以为平生精力尽在此书。故余于是书，一以《集注》《章句》为主，其于朱子他书，采掇会粹，凡有合于《集

注》《章句》，列而存之；其稍有不合者，为朱子早年未定之论，则弗之录也。兢兢择别，不敢有失。黄勉斋之序《朱子语录》后也，所谓其辨愈详，其义愈精，读之历千载而如会一堂，合众闻而悉归一己。此则余与程君区区为是书之意也。

呜呼！自朱子没而诸儒竞起，人各为书，或不能尽得朱子之本旨，其阳奉而阴违者，亦往往有之。明永乐中，诏诸臣编纂《四书大全》，一时诸臣皆不知圣人之道，窃取倪氏、吴氏两家庞杂割裂之书以应诏，是非互陈，邪正并列，自是学者眩瞀莫辨，虽显背于朱子之旨者，亦与朱子并奉以为不刊。盖四书之义既大显明于朱子之手，而复混淆于诸儒者，历二三百年矣。近日平湖陆氏，长洲汪氏，为之抉摘其疵谬，以告于世，于是《大全》之云雾渐扫。而余以谓古人罢黜百家，独尊孔氏，今之尊朱氏即所以尊孔氏也。故余是书一以朱子为主，其于朱子之书一以《集注》《章句》为主，至于朱子他书与《集注》《章句》互相发明者，采其精要，集而次之，而务一其旨归，其于诸儒之说概弗之参载焉。

夫诸儒之说，其庞杂割裂而疵谬者，使学者眩瞀莫辨而误其所从，汰而去之，固其宜也。然其中不无可采之论，至当之言，而亦莫之入者，何也？夫其可采之论，至当之言，原不能出乎朱子涵盖之内，而余之为是书也，所以类聚朱子之语，欲得其全而观之也；既得其全而观之，则于诸儒之说，虽其至当而可采者，固亦有所弗暇及也。譬如一堂之上，众说喧呶，纷纭攻讦，苟非穷理之深，析义之精，听之焉能无误哉？惟得一明允之吏，片言立剖，而纷纭之辨自息。是故学者但明于朱子一家之言，而诸儒之说是非邪正，自了然于胸中而不为其所乱。此则余与程君区区为是书之意也。

昔张宣公以程子之意将孔孟之言仁者类聚观之，而朱子深恐长学者欲速好径之心，滋入耳出口之弊。则是书也，得毋犯朱子之所恐乎？然在程子之意，则以其比并较勘，便于观览而玩索也；在朱子之意，则预忧夫学者之或因是以失于卤莽而不遍考于诸书也。盖朱子亦尝辑周、张、二程之言以为《近思录》矣，其言曰："穷乡晚进有志于学而无明师良友以先后之者，诚得此而玩心焉，亦足以得其门而入矣。如此然后求诸四君子之全书，沉潜反覆，优柔餍饫，以致其博而反诸约焉，庶乎其有以尽得之。若惮烦劳，安简便，以为取足于此而可，则非今日所以纂集此书之意也。"余不自揣谫陋，窃本朱子此意而惓惓书于序之篇终云。

——录自《戴南山集》卷四，戴名世撰，薛恨生校点，上海新文化书社印本

三山存业序

《三山存业》者，抚州原耕溟先生之所作也。先生当明之季世，不得志于时，穷居一室，于书无所不读。凡天人性命之故，礼乐制度之详，经史百家之同异，搜摘抉剔，有所得即笔之于书，不为雷同剿袭，时时出其独见，多为昔贤之所未发，其于本朝之成败得失，俯仰凭吊，尤有深悲焉。

呜呼！当明之初，以科目网罗天下之士，已而诸科皆罢，独以时文相尚，而进士一途遂成积重不反之势。二百余年以来，上之所以宠进士，与进士之光荣而自得者，可不谓至乎，然而卒亡明者进士也。自其为诸生，于天人性命、礼乐制度、经史百家，茫焉不知为何事。及其成进士为达官，座主、门生、同年、故旧，纠合蟠结，相倚为声势，以蠹国家而取富贵。当此之时，岂无有志之士，振奇之人，可以出而有为于世？乃科目既废，而偃

蹇抑塞，见屈于场屋之中，徒幽忧隐痛，行吟于荒山虚市而无可如何。如耕溟先生者，余每读其书，未尝不掩卷而三叹也。先生遭时末流，白首不遇，仅以岁贡循资为学官。熟睹时变，已逆知天下之势，如土崩瓦解而不可收拾，闭门扫迹，痛哭著书。一时之进士气焰薰灼，无几何已与宗社俱烬，而一二有志之士，振奇之人，旁观莫救，坐阅升沉兴废而为之抱千秋之恨，其亦可悲也已矣。

先生之书刊于明之末，距今六十余年。而今宁国令杜君，先生之乡人也，惧其没而不传，因介程君偕柳而属序于余。乡里后进而能殷殷思表章前辈之遗文，其志亦非苟然者，故并著之。

——录自《戴南山集》卷四，戴名世撰，薛恨生校点，上海新文化书社印本

甲戌房书小题文序

制义之有大题、小题也，自明之盛时已有之，而小题尤号为难工。盖小题也者，其势最为逼仄，而其法律更为谨严，往往有毫发之失，而遂至于千里之隔者。譬若行于深峭之涧，危石当其前，飞瀑悬其左，而下临于千寻之潭，境穷路绝，攀萝援绠而过，稍一失足，则堕于深渊而莫知其所止，此其难也。然有习于此者，色不变而目不瞬，举步自如，轻身而飞度。若是者何也？久而熟焉故也。及至于险过隘出而之乎康庄之途，据鞍顾盼而纵其驰骋，夫何难之有哉。故夫小题者，文章之峭涧也。

而大题者，文章之康庄也。今夫大题也者，其体崇，其势闳阔，固可以纵其驰骋。然而其法律之谨严，要无不与小题同。夫惟久而熟焉于小题，而大题已举之矣。吾闻有明先正之为制义也，小题时时不释手，虽临场屋，犹作小题数十篇，故先正大题

文之工由于小题文之工也。今之学者务为速化之术，往往弃去小题不观，后生小子甫执笔学为文，即皆从事于大题。譬如仄径窘步未尝涉历，气浮力弱而遽试千里之骥，衔勒不施，韁辔俱绝，其势未有不颠仆者也。

往余与汪君武曹尝慨叹及此，思欲维挽风气，当从小题始。会今年南宫试士，得隽者先后邮致其平居所作制义，不啻数千首。因相与抉择其最工者，大题、小题各为一帙，要皆有当于吾之所云云者，为之排缵点定，而去年秋二三友朋举于乡者，其所授行卷亦间附焉。于是次第刻于吴中，适小题先成，因著其说如此，以告世之学者，欲工于文章，当从此书始也。

——录自《戴南山集》卷四，戴名世撰，薛恨生校点，上海新文化书社印本

小学论选序

文章风气之衰也，由于区古文、时文而二之也。时文者，时之所尚，而上之所以取于下，下之所以为得失者，则今之经义是也。至于论者，则群以为古文之体，而非上之所以取于下，下之所以为得失者，则遂终其身而莫之为。夫经义者，天下之人，童而习之，至于白首而犹茫不得旨趣，而况于论者，群震以为古文之体，且又以为非功令之所在，而终其身而莫之为。以朝夕从事于时文犹茫不得其旨趣之人，而使之为古文，宜共惊愕皇惑而不能执笔也。

顷者功令又以小学论一篇试童子，与经义而并行，则是时之所尚，而上之所以取于下，下之所以为得失者，将又在于论，论亦且化而为时文。时文之谬悠庸烂，浸淫蔓延，屡救而不能振，于今数十年，而令又以其谬悠庸烂者出而为论，于是乎经义与论

且同归于臭败而后已。呜呼！此余是编之所为作也。

今夫经义之与论也，虽皆古文之派别，而其体制亦各有不同者。今之经义，则代圣人贤人之语气而为之摹拟，其语脉之承接于题之上下文义，皆各有所避忌。盖其法律极严以密，一毫发之有差，则遂至于猖狂凌犯，断筋绝膑，而其去题也远矣。至于论者，则可以出己之意见，反覆辨难，穷尽事理，以求无余蕴，而于题之上下文义不必有所避忌，但须斟酌损益，而不使轻、重、宾、主或至倒乱于其间。今或一以经义之法绳之，徘徊四顾，左支右捂，而谓上下文之亦当有所避忌，是乌知夫论之体制者哉！

且夫世俗所言作论之法又大有谬悠庸烂而不合于古者，曰："论有首，有项，有腹，有腰，有股。"此等之言，皆似是而实非者也。夫文章之事，千变万化，眉山苏氏之所谓如行云流水，初无定质，其驰骋排荡，离合变灭，有不自知其所以然者。既成，视之，则章法井然，血脉贯通，回环一气，不得指某处为首，某处为项，某处为腹，某处为腰，某处为股也。而方其作之之时，亦未尝预立一格，曰此为首，此为项，此为腹，此为腰，此为股也。天之生人也，妙合而凝，形生神发，而必预立一格以为人，曰，如是以为首，如是以为项，如是以为腰腹，如是以为股肱手足也，而人之生者少矣。故曰，文章不可以格言也，以格言文而文章于是乎始衰。

而或又追咎于始为之者，曰，其祸实始于眉山苏氏。夫以苏氏之奇才横溢，而谓为谬悠庸烂者导之以先路，天下之谬悠庸烂者，比肩接踵，不可胜数，此辈虽至愚妄，亦未有自命为苏氏者。今皆号之曰，此苏氏也，是亦犹见里之丑人捧心而矉其里，遂号之曰，此西子也，而因以诟西子之不美也。此所谓奔者东走，逐者亦东走，将使谁正之哉。呜呼！外间所谓之俗法，其说相延已久，今功令初颁，而群又鼓其说以迷惑幼学之士，使经义与论同归于臭败而后已，此余是编之所为作也。

是编文凡百二十篇，其平居与三数友人授徒之作，以及一二先达与夫督学使者之所为课拟且五十篇。而唐宋大家及有明诸先辈之文题之见小学者，亦稍稍附入焉。或曰，其文甚高，恐幼学之士学之而不能以骤入。无已，则又合坊刻诸选本而择别之，得文逾六十首，为之芟其繁杂，辟其芜秽，陶汰润色，共订为一集，虽不得尽谓之古文，而要使天下幼学之士渐去夫谬悠庸烂之习。论之体既正，而经义之与论同为古文之派别者，亦浸寻渍渐以合于古，此则余之区区以古文为时文之意也。

——录自《戴南山集》卷四，戴名世撰，薛恨生校点，上海新文化书社印本

九科大题文序

自乙卯、丙辰至于己卯、庚辰，其间为乡试者十，为会试者九。余选此九科之文分为三集，曰墨卷，曰大题文，曰小题文，将次第刊刻而布之于世。

夫此三集之选何以始于乙卯、丙辰也？曰：以晚村吕氏之选终于壬子、癸丑也。今夫制义之有选本也，始于万历壬辰，而自乙卯而后日益多且盛，至于一科之文其为选本辄有数百部，顺治以来犹有数十部，迄今日而或不能盈十部。其多寡虽悬殊，而文之不可无选本与选本之未必尽美也，则已非一日矣。

盖昔者有明之季，东乡艾氏尝深叹，以谓天下之为选政者，以草莽而操文章之权，其转移人心乃与宰执侍从及督学之官等，而深有望于大儒者为之别黑白而定邪正，使天下晓然知所去取。余考艾氏之时，文妖叠起，而诸选家为之扬波助澜，以故文日益趋于衰坏。艾氏乃不顾时忌，昌言正论，崇雅点浮，而承学有志

之士闻艾氏之风而兴起者，比肩接踵。然而艾氏之为书也，择焉而不精，语焉而不详，后之论者犹有憾焉。而近日吕氏之书盛行于天下不减艾氏，其为学者分别邪正，讲求指归，由俗儒之讲章而推而溯之，至于程、朱之所论著；由制义而上之，至于古文之波澜意度，虽不能一一尽与古人比合，而摧陷廓清，实有与艾氏相为颉颃者。呜呼！文之难知久矣，其谬迷颠倒而无所取裁，不独衡文者之不可凭也，即选家者亦往往是非邪正之莫辨，盖有佳文而沉埋于废纸破簏之中者多矣，而大书特赞乃在于臭腐烂恶。至于义理之几微疑似，毫厘千里之隔，尤不能为之剖晰而辨别。

吾读吕氏之书，而叹其维挽风气，力砥狂澜，其功有不可没也。虽其兴起人才不能如艾氏之盛，而古今运会之际，要非有可以强而同者，而二十余年以来，家诵程、朱之书，人知伪体之辨，实自吕氏倡之。自丙辰以后之文，吕氏无所点定，而其家有《三科述评》一书。三科者，自丙辰而己未而壬戌，或曰即吕氏作，或曰非也。吕氏以癸亥岁卒，而其后数科之文多有远盛于前者，惜乎吕氏未之见也，而余为编次斯集，以补吕氏之所未及，亦使读者可以考数十年来文章之盛衰得失，而艾、吕两家之绪言，犹可于此书得之也。

——录自《戴南山集》卷四，戴名世撰，薛恨生校点，上海新文化书社印本

己卯行书小题序

己卯秋，各省士子之获售于场屋者，多以行卷授余为之点定行世，先后至者凡若干篇，而余为淘汰择别，得其尤工者二百七十有余篇。既卒业，而为之说曰：

在昔选文行世之远者，莫盛于东乡艾氏。余尝侧闻其绪言

曰："立言之要，贵合乎道与法。而制举业者，文章之属也，非独兼夫道与法而已，又将兼有辞焉。"是故道也，法也，辞也，三者有一之不备焉而不可谓之文也。今夫道具载于四子之书，幽远闳深，无所不具，乃自汉、唐诸儒相继训诂笺疏，卒无当于大道之要，至宋而道始大明。乃程、朱之后，已有浸淫而背其师说者，况以诸生学究，怀利禄之心胸，而欲使之阐明义理之精微，固已难矣。

且夫道一而已，而法则有二焉：有行文之法，有御题之法。御题之法者，相其题之轻重缓急，审其题之脉络腠理，布置谨严，而不使一毫发之有失，此法之有定者也。至于向背往来，起伏呼应，顿挫跌宕，非有意而为之，所云文成而法立者，此行文之法也，法之无定者也。

道与法合矣，又贵其辞之修焉。辞有古今之分：古之辞，《左》、《国》、庄、屈、马、班以及唐、宋大家之为之者也。今之辞，则诸生学究怀利禄之心胸之为之者也。其为是非美恶，固已不待辨而知矣。自举业之雷同相从事为腐烂，则如艾氏所云，因其辞以累夫道与法者亦时有之，故曰，三者有一之不备焉而不可谓之文也。

且夫制举业者，其体亦分为二：曰大题；曰小题。小题者，场屋命题之所不及，而郡县有司及督学使者之所以试童子者也。或为单辞只字，逼窄崎岖，法有所难施，虽有能者，亦或以隽巧伤其理道，是则小题之道与法与辞，较之大题殆又有难焉。而吾尝谓作举业之文，诚能久而熟焉于小题，而大题已举之矣。何者？其道与法与辞则未之有异也，举其难者，而其易者岂不恢恢乎为之有余裕哉。故余于诸行卷中录为小题文一书，兢兢奉艾氏之绪言。其于道也，法也，辞也，有一之不备焉弗之敢录也。然艾氏他日之序房选有曰："一时行卷之盛至六七千首，而吾所录无多，虽不明言其故，然未尝不掩卷三叹，恐其遂至于凋零磨灭，而徬徨追惜，恒虑吾鉴之未能精者，未尝一日忘也。”呜呼！此艾氏之叹，亦余之志也。

——录自《戴南山集》卷四，戴名世撰，薛恨生校点，上海新文化书社印本

庚辰小题文选序

新进士平居之文章，书贾购得之，悉以致于选家为抉择之，而付之雕刻以行于世，谓之房书，其来非一日矣。顾世之论者多曰，场屋之文其所挟以取科第者也，房书者未必尽出于其手，即出于其手而亦未必其果善也。彼所挟以取科第，人亦当据是以取科第，而房书者又何所事焉！此其说非也。如彼之说，将场屋之文，虽其烂恶臭腐，人人之所厌恶，而亦将诵法之不倦，至于房书，虽极雄伟博辨离奇变化之作，而必疑而弃之乎！大江之滨有渔人焉，得明月之珠而弗善也，见有魁然者老蚌之甲，以是为珠之所出也，必奇于珠，乃携而鬻之于市，市之人皆笑之。然则房书之行于世，固珠之光之不可掩也，而奈之何疑而弃之。

且吾非谓场屋之文之尽不善也，亦非谓房书之尽善也。人之精神心力，终身用之于科举之业，虽不能文者，亦必有数篇之最工。而能文之士，其所为雄伟博辨、离奇变化之作益多不可胜数，而至于场屋之文，则一日之间，意趣有佳恶，举笔有得失，能文者未必其皆工，而不能文者亦未必无一得也。故吾之所据以定其人之有文无文者，非房书无由得也。

岁甲戌、丁丑，吾友汪君武曹从事房书之选，余实襄其役。今年余为浙东西之游，已无意为房书之选，而书贾以房书之选邮寄属余点定者若干篇，余再三辞之而不获也。舟车之暇，乃为抉

择小题文之最工者凡三百余篇，既卒业，而书其说如此，使天下知论者之言之非是而不足信也。

——录自《戴南山集》卷四，戴名世撰，薛恨生校点，上海新文化书社印本

庆历文读本序

吾友汪君武曹既举其平日所藏隆庆、万历两朝文读本雕刻之以行于世，刻且成，适余过吴门，武曹悉举以示余，且属为之序焉。

余自少时从事制举文字，即于两朝诸先辈之文，心摹手追，奉以为程式。当是时，学者好雷同，以时文相尚，无读先辈文者，而余孤行侧出，为世所共弃，浸寻荏苒，转徙漂泊，弃去不理者，盖十余年于今矣。今得武曹是书，往复循环，不能自已。追念曩者，荒江寂寞之滨，抱独守残，恍若隔世，而武曹是书正当风气将变之时，人人思欲揣摩而诵法之，此余之所为开卷而三叹者也。

呜呼，有明一代之文盛矣！当其设科之始，风气未开，其失也朴遬而无文。至成化、弘治、正德、嘉靖以来，趋于文矣，而其盛犹未极也。迨于天启、崇祯之间，文风坏乱，虽有一二钜公竭力搘拄，而文妖叠出，波荡后生，卒不能禁止。故推有明一代之文，莫盛于隆、万两朝，此其大较也。当是时，能文之士相继而出，各自名家，其体无不具而其法无不备，后有起者，虽一铢累黍毫发而莫之能越。在天启、崇祯中，休宁金氏、临川陈氏两家，奋然特兴，横绝一世，而其源流指归，未有不出于先辈者。然则为文而不本之于先辈，则必破坏其体，灭裂其法，其卑者蹈常习故，既奄奄而不能振，而好高者又钩奇索隐，失之于怪迂险

贼而不可以训，无惑乎文之愈变而愈下也。

往者文章风气趋于雷同，而先辈之文世所不好，于是以为易饼饵糊笼簏之具，其不至荡焉无余者几希。顷者以来，先辈之文稍稍间出，世之学者多能知而好之。然而世所流传诸书鲜有善本，所谓择焉而不精，语焉而不详，则先辈之文尚未尽出，虽其出之，而其所以为文者尚未出也。武曹是书，大半皆世之所未见者，为之疏解其义蕴，抉摘其旨趣，发明其波澜意度所以然者。研精覃思，用以朝夕课读，而一旦出之于人间，使作者之精神不至于淹灭弗传，而学者朗然知文章之源流而不为风气之所汩没，则武曹之有功于文章也大矣。

余虽学殖荒落，而文章之事与有责焉，方将理其旧业，而与世之学者左提右挈，共维挽风气于日盛也，故因武曹之请而乐为之书如此云。

——录自《戴南山集》卷四，戴名世撰，薛恨生校点，上海新文化书社印本

课业初编序代

士非科举之文无以为进取之资，而科举之文必须洗脱凡近而讲明乎义理之所以然，与夫波澜意度神气法脉之所在，而后文章之事，父子兄弟脉脉相关，授而不至于失坠。此其磨砻砥砺、鼓舞振兴之权，实在乎司教者之得人。苟司教者之不得人，因循怠废，溺于世俗腐烂雷同之习，则士无以发其蒙，开其瞶，愈益汩没败坏，而文章之事遂至于举一郡一邑而失其传。浙水东西，曩所称文章之薮也，顷余视学兹土，其所为汩没败坏者无人而不然，几于举一省之大，千里之遥，而文章之传胥失之矣。

岁辛巳，余行部至台州，而黄岩于台州为属邑。考校诸生，

类有不涉于腐烂雷同之习者，其司教则余同年友萧君海昌也，其督课诸生之文刊为一集，曰《课业初编》。盖其平居为学者指授以文章之源流而激发其惰颓者，实有磨砻砥砺、鼓舞振兴之力焉，宜乎黄岩之士之文独盛于他县也。黄岩在宋时为朱子驻节之地，一时学者翕然从之，名儒前后相望，沿至于明兴，而流风余韵犹有存者，今则衰微抑已甚矣。萧君深于经术而留心教化，则夫道德学问之际所以造就诸生者，当以朱子为师法，科举之文，其小者也。萧君曰："谨受教。"余乃书以为《课业初编》序云。

——录自《戴南山集》卷四，戴名世撰，薛恨生校点，上海新文化书社印本

壬午墨卷序

文章之是非有定乎哉？何以场屋之中得者未必是，而失者未必皆非也？文章之是非无定乎哉？何以得之者而天下卒不以为是，失之者天下卒不以为非也？嗟乎！有定者在天下，而无定者则在主司而已矣。

且夫主司所恃以衡文者，其道有二，曰公，曰明，斯二者不可一之有缺者也。公者，是是非非无所或偏也。明者，是是非非无所或淆也。自非穷极文章之源流而深识文章之变态，不能于是非之际而一无所蔽。故夫明之一言，主司尚或不敢遽以之自信也。若夫请谒苞苴之不行，而主司者可以自信为公矣。谓夫吾之是是非非未必尽当，而此心之一无所私，一无所徇，可以告无愧于司衡之责矣。夫以为一无所私，然已私于其非之者矣；以为一无所徇，然已徇于其非之者矣。贤否倒置，进退乖舛，其为不公，孰大于是乎！鉴必明也，而后人之照之者妍媸立见。夫其妍媸之莫能掩者公也，而必须乎鉴之明焉。今也持其至昏之鉴以照

人，而妍与媸皆莫辨，于是凭臆以断，指毛嫱、西施为天下丑恶，而以戚施、籧篨为佳丽，无过于是焉而可乎？故夫明所以成其公，不明者，不公之至者也。行讼于此，其曲直胜负，一人听之而得其平，一人听之而直者负，曲者胜。此两人皆请谒苞苴之不行者也，而既已听之而失其平矣，尚以为一无所私，一无所徇，沾沾然自得，妄冀與听之而与得其平者并称为廉吏乎哉！吾故谓不明之罪甚于不公，而不明乃其所以不公也，仅区区请谒苞苴之不行，而适以见其不公而已矣。且夫文章之定衡原在天下也，其得者未必皆是，而失者未必皆非也，人皆能讼言之，而卒不知其得失之故也。

或有为之说曰："其得之者命也，其失之者亦命也。"世盖有星家术士，挟其支离琐细之技，往往为人推测支干，曰某某者，吾知其必得也；又曰某某者，吾知其必失也。主司者以大吏而操文章之柄，非若星家术士为也，至使文章之事无权，而一听其命之得失于场屋之中，固已为星家术士之所笑矣。

或又有为之说曰："科第之事，类有鬼司之。"假使得所当得而失所当失也，则是人有权而鬼为无权矣。吾以为文章之事，非鬼之所得与也，非其职而妄干之，且举是与非而颠倒之，鬼之淫昏抑已甚矣。在主司者，奈何以己之权而委之于淫昏之鬼耶？然苟公且明之主司，进退上下，一以其权归之于己，而是时并无所谓鬼也者得以阑入之也。然则文章之是非果其有定，而可以闭星家术士之口而穷其技，可以使淫昏之鬼不得肆其虐于场屋之中，是在主司之明而已矣。

今岁壬午，当宾兴之期，如余之所论固万万无有，然而草野书生，深思过计，辄往往好言文章之事，而主司者多大贤而能受尽言者也。《诗》曰："如彼飞虫，时亦弋获。"辄敢附此义以著其公与明之说，要使无定者归之有定，是贤主司之所许而不以为狂且诗者也。适墨卷既竣，而为之书其说如此。

——录自《戴南山集》补遗下，戴名世撰，薛恨生校点，上海新文化书社印本

刘光禄墨卷序

为其事而求其效，效之既收而遂弃其事莫之顾者，古未之有也。百工之于器，农之于耒耜，终身执其业弗迁，久焉而益至于精且熟。夫经义也者，是亦士之利器与耒耜也。而世俗之言曰："以经义求举，譬若叩门之石然，门开而石即弃去。"信斯言也，则是昔之时以经明行修举者，既举而经可不明，行可不修也；以孝廉举者，既举而可不孝不廉也；以贤良方正举者，既举而可弃其素履即于邪辟也。且夫经义也者，所以明天地古今万物之理，非若诗赋之专工绮丽，策论之终归廓落也。彼以诗赋、策论举者，不闻厌诗赋、策论而弃去不顾，何独于经义而弃之。

光禄卿南陵刘公，自少以经义名于时，旋登高第，直承明，改给谏，风节矫然。久之，致政归。闲居无事，日研穷于经义，益精且熟。其所自为无虑千篇，而又取有明以来墨卷，择其最善者，点次评论，独详且确，为一时选家之所不及。至于论文数则，启古文之秘钥，而为后学之津梁，亦有明诸先辈之所不及也。书既成，公之弟子门人为雕刻之，而公命序于名世。名世之师为张嵋谷先生，先生实出公之门。名世贫贱迂疏，无用于世，而经义一道，犹不至为当世所弃。溯本穷源，窃亦深幸其有自，故为之序。

——录自《戴南山集》补遗下，戴名世撰，薛恨生校点，上海新文化书社印本

闽闱墨卷序代

余也少而读书，窃闻长老之言，以为先辈于场屋之文，能预定其取舍及其名之次第。士每出闱，辄钞写以请正于乡先生，乡先生一览即决之曰，某也录，某也弗录。其录者曰，某也前，某也后，已而果然，无一爽者。余闻而心异之，以为主司之所见，何其与外间之拟议适相符契有若此也。盖文章风气之盛，于此验之矣。当是时，人人自为机杼，不相剿袭，其品格之高下，辞章之雅郑，波澜之大小，皆一一自呈露于行墨之间。其或得或失之故，与夫名次之前后，彼实自为之，而主司无与焉。主司者第如其所自为者以付之而已矣。故主司之所见与外间适相符契，职此由也。

自世俗趋于雷同，士之所作皆若出于一手然者，主司于此，虽欲操衡量定其短长轻重，而已困于锱铢毫发之间，故其录者未必果胜于弗录者，其录之居前者未必果胜于居后者也。

癸酉之役，余奉命典试八闽。余之弗文，学殖荒落，获从诸君子之后而荷司衡之任，欲其取舍无弗当而名次之前后无或爽也，岂不难哉！锁院之内，手披目览，往复较勘，惟恐失一士而衡量之有差也。既撤棘则颇闻外间之评论，实有与符契者。为选而雕刻之以行于世，且以质之大人先生，有所教益，以诲余之不逮，是则余之幸也夫。

——录自《戴南山集》补遗下，戴名世撰，薛恨生校，上海新文化书社印本

浙江试牍序代

司文章之衡，其道有二，曰公，曰明，其说由来旧矣。所谓公者，苞苴则尽绝也，请托则尽谢也，而不敢惟私之是徇。至于文之当斥者斥之，当录者录之，各有一定之位置，而无毫发锱铢之差谬，所谓明也。是二者苟失其一焉，而士子遂有屈抑之患，侥幸者得志，而真才沦没，其文体由是大坏，而风俗人心亦趋于衰敝。然则司文章之衡者，夫岂可苟焉而已哉！

余以为公与明者不可缺一，而明之为道更难于公，不明之为祸更烈于不公。今夫人苟非甚不肖，未有不计利害而顾名义者。一时贪婪自恣，而诮让非笑之者四面而至其旁。而探囊胠箧趋而去者比比皆是也，一旦罹于功令，则惟己实受其咎。故苟有志者未有不以公自矢者也。至于文章一事，人之识见各有短长，又性情之所好尚，或执一格以为去取。且以一人而定数十百县之文，迫于时日，困于目力，则当斥而不斥，当录而不录者，容有之矣。虽有锱铢毫发之差谬，而在司衡者初未尝于其间有所上下其手，则其于心宜亦可以无愧。而余以为不明之为祸更烈于不公者何也？余起家县令，即以县令之听讼者譬之。今有两人于此，同为县令，一则鬻狱而视其贿之多寡以为曲直，一则廉洁自持而疏于谳决，情伪不审而听断失平，是非倒置。夫倒置于贪吏之手犹得以贿为辞，而所为是非者故在也。倒置于廉吏之手则屈者无以自明，而宿奸巨猾猖狂横行而莫之禁。至是而违经乖义，举所为是非之常，竟荡然不复存矣。今夫贪吏之鬻狱者，则不公之说也，而廉吏之听断失平者，则不明之说也。由是观之，则不明之为祸更烈于不公可知已矣。

余少为诸生，即尝持此说以论司衡之任如此。自登第以后，屡司文章之柄。去年秋，主考江南，撤棘之后，所取文字颇不为大人先生所非，然余实惴惴不敢以自信也。今复视学浙东、西，其所以进退多士，盖亦犹夫前日主考江南之志云耳。

余又以为文章者，无一定之格也，执一格以言文，而文不足言矣。多士试取江南墨卷观之，其中无体不具，而诚不敢执一格以为去取，则今日所以进退多士者，亦犹是志也。余虽不敢自谓公也，而苞苴之有不绝，请托之有不谢者，盖已无矣。至于位置失当，锱铢毫发之差谬者，岂遂无之，然平生之志，实有鉴于此，而不敢以不慎。于是取其所录之文之最合者，次第刊之，以请正于大人先生，并使多士知所从焉，而毋执一格之文以求售焉。

——录自《戴南山集》补遗下，戴名世撰，薛恨生校点，上海新文化书社印本

有明历朝小题文选序

世之学者，从数千载之后而想像圣人之意代为立言，而为之摹写其精神，仿佛其语气，发皇其义理，若是者谓之经义。其体为古文之所未有，发端于宋，至明而穷极变态，斯亦文章中之一奇也。其道譬之于画家之写生者也。写生之技莫妙于传神，然亦莫难于传神。古之能传神者惟顾、陆，苏子瞻称引顾虎头之言而推广之，以为传神之难在目，其次在颧颊，目与颧颊似，余无不似者，眉与鼻口，可以增减取似也。吾以谓经义者，择圣人之言而命之题，每一题必有一题之目焉，颧颊焉，眉与鼻口焉，然而传神者必知其人之意思之所在，而乃举笔貌之。况以学者从数千载之后，而想像圣人之意代为立言，苟不深知圣人之意，则亦安能为圣人之言耶？

夫能知孔子之意者，则当其立言时宛然一孔子，能知孟子之意者，宛然一孟子。其宛然一孔子、一孟子者，是为能传孔子、孟子之神者也。孔子、孟子之神，即其题而已具者也。今夫题之目与颧颊者，其义理也；题之眉与鼻口者，其语气也。目与颧颊之精神得，而眉与鼻口之精神亦无不得矣。且夫有一题必有一题之神，苟为不得其神，则注视者一人而无毫发之似，衣冠形骸之徒具，而与其人无与也。今之作者大抵尽衣冠形骸之徒具者也，甚或衣冠形骸之亦不具者也，岂可以代圣人而为之立言乎？嗟夫！人之度量相越之远也，什乎己、百乎己者，其意已非吾之所能测，况由什己、百己而上之至于圣人，欲知其意而为之传其神也，此实难矣。

子瞻又言，传神之道，法当于众中阴察之。然则欲得圣人之天，亦不可无以察之矣。夫惟沉潜反覆于《论语》《孟子》，曾子、子思之书，以及《易》《诗》《书》《春秋》《礼记》，与夫濂溪、横渠、明道、伊川之所论著，考亭之《集注》，并其师弟子间往复辨难答问之言，贯穿融洽，怡然理顺，涣然冰释，因遂旁涉于《左》、《国》、庄、屈、荀、韩、马、班、韩、柳、欧、曾、苏、王之文章，夫而后一题入手，相其神之所在而举笔貌之，而圣人之天可察，而圣人之意可得矣。至于子瞻之所谓萧然有意于笔墨之外者，此又作者自有其天，不可学而能，亦未始不可学而能也。

余少从事于经义，即厌世俗之文，而惟有明先辈之是尚，以谓此经义中之顾、陆也。自是穷搜博采、而大题文及小题文各选录千余篇，多世间之所未见，而亦不拘于科目，凡诸生未遇者之文皆入焉。余之经义，大抵多得力于此。而今岁之春，友人张子山来、张子逸峰谓不可以不公之于世，于是为余次第排缵，更加择别，先出其小题文刊而布之，复恐卷帙繁多，学者难以卒业，为删去其十之二三。工既竣，而余乃以传神之说发明经义之为道，以告今之作者，毋衣冠形骸之徒具，并衣冠形骸之不具，而必思夫得圣人之意；又劝之以悉屏去世俗之文，而一意讽诵研穷于此书，则人人皆顾、陆也。

——录自《戴南山集》补遗下，戴名世撰，薛恨生校点，上海新文化书社印本

甲戌房书序

自科举取士而有所谓时文之说，于是乎古文乃亡。夫所谓时文者，以其体而言之，则各有一时之所尚者，而非谓其文之必不可以古之法为之也。今夫文章之体至不一也，而大约以古之法为之者，是即古文也。故吾尝以谓时文者，古文之一体也。而今世俗之言曰："以古文为时文，此过高之论也。"其亦大惑矣。

且夫世俗之言既举古文、时文区画而分别之，则其法必自有所为时文之法。然而其所为时文之法者陋矣，谬悠而不适于理，腐烂而不适于用，此竖儒老生之所创，而三尺之童子皆优为之。至于古文之法，则根柢乎圣人之六经，而取裁于左、庄、马、班诸书。两者之相悬隔，若黑白冰炭之不相及也。今世俗取时文之法与古文并立而界限之，曰："吾所为时文，其法具在也，而无用于古之法为。"是其意殆以圣人之六经及左、庄、马、班诸书，不若今之竖儒老生与三尺之童子也，毋乃叛圣侮经而与于无忌惮之甚者乎。故曰，自科举取士而有所谓时文之说，于是乎古文乃亡，非亡于时文也，亡于时文之法也。

由此观之，是竖儒老生之为六经及左、庄、马、班诸书蟊贼也。然则何以救之？亦救之以古文之法而已矣。盖其说莫备于韩、柳二家。韩子之言曰："将蕲至于古之立言者，则无望其速

成，无诱于势利，养其根而俟其实，加其膏而希其光。”柳子之言曰：“本之《书》以求其质，本之《诗》以求其恒，本之《礼》以求其宜，本之《春秋》以求其断，本之《易》以求其动，参之《穀梁氏》以厉其气，参之《孟》《荀》以畅其支，参之《庄》《老》以肆其端，参之《国语》以博其趣，参之《离骚》以致其幽，参之太史以著其洁。”呜呼！二家之言尽之矣。二家之言盖言为古文之法也，而吾以为时文之法能取诸此，则时文莫非古文也，而何为必欲举古文、时文区画而分别之也耶？故吾谓古文之亡亡于时文，而时文之亡亡于竖儒老生。吾今以古文救之，虽有竖儒老生执其说而与吾争，而适以见其叛圣侮经，自与于无忌惮之甚而已矣。

余与武曹论定甲戌科新进士之文，既持是以为是非去取，而又著其说如此。世有好古笃学之君子，其必以余言为然，相与振兴古文，一洗时文之法之陋，则兹书其嚆矢也夫。

——录自《戴南山集》补遗下，戴名世撰，薛恨生校点，上海新文化书社印本

丁丑房书序

岁丁丑，武曹论次新进士之文，而自姑苏以书召余于青溪曰：“愿与吾子共商之也。”比余至，而书已垂成，余以己意增入之者且百篇。既卒业，而语于武曹曰：

“经义之文，自天顺以前，作者第敷衍传注，或整或散，初无定式。而成化以后始有八股之号，嗣是以来，文日益盛，而至于隆庆及万历之初，其法益巧以密。然而其波澜意度各有自然者，历数百年未之有异也。今之论经义者有二家，曰铺叙，曰凌驾。铺叙者，循题位置，自首及尾，不敢有一言之倒置，以为此

成化、弘治诸家之法也。凌驾者，相题之要而提挈之，参伍错综，千变万化而不离其宗，以为此《史》《汉》、欧、曾之法也。于是言铺叙者则绌凌驾，言凌驾者则绌铺叙，两者互相诋訾而莫之有定。

“余以为文章者，无一定之格也，立一格而后为文，其文不足言矣。夫为铺叙之说者，舍《史》《汉》而取法于成化、弘治，此则便于不学无文之人，亦自知其说之不可以通，乃复为之说曰：‘学者代古昔圣贤而为言，诚宜以题还题，而不可以己意与乎其间。’夫彼之所谓以题还题者，不过循题位置，寻讨声口，兢兢不敢失尺寸，言之既无文，而于理道曾不能有毫发之发皇，此则谓之未尝为是题可也，非以题还题也。吾之所谓以题还题者，必扼题之要而尽题之趣，极题之变，反覆洞悉乎题之理，而无用之卮辞，不切之陈言，无所得入乎其间，此则所谓以题还题也。史家之法，其为一人列传，则其人须眉謦欬如生，及其又为一人列传，其须眉謦欬又别矣。苏子瞻论传神之法曰，凡人意思各有所在，颊上添三毫者，其人意思盖在颧颊间也。吾以为一题亦各有一题之意思，今之论文者不论其意思之所在，一概取耳目口鼻具而已，而反笑传神者之为多事，不已陋乎。”

或者曰：“如子之说，则当以凌驾为主乎?”余曰：“夫文章者，无一定之格也，立一格而后为文，其文不足言矣。以凌驾为主者，是又立一格以为文也。余非有意于凌驾，但取其相乎题以立言者而已，其相乎题者，相其题之意思之所在也。吾取其相乎题之意思以立言者，而彼以吾为主于凌驾，夫安知文章之波澜意度各有自然者，历数百年原未之有异乎。今夫成化、弘治诸家之文具在，其鸿文名篇世所号为铺叙者，未尝不扼题之要而尽题之趣，极题之变，反覆洞悉乎题之理，而非如今之讲铺叙者，仅仅循题位置，寻讨声口，遂以为尽题之能事也。特其时风气浑朴，含蓄不尽，故但见为铺叙，而不知其铺叙之中未尝无凌驾者在也。至于隆庆、万历以来，其法益巧以密，人但见其为凌驾，而不知其以题还题者，无以异于成化、弘治诸家，盖又以凌驾为铺叙者也。

嗟乎！《四书》《五经》，明道之书也，而既以命之题而为之文，则涉于文章之事矣。吾未闻文章之事而可废夫《史》、《汉》、欧、曾之法者。吾以《史》、《汉》、欧、曾之法告天下，而天下且曰，经义之文无所事此。夫文章之事莫大于经义，而以为无所事此，则惑之甚而已矣。

武曹曰："子之言是也。"遂书之。

——录自《戴南山集》补遗下，戴名世撰，薛恨生校点，上海新文化书社印本

己卯科乡试墨卷序

以四子之书，幼而读之，即学为举业之文。父兄之所教督，师长之所劝勉，朋友之所讲习，而又动之以富贵利达，非是途也则无以为进取之资，使其精神意思毕注于此，而鼓舞踊跃以赴之。而人之学之者，自少而壮而老，终身钻研于其中，吟哦讽诵，揣摩习熟，相与扬眉瞬目以求得当于场屋。若是之专且久，则宜其见理也明，择言也精，各自出其心思才力，以纵横驰骋于世。然而其于四子之书之精微义蕴，茫无所得其毫厘，而出言吐词，非鄙则倍，且其所为鄙、倍者，又非尽出所自造，而雷同剿袭，大抵老生腐儒之唾余，雄唱雌和，自相夸耀。及其入于场屋，则以此书之于纸而献之于有司，于是乎有得有不得焉。

其有得有不得者，非其所为之有工有不工也，以为有时命存焉。而得之者辄举而归其功于所为之文，矜倨护惜，惟恐人之摘

其疵谬。当其气满志得之日，而固已臭败而不可近矣。夫以终身用力于其中，既专且久，出于精神意思之所注，而鼓舞踊跃以赴之者，止成其为鄙、倍之甚，不越宿而已臭败不可近焉。况乎未尝用力于其中，非其精神意思之所注，而又无教督劝勉讲习之人，举业而外，如古文辞，又由古文辞而上之，至于礼乐制度、农桑学校、明刑讲武之属，凡圣人之大经大法，而依依焉一无所知，固其所也。呜呼！大之礼乐制度、农桑学校、明刑讲武之不知，次之古文辞之茫如，而其所为举业之文得当于场屋者又臭败而不可近，虽其富贵利达之侥幸而获，而固已为有志君子之所不屑矣。

今夫有志君子之所为也，必不苟焉以同于众人，众人之所趋未有不在于鄙、倍，而其所好未有不在于臭败者也。君子非一切故与世乖异，独其见理不可以不明，而择言不可以不精者，文章之道莫外乎此也。

夫四子之书，自晚周历汉及唐千余年而始明，宋之儒者辨晰之于锱铢毫发之间，已无不达之旨。后之人即不能发皇恢张，而于宋儒之书曾无所寻绎，与夫寻绎之而不得其旨趣，是亦犹日月出而不见其明，雷霆动而不闻其声，率天下之人而聋瞶之者，举业之文其一矣。

君子者，沈潜于义理，反覆于训诂，非为举业而然，引伸触类，剖悉毫芒，于以见之于举业之文，实亦有与宋儒之书相发明者。且夫言之行世而垂远，则又不可以无文。君子冥心孤诣，其于古人之载籍，沈浸酝郁，得其精华而去其糟粕，举笔为文，洒洒自远，虽历年之多而常新不敝，此所谓择焉而精者也。众人之志满气得者，方共笑为迂阔，以为进取之无望，而究之鄙倍者未必尽得，而君子未必尽不得。迨夫霜降木落，是非较然，妍媸异态，独君子之文常存于人间，而向之臭败不可近者，已灰飞烟灭而不知何往矣，岂不悲哉！

岁己卯秋，当乡举之期，凡得当于场屋之文，余皆次第观览。而江南、浙江则主司亲授余全卷，山东、江西亦有全卷流布，至于顺天以及他省所见，或三之一，或五之一，最少或十之一。余就所见排缵为一书，凡得文三百二十篇，其中岂无有志君子见理也明，择言也精，而不可苟焉以同于众人者，顾往往不可多得，而所为鄙倍之甚，至于臭败不可近者，虽欲尽汰之，而亦有所不能。于是得失互见，瑕瑜不相掩，而各为略指其美恶之所在。苟有览而瞋目变色，勃然以起者，固已不问而知其为众人也。而余之所望于有志君子者，由举业而上之为古文辞，由古文辞而上之至于圣人之大经大法，凡礼乐制度、农桑学校、明刑讲武之属，悉以举业之心思才力，纵横驰骋于其间，而不以四子之书徒为进取之资，是则余区区之志也。

——录自《戴南山集》补遗下，戴名世撰，薛恨生校点，上海新文化书社印本

赠叶苍岩序

昔吾县叶文庄公举万历癸丑进士，入翰林，烈皇帝时为礼部尚书。当天启中，妇寺之祸流毒天下，吾县士大夫仕于朝者，一二人外，皆能抗直持大节，自左忠毅公被祸，而文庄公与中丞方公亦岌岌几不免。方公者，巡抚顺天，讳大任者也。公好读书，时时刻苦钻研，终其身不厌。既贵，则尽购遗书数万卷，一一丹铅排纂，而翰林荣选，宗伯闲官，益得以肆其力于学。其所为文章，有欧阳子之风。公之冢孙曰子宁先生，雅好余，尝哀余之遇，曰："嗟乎！使子得遇文庄公，岂困至此乎。"小子生也晚，间读公书，与公子弟游，辄喟然叹道之衰也。子宁先生之子曰苍

岩，与吾生同岁，自儿时初学文，即意气相得欢甚。已而苍岩召余读书其家，每一文就，必质之子宁先生以为常。自是后从事朋友往还多矣，其知我深而信我笃，鲜有及先生父子间者，而后叹文庄公之泽犹不坠诸子孙。

余稍长益困，遊学四方，而苍岩家益落，且屡困于州县。苍岩不以咎有司，而深自愧悔其业之未工，一日谓余曰："吾始与而学也，于今几年，今子之学已至而道已成矣，而余犹泛滥于制举业而不知所归宿，而未有涯也。惟子有以拯余之病而救余之惑。"

余曰："科举之业非余所好也，然尝试之矣，于足下义不可以默，则吾还且问子，将俯仰顺时，与之迁徙上下，而志不素定，力不专而气易动欤？"

曰："然则子之为此也，欲速之意甚而得失之念交战于胸中，故辗转汩没而至此欤？且又有人焉，梏子之性，咻子之听，而教以从众之悦目欤？"

曰："然。夫此数者，皆世俗人之情，以吾子之贤而出于此，亦惑且甚矣。夫时文未有定也，而吾子与之转移，岂非以顺时则得，不顺时则失故耶？然世之应有司之试者，未有不顺时者也，而往往得者十一，不得者十九，未见其必得也。且夫庸夫小人侥幸而有获，而辄以讥评豪杰，见有异己者辄笑之，辄诟之，辄阻且挠之，而不使之有成。今子乱于毁誉之说，而失于趋向之宜，岂非惑之甚也欤！"

世衰道微，有志者宜自振立于天壤之间，而不可稍为委曲以悦世徇俗，即艰难摧折有不顾，况文章乎哉，况区区时文乎哉。吾闻文庄公家故贫，少时从塾师，塾师教以读时文，公不应，潜诵《庄子》，见人至辄掩匿。呜呼！余之困久矣，其何能望公。然士固有异世而相合者。公与方中丞最善，两人微时，日相聚茅屋中，接膝密语，旁若无人者，后两人官位相埒，而俱以清风劲节显名天下。苍岩有志，勉之而已。

——录自《戴南山集》卷六，戴名世撰，薛恨生校点，上海新文化书社印本

送许亦士序

自周之衰至于今，儒学既摈焉，圣人之道扫地热余。独幸有其书尚存，而学者大抵皆浅陋，不能申明圣人之意，自汉之训诂笺疏已失其旨，而学宫所立五经家皆无当于大道之要。盖道莫著于宋，宋之时不能用之，至有明而显。嗟夫！其言虽显于明矣，而其道或未之能行也。天下之士非科举之文无由进，而科举之文非宋氏诸儒之说辄斥不收。夫非宋氏诸儒之说不收，其意岂不盛哉！而学者第假其说以为进取之阶，问其何以学，曰以科举故也。则即其始学之日而固已叛于宋氏诸儒之道矣。然当世学者习其书，犹能为其言，兢兢不敢失坠。至于正德、嘉靖以来，诸儒纷纷而起，良知家言最行于天下，浸淫蔓延，而士皆以叛攻宋氏为贤，于是横议之祸渐流为门户，天下亦自此多故矣。

顷者以来，士已有稍稍能分别是非以告天下者，而天下犹迷不知悟。江之北有两生焉，曰褐夫氏，曰亦士氏。此二人者，盖读宋儒之书而喟焉兴叹，肃然再拜曰吾师云。褐夫氏生于桐，桐为大县而能诵宋儒之书者不过数人，然此数人之诵之者，非吾之所云云也，吾不与之学宋儒。乃者客于舒，舒尤荒陋，而亦士独为有志于道者。

呜呼！当大道沦散，士不知学，而一二腐儒小生，区区抱独守残，沦落于穷岩断壑之中者，徒为世所嗤笑谩侮，然其所维系岂少也哉。余既以迂拙不容于世，遁逃山中，而亦士不鄙余，谓

余知道者，余非其人也，而亦士则真宋儒之徒也已。他日余且买山隐焉，取《四书》《五经》之训诂注疏，而去其诸家之背谬与其驳杂迂讹者，重订为一书，而窃附于宋氏诸儒之后，亦士要为有志者，当与亦士共勉之也，因先为言以期之。

——录自《戴南山集》卷六，戴名世撰，薛恨生校点，上海新文化书社印本

与何屺瞻书

三月十九日，田有顿首。屺瞻足下：往时仆家居，于时文选本中见足下名，然第以吴中名士视足下，未知足下也。及与足下先后至燕山，往来一再晤，始奇足下。亡何，足下别去，仆惘然自失，而汪君武曹为余称足下之贤甚具。仆好交游，孳孳求之，惟恐不及。然其于当世之故不无感慨忿怼，而其辞类有稍稍过当者。世且以仆为骂人，仆岂真好骂人哉，而世遂争骂仆以为快，不骂仆者，足下与武曹而已，而世亦以足下与武曹为好骂人，其于足下也尤甚。呜呼！若足下者乃可以骂人，然亦可以不骂人，吾骂之谓不当齿之哉，此乃所以齿之也。是故仆以之自戒，亦愿足下之稍稍戒之也。

顷者史君千里自吴中以足下所为《行远集》者示余，余读之，回翔往复，不能释去。今夫文章之陋久矣，妄庸相授，日日已甚。仆尝以为文章者非一家之私事，至今日而不得不引为一家之私事，默守其是而已。彼妄庸人者，如今之所谓名士，开口说书，执笔属文，天下之人皆其流辈，以故从而称之，虽语以是非之故皆不省。是故如仆者，气力单弱，视其猖狂恣肆而不敢搘拄其间。足下独恻然流涕，不但为之昌言正告，举向之所为妄庸相授者，一举而廓清之，甚善，甚善。然余读集中所载，有云：

“经义始于宋，作者但依傍宋人门径足矣，唐已不近，况高谈秦、汉乎。”足下之言云尔，余以为非也。夫自周、秦、汉、唐以来，文章之家多有，虽其门户阡陌各别，而其指归未有不一者也。即宋人之门径未有不本之于周、秦、汉、唐者，今必区而别之，是为今之名士低就一格以为其妄庸地也。圣人之道衰，至宋之儒者而发皇恢张，始以大明于天下，故学者终其身守宋儒之说足矣。至于文章之道，未有不纵横百家而能成一家之文者也。今之名士巧为自饰，拾取宋人语句以欺天下，或竟以古人为不当学。足下排而斥之，而足下复云尔耶？倘或别有所见，则过而存之可也，不然，愿足下改正之。

仆前年冬有《送武曹序》，近于骂人之作，久而悔之自匿也，然异日当录一通以示足下。平生所为经义数百篇，今存二百有奇，不敢自信，欲录一副本付足下，为是非而去取之。适友人吴君游便，辄附狂言云云，不宣。

——录自《戴南山集》卷五，戴名世撰，薛恨生校点，上海新文化书社印本

答张氏二生书

不佞自初有知识即治古文，奉子长、退之为宗师。暇从事于制义之文，于诸家独好归太仆、唐中丞，于今十余年矣。世俗之颓也，文章风气尤坏甚。鄙人沦落荒山，无与告语，思古之人而不得见，往往悲歌至于泣下，一二文字流传江南，遂以辱二生之知。不佞自顾，实枵然无有，即有之，不同于世之人所好，苟非卓然自立者，其孰以余之道为然耶？

二生不远数百里，蹑跷枉过，且请事函丈，执贽为弟子。当天下波靡，士不好学问文章，师弟朋友之义缺绝已久，而二生之

志卓卓如此，甚幸吾道之犹可行也，故不敢却之，以成二生之义。

夫文章之事，学问中之小者，制举之文，又文章中之微者。今二生以制举之文来学，而不从事于古文，则制举之文必不能工也。从事于古文，而不能学问以期于闻道，则古文亦不能工也。生平有论文书及为友人举业序数通，略悉其义，录以付二生，试一览之，知不佞之有者如此，而二生自是亦可以知所以从事。倘犹是沾沾于世人之所好也，则二生不必过吾门而来请矣。

——录自《戴南山集》卷五，戴名世撰，薛恨生校点，上海新文化书社印本

方苞话八股

导读

方苞（1668—1749），字灵皋，一字凤九，晚年自号望溪，安徽桐城人。清代散文家，桐城派散文的创始人，与刘大櫆、姚鼐合称“桐城三祖”。他自小聪颖过人，又勤奋好学。四岁能对对，稍长即能背五经、《左传》。康熙二十八年（1689）岁试第一，补桐城县学弟子员。康熙三十八年（1699）中举人。康熙四十五年（1706），会试中式，将应殿试，闻母病，归侍。康熙五十年（1711），方苞因戴名世之案而牵连入狱，五十二年（1713），苞及诸与是狱有干连者，皆免罪入旗。康熙帝夙知苞长于文学，大学士李光地亦荐苞，乃召苞直南书房。未几，改直蒙养斋，编校御制乐律、算法诸书。康熙六十一年（1722），命充武英殿修书总裁。世宗即位，赦苞及其族人入旗者归原籍。雍正二年（1724），苞乞归里葬母，三年（1725），还京师，入直如故。居数年，特授左中允，三迁内阁学士。寻命教习庶吉士，充《一统志》总裁、《皇清文颖》副总裁。乾隆元年（1736），充《三礼义疏》副总裁，命再直南书房，擢礼部侍郎，复命教习庶吉士，坚请解侍郎任，许之，仍以原衔食俸。苞欲仿朱子学校贡举议立科目程序，及充教习庶吉士，奏请改定馆课及散馆则例，议格不行。苞老多病，年已将八十，病日深，大学士等代奏，赐侍讲衔，许还里。乾隆十四年（1749），卒，年八十二。

方苞以文名闻天下，其“古文为国（清）朝二百年来作者之冠，迄今久而论定，天下学者并无异说”（孙葆田：《望溪文集补遗序》)。他承继了明代归有光的“唐宋派”古文传统，提出了“义法”的主张，并把它作为论文的唯一标准和作文的唯一依据。他的这一主张成为了桐城派的标识。所谓义法，包括“义”与“法”两个方面。简言之，所谓“义”，就是今天所说的文章的中心思想；所谓“法”，指的是表达中心思想或基本观点的形式技巧。在这方面，方苞集古文家章法、用语之大成。如章法上，他主张“明于体要，而所载之事不杂”(《书萧相国世家后》)；在用语上，他主张“古文中不可入语录中语，魏晋六朝人藻丽俳语，汉赋中板重字法，诗歌中隽语，《南北史》中俳巧语”(见《沈莲芳书方望溪先生传后引》)。

方苞的古文作品与义法论，在当时产生过轰动效应。他的文统一传为刘大櫆，再传为姚鼐，终于形成了蔚为大观的桐城派。其流风余韵，绵延近三百年，在中国文学史上占有重要地位，曾国藩、严复、梁启超都受其影响。

方苞之文名，还因其八股制义之高妙而腾起。他十岁开始作时文，因其饱读经史，学宗程朱，究心经术，故为时文写作打下牢固根基。其兄方舟的八股文造诣也很高，闻名天下，被郑板桥推为清朝“第一”(《郑板桥集·潍县署中与舍弟第五书》)。方舟经常对方苞进行指导，兄弟相互激励，博究六经百氏之书，探寻时文技巧，故方苞的八股文水平提高很快，最终成为一代宗师，在有清一朝，大受士人追捧。

戴名世为方舟、方苞兄弟之挚友，他说方苞兄弟“皆原本于《左》、《史》、欧、曾”(《戴南山集·方百川稿序》)，而“灵皋少时，才思横逸，其奇杰卓荦之气，发扬蹈厉，纵横驰骋，莫可涯涘。已而自谓弗善也，于是收敛其才气，浚发其心思，一以阐明义理为主，而旁及于人情物态，雕刻炉锤，穷极幽渺，一时作者未之或及也”(《戴南山集·方灵皋稿序》)。

总体而言，方苞的时文理宗程朱，但能融贯诸子百家，故在阐发复制义理时，时有创见，显得精深高古，程朱传注亦出新貌。他“以古文为时文，却以时文为古文”（钱大昕：《与友人信》引王若霖之语，《潜研堂集》卷三十三），擅长用先秦、两汉及唐、宋古文大家之法来写时文，故其文皆起伏开合，前呼后应，极有法度，极能抓人。他还擅长于时文中写人情物态，从中寄托自己的身世遭遇，描摹传神，入骨三分，营造一种动人意境。概括言之，方苞的时文以阐发复制义理为尚，思力精深而又富有变化，融贯历代大家长处，运用古文写法，按其理，实其词，以简洁明白的语言、雄浑的气势出之，常能得其神，动人魄，故能不胫而走，传之久远。

方苞不仅以其时文称雄于清代八股文坛，还做了几件对清代八股文的发展有重要意义的事。

其一是遵照乾隆帝之旨意，以清真雅正为标准，选录明代制义四百八十六篇，清代顺治、康熙、雍正朝八股文二百九十七篇，全为诸大家名作，加以评析，示学子以准绳。书成，命名为《钦定四书文》，颁发至全国，令主司、群士永奉为法程，对乾隆朝以清真雅正为标志的主流八股文风的形成起了很大的作用。

其二是代礼部为参加会试取中的贡士们写作了《礼闱示贡士》一文，对八股文的清真雅正标准做出了界定，成为此后八股文写作的法程，对八股文文风的转变起了很大的推动作用。

文中引雍正与乾隆旨令，强调八股文要“以清真古雅为宗”，“务质实而言必有物”。因为八股文是用以“载道”的，故应“与政治相通”。

那么，什么是“清真雅正”？方苞以各种历史名著或儒家经典、大师文章作范例，给予了阐述。他对如何做到“清真雅正”，也做了指点：“必于理洞彻无翳，而后能清；非然，则理无发明，为浅为薄而已矣。必于题切中，而后能真；非然，则循题敷衍，为直为率而已矣。必高挹群言，炼气取神，而后能古雅；非然，则琢雕字句，为涩为赘，为剽为驳而已矣。必贯穿经史，包罗古今，周察事情，明体达用，然后能质实而言有物；非然，则剿说雷同，肤庸鄙俗，而不可近矣。”

清真雅正是清代钦定的主流八股文的衡文标准，士子除非不应科举，如赴考则必以此为准则去作文，才有取中可能，故其在雍正以后极受重视。但人们对它的理解，则各不相同。方苞以礼部名义对会试士人作出标准释义，便化解了这个难题，统一了试官与士人的思想，这在当时是具有重要意义的。

其三是对明、清八股文的发展变化史做了精深的探究和较为准确的分期，发现了一些带规律性的现象，为后人正确认识与把握八股文打下了坚实的基础。

在《进四书文选表》中，方苞指出：“明人制义，体凡屡变。”他依“体”的变化特点，将明代八股文的发展变化分为四个阶段。

第一阶段为“自洪、永至化、治”。八股文的文体特征为：“百余年中，皆恪遵传注，体会语气，谨守绳墨，尺寸不逾。”此时的八股文，“有极平淡简朴而清古可味者”，有“简要亲切”者，也有“直写传注”者。

正德、嘉靖朝为第二阶段。此时的八股文作者，“始能以古文为时文，融液经史，使题之义蕴，隐显曲畅，为明文之极盛”。其佳者“气息醇古，实有发挥”。也有“规模虽具，精义无存，及剽袭先儒语录，肤壳平衍者”。

隆庆、万历朝为第三阶段。此时“为明文之衰”，“兼讲机法，务为灵变，虽巧密有加，而气体苶然矣”。其名文则“气质端重，间架浑成，巧不伤雅”。也有“专事凌驾，轻剽促隘，虽有机趣，而按之无实理真气者”。

天启、崇祯朝为第四阶段。“至启、祯诸家，则穷思毕精，务为奇特，包络载籍，刻雕物情，凡胸中所欲言者，皆借题以发之；就其善者，可兴可观，光气自不可泯。”其中“名家之杰特者，其思力所造，涂径所开，或为前辈所不能到。其余杂家，则偭弃规矩以为新奇，剽剥经、子以为古奥，雕琢字句以为工雅，书卷虽富，辞气虽丰，而圣经贤传本义，转为所蔽蚀”。

至于清代的八股文，因时代所限，方苞所论只及顺治、康熙、雍正三朝。他说：“至于我朝人文蔚起，守洪、永以来之准绳而加以变化，探正、嘉作者之义蕴而挹其精华，取隆、万之灵巧，启、祯之恢奇而去其轻浮险谲。”在他的笔下，清代八股文是集明代之所长而弃其所短，最为高妙之作。这当然有过誉之嫌，但处在乾隆那个专制文化恐怖的时代，已经因《南山集》案进过牢狱之人的心境，后人应予理解。一朝被蛇咬，十年怕井绳，他只能在乾隆面前讲恭维话。

对于明、清诸八股文大师名家，方苞对其八股文特点及承继关系也加以简述。他在《礼闱试贡士》中说：“自科举之法兴，王、钱诸先正始具胚胎，谨守理法。至于唐、归，然后以古文为时文，理精法备而气益昌。其后金、陈、章、罗辈出，借经义以道世事，发挥胸中之奇。以及国朝诸名家，则取法于诸公，而稍变其壁垒。其于清真古雅，质实有物，虽不能尽究其根源，未有不少有所得，而能发明于一时，垂声于久远者也。”

以上所述，皆为方苞对明、清八股文文体变化史的认识，确有不少符合事实之创见，总结出了某些带规律性的东西，弥足珍贵。

其实方苞对八股文颇有微词，只因以八股文取士为清朝之国策，他不敢公然发声，只在为他人所作八股文集序言中有所表示而已。如在《储礼执文稿序》中，他就对方舟说：“时文之学，非可以济用也。”在《赠淳安方文辀序》（此文本书未录）中说，明代“一于五经、四子之书，其号则正矣，而人占一经，自少而壮，英华果锐之气皆敝于时文，而后用其余以涉于古，则其不能自树立也宜矣”。在《与韩慕庐学士书》中说：“时文之行，必附甲乙科第而后传。终始有明之代，赫然暴见而大行者，仅十数人。而此十数人者，皆举甲乙、历科第者也。其间一二山谷憔悴之士，穷思毕精，或以此见推于其徒，发名于数十年之间，而若存若亡，侵寻沈没以归于尽。盖由其用无所施于他事，非举甲乙、历科第，科举之士常弃而不收，不能自张于其时，安能有所传于其后邪?”在《杨千木文稿序》（此文本书未录）中说：“时文之于文，尤术之浅者也。”在《漂阳会业初编序》中，他又说：“今世之为时文者，其用意尤苟，以为此以取名致官而已，其是与非不必问也。”凡此种种，都是他对时文之微词。

但他对时文的功用也有正面的认识。如在《杨黄在时文序》中说：“自明以四书文设科，用此发名者凡数十家。其文之平奇浅深、厚薄强弱，多与其人性行规模相类。或以浮华炫耀一时，而行则污邪者，亦就其文可辨，而久之亦必销委焉。盖言本心之声，而以代圣人贤人之言，必其心志有与之流通者，而后能卓然有立也。”八股文可以见人心士习之见，有其正确之处，但这也许是方苞迎合乾隆帝之语，因乾隆帝说过，“国家以经义取士，人心士习之端倪，呈露者甚微，而征应者甚巨”（见《进四书文选表》）。

另外，本书所收录之《记时文稿兴于诗三句后》与《记时文稿有为者譬若掘井一节后》二文，揭示了当时科举阅取时文的种种弊端，有其史料价值。

（龚　昊）

进四书文选表

食礼部侍郎俸、教习庶吉士臣方苞谨奏：乾隆元年六月，钦奉圣谕，命臣苞精选前明及国朝制义，以为主司之绳尺，群士之矩矱。臣本无学识，又迫衰残，恭承嘉命，为愧为恐。窃惟制义之兴七百余年，所以久而不废者，盖以诸经之精蕴，汇涵于四子之书，俾学者童而习之，日以义理浸灌其心，庶几学识可以渐开，而心术群归于正也。

伏读圣谕："国家以经义取士，人心士习之端倪，呈露者甚微，而征应者甚巨。故风会所趋，即有关于气运。"至矣哉！圣谟洋洋，古今教学之源流，尽于是矣。

臣闻言者，心之声也。古之作者，其气格风规，莫不与其人之性质相类。而况经义之体，以代圣人贤人之言，自非明于义理，挹经史古文之精华，虽勉焉以袭其形貌，而识者能辨其伪，过时而湮没无存矣。其间能自树立，各名一家者，虽所得有浅有深，而其文具存，其人之行身植志，亦可概见，使承学之士，能由是而正所趋，是诚圣谕所谓有关气运者也。

臣敬遵明旨，别裁伪体，校录有明制义四百八十六篇，国朝制义二百九十七篇，缮写成帙，并论次条例，恭呈御览。伏望万几之暇，俯赐删定，俾主司、群士，永为法程。臣无任战汗陨越之至！谨奉表恭进以闻。乾隆四年四月初三日。

凡例：

一，明人制义，体凡屡变：自洪、永至化、治，百余年中，皆恪遵传注，体会语气，谨守绳墨，尺寸不逾。至正、嘉作者，始能以古文为时文，融液经史，使题之义蕴，隐显曲畅，为明文之极盛。隆、万间，兼讲机法，务为灵变，虽巧密有加，而气体苶然矣。至启、祯诸家，则穷思毕精，务为奇特，包络载籍，刻雕物情，凡胸中所欲言者，皆借题以发之；就其善者，可兴可观，光气自不可泯。凡此数种，各有所长，亦各有其蔽。故化、治以前，择其简要亲切，稍有精彩者。其直写传注，寥寥数语，及对比改换字面，而义意无别者，不与焉。正、嘉则专取气息醇古，实有发挥者。其规模虽具，精义无存，及剿袭先儒语录，肤壳平衍者，不与焉。隆、万为明文之衰，必气质端重，间架浑成，巧不伤雅，乃无流弊。其专事凌驾，轻剽促隘，虽有机趣，而按之无实理真气者，不与焉。至启、祯名家之杰特者，其思力所造，涂径所开，或为前辈所不能到。其余杂家，则偭弃规矩以为新奇，剽剥经、子以为古奥，雕琢字句以为工雅，书卷虽富，辞气虽丰，而圣经贤传本义，转为所蔽蚀，故别而去之，不使与卓然名家者相混也。凡此数种，体制格调，各不相类，若总为一集，转觉庞杂无章。谨分化、治以上为一集，正、嘉为一集，隆、万为一集，启、祯为一集，使学者得溯其相承相变之源流，而各取所长。至于我朝人文蔚起，守洪、永以来之准绳而加以变化，探正、嘉作者之义蕴而挹其精华，取隆、万之灵巧，启、祯之恢奇而去其轻浮险谲，兼收众美，各名一家，合之共为一集。前代之文，总四百八十六篇。国朝之文，总二百九十七篇。昔宋臣曾巩尝称：《诗》《书》之文，作者非一，相去千余年，而其所发明，更相表里，如一人之说，惟其理之一也。况制科之文，诂四子之书者乎？故凡所录取，皆以发明义理，清真古雅，言必有物为宗，庶可以宣圣主之教思，正学者之趋向。

一，唐臣韩愈有言：“文无难易，惟其是耳。”李翱又云：“创意造言，各不相师。”而其归则一，即愈所谓“是”也。文之清真者，惟其理之“是”而已，即翱所谓“创意”也。文之古雅者，惟其辞之“是”而已，即翱所谓“造言”也。而依于理以达乎其词者，则存乎气。气也者，各称其资材，而视所学之浅深以为充歉者也。欲理之明，必溯源六经，而切究乎宋、元诸儒之说。欲辞之当，必贴合题义，而取材于三代、两汉之书。欲气之昌，必以义理洒濯其心，而沈潜反覆于周、秦、盛汉、唐、宋大家之古文。兼是三者，然后能清真古雅而言皆有物。故凡用意险仄纤巧，而于大义无所开通，敷辞割裂卤莽，而与本文不相切比，及驱驾气势而无真气者，虽旧号名篇，概置不录。

一，有明正、嘉以前先辈之文，有极平淡简朴而清古可味者，惟间存一二。盖必天资最高，变化于古文，久乃得之，非中材所能仿效也。启、祯杂家余习，至于国初，犹未能尽涤。一时名稿中，颇有脍炙人口，而按以文律，求以题义，则未能吻合，不可以为法程者，必严辨而慎取之。至乡、会试闱墨，则有其文未为极致，而章妥句适，脉理清晰，亦间存一二，俾中材之士，得量其力所能至而取道焉，庶不致茫无畔岸，而误入于歧途也。

一，先辈名家小题文，多备极巧心，但美不胜收，且非乡、会场程式，兹编不录。其单句有实理可发挥，及中截数句，承上起下，转关过脉者，或上全下偏，下全上偏者，仍自入选。

一，向来程墨、房书、行书各有专选，今总为一集。惟程墨于本篇人名下注记，余不细加区别。间有生前未与甲乙科，而文已行世不可泯没者，亦并登选，俾皓首穷经之士，无遗憾于泉壤焉。

一，文章之道，与年俱进。故曹植自言其文，必随时改定。每见名家文稿，多晚年自订，或生徒编辑，往往有与初本绝不相类者。故凡其人见存者，文皆不录。

一，文之义蕴深微、法律变化者，必于总批旁批揭出，乃可使学者知所取法。然题有定理，理无二致，其中指要，若已经前人阐发，不可复易，则仍旧承用，以原评二字别之。

一，前人流传名篇，间有字句率易，义理或未妥者，向来各家选本，多有节删互异之处，今择其尤当者从之。其未经诸选摘发而稍加改易者，亦间有之。至于全文俱佳，语句偶讹，难为改易者，必细摘出，亦恐贻误后学。

——录自《望溪文集》，方苞撰，邑后学戴均衡清咸丰元年至二年辑刊，上海涵芬楼影印本

礼闱示贡士代

世宗宪皇帝特颁圣训，诱迪士子：制艺以清真古雅为宗。我皇上引而伸之，谆谕文以载道，与政治相通，务质实而言必有物。其于文术之根源，阐括尽矣。

然清非浅薄之谓。五经之文，精深博奥，津润辉光，而清莫过焉。真非直率之谓。左、马之文，怪奇雄肆，醇郁斑烂，而真莫过焉。欧、苏、曾、王之文，无艰词，无奥句，而不害其为古。管夷吾、荀卿、《国语》、《国策》之文，道琐事，述鄙情，而不害其为雅。至于质实而言有物，则必智识之高明，见闻之广博，胸期之阔大，实有见于义理，而后能庶几焉。是又清真古雅之根源也。

时文之为术虽浅，而其从入之径涂，用功之层级，亦莫不然。必于理洞彻无翳，而后能清；非然，则理无发明，为浅为薄而已矣。必于题切中，而后能真；非然，则循题敷衍，为直为率而已矣。必高挹群言，炼气取神，而后能古雅；非然，则琢雕字句，为涩为赘，为剽为驳而已矣。必贯穿经史，包罗古今，周察事情，明体达用，然后能质实而言有物；非然，则剿说雷同，肤庸鄙俗，而不可近矣。

自科举之法兴，王、钱诸先正始具胚胎，谨守理法。至于

唐、归，然后以古文为时文，理精法备而气益昌。其后金、陈、章、罗辈出，借经义以道世事，发挥胸中之奇。以及国朝诸名家，则取法于诸公，而稍变其壁垒。其于清真古雅，质实有物，虽不能尽究其根源，未有不少有所得，而能发明于一时，垂声于久远者也。

夫文章之道，所以与政治相通者，盖因此可见士人之心术。故柳宗元曰："即末以操其本，可八九得。"今与群士约：以四书文为本，其开讲已尽通篇之义，更端再起，及填写排偶肤泛之辞于题不切者；经艺袭旧论，仍对股；表判直钞坊刻；策不条对，而铺叙古事以游辞结束者，概不录。诸生祈向夙定，则勉尽其所长；师承或异，则继自今，亦望洒心而各易其故辙焉！

——录自《望溪文集》，方苞撰，邑后学戴均衡清咸丰元年至二年辑刊，上海涵芬楼影印本

储礼执文稿序

昔余从先兄百川学为时文，训之曰："儒者之学，其施于世者，求以济用，而文非所尚也。时文尤术之浅者，而既已为之，则其道亦不可苟焉。今之人亦知理之有所宗矣，乃杂述先儒之陈言而无所阐也；亦知辞之尚于古矣，乃规摹古人之形貌而非其真也。理正而皆心得，辞古而必己出，兼是二者，昔人所难，而今之所当置力也。"先兄素不为时文，以课余，时时为之，期年而见者尽骇，以试于有司无不摈也。余曰："时文之学，非可以济用也，何必求其至，而使一世之人不好哉？"先兄曰："非世之人不能好也，其端倪初见，而习于故者未之察也。且一世之中，而既有一二人为之，则后必有应者，而其道不终晦。故曰：'人者，天地之心也。'昔朱子之学，尝不用于宋矣，及明之兴，而

用者十四五。当天地闭塞，万物汹汹之日，以一老师率其徒以讲明此理于深山穷谷之中，不可谓非无用者矣；乃功见于异代，而民物赖以开济者，且数百年。故君子之学，苟既成而不用于其身，则其用必更有远且大者。此与时文之显晦，大小不类，而理则一也。”

自先兄不幸早世，其所讲明于事物之理而求以济用者，既未尝笔之于书，独其时文为二三同好所推，遂浸寻流播于世，至于今，而海内之学者，几于家有其书矣。夫时文者，科举之士所用以牟荣利也，而世之登高科致膴仕者，出其所业，众或弃掷而不陈，而先兄以诸生之文，一旦横被于六合，没世而宗者不衰。好奇嗜古之士，至甘戾于时，以由其道。夫以学中之浅术，而能使人有所兴起如此，况其可以济用者而适与时会乎！然用此亦可知儒者之学，虽小而不可以苟也。

先兄之文，虽为世所宗，而得其意者实寡。今储君礼执殆所谓应之者与？窥其所以为文之意，而按其理与辞，何与先兄之所言者相似也？自先兄之亡，余困于贫病，非独其学之大者不能承，而时文之说亦卤莽而未尽其蕴焉。观礼执所见之能同，未尝不惊喜而继之以悲也。

——录自《望溪文集》，方苞撰，邑后学戴均衡清咸丰元年至二年辑刊，上海涵芬楼影印本

杨黄在时文序

自明以四书文设科，用此发名者凡数十家。其文之平奇浅深、厚薄强弱，多与其人性行规模相类。或以浮华炫耀一时，而行则污邪者，亦就其文可辨，而久之亦必销委焉。盖言本心之声，而以代圣人贤人之言，必其心志有与之流通者，而后能卓然

有立也。

丙午、丁未间，闻喜杨黄在守选京师，与余交，间出其时文，能曲畅所欲言，以显事物之理；又能抽绎先儒之书，而发其端绪之未竟者。余亲为点定，凡数十篇。观其文，意其人必能自树立，常欲开之，使得展布。其后高安朱可亭入为御史大夫，叩以江西良吏，则以君为首。时君令建昌，寻以部推，知广西宾州，未赴任，丁外艰，及服阕，补广东德庆州。则高安既没，余亦罢官。君以伉直忤监司，巧法相中。其在江西，事二守二监司，皆苦相挤，而大府持之，以君为高安所重耳。君既削职，士民醵金为道赍，三日而具，送者布路，二百里不绝。

乾隆十二年冬，博野尹元孚督学江苏，欲得正直有学行者相助正文体，磨砻群士，余谓非君不可。元孚通书，使者再返，以次年五月望后五日至昆山，而元孚以七月望日卒于松江使院。君适遘疟寒疾，就余于金陵，将与余纵览江介川岩洞壑，而疾久未瘳。其子云松重刻其时文，余覆阅之，益信文之于人，譬诸草木，枝叶必类本也。君治法不愧古循吏，士民诚服，独所至必见恶于长官；元孚思用其文学以广教思，涉月而有变；欲少从容山水间，而疾困之，不可谓非所遇之穷也。然余戒为时人作序四十余年，至君之文，则不请而有言，览是编者，可慨然想见其为人矣。

——录自《望溪文集》，方苞撰，邑后学戴均衡清咸丰元年至二年辑刊，上海涵芬楼影印本

溧阳会业初编序

古者教民必有其地，所以聚其耳目心志而使之一也。与同业者，非兄弟姻亲，则乡邻熟识。其行既得相观以善，而《诗》、

《书》、六艺之文，乡先生长老旦旦而言之，而子弟耳熟焉，各竭其资材以相钻砺，故其入之也易而渐者深。后世所以教民者既非其具，而所号为庠序学校者，不过有司按期以莅，而士不得朝夕从事焉，故事杂言庞，而志益以苟。其间学与道之代张，反出于私有所承，而非以从上之令也。

夫经学始于汉而盛于宋，其间老师宿儒自召其徒以讲诵之，故其学者各以为己所私得而惜其传；而施于事，见于言者，亦能不易其所守。自帖括之学兴，而古人所以为学之遗教堕坏尽矣。

然当有明盛时，其能者颇于经义有所开阐，而行身植志，亦不苟同于流俗之人。及其中叶，尤尚文社，连州比郡，必择众所信服以为之宗，其旨趣各有所归而不可易。与同业者，文学志行之显于时，则荣之若身有焉；而瑕败者，耻之若身与焉。虽其所学与古异，而一其耳目心志以相钻砺，而惜其所私得者，犹之古也。

今世之为时文者，其用意尤苟，以为此以取名致官而已，其是与非不必问也。而余闻见所习，则宜兴、溧阳之间，其学者犹兢兢然重之。盖其地僻，罕舟车商贾，而多桑麻之业。其学者群萃州处，耳目心志一于是，而以为不可苟焉，亦其习尚然也。

今年春，余客澄江。宜兴储君礼执示以在陆草堂课文，用意多不苟，其尤者，气质雅近古文。而今溧阳狄太史向涛，复聚其子弟乡人课文，远问于余。发而读之，其材虽各有所就，而并沐浴于古，以发其英华，波澜意度，大略与在陆草堂之文相近也。

余多病少学，于时文尤疏，诵诸君子之所为，叹赏其工而已，岂有足以相益者哉？诸君子之乡，荐绅耆儒多深于文律者。太史之文固尝流通当世，足为楷法。而储氏有老师曰同人，太史昔与同学，而在陆诸君所取衷也。壤地相接，诸君子往而问焉，必有相得而益彰者。若余则劳苦忧病，患日力之不足，有晷刻之暇，必并力于先儒解经之言，而其所得，往往与科举之士所守者异道。以故朋游间多见谓迂诞，而莫与翻覆其所疑。诸君子若于是有取焉，则余固愿褰裳而前以相质也。

——录自《望溪文集》，方苞撰，邑后学戴均衡清咸丰元年至二年辑刊，上海涵芬楼影印本

记时文稿兴于诗三句后

海宁许公视学江左，时余在京师。公遗宛平高先生书，称为江东第一能文之士。还江南，谒公于澄江，未尝执诸生之礼，称谓用后进所施于先达者。越日，公招饮。使院同谒者闻之大骇。余乃自悔失礼，而公爱余益厚，居门下者乃莫能先焉。

癸未，榜揭。公见韩城张先生言："闱中得旷九号卷，渊懿高素，有陶、邓之风，必海内老学。"细叩，则余文也。二场属对工者，尚能举其词。余时南归薄遽，未得继见。逾岁而公出理北河，每见朋游，必属曰："为我语方君：'家贫亲老，乃为举世不好之文，以与群士竞得失，将以为名邪？何所见之小也？'"今年入试礼部，易为严整明畅之体。盖感公相责之语，而自悔曩者辨义之未审也。此篇乃临场揣摩之作，故并记所由，以识余之鄙劣，而数为贤者所器重，盖深惧其无以称焉。

——录自《望溪文集》，方苞撰，邑后学戴均衡清咸丰元年至二年辑刊，上海涵芬楼影印本

记时文稿有为者譬若掘井一节后

此乙酉江南乡试题，表弟鲍季昭文，抑于同考而为主司所赏，刊入乡墨，余未之奇也。携入京师，潜虚、大山、北固皆叹

赏，安溪李公以为天下奇才，当勉以著述。余归寓覆视之，仍无奇。还江南，偶以三题课兄子道希，因自拟作，审察题义，取鲍作再三视：其首篇，词义俱拔出先辈之外。次篇理备法老，更无从出其范围。惟三作精神未旺。因握笔为之，含意联词，便觉其文亦亲切有味，中幅竟沿其意，惟前后稍展拓耳。

夫以亲戚昵好之文，再三审视，犹几失之。世之司文章之柄者，未必有过人之明，而一不当意，遂弃如遗迹，他人善之，转生媢妒，何其用心之不恕也？记此使闻者省焉。

——录自《望溪文集》，方苞撰，邑后学戴均衡清咸丰元年至二年辑刊，上海涵芬楼影印本

与韩慕庐学士书

自昌黎韩子有言："莫为之前，虽美弗扬；莫为之后，虽盛不传。"士之取名致官，有所希于当世者，莫不挟此以要于王公大人，王公大人不得已而强应之。前与后两非其人，而交相蒙，以苟为名。或迹勤而意不属，或交合而道无可称。苞窃耻之。

往者壬申与同邑钱先生饮光道遇楚江，言阁下有书，极赞苞所为文。苞心识焉。昔岁客游京师，适会阁下敦召至阙。逡巡逾年，未尝敢以足迹接乎阶墀。阁下以大雅之业，刬刮俗学，振起吴会之间。数十年以来，绝徼荒陬被儒服者，莫不挟册咨嗟，望若云汉。其在京师，布衣羁旅之士，尤欲得一言之誉，矜而诵之，以自张于朋齿。独苞与阁下，未见而相知，积数年之久。幸而合并于一地，其势可以相通，而犹逡巡于一见者，盖自惧所学之无成，而无以厌属乎好我者之意也。

其后宋子潜虚为言：阁下辱问，至于再三。不获已以其未成之业，质于左右；而阁下乃深进之，以谓深山穷谷尚有能者，掩

匿潜藏而无所窥寻其声迹，或未可知；至于耳目所及，无能敌者。苞闻之，怵然不克于心。夫天下贤人君子而于我有溢美之言，虽或有所试以知其将然，而既以重远之事属我，则在我惧其不堪，而其人亦将恤焉忧我之无成。苞自童稚，未尝从党塾之师，父兄命诵经书，承学治古文。及年十四五，家累渐迫，衣食不足以相通，欲收召生徒，赖其资用，以给朝夕，然后学为时文。非其所习，强而为之，其意义体制，与科举之士守为法程者，形貌至不相似。用是召谤于同进，屡憎于有司，颠顿侘傺，直至于今，而幼所治古文之学，日亡月削，寖以无成。

语曰："物之至者，不两能。"三数百年以来，古文之学，弛废陵夷而不振者，皆由科举之士力分功浅，末由穷其涂径也。而时文之行，必附甲乙科第而后传。终始有明之代，赫然暴见而大行者，仅十数人。而此十数人者，皆举甲乙、历科第者也。其间一二山谷憔悴之士，穷思毕精，或以此见推于其徒，发名于数十年之间，而若存若亡，侵寻沈没以归于尽。盖由其用无所施于他事，非举甲乙、历科第，科举之士常弃而不收，不能自张于其时，安能有所传于其后邪？夫时文之学，欲其可以传世而行后，其艰难孤危，不异于古文；及于既成而苟不为时所收，则徒厉其心而卒归于漫灭，可不惜哉！

若苞之为文，其不笃于时以自困踬，效已见于前事矣。常欲决然舍去，自放于山林，不复应有司之举，以一其耳目心思于幼所治古文之学。而家穷空，资求于人，使斯言一出，便为怪民，当时无所用其学，生徒不欲闻其言，虽欲为党塾之师，钩章断句，以赡朝夕，且不可得，其不亦难乎？

抑又有难者，"诲人不倦"，古之道足于己而思以同其所得于人者也。若苞者方当从师务学之不暇，而违心拂志以事此者，且十年余。每当发书翻覆，生徒小大更起问业，废辍数四，不能终卷。讲画既毕，神志眊然衰竭，如物缄封不可复出。日复如此，何由得见古人情状？

苞有先世遗田百余亩，在桐山之阳，岁无旱潦，可食家人之半。使更得相知有气力者少润泽之，使其身宽然无求于人，便可屏百事，抱书穷山，以竟其所志。顾世有力者既不相知，而相知深者又力不足以振之。混混尘事中，傯然若终身之虏，虽欲不为众人以没世，不可得也。私心所蓄，素不敢为世人道，偶然感发，不能自已，言非其量，惟阁下爱我之厚，进我之勤，当不以为狂惑。恳悃之私，不能宣备。苞顿首。

——录自《望溪文集》，方苞撰，邑后学戴均衡清咸丰元年至二年辑刊，上海涵芬楼影印本

王步青话八股

导读

清光绪时有人说："国初人文蔚起，精益求精，因以清真雅正悬为定式，天下靡然从之。"（丰腴馆主人：《八家文钞序》，清光绪壬子年刻本）在这个使"清真雅正悬为定式"蔚起的人群中，王步青以其力倡并实践以古文为时文而成为一员主将。

王步青（1672－1751），字汉阶，又字罕皆。因其居靠近巳山，学界咸称之为巳山先生。金坛（今江苏金坛）人。雍正元年癸卯（1723）科进士，改翰林院庶古士，散馆授翰林院检讨。仅一年，即请假回乡，不再复出，以教书讲学为业。曾出任维扬书院山长，一遵宋代白鹿书院遗规，精心育人，培养出不少科举人才。

王步青出生在一个八股文世家，与其叔王汝骧、其侄王澍称康熙时八股文坛"三王"，均以擅长以古文为时文而著称。

王步青从小好学，少有文名，加上长身玉立，在当地很受追捧。但他并不以此自炫，而是潜心经史，服膺朱子理学，于《四书章句集注》用力尤勤，曾著有《四书本义汇参》一书，汇集各种朱注解说并加分析，意在融会贯通，为写好八股文打下雄厚坚实的基础。清代理学名臣张伯行任巡抚时，曾集十五郡知名人士到紫阳书院讲学，课以《朱子语录》，三次考试王步青都夺第一，很受张伯行的赏识，称其能窥理学本原，契圣贤之旨趣。又常与清代名臣陈宏谋通书信，相互以道义敦勉，砥砺品行。

王巳山擅诗文，其诗皆清隽可诵。著有《巳山文》《敦复堂古文稿》《莺鸠草》《四书本义汇参》《敦复堂稿》等。

王步青擅八股文，名气很大。晚清翰林、名士徐世昌曾说过：“晓楼（张江）、已山皆工四书文，当时事科举之学者，几于家弦户诵。”他长期从事八股文的讲授，选编评点过不少八股文，如《塾课小题分编八法集》《天崇十家文钞》《明文钞》《国朝制义所见集》等。特别是《塾课小题分编八法集》流传最广，至晚清仍在风行。该书分启蒙、式法、行机、参变、精诣、大观、老境、别情八集，每集均引明、清名作详析，并罗列众评，最利初学。后又有《塾课小题分编八法集》续编。

晚明以后，特别是清代，八股文坛特别看重名作评析。晚清刘文蔚说：“文何贵有评也？前人名作，皆本一缕心思，凭空结撰，岂初学所能窥测？于是为之启迪示厥津梁，系以评焉。如汪谌喜、黄际飞、何义门、王已山诸先生批选各集，皆能抉摘要义，惠逮后学。又如桑山考甫之批天崇文、沈秋园之批国初文、吴兰陔之批近代名家文，指示加详矣。然向来评家意主揭要，为学者一隅之举，其弊也，或不屑言浅近，恐贻讥固陋甚；或故示高深，作英雄欺人语，于学者何裨焉？”（刘文蔚选：《述德斋课读序》，清光绪十二年本斋新刻本）

由于王步青学贯今古，经史诸子均通，于先秦两汉、唐宋大家古文及明代八股文均有精心研究，见解独到，目光犀利，故经他评析过的八股文长处短处一目了然，作法技巧历历分明，极便仿学。书出之后不胫而走，传之久远，一时洛阳纸贵。他在评点时大力表彰、推崇、倡导以古文为时文，使其理念深入人心，对“清真雅正悬为定式”贡献颇大。

王步青的八股文比起其理论来稍为逊色，但亦具特色。由于他深谙八股文奥义，故作文首在认题上下功夫。一题到手，即能从反复比较、分析中抓住题之精义，并使之与程朱传注相融合，不仅不悖不离，还有自己的见解，故其文理正词达又颇有新意，不落前人窠臼。他善于依题结体，倾注情感，文词委婉，故其文往往得文体与题旨天然妙合之趣，颇能感动读者。他还善取题脉于开合张离之间，层层转换，故其文绝无叠床架屋之弊。

王步青经史素养湛深，常能一题多作，篇篇出新，连读又似一篇，这是很见功夫的。其侄王澍说："古人文字，有以数篇为一篇者，贾生《过秦论》三篇，柳州《西山宴游记》以下八篇，分之则一篇自为首尾，合之则数篇共为首尾。如连山断岭，若即若离，而其中脉络，隐隐隆隆，自相缀属，不特《大雅·绵》九章一意相承，如苏颍滨所云也。时文则自王、唐以来，未有开此境者，惟陈大士《充类至义之尽》五篇，独出雄裁，直接贾论、柳记笔法。然自来选家分离乖割，知之者少。至吾叔巳山，独能不顾世眼，重振坠绪。《桃应问曰》四篇，各立主张，而断续中相为起伏，遂合成一奇文。"（梁章钜：《制义丛话》卷之十，清咸丰九年广州重刻本）

关于王步青的八股文言论，本书选了他为《塾课小题分编八法集》续编所写的三篇叙与引。从这三篇文章来看，王步青对八股文的关注点始终是其作法与技巧问题，而对八股文的内容谈论得很少。之所以如此，有其现实的原因。在他所处的雍正与乾隆时期，文字狱屡兴，士人对理学的推崇与时政的臧否噤若寒蝉。以古文为时文是朝廷已明确推行的文化方针，而以古文为时文主要是一个技法问题，王步青在其所选编的《塾课小题分编八法集》初、续两编中专讲作法，而不及其他，便在情理之中了。

王步青一反"余少时意气甚盛，论文雅不喜言法"的做派，反对"世俗自诩高明之士，谩以时文为小技"的说法，在《初集启蒙续编叙》中"略叙斯刻之缘起"，特别指出续编"所录之文法愈备，机愈神，思理愈精，规模愈阔，风骨愈遒，有美必臻，无奇不探。综而论之，非前之八集无以正其趋，非今之八集无以尽其致”。这就是说，无论初集或续集，都是为探求八股文的作法而选编评点的，且续编还是补初编之法未尽善而作的，以此来表明自己追求八股文作法之齐备、精当的思想主张。

王步青对八股文作法重要性的强调，是根植于对八股文本质认识基础上的。所以能为统治者和社会所接受，也使其《塾课小题分编八法集》“自通邑大都至遐陬僻壤，骎骎家有其书。数十年来，坊选未有若此之行远者”。

在《六集大观续编引》中，王步青曾说：“制义发源心声，阐扬四子，道在约六经之旨而成。”所以，对那种不讲作法而“广摭浮词，涨墨虚锋，恣为繁缛，谓天下之大观在是”的状况，他是持排斥态度的。在他看来，八股文的本质就是“发源心声，阐扬四子”，故只能“约六经之旨而成”。换言之，就只能运用他所选评的先正优秀八股文之作法，绝不能“广摭浮词，涨墨虚锋，恣为繁缛”，也即不讲作法，随意为之。

此后，他又借评说何谓“大观”，进一步阐发八股文之作法必根植于经与史的观点：“夫所谓大观者，不惟其貌，惟其神原本于经，博观于子史。沉浸醲郁，含英咀华，发之为文，切理餍心。不独卓识宏裁，海涵地负，即或单词举要，囊括古今，有时一片空明，激宕万里。”

王步青还强调，八股文作法的原则是从实际出发，所谓“言法而不求其所以法者之终非法也”。

在《二集式法续编引》中，王步青举弈棋及赵括用兵为例，证明用法不能不问对象、条件而生搬硬套，应根据实际情况灵活运用才是正道，因为“探骊得珠者，法之所从生；因形制变者，法之所由立。浑脱、浏漓、顿挫，心手相应，而惟吾意之所之者，法之所以化”。总之，要“顾其所以法，究不离乎法所以法”，才是用法的正确方法，才是“夫文至入妙时，固亦犹是矣”。

王步青对八股文作法原则做了较为全面的阐发，至于具体的作法，则已在《塾课小题分编八法集》中结合范文予以具体剖析，读者一读便可领悟，在此不再赘述。

（乌　媛）

初集启蒙续编叙

余尝论，制义倡文治先声，风教实肇端闾党。自庚申撰《塾课小题分编》，一曰启蒙，二曰式法，三曰行机，四曰参变，五曰精诣，六曰大观，七曰老境，八曰别情。境地分明，指归自一。若升高必自下，若陟遐必自迩。先生施教弟子，是则道固无以易此矣。

转眼十年，版经五易，自通邑大都至遐陬僻壤，骎骎家有其书。数十年来，坊选未有若此之行远者。盖余当年斤斤持择，提纲挈领，亦自谓为世之师，若弟粗举隅焉，而不意流传之盛，乃至于斯也。

夫人有同心，教无殊轨，风声所树，云集响应，此理之常。惟是制义，自故明设科取士，阅今四百载，风会日新，文思日辟。顾沾沾以一编谓足尽斯文之胜，餍学士之心，不已固乎！

爰复诸客之请，广搜先正传文及时贤名构，博观约取，得文六百有奇，分集仍前，义例一如初指。而所录之文法愈备，机愈神，思理愈精，规模愈阔，风骨愈遒，有美必臻，无奇不探。综而论之，非前之八集无以正其趋，非今之八集无以尽其致。如车之辅，如骖之靳，可以引伸，可与类长，而不可以相无。不独初学之士喁喁然日新月异于心胸，即成人亦且更端鼓舞，不自知其陶冶从颂，以诣于极。从此流传胶塾，敦厉隽髦，相观而善，以仰副国家，长育人材，罔弗蒸蒸其日上，则孰谓斯编顾可以已。

独惜余以垂耄之年，乐此不疲，老犹未艾。其钻穴于此事，若蟫蠹然。而世俗自诩高明之士，谩以时文为小技，庸知不且目笑之。故于开章略叙斯刻之缘起，而为胪列发凡，复于诸集分撰引言，以终其说。

乾隆十五年岁庚午夏五月，巳山老人王步青书于竹里草堂，时年七十有九。

——录自《小题初集启蒙续编》，王步青评，王士鳌编，清乾隆刊本

二集式法续编引

忆余少时意气甚盛，论文雅不喜言法。夫风行水上，涣为文章，风定波息，与水相忘，曾何法之有！既而思之，孟子曰："大匠诲人，必以规矩。"斯言岂欺余哉？顾独嗟夫言法而不求其所以法者之终非法也。

今夫弈必熟于谱，按谱以置子不为善弈。战必精于阵，执法以置阵不为善战。赵括少读父书，学兵法，其父奢与之言，弗能难也。然不谓善，岂法之不善哉？其所以法者，非也。且法至先正，精矣。探骊得珠者，法之所从生；因形制变者，法之所由立。浑脱、浏漓、顿挫，心手相应，而惟吾意之所之者，法之所以化。此其为法何如哉？昔张长史见担夫与公主争道，而得草书之法。学长史书者，就担夫求之，未有知其所以法也。即就长史而求之，亦未能悉其所以法也。夫文至入妙时，固亦犹是矣。顾其所以法，究不离乎法所以法。吾岂能与学者深言？故既论启蒙，随与之言法，此亦规矩诲人之遗意也夫。余四十年前为丹阳老友姜上均文作序，尝云："尔今欲为学者论式法进一解。"追订前说，存此简端。

——录自《小题二集式法续编》，王步青评，王士鳌编，清乾隆刊本

附：节订原论二则

阖户谓之坤，辟户谓之乾。一阖一辟，往来不穷。制而用之，谓之法。观于《易系》，知法所从来远矣。推此于文，其大致亦开合二字尽之。夫文有呼必有应，有宾必有主，有反必有正，有虚必有实，先呼后应，则呼为开，应为合。先宾后主，则宾为开，主为合。正反虚实，莫不皆然。昔人论荆川之文，惟一开一合。先生闻言，谓平生苦心，被一语道尽，熟此而法不可胜用矣。

但观先辈一破承，顺破则逆承，逆破则顺承，以至或明或暗，或正或反，不过数语而还相为宫，自有天然节拍。何况自原起及通篇体势，其中提缴、起伏、向背、往来、浅深、开合，与题相生，不与题相迫，用意固尔，而法即因之。塾师须就循循规矩之中指点曲折游行之趣，则言法而所以法者，不外乎是矣。

——录自《小题二集式法续编》，王步青评，王士鳌编，清乾隆刊本

六集大观续编引

既覃思以致精矣，则将广己而造大。此《易》之《大畜》，辉光日新，必由刚健笃实，而其象则为天在山中。孔子赞之，君子多识。前言往行，以畜其德。说者曰，天在山中，譬则心之体也。多识以畜其心之德，畜故所以开新。而新非自外至，故弥畜而弥大。

制义发源心声，阐扬四子，道在约六经之旨而成。而或者广摭浮词，涨墨虚锋，恣为繁缛，谓天下之大观在是。呜呼！此相

士举肥识者，固有以知其大而无当也。夫所谓大观者，不惟其貌，惟其神原本于经，博观于子史。沉浸醲郁，含英咀华，发之为文，切理餍心。不独卓识宏裁，海涵地负，即或单词举要，囊括古今，有时一片空明，激宕万里。盖惟神无方，自择精语，详所为蕴，畜于心以发扬于外者，匪朝伊夕矣。不则吾学未能法乾之刚健，体艮之笃实，而遽曰吾德辉光日新，何可得哉！余独悲夫世之竞诩洋洋大篇而不知其浮腻，不可向迩。论画以形似，见与儿童邻。若而人虽欲几小成且不可得，故为观大畜之象，而特玩其辞以切喻之。

——录自《小题六集大观续编》，王步青评，王士鳌编，清乾隆刊本

附：节钞原论二则

大匠画宫，千门万户盈尺耳，而曲尽其制。大将将兵，五花三叠，操百万之师如使臂指。文家须是杷柄在手，纵笔所之，高下纵横无不如意，曾何捷径窘步之足为我难。

魏文《典论》云："文以气为主。"而韩昌黎亦谓气盛则言之短长与声之高下皆宜。制义大篇，根于理，足于气，岳峙渊渟，固是千人共见。至有寥寥短页，而精神团结，函天盖地，无他，其气盛也。集中所录故明大家诸作，率以是登之。即时贤近艺，亦不惟体貌之是求，而必相其神气。故后先相望，归于一律，学者其亦可知所宗仰乎！

——录自《小题六集大观续编》，王步青评，王士鳌编，清乾隆刊本

沈德潜话八股

导读

沈德潜（1673—1769），字确士，江苏苏州人。四十岁时，取韩愈"归愚识夷途，汲古得修绠"之义，取号"归愚"。

沈德潜出生在一个书香门第。其祖、父皆能诗，祖父尤以诗著称于世，他们的学识及文学素养对沈德潜产生了深远影响。沈德潜五六岁时即能辨五声，其祖惊喜之余，作诗称赞说："人工无可授，天籁自然清。诗许承吾业，名还望汝成。"对其寄予厚望。

沈德潜自小好学，熟读经史，学习八股文与古文，一心走科举显身之路。但他自二十二岁取中博士弟子员后，一共参加过十七次乡试，却因种种原因都落榜未取，他自己在试卷书写上的差错也是造成其卷被黜的一个重要原因。

乡、会试都是三年一科，在十七次乡试落榜的悠长岁月中，沈德潜在古文、诗作上下了很大功夫。他在清康熙三十七年（1698）曾向有名的诗学家叶燮请学诗学。叶燮将已作与沈德潜等弟子之作呈于王士禛指正，大名鼎鼎的诗坛领袖王渔洋竟称沈作为"烹炼之功已至"（张景崧：《一一斋诗序》）。受到名家大师的称赏，沈德潜的自信心大涨，与人结成诗社，互相唱和，水平大为提高，渐渐出人头地，名闻诗坛。期间，他还批选了《唐诗别裁集》《古诗源》《明诗别裁集》等几种影响很大的诗歌选本，这使其名气更大。其古文稿、诗稿也多次刊行。

总之，在乡试未中时期，沈德潜虽蹭蹬科场，但通过十几次的岁试和科试，且大多考为一等，故结识了十几位学政。这些人本是京官，三年一届又回朝廷任职，作为他们的门生，沈德潜广结了人脉。参加博学鸿词科的考试，他又结识了鄂尔泰、张廷玉等朝廷要人。这都为他后来的为官生涯带来好处。

而沈德潜参与的文学活动，又使他与一批名人学士结下良缘，如王耘渠、王步青、储大文等八股文名家都与他有密切交往，这对提高其学识水准无疑有很大好处。

乾隆三年戊午（1738）科，沈德潜终于交上了好运，乡试中举。次年己未（1739）科，他连捷成进士，朝考受到尹继善和张廷玉的夸奖，钦点为庶吉士。三年后散馆，乾隆八年（1743）三月翰林院大考得第五名。因乾隆帝说“沈德潜系老名士，有诗名”（《沈归愚自订年谱》），一年之内五次升迁，任日讲起居注官。次年又授詹事府少詹事，钦点湖北乡试主考。乾隆十年（1745）晋詹事府詹事，十一年（1746）授内阁学士。十二年（1747）入上书房，辅导诸皇子，授礼部侍郎。十三年（1748）钦点会试副总裁。十四年（1749）准其归里，诸皇子、公卿、门生等祖道于京门，荣极一时。这全靠了乾隆这个酷爱吟诗作赋的风流天子对沈德潜诗才的青睐以及沈德潜的竭力巴结。乾隆帝常命沈德潜奉和御制，有时还叫他代笔，他均能把任务完成得让乾隆称心满意，这是他屡获优宠的重要原因。另外，乾隆“因闻其平日学问尚好，格外施恩”（《高宗实录》卷一〇七一，乾隆四十三年十一月癸丑），以之激发士子的上进之心，这也是一种帝王之术。

致仕后的沈德潜，又编刊了《国朝诗别裁集》，并进呈御览。因集中收有被乾隆斥为贰臣的钱谦益和被其父雍正视为“名教罪人”的戴名世的诗作，沈德潜受到指斥，被称为“老而耄荒”。乾隆三十四年（1769），乾隆读钱谦益《初学集》《有学集》，认为其中有诋谤清朝的文字，下令查禁二书，又记起沈德潜曾在《国朝诗别裁集》中选录过钱氏之诗，断定沈家有钱之二书，便着两江总督严查。结果书没查到，却将年已九十七岁的沈德潜吓出大病，不久即逝。乾隆四十三年（1778），因沈德潜曾为徐述夔写过传，而徐氏的《一柱楼诗》被人告发，说其中有“怨愤之语”而被定为逆案，沈又被牵涉其中，乾隆斥其为“丧尽天良，负恩无耻”（《高宗实录》卷一〇六八，乾隆四十三年十月辛未），下令革去其所有官爵及官衔谥典，以昭炯戒。

沈德潜的一生就这样充满了荣辱莫测的奇诡色彩，这也是他醉心功名的必然结果。

由于醉心功名，沈德潜对八股文有一种天生的喜爱。据他自述，十七岁时，“施师来课时艺。先正、国朝文间读，读之若吾故物。数十篇后，并欲分所读文之高下，不自知为妄也。四月，篇成。师有驳有赏。尝私谓曾在兄曰：‘沈生文易于遇合，不似吾辈之艰难’”（《沈归愚自订年谱》）。他考中秀才后，在长达四十多年的岁试、科试中，多取为一等，其八股文受到许多届学政的夸奖，有的还聘他去评阅童生考卷，可见他的八股文有名于时。这从他与许多八股文名家有交往也可看出。

由于沈德潜有着五十多年写作、阅评和教授八股文的丰富经验，加上有名于八股文坛，故来请教或请其为八股文集写序言的人也多。这样，在清代文人中，沈德潜是谈论八股文较多，且留下文字也较多者之一。虽然这些言论中有不少是老生常谈，如谈八股文主理，故要遵经守注，这是前人早已谈烂了的话题，但沈德潜凭着自己的学识与经验，常能别开蹊径，从另一个视角来看，就有了新意。又如在为人作八股文集序时也不能免俗，多少有些谀词，但他水平高，经验足，识文确有其独到之处，能见人之所不能见，这便使人感到他确有识文之明。

从本书所录的文章分析，可以看出沈德潜对八股文确能见前人之所未见。

一、能以新的视角来看八股文，故揭示了别人所无从发现的东西。

例如对八股文本质的认识，过去总是从八股文与四书五经相依相生的关系来阐发：八股文的题目一定要从四书五经中摘取，发挥则要依据程朱传注。正是从这种关系出发，得出了八股文就是解析四书五经的一种方法，是向士人传输儒家正统道德价值观的工具之结论。

但沈德潜却以新的视角，抓住为什么自古以来，科举取士都要凭借文章这个问题去探究，说："盖文章之道，本乎心术，通乎政治。而所以培养乎心术，根柢乎政治者，必借古圣人之经学，渐涵浸润之有素，而后发而为言，知其心之无不平焉，即可觇其政之无不达焉。"（见《湖北乡试录序》）在《家屺望时文序》中，他又在引用韩愈等人的话后指出："则知经者，圣贤之心也。"从以八股文取士是因为八股文可"培养乎心术，根柢乎政治"，而要使八股文达此目的，"必借古圣人之经学"，因"经者，圣贤之心也"。他从一个新的视角进行阐释，却也与前人一样归结到八股文是对四书五经的解析这一结论上来了。而以八股文来培养士人心术，根柢政治的说法，既新鲜，又更切合实际。

在《戊辰会试录后序》中，沈德潜又一次表达了这一观点。他说，国家以科举选士，"所取者人也，而所以取之者文也。……士果能沉潜于六经、宋五子之微言，而又能研练声华，元元本本，以讲求乎古今因革损益之故，兼而备之，固为有体有用之人"。

二、对八股文的作法有较全面的认识。

在《紫阳书院课艺序》中，他借"父师之训"指出八股文的作法："制义之为道，别无他奇，理取其正，法取其合，辞取其典，气取其昌。宗乎经，准乎先正，流衍于古大家文，而以一己之灵明运之，以求肖乎圣贤之神吻，如是焉而已矣。"一席话，便将作八股文的理念、原则、方法及对作者的要求一一讲述出来，可谓要言不烦。

沈德潜还在《徐哲次四书文序》中以大家作依托，将上述理念与作法具体化："制义之道，得王文恪（指王鏊）而正，得归太仆（指归有光）而尊。正也者，理举辞达，探源于宋五子书也。尊也者，理举辞达矣，而又融浃乎《左》《国》《史》《汉》，唐、宋大家之文，则以古文为制义也。"

对于以古文为时文的关键元素，他也以精练的语言予以准确揭示："以经为主，而流衍于诸史、子、集以沃其膏，以畅其文。"（见《杨谦山时文序》）以古文为时文是明嘉靖以后八股文的主流作法，讲述其作法要点的著述五花八门，但像沈德潜这样能一语中的，指出其关键之处的很少。

三、对于八股文的功用，沈德潜也有不少精辟的阐述。

沈德潜在《李兰枻时文序》中先引古人理论说："文章诗歌，本乎心术，著乎语言，表里洞然不可掩。故读之而性情之厚薄，品诣之邪正，遭遇之荣枯，年寿之修短，皆可豫决。"而用于八股文，认为。故"昔人恒挟以相士，今而知有不尽然者，于李生兰枻见之"。但他认为虽然不可知"遭遇之荣枯，年寿之修短"，通过八股文还是能够看出一个人"性情之厚薄，品诣之邪正"来的。在《赖锡蕃四书文序》中，沈德潜说他在主持戊辰会试时，读到赖锡蕃的八股文试卷，"见其有五家（指晚明江西五家）风格，而熔经铸史，轩豁呈露，顾谓同事诸公曰：'是卷说理真纯，风骨峻整，他日立朝，当著正直声，在外必为廉能吏。'诸公佥以为然"。而赖锡蕃在当了县令后，果真"以朴诚抚民，而不事夸浮；以和平听讼，而不尚苛察。此平日说理真纯之验也。奉上不阿，理烦不棼，不以丝粟累闾阎，不以游移随众口。此平日风骨坚凝之验也。言为心声，不信然与?”

四、对八股文在康熙、雍正、乾隆朝的变化情况，有着准确的记叙。特别是对其衰败的征象，有着详尽的描述，还发掘出其根源，为后人研究清代八股文史提供了可靠的资料。

在《王介眉四书文序》中，他记叙了王介眉所经历的文风之变：“独计介眉自己卯（指康熙三十八年）入场屋以来，以至于今，文风约凡几变。始则专尚诡激，首尾横决。继则臃肿颟顸，指股胫腰。后则荒幻僻涩，惊愚骇俗，甚至街谈巷语，一并阑入，滔滔东流而不返焉。”

在《吴南勤四书文序》中，他指出：“前此二十年，行文家专尚堆垛，有偶无奇，有辞无气，若非此无以为取科名之具者。”

对于造成八股文衰败之因，他指出了几点：一是考生只把八股文当做求取名利的工具，一心投机取巧以求幸进，故跟风而动的现象盛行。他在《湖北乡试录序》中说：“自夫人不务有用之学，以为制艺之道，不过追摹时好，而止一时父兄之所以教，子弟之所以学，其朝夕从事者，惟求合乎风气。因而摭拾涂泽，以期苟得乎科名。既而有果得乎科名者矣，则谓万金良药，不外乎是。于是世尚纤靡，群逐乎纤靡之途；世尚堆垛，群逐乎堆垛之途；世尚离奇荒幻，群逐乎离奇荒幻之途。若天下有离理而可以为文者。”

他在《戊辰会试录后序》中指出在乾隆初年造成八股文诸多弊病的又一因：“自夫实学不讲，司文柄者厌常喜新，蔑弃矩矱，而趋风气者群起而应之。于是六籍史传度置高阁，胥天下而务为浅中速化之术，猥薄竞出，诡僻日增，视宋代杨、刘之‘茁轧’，抑又甚焉。”

对于掌握士人功名取决的学政与乡、会试考官，沈德潜从自身经历中深刻认识到，他们才是造成八股文不正之风的根源。在《顾景岳时文序》中，他指出："近日文人斤斤于有司之遇合，群思弋获诡遇，以为学者揣摩，当在场屋之文。非习为庸腐陈言，即矫为怪僻荒幻，途径各殊，受病自一。"

在沈德潜的笔下，指斥造成当时八股文弊端的原因及描述八股文弊状的文字还有不少。凡此种种，都表明他对八股文现状的不满。

五、利用所写八股文集的序言，寄托了对蹭蹬科场的有才之士的深切同情。

沈德潜才学超群，却历经十七次乡试都不中，直到六十六岁才考中举人。其中的辛酸他是饱尝过的。所以对那些才学双全却久考不中，郁郁终生甚至赍志而殁者，他寄予了无限的同情，哀其怀才不遇，痛其耽误了青春。如江苏古学人才之冠、最有资格参加博学鸿词科考试的顾湘南，久困诸生，年未五十而亡。以及"少岁熟六经、《史》、《汉》，为制艺，自协理法。十六应郡试，拔置第一"，"文则理醇法密，取材广博，韵语则优柔平中，一谐律令"的李兰枏，却"两踬棘闱"，不幸病殁，年才二十一。对他们，沈德潜是一片痛惋之心，从中透露出他对科举取士埋没人才之不满。

六、对八股文韵律的讲求，是沈德潜有别于绝大多数八股文论者的地方。

八股文中的八股部分，是要讲究对仗的，这会形成一种音乐的美感。这就牵涉到韵律问题，沈德潜对此很重视。他在《袁质中四书文序》的开篇即说："梁昭明《七契》有云：'三声吐韵，四结流唱。'《谢灵运传论》有云：'缀平台之逸响，采南皮之高韵。'古人论诗，每以韵为主也。予谓制义何独不然？从来工制义者，明白说理者为正宗，磊落使才者为大家，两者并峙。然无韵以流行于其间，恐意尽句中，使读者索然于语言之表，则说理易流于腐，使才难免于粗。是知文章能事，固惟韵为总会已。”这表明，沈德潜是把握到了八股文体之妙处的。所以，他对袁质中讲求韵律的八股文大加赞赏，称其为“文中之逸品也。读其文者，尚以寻常帖括之例求之也耶？抑又思韵者，生气也。有生机，斯有生气，而有生理，斯有生机。……日涵泳以益培其生理，将古人所云博观约取，厚积薄发者，其生机之畅，生气之流，有恶可已而并不自知者已”。将韵律视为八股文之生气，这种观点几乎无人提出过。沈德潜是个著名诗人，又懂诗学，才能从八股文的八股之设悟出这个道理，这是他的独到之处。故他评价李兰枻的八股文时，特别称赞其文“韵语则优柔平中，一谐律令”。

此外，沈德潜关于理学八股文与才人八股文的分类，与钱谦益“有举子之时文，有才子之时文，有理学之时文”分类的同异，以及关于“江西五家”特征与兴起之因的分析，都是有见地的，因篇幅关系便不加阐述了。

（龚　昊）

湖北乡试录序

皇上御极之九年，当甲子一元之始，是岁，大比天下士。皇上命大臣保举翰詹、科道、部曹之有文行者。既各举所知，复召试正大光明殿而等差之。夏六月，礼臣以湖北考官请制，命臣德潜偕监察御史臣西成前往。伏念臣江左寒微，晚年始遇，蒙皇上拔置辞馆。授职以来，晋秩宫坊，历职学士，俾侍请幄，旋贰宫詹。自愧謭陋，未报涓埃，时深兢惕，兹膺衡鉴，命纠虔益深，敢不矢公矢慎，以期报称。爰戒装首涂，按期抵境。臣德潜、臣西成率同考官等誓告神明，进学臣所录士五千七百余人，锁院而三试之，得文之合格者五十二人，贡成均者十四人，录文二十首，上呈睿览。臣例当扬言。

臣惟国家取士，将第取其文辞之工，足以动人观听已乎？抑将储而用之，以为百年树人之计也。然而作合之端，必自文始。盖文章之道，本乎心术，通乎政治。而所以培养乎心术，根柢乎政治者，必借古圣人之经学，渐涵浸润之有素，而后发而为言，知其心之无不平焉，即可觇其政之无不达焉。此亦《虞书》所云“敷奏以言”之一，而观人之道即寓乎其中也。

自夫人不务有用之学，以为制艺之道，不过追摹时好，而止一时父兄之所以教，子弟之所以学，其朝夕从事者，惟求合乎风气。因而摭拾涂泽，以期苟得乎科名。既而有果得乎科名者矣，则谓万金良药，不外乎是。于是世尚纤靡，群逐乎纤靡之途；世尚堆垛，群逐乎堆垛之途；世尚离奇荒幻，群逐乎离奇荒幻之途。若天下有离理而可以为文者。夫天下有离理而可以言文者哉？则天下有离经而可以言理者哉？将见以之居心，则不能中正和平，而其体不立；以之行政，则不能张弛经纬，而其用不行。

此无他，经学之不求，胥士子而竞出乎浅中速化之术也。

臣向者素以务华绝根为愧，兹值较阅之役，与同事诸臣殚思研虑，于书义固以六经之旨为归，而二三场诸体，亦必期于英华典硕。其言有物，一切言不衷道，枵然无有者，屏焉。虽未敢必所取之文，其人固皆可试之实用，要之别裁伪体，搜宗经学古之士，以助圣朝文治之隆，于文章作合之本旨，或有不至相背而驰者矣。

我皇上神明天纵，于政治之暇，措思经术，探抉千圣之心源，绍述百王之统绪，固非愚昧如臣所能窥见。然臣职任司衡，以一日之得人，卜百年树人之计者，要以穷经务实为指归，而不敢少负制科之大典，以负圣天子委畀之盛心者也。继自今多士，益相与湛深六籍，笃实辉光，思一一举而措之，以为经世之用。异日召对殿廷，发言政府，果有惟其实而不惟其华者，将国家既收树人之效，而臣等亦可稍尽以人事君之义也夫！

——录自《沈归愚诗文全集·归愚文钞卷十》，沈德潜撰，教忠堂清乾隆刻本

戊辰会试录后序

皇上御极之十有三年，岁在戊辰，值春官试。特简兵部尚书臣陈大受为正考官，而以吏部左侍郎臣蒋溥、兵部左侍郎臣鄂容安、礼部右侍郎臣沈德潜为之贰。既拜命入闱，惶悚兢惕，通校三场，期逾一月。既撤棘，第其姓名后先，及文之可录者，镂版以献。臣德潜例得缀言简末。

窃惟国家旁招俊乂，所取者人也，而所以取之者文也。原制科之初，八股准宋之经义，表、判准唐之四六，论策准汉之贤良方正。其立法严以密，其待士重以周。士果能沉潜于六经、宋五

子之微言，而又能研练声华，元元本本，以讲求乎古今因革损益之故，兼而备之，固为有体有用之人。即擅其偏长，亦不失为专门名家，以待在廷之选择。洪、永以至于今不废者，诚以得乎明试以言之意也。

自夫实学不讲，司文柄者厌常喜新，蔑弃矩矱，而趋风气者群起而应之。于是六籍史传庋置高阁，胥天下而务为浅中速化之术，猥薄竞出，诡僻日增，视宋代杨、刘之“茁轧”，抑又甚焉。且经义既荒，后场益落数策点判之谚。主司士子习为固然，此通经绩学之士罕闻，而明廷亦不获收人材之用。噫嘻！上以实求，下以名应，其亦良可慨惜矣。

我皇上天纵之姿，缉熙之学，既《钦定四书文》通行天下，而策遣使臣复申以宗法先正，三场并重，则夫任事之臣，与计偕之士之观光用宾者，尚复因仍故习，而不思反求实学乎？况臣屡试棘院，艰苦备尝，老年知遇，主恩优渥，通籍十年，秩跻卿贰，忝司衡鉴，感愧弥深，用偕同事诸臣，和衷校阅，即至烛光摩荡，朱墨模糊，决不敢苟且从事，以负寸心之所矢。虽风气初经转移，遇合之文，未能遽希乎淳古淡泊、切实典要之诣，然莠稗而冒嘉谷之称，碔砆而混璠玙之目者，不使售其技而乱厥真焉。此臣持以答君父知遇之隆，而惟惧失坠者也。

自兹以往，多士知积习之可愧退，而穷经穴古以几于根深叶茂，笃实辉光，则以之窃比于古昔先民者，惟此。即以之应王国之求，而文治于焉赞襄，功业于焉建树者，亦惟此。此臣等校文取其文，而实取其人也。岂唯和其声以鸣国家之盛云尔哉！

——录自《沈归愚诗文全集·归愚文钞卷十》，沈德潜撰，教忠堂清乾隆刻本

顾湘南时文遗稿序

今相国鄂公任江苏方伯时，以古学延访人材，共得五十人，而吴江顾子湘南为冠，士林荣之。后十余年，天子诏开博学宏辞科，远近想望，谓吴下堪膺旷典者，惟湘南一人。迨檄至，而湘南则已前一年没矣。

戊午夏，湘南弟陶元以其兄四书文一册授予，属为序，曰："先兄之于文辞，德行之余也。先兄之于时艺，又文辞之末也。欲镌其诗古文辞问世，而力有未能，请从时义。"始读之，纯粹者理，疏达者气，雅则者辞。于学旁通钩贯，虽科举一艺，而足觇酝酿根柢之深。尊其品格，挹其风度，方共拟为通儒钜人，诅意困于诸生，年未五十而遽以没也。

呜呼！世之业科举文者，纷纭揉杂。有土偶冠佩者矣，有谐谑不根者矣。有枯若断梗，棼若乱丝，荒幻若土伯，昏昧若幽独君者矣。然往往科第可戾契致，而工其业如湘南，屡不得志。且使之中道以死，准之于理，莫可究诘。此古之君子悼叹贤人志士之摧挫抑没，至不得已，而付之无可如何之天也。《天问》《天对》，茫茫百感，吾诚欲搔首问之。

尝考唐代纪事，录名儒方干等前后十五人，赐身后及第，古今传为美谈，从宰臣张文蔚请也。今亦有为湘南请者耶？又唐以诗取士，诗之工者虽未及第，而其清辞丽句，已熟于艺林，且遍及妇人竖子之口。今之时文，汗牛充栋，中式春闱之艺，犹不旋踵弃之。有能取不得志者之文，使之流播于挟册吟诵之士耶？然则陶元之锓刻遗文，亦弟弟之谊则然，而文之传不传，犹属未可知之数也。

然使当今之世，而果有援唐故实，追录名儒之举，则湘南之文犹在人间，是亦有所据依之一端也已。他日诗古文词继出，当更有窥湘南学术之全者，予虽荒耄，犹乐得而序之。

——录自《沈归愚诗文全集·归愚文钞卷十四》，沈德潜撰，教忠堂清乾隆刻本

家屺望时文序

作文之原在于宗经，颜之推曰："文章者，原出五经。"韩昌黎曰："约六经之旨而成文。"王禹偁曰："为文而舍六经，又何法焉?"则知经者，圣贤之心也。

窃怪近今之为制义者，务欲偭离乎经，彼盖惩庸腐堆垛之弊，摭拾僻涩，取涂荒幻，日从事于诡异，以希弋获。既而果能弋获矣，于是一倡百和，缪种流传，浸淫溺没。譬泛瀛海者，遇黑风，飘鬼国，所见皆纵目九首、鬅鬅狉狉之族，转不如庸腐堆垛之习，冠裳土偶，犹有人之形者存也。嗟夫！圣人之经具在，而为经义者，偏背经而驰，不有名是而实非者耶?

吴江家屺望，少岁即谈讨经学，发而为文，必窥寻乎圣贤之心。或振华揭响，发挥才调；或循轨守范，波澜老成。而简短味长，取神韵于意言之外者，亦间有之。要必讲求乎义理，效法乎先民，沐浴乎汉京六代以下，而于众说之郛、大道之管，惟惧尺寸越乎其间。其有泛断港绝潢而自外乎经学者，盖亦鲜矣。

屺望家莺脰湖滨，弃谢人事，抗颜为师，远近经承口讲指画者，亦渐有得乎六经仁义之说，一切纷纭时尚，举不得而中之。以是叹羡屺望之能文，而亦重其抉经之心者之足以不误乎来学也。独是波流滔滔，西逝不返，屺望以无位之士，龂龂讲论于荒江寂寞之滨，冀其以一人之力，转移风气，不有逆风而呼，声疾莫应者耶？然君子之学术，争是非不争从违。作文而果探其原，

则得乎圣贤之心者，不必求快众人之心，况众人之公心仍在。一旦阳气渐升，群阴解驳，安见浸淫溺没者之不翻然悔也。

屺望门下士将镌其师之文问世，请序于予，因序其文归之。

——录自《沈归愚诗文全集·归愚文钞卷十四》，沈德潜撰，教忠堂清乾隆刻本

顾景岳时文序

举子业即宋经义，为其业者，必通于经，而史以证经，因参诸史以助其议论，此如木之植其根，水之穷其源也。明代吴中有应社，云间有几社，应社宗经，几社宗史。维时名儒硕士，俱出其中，其文有根有源，其人有志有节，斯足贵焉。

近日文人斤斤于有司之遇合，群思弋获诡遇，以为学者揣摩，当在场屋之文。非习为庸腐陈言，即矫为怪僻荒幻，途径各殊，受病自一。虽有英敏之才，亦随人趋走，以求夫速化之术，理不宗经，议不准史，其中枵然，其外茶然，而文风日以敝坏矣。

顾生景岳少即以能文鸣，既长，肄业紫阳书院。每课，予阅其文，审题切脉，能约六经之旨，而于“三礼”，服习尤深。中间排奡纵横，证据往古，光气腾上，炳炳烺烺，知其平日穿穴经义，旁览史传，功勤而理自足，识自卓焉。既阅其窗稿，皆然。

夫当举世波靡之日，而能中有定见，弗为流俗改张，洵可谓独立不回者矣。予更有为景岳进者。太史迁云“好学深思”，朱子云“虚心顺理”。学者就汉人注疏及宋五子书沉潜反覆，抉经之心，且上下三千年，考政治得失，以资经济，则其学良为有用之学，非仅以举业出众为能事也。

景岳年正富，力正强，尚其勉为之乎？至于有司之遇合，君子听其自然，柳子谓周于艺者，屈伸不能贬其名，重乎实也。然

既枕经葄史，造诣深醇，则荆山之玉，丰城之剑，自有剖其璞而使其辉光旁烛者，俟之焉可已。

景岳将刻其稿，以质诸有道，因序其文以勉之。

——录自《沈归愚诗文全集·归愚文钞余集卷三》，沈德潜撰，教忠堂清乾隆刻本

紫阳书院课艺序

予忝主紫阳书院讲席，三年于兹矣。月有课艺，文格高下，俱经品题，兹择其文之佳者，与大中丞、藩臬诸公激赏之文，会为一编，付之剞劂氏，爰作序以引其端。

忆少时闻之父师之训曰，制义之为道，别无他奇，理取其正，法取其合，辞取其典，气取其昌。宗乎经，准乎先正，流衍于古大家文，而以一己之灵明运之，以求肖乎圣贤之神吻，如是焉而已矣。时谨识之。后以是教弟子，以是取乡会试士，均不敢忘父师之言。窃见近日之为文者，但主趋风气之说，诡僻荒幻，昏昏索索，舍康庄而入鼠穴，避光风霁月，而行三里雾中。所用割裂之字，问以意义云何，而彼不能解也。所引俚俗之语，问以出于何书，而彼不能答也。但云本考卷某墨卷某而已。其始一二有大力者倡之，后则波颓澜倒而从之，相习成风，恬不知怪，而选耎苟且之士，则又相沿庸弱之习，而适为险怪者所借口，欲望文风之复古，不易得已。

予之为肄业诸生告也，唯以所受于父师者示之，谆切往复，不惮再三。而诸生不鄙弃予言，互相劘刃。其未濡染者，进而日上；即已濡染者，亦能渐回旧习，而日趋于高明正大之途。其有理法杂乱，辞气晦蒙，背乎经，舍乎古大家文而苟焉从事者，盖亦鲜矣。文共二百一十余篇，俱正之庄大中丞滋圃先生而定。滋

阃，文章领袖也。平日论文，证宋五子之言而合，衷四子之旨而当者，故选中所录之文，每近于纯。

抑予更有冀焉者，制义其英华也，学殖其英华之所从出也。诸生由趋向之正而益养其根，益加其膏，他日发挥所得，以羽翼经传，以进于道德之途，应更有焯乎可传者。而岂惟制义之工，足以取科名而荣当世已耶？外此，有诗赋古文一册，亦皆探原本，中尺度，异乎务华绝根，野战无纪律者，所以附制义之后，不复序云。

——录自《沈归愚诗文全集·归愚文钞余集卷三》，沈德潜撰，教忠堂清乾隆刻本

紫阳书院课艺二集序

紫阳书院课艺，前甲戌岁已择文之佳者刊刻成集，大率理取其中正，法取其自然，辞取其典赡，气取其流行，本夙昔禀承服习者以为准则，出而问世，艺林不闻有讹议也。乙亥至庚辰，又六年于兹矣，主讲席前辈廖南崖先生与予复择文之佳者，付之剞劂。虽籍分前后，而取文大指，先生与予略同。何则？盖六经四子与宋五子言，浩如渊海，而天地古今唯有一理，凡支离惝恍，纵横谬戾，有乖于人伦日用者，非理也。明理之言，于绳墨规矩之中，自有神动天随之妙。若首尾横决，筋脉弛缓，又或先拘成格，束缚驰骤者，非法也。语必以经为醇，史可用意，而语防其杂，子集抉择尤严，若俚俗舛讹而入鄙倍，风云月露而入纤靡，辞之颣也。血脉流通，全在乎气，气盛则短长高下皆宜，若过求刻削，断而难续，以致昏昏索索，气之伤也。于此四者，讲其是而去其非，较之初集，尤加意焉。

且初集之成，予只凭一己迂疏之见，兹之去取，每准之南崖

先生。先生品高学纯，平日见之话言者，皆本诸躬行心得之余，评诸生文，一句一字，必求之根柢，而于汉唐笺疏，濂洛关闽之旨，极为精详，予不能岐其指趣，而先生亦不以予所见为纰谬也。

岁丁丑、戊寅，大中丞榕门陈公奉命，两次抚吴，公自下车以来，整以驭烦，静以镇嚣，德渥政平，民胥畏怀矣。而公余课士，以辞达理举，醇厚宏深为尚，诸凡迷途绝源，炫奇吊诡之习，概迸斥之，于书院中已经品骘之文，详加论定，亦谓理法辞气不爽，无差池焉。公每命题，辄作题解一篇，以示圭臬，而于诸生晋见时，复谓经义之外，务兼经济古学，庶乎有体有用，谆切劝勉，如父师训其子弟者然。宜今二集所定之文，经义古学，多矫矫拔俗，不至于良楛杂出也。

抑又思国家设立书院之意，与诸当路期望多士之心，有不止于工文辞取科名而已者，盖文辞科名，末也；德行功业，本也。圣贤之言，无一不切于实用，学者果一一体之于心，验之于身，操存涵养之有要，扩充措施之有方，将为真文章者，必能立真人品，立真人品者，必能建真事功，纯儒出其中，名臣亦出其中矣。诸生其体会斯言也夫。

——录自《沈归愚诗文全集·归愚文钞余集卷三》，沈德潜撰，教忠堂清乾隆刻本

卓雅集序

唐殷璠论诗，谓诗有野体、鄙体、俗体，唯文亦然。文之野体，横驰议论，不娴律令者也；文之鄙体，发言庸偎，邻于佞谀者也；文之俗体，荒弃经籍，略同里巷者也。三者虽殊，受弊则一，一言蔽之，曰伤于雅而已。太史公作《史记》，于《五帝本

纪赞》则曰："其文不雅驯，荐绅先生难言之。"又云："择其言尤雅者，著为本纪书首。"是《史记》一书，固以雅为归也。刘勰作《文心雕龙》，于《征圣篇》则曰："圣文之雅丽，固衔华而佩实。"于《宗经篇》则曰："禀经以制式，酌雅以富言"，是《雕龙》一书，固以雅为程也。则非雅无以为文矣。

制义之为体，何独不然？然制义中有试牍，每有难于雅者，何者？乡会闱墨，元灯魁格，代传尺度；而岁科试作，不闻树标准以垂之则者，则雅难。又风檐晷刻，振笔疾书，易露败缺，虽鸿才巨笔，或不暇抉择，则雅更难。且十五国中，风土异宜，柔刚异质，性情异尚，学术异趋。正音而外，所谓郑音好滥淫志，宋音燕女溺志，齐音敖辟乔志者，往往杂于间，则雅尤难。然能别而裁之，慎而取之，去其殷播所呰之三体，文之真者出焉。斢难于雅者，亦同归于雅矣。

且夫雅与非雅，亦何难辨之有？同一论理，而搜择融浃，与道大适者，纯者也；虚无缪悠，贼害心性者，驳者也。驳者非雅，则纯者雅也。同一用法，而开合操纵，行止自然者，真者也。首尾横决，血脉中艮者，伪者也。伪者非雅，则真者雅也。他如布格而有老成之格，即有破坏之格；使才而有中律之才，即有决闲之才；遣词而有典切之辞，即有不根之辞。其间雅与非雅判焉。学者于圣贤之书，朝讨夕稽，而谓水火黑白之不相混者，不能别白之，以定厥指归乎？

予兄子立方兰初，弟兄师友，学有根柢，而又工于持择，尝取直省试牍远近流布者，淘之汰之，务欲撮其菁英，以还大雅。于理必力争豪厘，深明疑似；于法必千变万化，出于无心；于格必渊渟岳峙，一循矩矱；于才必挥斥八极，驱役古今；于词必镕炼剪截，铿锵炳耀，一切卮言蔓说，穿凿附会，荒幻迂腐者，屏焉。去郑存雅，用备忘阙，非欲出以问世也。会坊客屡请开雕，重却其意，因详加评炙。先以近时五科付之，名曰“卓雅”，取夫惟大雅卓尔不群之意，不敢蹈殷璠所讥也。

虽然，雅之为言，非可袭而得也。昌黎韩子有云：养其根而俟其实，加其膏而希其光，有实有光，斯雅矣。不养根，不加膏，而欲妄冀大雅，有是理哉！愿与立方昆弟共勉之。世之穷经好古者，其然吾言否也？

——录自《沈归愚诗文全集·归愚文钞余集卷三》，沈德潜撰，教忠堂清乾隆刻本

余双池馆卿时文序

闻之艾东乡之论文曰：“本仁义之质，标古雅之神。”夫仁义之质，发乎性情之正也；古雅之神，得乎经术之醇也。当日西江五家，虽文之面目不同，而镕铸经籍，陶冶性灵以求合乎圣贤之精蕴者，卒归于一，此五家之所以并传也。后之不善学西江者，沾沾形体之是求，于是杳茫荒幻，昏昏索索，竟为可解不可解之辞以相夸尚，曰此西江之派云尔也。夫如是以为西江，不为西江之正传，适为西江之蟊蠹尔已。而世之好议论者，因不善学之人，遂并以西江前辈为诟病，不亦过乎！

乃今读双池先生之制义，叹其于乡先生之真传，能不相袭，而适相合也。先生之文，原本性情，发抒经术，无浮言，无隐貌，优柔和平，而一准乎大方，所谓仁义之质、古雅之神者盎然，时流露于楮墨间。此真有得于西江之宗派者也。

且夫西江宗派不自五家始，其先有四隽矣，秀韵如玉茗，高苍如二愚，春和如泗山，峻洁如永溪，皆本欧阳文忠、曾南丰、王半山、陆象山之正轨，而因以自擅其长，此又五家之所自出，而不得以五家为初祖者也。人特涉其流而昧其源，是以极摹拟之

工，欺世之术，而去之弥远。先生融会而贯通之，以前四隽之体裁，化后五家之面目，宜乎于诸先正外，酝酿成家，有其长而不流于弊也。

抑思先生所以成是高格者，是有其故。先生耽味道腴，同于嗜欲。迹其入辞馆，侍讲幄，位馆卿，垂二十年，未尝一日不与古圣贤人相晤对，则其通籍以前又可知矣。而其宁静和蔼，如春风披拂，与之相遭者，令人久徘徊焉而不忍去。先生之学养何如哉！而以其实得发为心声，即先生且有不自知其所至者矣。语云：有道之人，言无枝叶。世之读先生文者，于根柢求之，而不徒得先生之形似，则西江之真于是乎出，而人亦不得以西江为诟病也夫。

——录自《沈归愚诗文全集·归愚文钞余集卷三》，沈德潜撰，教忠堂清乾隆刻本

王西庄四书文序

四书文之坏，由论者分古文、时文而二之，谓古文宜原本经史子集，时文以《人全》为主，意取其稳，格取其平，辞取其近，又创为典、显、浅之说，以希遇合。爰是，希遇合者竞为浅中速化之术，而通灵之心，迅利之笔，浑厚之气，举无所用之，奄奄一息，望去如黄茅白苇，然有心者几欲举而拉杂摧烧之，似天下无用之物，莫制义若矣。

王光禄西庄起而力挽之。西庄根据六经，蕴含史子，汉京以来，名贤文集，亦博览而镕冶之，故经营四书文，每遇一题，必先体圣贤之精义，或实或虚，赴以全力，析理微妙，而不入窅冥，取材富有，而不流涉猎。文之平正者，同于游五父之逵，九达之道，而奇峭之文，又如寒月可以起雷，炎月可以造冰。盖其

沉浸酿郁者久，而以一己之灵明运之，若圣贤之谈理，圣贤之神吻固当尔尔者，因共信为传世行远之文。是西庄之时文，即西庄之古文也。

曾忆予归田日，西庄赠以百韵诗，一气流转，略无剩语，服其才大如海；继读其古文，根柢深厚，发一议论，可以八面受敌；既阅其四书文稿，不止经生之业，直欲追古人而从之也。孙卿子云："艺之至者不两能"，斯言恐不足凭已。

嘉定故多君子人，以明代言之，前有归震川、季思，后有黄陶庵，皆纯儒也。西庄生于其地，文品既高，而更能抗心希古，日进于纯，安见不足接踵前贤耶？

——录自《沈归愚诗文全集·归愚文钞余集卷三》，沈德潜撰，教忠堂清乾隆刻本

杨谦山时文序

苏子讥王氏文，谓一望如黄茅白苇，不足动人，则有光焰者尚焉。然光焰之发，非可仓猝而求也。玉在山而虹见，金宝积而气腾，从未有根柢不深，中则枵然，而外则辉然者。然则所谓根柢者何在？曰穷经。盖经者，圣贤之精蕴，文章之统会也。以经为主，而流衍于诸史、子、集以沃其膏，以畅其文，将流于既溢之余，有欲掩其光，而莫能掩者。农部杨子谦山，予同年友也，乡试魁卷出，四方传诵，奉为圭臬。既而会试卷出，复然，几于家置一编矣。然而不善学者，已之真意不存，真气不流，而惟追摹于皙黔肥瘠长短之间，以就谦山之形似，是在谦山为工者，他人效之而拙也。在谦山为新者，他人效之而陈也。譬犹截趾以适屦，移侯以就矢，天下有许其合度中的者哉？

今谦山之稿具在，披而读之，如芙蓉之出匣，如星宿之垂

芒，如蛟蛇之腾空，而不可遏抑，及细心体验其规矩尺度，神吻脉络，皆归布帛菽粟之理，而融浃乎经。士衡云：“怵他人之我先。”昌黎云：“惟陈言之务去。”又云：“约六经之旨而成文。”试以三语核之，谦山之不合乎古训者盖鲜。是能不受风气之转移者也。夫维不受风气之转移者，斯能转移乎风气，而世之逐逐焉以揣摩影响为工，而不反求诸本原之地者，为可惜也。

谦山初籍学宫，年十有三，予时为老诸生，读其文异之。既六七年，同登乡会榜，同官于朝，时相晤言，益知其学力所自。今又十余年，予适归老矣，属予草序，因书之简端，叹其所投辄利者，固由于辉光日新，而辉光之发，有不由于猎取，而由于充积者也。世之学谦山者，亦能自植其根柢焉，庶不让谦山以独能也夫！

——录自《沈归愚诗文全集·归愚文钞余集卷三》，沈德潜撰，教忠堂清乾隆刻本

吴南勤四书文序

制艺之卑，由学者根柢之不求，而日以趋风气为事，劳精敝神，随人迁转，形骸面目，岁异月更，以经义之正，而等于高髻长袖，苟焉求悦于时人，亦见其陋而已矣。

吴生南勤，少探经学，既长，喜读唐宋八家文，发为制艺，搜抉精髓，空诸依傍，风行水决，英气上腾，固欲以立言自命者也。

前此二十年，行文家专尚堆垛，有偶无奇，有辞无气，若非此无以为取科名之具者，而南勤之文自若。既而矫弊者尽举而反之，句僻字涩，昏昏索索，为莽荡，为叓驾，为山魈之吊月，木客之吟诗；又若非此无以为取科名之具者。而南勤之文仍自若。

其志坚定，其识超卓，于肩项相望之中，不肯旅进旅退，苟焉追逐乎风气。盖由其平日培植本根，虚心顺理，以蕲文与道合，固有箴砭俗学，焯然成一家之言者，而岂以逢世取悦，类于隶人之趋走为能事也耶？

抑思前明制艺中如金嘉鱼、陈临川诸公，犹山中之有岳也。而归震川独如岱宗，群岳推为东长。南勤之文，久以嘉鱼、临川为步趋矣。迩者理醇气厚，复思宗仰震川，用力而不自已焉。吾未见天门、日观之必阻人穷攀者也。

南勤又长古歌诗杂文，其质熊熊，其气灏灏，非犹人然亦然，徒争长于华词声律间者，兹不赘论，论其制艺云。

——录自《沈归愚诗文全集·归愚文钞余集卷三》，沈德潜撰，教忠堂清乾隆刻本

徐晢次四书文序

制义之道，得王文恪而正，得归太仆而尊。正也者，理举辞达，探源于宋五子书也。尊也者，理举辞达矣，而又融浃乎《左》《国》《史》《汉》，唐、宋大家之文，则以古文为制义也。

窃怪近代之为文者，只问途于闱墨试牍，而视经史古文为刺目之物，是犹铸钱文者，专取民间之废铜，而妄欲流通于四国，适见其立匮而已矣。

吾友徐子晢次，负俊上之才，矢立言之志，少岁高出辈流，继复请业于六雅、中子二储先生。二储先生授以经史古文实学，一时同请业于画山楼者，又得吴觐扬冠山、万星钟诸前辈，淬锋劘刃，竞发光芒。以故晢次之文，或如高山大川龙虎，变化不测；或如铜墙铁壁，极力攻之，不能摧其隅角。其最上者，又或收视返听，心与天游，如太虚之中，不著片云微滓，同学诸公咸

以畏友目之。且其为文也，有时苦心孤诣，终日沉思；有时奋笔疾书，一日成数十余义，一题成数十余篇。文之富，倍于陈临川；文之高，可追归太仆也。独是清才如晳次，实学如晳次，自宜簪笔承明，上备顾问，乃一膺乡荐，屡滞南宫，出宰秦中，改调长水，人皆为丰于文行，而啬于遇合，不知禄秩之荣于一时，文章之传于后世，果孰得而孰失也。不然，以归熙甫之才之学，而久淹一令，终老寺丞，亦云屈抑矣。乃今之读熙甫文者，有不尊如天球河图之罔敢肩越者耶？晳次之于文，胡独不然？

今晳次已成古人矣，闻其寝疾时，友朋过从，款语慰存，诸子环侍，忧戚见色，而晳次口讲指画，明学术之虚实，文体之高下，务必求其是而去其非，而年命短长，一置之度外，知于明理之途，固饮食嗜之，死生以之者也。令嗣克家镌其遗文，问序于予，因序其文之可久而归之。

——录自《沈归愚诗文全集·归愚文钞余集卷三》，沈德潜撰，教忠堂清乾隆刻本

赖锡蕃四书文序

昔予主戊辰礼闱，试得广昌赖于锡蕃之文，见其有五家风格，而熔经铸史，轩豁呈露，顾谓同事诸公曰："是卷说理真纯，风骨峻整，他日立朝，当著正直声，在外必为廉能吏。"诸公佥以为然。榜发来谒，问其所得力，则诵习五家之文，而不为束缚者也。盖江西五家，在明代最为后劲。当隆万以后，学者竞为平庸剽窃，五家者起而弃浮植本，吐故撷新，宁凿险缒深，毋晨华夕萎，文风从此一变。迨沿之既久，袭其名而失其实，理不必真，辞不必典，跨越规矩，横决傥荡，甚者昧昧幽幽，飘入鬼国，以此而曰：吾学江西五家。岂五家之真面目哉！锡蕃以平日之文示予，披而

读之，说理本乎六经，而以有宋五子之书阐绎之。发论据乎三史，而以唐宋八家之法驱运之。每构一艺，必独开生面，惟陈言之务去，怵他人之我先，而又无一处非题中筋脉。间有小品，亦巧不累雅，俊不伤道，洞性灵之奥区，近乎五家，准儒先之矩矱，不必尽协五家。其服习乡先生，而自出机杼者与？

锡蕃今为令于太仓之镇洋，以朴诚抚民，而不事夸浮；以和平听讼，而不尚苛察。此平日说理真纯之验也。奉上不阿，理烦不棼，不以丝粟累闾阎，不以游移随众口。此平日风骨坚凝之验也。言为心声，不信然与？

予尝阅班史传循吏，谓以经术润饰吏治，如文翁兴学教士，使蜀地几同齐鲁，其明征也。方今文风渐颓，不求根柢，锡蕃政事之暇，其以所学进邑之子衿而训之，俾知文章自有真理法，真格力，优柔厌跃，久之而说理同进于真纯，风骨同归于峻整，文品日高，士行亦由是而日上也。锡蕃其然我言乎哉！

锡蕃邃于诗，咏南北宋史，议论纬以丰神；十六国春秋，乐府余直拟为西涯替人。已另为之序。

——录自《沈归愚诗文全集·归愚文钞余集三卷》，沈德潜撰，教忠堂清乾隆刻本

袁质中四书文序

梁昭明《七契》有云：“三声吐韵，四结流唱。”《谢灵运传论》有云：“缀平台之逸响，采南皮之高韵。”古人论诗，每以韵为主也。予谓制义何独不然？从来工制义者，明白说理者为正宗，磊落使才者为大家，两者并峙。然无韵以流行于其间，恐意尽句中，使读者索然于语言之表，则说理易流于腐，使才难免于粗。是知文章能事，固惟韵为总会已。

予尝阅前人选本，马文忠君常有《文韵》，韩尚书慕庐有《历科选》，中间最佳者，同于伯牙之琴弦，藐姑射之神人，泠然风飞，令人作天外之想。而近日之文，庸茶者流于骩骳，求异者人于乖舛荒幻，望前辈之流风余韵，而了不可得，识者比之《五行传》中言之不从之孽。噫嘻！其亦可慨矣！

震泽袁生质中业制义，少岁读书百城楼中，能吐弃时趋，宗法先正，所为文即已惊其老苍。予时以小友目之。籍学官后，益亲师取友，虚心顺理，欲自侪于作者之林。戊辰冬，邮寄近稿于京师。予披览之，犹是剖析天人，指陈经济，摹肖神吻，而说理使才之中，自有言外之音，空际之响，虚与委蛇，而不留其迹也。此如画然：工六法者，笔墨所到，即有欲动欲定之韵流溢于山水木石间，使人不能名言其妙，斯称逸品。质中之文，文中之逸品也。读其文者，尚以寻常帖括之例求之也耶？抑又思韵者，生气也。有生机，斯有生气，而有生理，斯有生机。质中藏书富有，充牣百城楼矣。日涵泳以益培其生理，将古人所云博观约取，厚积薄发者，其生机之畅，生气之流，有恶可已而并不自知者已。

——录自《沈归愚诗文全集·归愚文钞余集三卷》，沈德潜撰，教忠堂清乾隆刻本

李兰棔时文序

文章诗歌，本乎心术，著乎语言，表里洞然不可掩。故读之而性情之厚薄，品诣之邪正，遭遇之荣枯，年寿之修短，皆可豫决。昔人恒挟以相士，今而知有不尽然者，于李生兰棔见之。

兰棔先世籍吉水，后徙芜湖。祖钝庵为时伟人，以嗜学博闻，敦行植品称。父蕃篛，束修自好，专攻举子业。壬申乡试，荐而未售，本房刘川南先生有潜心孤诣之叹。生三子，均有俊

才。兰枻居次，尤颖异。少岁熟六经、《史》、《汉》，为制艺，自协理法。十六应郡试，拔置第一。学使者补诸生，偕其兄然青著声庠序，两蹶棘闱，益沉潜理奥，旁及韵语，识者谓天将老其才，以底于大成。钝庵未竟之绪，当发之兰枻矣。今年五月，忽以病殁，年二十一。蕃篘抚其遗稿，不胜恸悼。兄若弟梓以问世，用彰兰枻之苦心，慰乃翁之哀戚。

邮寄示予，读之，文则理醇法密，取材广博，韵语则优柔平中，一谐律令。其性情必厚而不薄，其品诣必正而无邪，理宜奋青云而享大年，乃丰于才啬于命。昔人所以相士者，竟不尽然耶？予唯天之生人才者，每不多见。既已才之，又短折之，殊不可解也。于是感愤无憀者，谓天之于人，任其死生寿夭，都不省记，又其甚者，谓天实忌才，有隽才而贤者必置之夭死，而移其富贵眉寿于庸庸之人，其果然耶？否耶？

然吾尝旷览古今，往往富贵眉寿之人，求一言之几乎道而不得，是富贵而实贫贱，眉寿而实夭折。今兰枻之文与诗歌，彬彬郁郁，可以传世，是未成名而富贵，不永年而眉寿，孰得孰失，必有辨之者矣。蕃篘闻予言，亦可少抑其哀思也夫！

——录自《沈归愚诗文全集·归愚文钞余集卷三》，沈德潜撰，教忠堂清乾隆刻本

王介眉四书文序

吾友王子介眉，丙午举北闱，行卷久传海内。比复取前后大小题，镂板以行，而问序于予。

予惟制义之体有二，一为理学之文，一为才人之文。理学之文宗传注，通训诂，引绳墨，前明王守溪以下，唐荆川、薛方山、瞿昆湖为最，我朝李安溪继之。才人之文，富学术，摅议

论，盛才气，前明归震川以下，茅鹿门、汤若士、金正希、陈大士、黄陶庵为最，我朝刘克猷、熊次侯、韩慕庐诸公继之，而穿插纤巧诸家，同于舞讶鼓者不与焉。然规矩之至，变化自生，神明之极，胥归尺度。理学才人，两者未尝判而不相合也。

介眉于制义，如水流湿，火就燥，燕人函，粤人镈，本之性生，而又专攻其业而不能暂释。今集中所存，其说理，一以汉唐注疏，与宋五子书为宗。其发论，一以前史之治乱得失为据，其运才遣法，一以《左》《国》、秦、汉、唐宋八家为门户，而复取裁通变于其间，守溪、震川以下，各准体裁，而又复并成于一心一手之所缔造，洵乎有专能，而又有兼人之能者也。

独计介眉自己卯入场屋以来，以至于今，文风约凡几变。始则专尚诡激，首尾横决。继则臃肿颟顸，指股胫腰。后则荒幻僻涩，惊愚骇俗，甚至街谈巷语，一并阑入，滔滔东流而不返焉。介眉独屹然中立，不以艰于一第，苟焉诡遇以逐时趋，不谓之强立不返不可得也。然当时随波上下弋获科名者，若春冰浮云，应时澌没，曾不得以零编断简表见于世，而介眉之文，兼位置于理学才人之间，识者卜其远而有耀，孰得孰失，奚待知者而始能辨之也耶?

且介眉镕液经籍，尤擅长史学，尝仿宋儒袁氏纪事本末体，于《通鉴前编》及宋辽金元明，各成纪事本末，进呈御览，天子赏赉有加，授官国子，俾司六堂教事。于此叹稽古之荣，而制义之传世行远者，由本原于经经纬史，而匪犹夫潢潦无源，徒揣摩时俗之好尚以为工拙者也。

读介眉文者，不惟采剥文藻，而又探其制义所从出之源以为根柢，将理学才人，并可各因其材以成就焉。有不独让介眉之传世行远者已。

——录自《沈归愚诗文全集·归愚文续卷八》，沈德潜撰，教忠堂清乾隆刻本

刘香山时文序

李长吉云："骨重神寒天庙器。"李义山云："句奇语重喻者少。"重者轻之对，轻则薄，重则厚；轻则佻，重则端。况重而济之以寒，重而济之以奇，别乎世之重而肥，重而痴者。纵观古今，书之以重胜者推鲁公，诗之以重胜者推少陵，文之以重胜者推班掾，而今文之以重胜者，独称震川。谭经义者谓得震川而始尊，盖以能重者为大家也。

昆山刘子香山，性敦厚，戒佻薄，浸淫典籍，发而为文，每树一义，如山之峙而不可摇；每下一语，如柱之牢而不可动。而行间字里，结体构势，几等于星芒之寒，布阵之奇，洵乎重而不流于痴，重而不入于肥。宗仰震川，虽不敢谓肩随而行，不可谓非并途而行者也。

香山应童子试，艰于遇合，既游于庠，先后宗工，俱以国士目之，若共珍其比于天庙之器，而向之未能喻者，知其为人人意中语也。

前此汤、许之法盛行，文有僄轻浮薄，首尾横决之患。既而群尚荒幻，穷其流弊，几欲堕入鼠穴，飘入鬼国。使当世主文柄者，能贵厚重端重之文，得如香山数辈以挽回风气，何至有滔滔不返之患耶？

香山家园有大朴树一株，系数百年物，香山即以名轩，取其磥砢多节，绝去浮华，无文之中，精采流焉，与己之性情适相似也。得此以观香山，则其人如接，而其文之不薄不佻，言无枝叶者，亦可由是而想像也夫。

——录自《沈归愚诗文全集·归愚文续卷八》，沈德潜撰，教忠堂清乾隆刻本

蔡世远话八股

导读

蔡世远（1683—1734），字闻之，号七材、扪斋，别号梁村、鳌峰，因世居梁山，学者称之为梁山先生、梁村先生，福建漳浦人。清康熙四十四年乙酉（1705）乡试中举，次年，巡抚张伯行见他年轻多才，请他主持校订先儒著作。康熙四十八年己丑（1709）科中进士，改庶吉士。李光地深器其才，荐修《性理精义》。书成请归，受聘至省城福州主持鳌峰书院，培养出不少人才。雍正元年（1723），朝廷选拔经术德行兼优的学者任诸皇子侍读，蔡世远奉诏入京，授翰林院编修，值上书房，侍诸皇子读书达八年。累迁侍讲学士、右庶子、少詹事、内阁学士。雍正六年（1728）升礼部左侍郎，主管乡、会试事务，同时充经筵讲官，兼管籍田、从耕以及文武殿试读卷等工作。雍正十二年（1734）卒。乾隆帝即位，追赠礼部尚书，谥文勤。

蔡世远从小好学。其父蔡璧为拔贡生，有学行，曾主鳌峰书院。他从小受父传授，有家学渊源。博通经史，尤精理学，是清初理学名家。平生以功业道德自期，尝自谓“功业未敢望诸葛武侯，庶几范希文！道德未敢望朱子，庶几真希元”，乃以“二希”名其文集。在侍诸皇子读时，“讲四子、五经及宋五子书，必引而近之，发言处事，所宜设诚而致行者；于诸史及他载籍，则即兴亡治乱，君子小人消长，心迹异同，反复陈列”（《清史稿·列传》卷七十七）。

蔡世远能文，所为文“溯源于六经，阐发周、程、张、朱之理，而运以韩、柳、欧、苏之法度”（乾隆帝：《二希堂文集序》）。著有《二希堂文集》《朱子家礼辑要》《鳌峰学约》，选编《古文雅正》。

蔡世远是康熙时的八股文高手，擅长以古文为时文，并能使古文与时文融合为一。其文宗奉正德、嘉靖之风，讲究作法但并不过分追求新奇。其文于题理皆能条分缕析，层次分明，层层递进，正反、虚实相生，曲折起伏，将宋儒之理细细阐发一空。而作法则源于唐宋古文大家韩愈、柳宗元、欧阳修、苏东坡诸人。其文风清雅，一气贯注，不枝不蔓，质朴自然。纪晓岚称其文“理醇词正，具有本原”，并非虚誉。

相比较而言，蔡世远的八股文论比其八股文的水准更高，这是因为他主持过多所书院讲席，为授业解惑，指导写作，他不得不对书院的主课八股文进行深入的研究。故其八股文论的信息量与精深度在清代都居一流之列，这从下列几个方面可以看出：

一、对八股文的定义有其独到的准确性。

对八股文的定义，在蔡世远之前有着各种说法，但切中肯綮者不多，对八股文的本质没有精确的把握。蔡世远在吸收了前人有关论述精华的基础上，加入了自己独到的见解。他在《李讱庵时文序》中说：“时文之学，前辈谓之经义。经义者，谓其躬行心得，善会圣贤之意以立言，根柢深茂、词理雅正、心细学醇者得之。”蔡世远借“前辈”之口，肯定时文即八股文就是经义，这就揭示了八股文的实质：要躬行以八股文所表达的学习儒家经典所获心得体会，并要善于体会圣贤的心意，在八股文中代替他们立言。而要做到这两点，非那些对经史有精深研究，“词理雅正、心细学醇”的人不可企及。蔡氏对八股文做如此定义，说明他对八股文确有真知灼见。

对于八股文的这两点实质，蔡世远在多处都有涉及。在《雷用见时文序》中，他称赞雷用见的八股文“根柢盘深，以先正为准的，说理尤有心得之言”。

在《吕涧樵时文序》中，他从揭示时文不振的原因来申明表述八股文实质的重要性：“夫时文之不振也久矣。气多浮华，辞寡体要，涂泽其外不由心得，剿袭其词不根素学。无心得则察理不明，无素学则致用不裕。时文之得失，即士品之所由纯疵。士品之纯疵，即国家得人不得人之所以分。”

在《寄宁化五峰诸生》中，他说：“夫时文亦代圣贤以立言者，只要心得，而写以时文之体势耳。心有实得，则文字自有精采，科名在其中矣。”

以学习四书五经的心得体会并代圣贤立言作为八股文的本质特征，这是十分精准的八股文定义，证明蔡世远对八股文的认识有其独到性。

二、对八股文在科举中的地位与作用做了正确的定位。

对于明、清科举为何称为八股取士制，直到今天许多学者都认识不透。而蔡世远凭他的研究，却正确地揭示了其真谛。他在《九闽课艺序》中说：“国家以制义取士，非徒使人敝精劳神，猎取词华，组织文字以为工也。盖以从古圣贤之言，无过于四子之书，读者玩心力索于此，则内自家庭之间以及于事君交友，治国平天下之道，毕具于此。而又恐人之目为平淡无奇而不加意也，于是乎标以题目，定以科名，不入彀者，虽有高才无由自见。此朝廷取士之深心，使天下画然而出于一者也。”

这番话把为什么要创制八股文作为科举取士的工具，以及八股文与四书五经的关系，在明、清科举制中的核心地位都揭示得一清二楚了。他指出，四书五经是使人获取事君交友，治国平天下之道的根本。而科举制之目的就在于促使士人们去攻读四子之书，而非“徒使人敝精劳神，猎取词华，组织文字以为工也”。

为了使人在学习时避免“平淡无奇而不加意”，于是才摘取经文为题目，创制出能有效传输圣贤之言的八股文，并定以诸生、举人、进士三级科名，士人不考得科名便无从施展其治国平天下之能力。他指出，这才是朝廷采取天下划一的八股取士制的原因。这是对八股文在科举制中的地位与作用最全面、最准确的描述。

对于八股文在科举取士中的作用，蔡世远还有一种说法，即“拜献之先资”。他在《九闽课艺序》中说：“制义一途，所以阐发圣贤之奥义，而拜献之先资也。”制义只要能将四书五经的奥义阐发出来，就会成为士人拜献于朝廷的“先资”。这是对八股文在科举中作用的直截阐述。

对于“拜献”与“先资”的含义，《吕涧樵时文序》有准确的阐发：“《记》曰：事君者先资其言，拜献其身，以成其信。时文乃拜献之先资，况代圣贤以立言，士子反躬，能无自恧乎!”蔡世远以“拜献”与“先资”两个概念即点明了八股文在科举中的地位与作用，可谓言简意赅。

三、对于八股文的文体作法做了准确的阐述。

他在《答鳌峰书院诸生》中说：“至于时文，乃拜献先资……大抵以清真雅醇为主。起讲不欲其多而犯实也，起比不欲其长而宽懈也，点次欲其简老而明白也，实疏欲写其心得而言有物也，收结用整欲其精严也，用散则欲其古宕也。”这番话将八股文各部分的作法讲述得简明扼要，极具可效仿性。

本书所录的几篇八股文论述文章，精彩之处尚有不少，如《八闽试牍序》中论八股文代圣贤立言的实质时说：“虽然，文所以载道也。制义者，代圣贤以立言，非知道者其言之不能深切著明。是故经传所以培其根也，诸子史集所以长其识见而闳其议论也。”又如《钱弱梁时文序》论时文的功用时说：“观其文可以知其人焉，观其文尤可以知其政焉。其文之和雅冲邃者，其人必易直而子谅；其文之雄举杰出者，其人必有特操；其文之切理谐事者，其人必空明而洞达。”这些言论都洞达八股文的实质，让人能切实地把握八股文，无不表明蔡世远对八股文研究之深透。

（乌　媛）

八闽试牍序代督学沈公作

方今天子神圣，海内向风，人文蔚起，天下怀奇抱异、俊乂闳博之士，莫不自奋于清时，盖数十余年于此矣。

康熙壬午冬，例遣学臣视学四方。天子曰：“凡所为培植人材，体朕意以兴多士者，莫亟于此。”召翰詹词臣赴内廷再试。命下之日，赐御书谆谕倍至。余以不才谬膺闽中任。

窃念闽为理学之区，才士之薮。年来风气日上，使者将何以仰报圣天子责成之至意也。说者谓校士之道在公与明。以余观之，公非难，而明实难。夫公所以难者，身家与功名累之而已。余本寒素，通籍三十年，不别治生以长尺寸，先民之言闻之素矣。又见家藏金穴，朝有石交，覆辙相仍，曾不旋踵。维名与利，直浮沤视之耳。然遂谓余操鉴之不差，则又不敢。岁、科两试，俱刻期一年报竣。下车伊始，静候郡县送试，动需时日。通省试毕，汇册送部检点磨对，前后约计三月奇。八郡一州，山峻水驶，舟车再历，亦越三月有奇。其中监临校射，以及簿书案牍纷披交迫，鲜有宁时。闽省生童，统计几二十万卷，明经太学，又若干。焚膏继晷，翻阅再三，虽应世叔五行俱下，犹惧弗给也。且夫才多者苦于额少，聚纤离、绿耳而整辔中原，仅于控勒驰骤之间，微分先后，权衡稍失，则骐骥长鸣矣。才少者又苦于充数之难，求结绿于碔砆，求照乘、连城于礝碱，安知不有一二瓦砾者乘间而投乎？自惟入闽以来，精神劳瘁，时月亦所不知。余家在浙，如在万里之遥，九重至尊，如在咫尺之近。岂身家功名两念，尚足缠绕其胸哉！今所以刊布若干篇，公之同人者，以明余苦心所在，不忍听其荒烟埋没，非敢云转移风气，以品题文章自任也。

虽然，文所以载道也。制义者，代圣贤以立言，非知道者其言之不能深切著明。是故经传所以培其根也，诸子史集所以长其识见而闳其议论也。余不揣固陋，欲于风雨争飞、鱼龙百变之中，择其语有根柢、辞尚体要者以为之坊，堂堂正正意在斯乎！但明之一字，自昔难之。狐裘反衣，古今同叹。余虽頟頟不负此心，终不敢谓是编有当于海内。诸君子也，尚其谅我而教我哉！

——录自《二希堂文集》卷二，蔡世远撰，上海古籍出版社影印本《文渊阁四库全书》

九闽课艺序代抚军张公作

国家以制义取士，非徒使人敝精劳神，猎取词华，组织文字以为工也。盖以从古圣贤之言，无过于四子之书，读者玩心力索于此，则内自家庭之间以及于事君交友，治国平天下之道，毕具于此。而又恐人之目为平淡无奇而不加意也，于是乎标以题目，定以科名，不入彀者，虽有高才无由自见。此朝廷取士之深心，使天下画然而出于一者也。

近世之士，循名者多，务实者少。师之所以教，弟子之所以学，皆曰此科举之学而已。因科举之故，始治经书，视经书之言止供科举，负圣贤觉世之心，辜朝廷取士之意。呜呼，其可叹也已！陈北溪曰：圣贤学问，未尝有妨于科举之文。理义明，则文字议论益有精神光彩。躬行心得者有素，则形之商订时事，敷陈治体，莫非闳中肆外之余，非虚语也。洪惟我皇上好古重学，加意作人，御制训饬士子文，使士先德行而后文章。欲使读四子之书，为四子之文者，黜华崇实，躬行实践，以自奋于圣贤之归也。乃积习成风，未能尽去。士子穷年矻矻，含毫蕴思，与己之身心，漠不相涉，岂非有心世道者之所深忧哉！

余奉命抚闽，窃不自揆，仰体皇上先行后文之意，刻学规养正诸编，及周、程、张、朱、许、薛、胡、罗之书，先后刊布。又念制义一途，所以阐发圣贤之奥义，而拜献之先资也，下车以来，观风月课，披阅既多，择其尤者，得二百余篇，属长洲汪武曹太史再加评定，梓而行之。夫闽理学名区，贤才辈出，素称海滨邹鲁，其人大抵闳博俊乂，崇气谊，尚名节，不屑为脂韦苟合之态。故其为文多瑰奇环玮，不肯蹈常习故。又其发言出论，多有合于儒先旨，不至于窈冥昏默，茫然莫得其旨归。因刊定是篇，举生平所诵习者，间附评语于篇末，非敢云有所发明也。

鼓士风所以培元气，重经书所以崇圣学。且令天下知宋、元、明诸儒之书，与《四书》相表里，始焉潜心体玩以为文章，既又因文章以自律其身心，端其行谊，则于朝廷设科之意，庶乎无负，而圣贤垂世立教之深心，亦于是而见矣。

——录自《二希堂文集》卷二，蔡世远撰，上海古籍出版社影印本《文渊阁四库全书》

雷用见时文序

汀州多敦朴则古之士，而长汀、宁化为之最。盖有李元仲、黎媿曾二先生之遗烈焉。元仲亲受业于黄漳浦，抗节不仕，论著褎然成一家。媿曾则师友元仲，私淑漳浦，为监司有治行，古文亦闳博有法。盖流风之所渐远矣。

宁化雷生定国字用见，幼失怙，事母以孝闻，兄弟相劘切。年少博览强记，意气自豪，晚乃益究宋儒之书。丁酉岁，其族弟贯一来鳌峰书院从学于余。用见以书来，曰近见先生学约，益见返躬切己之功矣。夫同堂执经，面是心违者有之，用见乃能闻风相慕，余则愧歉。用见要不可不谓强有志之士也。

庚子夏，贯一自汀过余，携用见时文一册求评定。贯一归而用见死矣。古来锐志进学之士，为寿命所阻，未及观其成，究其用，淹然以没者，代皆有之。用见好古，古文余未及观，时文根柢盘深，以先正为准的，说理尤有心得之言。门弟子数十人多有文名，将梓其文而丐序于余。余尝慕用见而未得见者也，又悲夫评用见之文而用见竟未及见以死。执笔之下，不禁泫然焉。

——录自《二希堂文集》卷二，蔡世远撰，上海古籍出版社影印本《文渊阁四库全书》

吕涧樵时文序

涧樵与余为己丑同年友，长子举于乡，又与余同在乙酉之岁，故余呼涧樵为年丈。

涧樵中州名宿，卑牧善下，不余挟也。尝考汉唐以来家世之茂，推有宋吕氏为最，文穆公、文靖公以硕辅著，正献公、荥阳公师友二程，德业又加懋焉。南渡以后，东莱先生学宗关、洛，蔚为大儒。越明代，则有明德先生重光而趾美。涧樵则明德先生之裔孙也。余尝谓中州多沕穆之气，而涧樵得之独厚；吕氏世代多贤，而涧樵承之无忝。既以诗名天下矣，所为时文，浑简高洁，其根极于理要者耶！夫时文之不振也久矣。气多浮华，辞寡体要，涂泽其外不由心得，剿袭其词不根素学。无心得则察理不明，无素学则致用不裕。时文之得失，即士品之所由纯疵。士品之纯疵，即国家得人不得人之所以分。《记》曰：事君者先资其言，拜献其身，以成其信。时文乃拜献之先资，况代圣贤以立言，士子反躬，能无自恧乎！涧樵有慨乎此而反之，抑亦可观其志尚矣。

涧樵父子同朝，皆有闻望。尝同余两分京闱，赏晰独深，故涧樵属余序而传之。

——录自《二希堂文集》卷二，蔡世远撰，上海古籍出版社影印本《文渊阁四库全书》

李讱庵时文序

宋时名儒杰士多以兄弟著者。程氏以伯淳、正叔著；张氏以子厚、天祺著；苏氏以子瞻、子由著；吕氏以进伯、与叔著，皆由其家学之茂，兄弟自相师友。故其学术文章岿然为振古命世之杰。

吾师安溪文贞公，有介弟二人，仲曰讱庵先生，季曰耜卿先生。耜卿能通十三经，范身以礼。讱庵先生博涉群书，以六经宋儒为归宿，涵养充粹，坦坦施施，义所不可，辄形于色。少登贤书，令楚之嘉鱼，廉能多惠政。康熙庚寅报最入都，补户部主事。世远时为翰林，朝夕侍文贞公之侧，兼得承先生之教。涵育和煦，如春风之扇万物也。先生之致政归也，世远尝为序以送之。其亡也，又尝至湖山为文以哭之。兹序先生之文，敢自外乎！

时文之学，前辈谓之经义。经义者，谓其躬行心得，善会圣贤之意以立言，根柢深茂、词理雅正、心细学醇者得之。尝读文贞公之文，精确高古，为制义以来第一。先生之文规范与同。其探微豁冥、游衍纵送，有刚健婀娜之态。昔伊川自谓某之学与明道同异，其异处所以为同也。今先生之文与《榕村藏稿》同异，其异处亦正所以为同也。同异之际微矣。

世远方编校文贞公全集以传世，又尝读耜卿之古文，叹其皆经传精液。若嗣刻先生古文，余当复序而行之不辞也。

——录自《二希堂文集》卷二，蔡世远撰，上海古籍出版

社影印本《文渊阁四库全书》

钱弱梁时文序

观其文可以知其人焉，观其文尤可以知其政焉。其文之和雅冲邃者，其人必易直而子谅；其文之雄举杰出者，其人必有特操；其文之切理谐事者，其人必空明而洞达。其人如此，其政亦因之。

余同年友钱君弱梁，江以南之宿老也。沉浸乎经史，讲明乎经济者有年。其为文简古高阔，长短应律。余读其文蚤识其为人。康熙丁酉岁，以广文卓异令吾闽之莆田。余道过莆，莆之人为言钱君之治廉而不刿，核而不苛。民生其共，吏不敢犯。莆为剧邑，而君治之绰有廉能声。

余于是知文章之道，果与政通也。因为序其文而传之，且以告夫世之能文章取科第者，皆将有民社官司之守，或贪污其身，或庸碌无所建明。岂惟上负朝廷设官位事之意哉，夫且对其文而滋愧矣！

——录自《二希堂文集》卷二，蔡世远撰，上海古籍出版社影印本《文渊阁四库全书》

答鳌峰书院诸生

顷接诸同人手书，意绪悬悬，即欲奋飞以造三山，奈家母所患尚未平复，若欲遽离左右，寸心憧憧不能自遣。伏念同堂聚处将及一年，不佞既无道德，又无文章，顾所日相谆切者，大抵以立志为始，以孝弟为基，以读书体察躬行克己为要。至于讲论经书性理，及所改窜时文，鄙诚硁硁谆复不厌。吾党有相信从者，即不必朝夕相亲，亦可以自励矣。不佞所望者，非徒得巍科膺显秩而已也。凡我同人，亦望其希贤圣、饬廉隅，循循不息，以振道南之绪而已。此言非迂也，以此言为迂者，皆无志庸碌之尤，谅吾同学无或出此。

至于时文，乃拜献先资。秋闱在即，尤宜体玩，不但无负当道养育之深心，亦己之出身得以不负所学处，大抵以清真雅醇为主。起讲不欲其多而犯实也，起比不欲其长而宽懈也，点次欲其简老而明白也，实疏欲写其心得而言有物也，收结用整欲其精严也，用散则欲其古宕也。至于后场，主司所以觇人学识，平日读古所得，异日施行，正见于此，务须竭一日夜之力，不可以苟简速出为主。

不佞虽在漳浦，此心无一刻不在鳌峰同堂所深信谅者。倘邀天之眷，家母忽尔平复，七月杪尚欲倍道而来，以睹观光之乐，且再敦勉畅叙，何快如之。已具贱函，达之中丞公，附此奉复。不宣。

——录自《二希堂文集》卷八，蔡世远撰，上海古籍出版社影印本《文渊阁四库全书》

寄宁化五峰诸生

贵业师贯一相聚都门，屡称诸贤志道之心甚锐，深为喜慰。是日重阳，正当休沐，持诸贤请业之书相示，不佞见之喜而不寐也。年富力强，何事不可为，只直捷要学圣人。夫求为博雅则限于资，荣显富厚则限于命，惟直捷要学圣人，可以操之自我。眼前立大志向，定大规模，随所读之书身体心验，随所行之事迁善改过，开其学识，使益宏裕，养其德器，使益坚定焉斯已矣。

苌之来书，谓澄本清源惟在义利一关，此最得之。义即天理，利即人欲，当认得透彻，断得斩截，如写书来京所言，学业有一毫不本中心发出，或拾前人成语，要使见者称为有志，此便是浮外为人之心，即利心也。

思大来书称，近日体认吾未见刚者一章，与整齐严肃四字，觉更紧切，甚是。朱子谓徒得一二谨厚之人，未必能自振拔而有为。故圣人止思得一刚者，盖气质刚勇，始足任道，但戒浮气矜气耳。眼前非必便能事事合中，尚须细加涵养。然软靡无气骨人必不能有为也。程子论学之功，莫要于主敬。曰主一之谓敬，无适之谓一。又曰只整齐严肃则心便一，一则自无非僻之干。然此际加功最难。过于矜持，则苦而难久，稍宽缓又便怠弛。惟立志既坚，躬行又力，用谢氏心常惺惺之法，常自提撕敛束，自然坐立不至放佚，心体不至昏怠。以此穷理，心极清明，以此克己，气极勇决。更日加涵养，自然德成而学就。所谓彻始彻终工夫也。

又谓时文恐荒正业，欲暂去之。夫时文亦代圣贤以立言者，只要心得，而写以时文之体势耳。心有实得，则文字自有精采，科名在其中矣。程子谓科举不患妨功，惟患夺志，此言尽之至。文公家礼，最切日用。未有学道之人而不行礼者，此时得行即行，不可有待也。且化民成俗，莫大于此，思源向道，自比北溪，却谁当得朱子。惟取朱子、北溪之书体究实践，不遗余力，则亦朱子、北溪矣。况家有贤父兄，庭训之下，益加刻励，使父子继美，与宋代胡文定、蔡西山二家比隆，是所深望也。

与之来书，谓取诚意章默会，愈觉警切。此欺慊之介，体察入细，则毛发竦然。愿更策励《居业录》体勘，极有益。敬斋只一布衣，唯能立志居敬，苦学程朱，故能庙祀百世。观其辨别，何等精严，用功何等坚苦。身有与浮慕者，不但鬼神不可欺，天下后世更不可欺也。

学山谓《朱子全书》阅毕，欲读《近思录》，《全书》中有无限道理，体用俱备；《近思录》则领要存焉，总在读时句句切己，行事时刻刻对照耳。

昔在宋代，吾闽名儒甲天下，多在延、建。今日临、汀风土人情最近古，贵业师倡之于前，诸贤互相讲励，如上滩之船，不上不止，则道南之盛复见于今矣。不得面畅，属望之深，忘其鄙谫，然皆肝膈之要。不宣。

——录自《二希堂文集》卷八，蔡世远撰，上海古籍出版社影印本《文渊阁四库全书》

刘大櫆话八股

导读

刘大櫆（1698—1779），字才甫，又字耕南，号海峰，又因通晓医术，自号医林丈人。安徽桐城人。

刘大櫆自幼聪颖，嗜读书，能贯通经、子、史、百家传记之书，而得力于史尤深，故其文气韵一出于史。幼习时文，且工于时文，却逾十年才考中秀才。此后又数应乡试，两中副榜，终与举人无缘。清乾隆元年（1736）曾与试博学鸿词科，已入选又被刷落，便弃科举，以贡生终老。一生以教书、游幕为业。曾游江苏与湖北学政幕，来往两省各府、州校试阅文，以善衡鉴时文而著称于两省。六十岁后任黟县教谕。黟县属徽州，他常来往于黟、歙间，与程瑶田、郑牧、方根矩等知名学者、文人切磋学问，关心民生疾苦。徽州人亦跟从他学习诗文。乾隆三十二年（1767）自黟去官，应聘主讲歙县问政书院。乾隆三十六年（1771）离歙回桐城枞阳，诸生送至城外河桥，有泣下者。返乡后仍在家讲学。乾隆四十四年（1779）从春天起即卧病。弟子吴定来省视，刘大櫆还力疾为之讲说，并出己文使商定去留。是年十月初八逝世。

刘大櫆能诗文，有名于时。所为古文，白描传神，简洁生动，神理逼似归有光、方苞。他择取精神于史籍，并古人神气音节皆得之，兼集《庄子》《离骚》《左传》《史记》，韩愈、柳宗元、欧阳修、苏轼之长，才雄气盛，波澜壮阔，树一代之风，与方苞、姚鼐被公认为桐城派“三祖”。

其诗亦有特色，取径于宋，多抒怀言志之作。因怀才不遇，又性直敢言，故愤世疾邪，悲歌慷慨，颇有特色。袁枚在《随园诗话》中说他“诗胜于文”，但终被文名所掩，少为人知。

刘大櫆对于科举功名相当在意，于八股文写作有相当高的水准。他自小即习时文，十年考诸生，多次赴乡试，都迫使他非精研八股文不可。即便是弃科举之后，他几次入学政幕，三年两考，他都要跟着学政走遍全省各州、府，进行岁试与科试，承担阅评八股文之任。当教官、主讲书院及坐馆，都以评析讲授八股文为主，这是时代与文化使然。综其一生，可说是与八股文如影随形，时时厮守。加上他博学有才，古文当行出色，故其八股文也写得别具特色，堪称名家。

首先，刘大櫆的八股文都写得理足气盛，波澜层迭。理足，自然与其熟读经书有关，更重要的是时代使然。雍正、乾隆朝谁敢在八股文中写些离经叛道的言论？刘氏凭着才学与个性，发题旨之精蕴，编织成堂而皇之的理由，用峭立的笔触，充沛的气势表述之，自然是理足气盛了。其次，他讲究写作技巧。作为开桐城派古文的宗主，他的古文功底很深，当他以古文之法来写时文，自然时文就远离了其格式化的板滞面孔而变得生动、鲜活起来。这也是刘大櫆的时文能吸引人之处。他所到之处，都有人向他学习古文与时文的写作，原因便在于此。

刘大櫆一生几乎都沉浸在古文与时文的写作之中，自然会形成自己的写作观念。他对八股文的认识与看法，主要集中在《时文论》一文和几篇为他人的八股文集所写的序言中。

从这些文章中可以看出，刘大櫆时文观的核心是他精准地把握到了八股文的精髓，真正认识到了八股文的实质。

在《时文论》中，他说：“八比时文，是代圣贤说话，追古人神理于千载之上，须是逼真。圣贤意所本有，我不得减之使无；圣贤意所本无，我不得增之使有。然又非训诂之谓。”在《徐笠山时文序》中又说：“立乎千百载之下，追古圣之心思于千百载之上而从之。”八股文中最重要，属于精髓的东西，便是代圣贤立言。要做到这点，写作者便要通过想象进入到题中，与讲这段经文的圣贤心神相贴，去体味当时圣贤说话的环境、条件、心理，再代他把在此时此地应讲的话写出来。这样一来，便可使写作者通过追摹而与圣贤的道德相通，思想得到升华，符合专制统治所需要的道德价值观就逐渐形成。刘大櫆的这些话，反映出他对八股文的这一精髓是把握得相当精准到位的。

从这一认识出发，刘大櫆形成了系统写作观。在《时文论》中，他说：“作时文要不是自我作论，又不是传注训诂始得。”这是什么意思呢？他解释说：“要文字做得好，才不是传注训诂；要合圣贤当日神理，才不是自我作论。故‘曲折如题’，而‘起灭由我’八字是要言。”他还说，要使八股文摆脱训诂的做法，便要“取左、马、韩、欧的神气、音节，曲折与题相赴，乃为其至者”。

刘大櫆在《徐笠山时文序》中说，八股文要想追摹古圣贤之心思于千百年之上而从之，便要“圣人愉，则吾亦与之为愉焉；圣人戚，则吾亦与之为戚焉；圣人之所窈然而深怀，翛然而远志者，则吾亦与之窈然而深怀，翛然而远志焉。如闻其声，如见其形，来如风雨，动中规矩。”在《东皋先生时文序》中，他说东皋的时文好在能“洞见孔、孟之心意于语言之外而尽其精微，不为宋、元诸儒之所屏蔽，而行之以古作者之文。其言与圣人之言相赴，不阙一义，不增一辞，炯乎如日月之光，靡不照灼”。

这些话，把追摹圣贤之声容笑貌，精神心思之准确生动作为八股文写作的基本方法而加以阐发，是他精准地认识到了八股文本质的结果。所以他特别指出八股文“不是自我作论”，也不是在文字训诂的阐发上作文章，而是代圣贤立言，是有其真知灼见的。所谓“不是自我作论”，寥寥六个字，即将八股文只须依经傍注，不准别出己见的本质讲得清楚准确了。

他《时文论》中还说：“作时文，使不得才情，使不得议论，使不得学问，并使不得意思。”即为“不是自我作论”作注释，其目的是“只看当日神理如何，看得定时，却用韩、欧之文如题赴之”。

对于作时文的基础准备，刘大櫆只提了三点。一是“须先洗涤心地”，即不要抱名利之心。他在《方晞原时文序》中指出，八股文“传习既久，日趋诡异，加之以患失之心，求得之念，而流弊至不可胜言”。在《张俊生时文序》中，他夸张俊生“耻为世俗之文，而为文一以先民为准则，然俊生之于乡试一发得之。……而彼之耑耑以科名为学者，徒自为腐败而已”。不以求功名而作八股文之人一试即中举，而一心为功名去写八股文的人反不中，这就是刘大櫆所谓的“须先洗涤心地”一言的注脚。二是要“好学”。这是人人都懂的道理。三是读时文要选择明代大家如归有光、唐顺之等人之作，不宜泛读。

通过对八股文创制原因的阐述来探求其本质，也是刘大櫆八股文观的一个重要方面。

首先，他认为八股文的产生是因为文辞取士已走到尽头，为走出困境才应运从《四书》中创制出来的。他在《东皋先生时文序》中说：“乡举里选之制废，以文辞取士，至有明而其术穷。爰取四子之书，创为八比之文。”

其次，他指出八股文的创制是要以新的方式，进一步去阐发已明的孔、孟微言。他在《方晞原时文序》中说：盖“孔、孟之微言，经前代诸儒之论辨，而大意已明矣。后代更创为八比之文，如诗之有律，用排偶之辞，以代圣贤之口语，不惟发舒其义，而且摹绘其神，所以使学者朝夕从事，渐渍于其中而不觉也。故习其业者，必皆通乎六经之旨，出入秦、汉、唐、宋之文。然后辞气深厚，可备文章之一体，而不至龃龉于圣人。”这段话将创制八股文是要以代圣贤立言的方法，使学者贯通六经之旨，且“朝夕从事，渐渍于其中而不觉”，“不至龃龉于圣人”的意图讲明白了。

刘大櫆还看到了创制八股文的根本目的在于使人专注于四书而通其指归。他在《张荪圃时文序》中说：圣人之言“儒衣之子，幼而习之，或通其词训，而未究其指归。后之英主，更创为八比之文，使之专一于四子之书，庶得沿波以讨源，刮肤以穷髓”。这就将统治者创制八股文是为让士子潜心于孔、孟经典之内，沿波探源，去肤穷髓，而成为儒家正统思想的承袭者这一目的揭示无遗。能认识到这点，非有真才实学、很高的经史造诣不可。

刘大櫆以其大半生与八股文为伴的经历，久考不能中举的遭遇，广博的学识与罕见的文才，探究出了八股文的真谛，为后人认识八股文提供了有用的史料，是难能可贵的。

（龚　昊）

时文论

八比时文，是代圣贤说话，追古人神理于千载之上，须是逼真。圣贤意所本有，我不得减之使无；圣贤意所本无，我不得增之使有。然又非训诂之谓。取左、马、韩、欧的神气、音节，曲折与题相赴，乃为其至者。

作时文要不是自我作论，又不是传注训诂始得。

要文字做得好，才不是传注训诂；要合圣贤当日神理，才不是自我作论。故“曲折如题”，而“起灭由我”八字是要言。

作时文，使不得才情，使不得议论，使不得学问，并使不得意思。只看当日神理如何，看得定时，却用韩、欧之文如题赴之。

须先洗涤心地，加以好学。前人于明文只取归、唐二家，谓自余诸公不过时文而已，此日久论定之言，不可移易。

唐、归、茅三家皆有得于《史记》之妙，荆川所得，多在叙置曲尽处；鹿门所得，多在歇脚处逸响铿然；震川所得，多在起头处，所谓来得勇猛者也。

——录自《刘大櫆集》附录一，吴孟复标点，上海古籍出版社 1990 年

东皋先生时文序

世皆以古之道无所用于今，是大不然。尧、舜之道远矣，及东周之季，而仲尼祖述焉。冉牛、闵子、颜渊可谓贤矣，而孟子以为“姑舍是”，“愿学孔子”。诗自五七言之体兴，历汉、魏以及隋、唐，而杜甫集其成；文自东汉以代降，而韩愈振其衰。士

不好古耳，好而求之，未有不至者也。

乡举里选之制废，以文辞取士，至有明而其术穷。爰取四子之书，创为八比之文，家诵户习，而能者出于其间。若唐氏、归氏其资之于古者既深，则其垂之于后必远也。沿用既久，后学厌弃先矩。乃更旁罗经史，以相附益，炫其采色音声，而于古圣立言之旨，寖以违戾。迄于今而承袭舛讹，先民之遗学扫地尽矣。

东皋先生崛起东武，洞见孔、孟之心意于语言之外而尽其精微，不为宋、元诸儒之所屏蔽，而行之以古作者之文。其言与圣人之言相赴，不阙一义，不增一辞，炯乎如日月之光，靡不照灼。非唐、归之文，而唐、归无以过之，超然能复古者也。

由是观之，以古之道为不足法者，妄也；以古之道为高远而不可几者，怯也。今之善弈者未必不如秋，善射者未必不如养。至于赋诗作文，专以末流自待，言及于杜甫、韩愈，则愀然变色，以为是天人，非吾之所企，吾是以悲其志之不立也。

有志者视先王之法，尧、舜、孔子之道，皆可以一身任之而有余。夫以尧、舜、孔子之道，一身任焉，则其志愈大，而力亦从之。文章末技也，于以复古奚难哉？读先生之文，可以蹶然而兴起矣。

——录自《刘大櫆集》卷三，吴孟复标点，上海古籍出版社 1990 年

徐笠山时文序

凡人之业，精于其所独造，而敝于其所共趋。与众明其理，而已独有所获焉，是知之至也。与众习其事，而已独有所优焉，是能之至也。今天下相率以孔、孟、曾、思之言，为八比之时文，各持其一是，各恃其一长，彼其诚心莫不自以为察辨于儒生

之说，而洋溢乎学士之文矣。然而耳震于啁哳之蛙声，而琴瑟磬管之铿锵，以为无族之鸣也；目眩于红紫之乱色，而朱黄黼黻之煌煌，以为无文之朴也。岂不颠倒而失其本心矣哉？是其人莫不有所知，而非吾之所谓知也，莫不有所能，而非吾之所谓能也。

夫文章者，艺事之至精，而八比之时文，又精之精者也。立乎千百载之下，追古圣之心思于千百载之上而从之。圣人愉，则吾亦与之为愉焉；圣人戚，则吾亦与之为戚焉；圣人之所窈然而深怀，翛然而远志者，则吾亦与之窈然而深怀，翛然而远志焉。如闻其声，如见其形，来如风雨，动中规矩。故曰：文章者，艺事之至精，而八比之时文，又精之精者也。

今以汉、唐以来，诗歌、古文之信而传者，与今人见之，其昧者争避之，以为不祥之物也；其知者以为是有之，是吾向者尝于某先生之笥见之者也。今以并时而生、所为之诗歌、古文果足以追步古人者，与今人见之，其昧者争避之，以为不祥之物也；其知者以为是有之，是吾向者未尝见之，而吾向之所见，尝亦有类此者也。

明人以时文取士，其亦有追步古文，而不为世俗之文者矣，而其人不及二三人，其文不能数十首也。虽在于今，其亦有追步古人，而不为世俗之文者矣，而其人不及二三人，其文不能数十首也。今以前代之时文，与今之时文，果足以追步古人者，与今人见之，则适适然惊矣，望望然去矣。何者？彼其于诗歌、古文，徒见其善者也；彼其于时文，虽有善者不见，徒见其不善者也。徒见其善者，以善者示之，彼以为类也，故安之也；徒见其不善者，忽以善者示之，彼以为不类也，故怪之也。

彼其求之者，帖然旅进于其下，各持其一是，各恃其一长，曰：若者为举人矣，若者为进士矣。彼一夫者，懵然踞坐于其上，持彼之一是，恃彼之一长，自以为绳墨，而以之衡天下士，曰：如此则中吾彀，如彼则不中吾彀，如此则得之，如彼则失之矣。彼幸而得之者，亦遂欣欣焉自鸣其得意，以为是果有道焉，吾乃今得之矣；彼不幸而不得之者，亦遂怅怅焉抚己而自疑，以为是或有道焉：吾特未能得之耳。

于是得之者愈益骄，且以为向者吾固未尝能为文，能之自今日始。于是招彼不得者而诲之曰：“来！吾语若。是盖有道焉，若虚以从我，我告若；若不虚以从我，我不告若矣。”彼不得之者，久不称其意，其心不能无少动，欣欣焉而来曰：“庶其告我哉！”嗟乎！以彼其言叩其心，独安能无惭于幽独之间乎哉！此世之能为古人之文者，所以潜踪灭影，牢关深闭，藏其文于筐箧之中，而不与今人见之也。

吾友徐君笠山之文，吾尝与望溪先生论之，以为追步古人，而不为世俗之文者也，与众明其道，而己独有所获焉者也，是知之至者也，与众习其事，而己独有所优焉者也，是能之至者也。其藏之筐箧之中，以传于天下后世焉可也。

——录自《刘大櫆集》卷三，吴孟复标点，上海古籍出版社 1990 年

方晞原时文序

方子晞原将刻其平生所为制义，而请序于余。余应之曰：“子之文，不合于时者也。而重以余言，其毋乃未获揄扬之益，而益滋之诟厉乎！”盖孔、孟之微言，经前代诸儒之论辨，而大意已明矣。后代更创为八比之文，如诗之有律，用排偶之辞，以代圣贤之口语，不惟发舒其义，而且摹绘其神，所以使学者朝夕从事，渐渍于其中而不觉也。故习其业者，必皆通乎六经之旨，出入于秦、汉、唐、宋之文。然后辞气深厚，可备文章之一体，

而不至龃龉于圣人。传习既久，日趋诡异，加之以患失之心，求得之念，而流弊至不可胜言。

晞原志在返古，独从余相为劘切。遵唐、归之遗轨，而不惑于世俗之趋尚。一时与晞原同学者，操速化之术，多窃巍科以去，方且笑晞原之拙，而晞原以为得之有命，终不易其所守也。

虽晞原之在今日，傫然诸生，不获与时彦争荣，然守其道而不变，安知其终不得邪？彼其得之者，自喜以为术之工，而不知其为天之授也。天苟授之，使其为晞原之文，岂遂不得邪？夫学为速化之术者多矣，岂其皆得邪？为晞原之文而得，所谓两得之也，为速化之文而不得，所谓两失之也。后之学为文者，可以决所从矣！

——录自《刘大櫆集》卷三，吴孟复标点，上海古籍出版社 1990 年

张荪圃时文序

余尝谓古昔圣人之言，约而弥广，径而实深，即之若甚近，寻之则愈远。儒衣之子，幼而习之，或通其词训，而未究其指归。后之英主，更创为八比之文，使之专一于四子之书，庶得沿波以讨源，刮肤以穷髓，其号则可谓正矣。然设科名以诱之，悬爵秩以招之。得失眩其中，荣辱夺其外。其始也，犹有矩矱之存焉，其既也，用贪冒苟得之心，以求悦于鄙夫小人之目，而其道始离矣。

平定张君荪圃与四方之士同以进士举，而独不趋于时好，不骛于速成。抽曲尽之思，显难详之义，浸润乎六经之旨，敷扬乎两汉之辞，并之于云日而光明，赓之以管弦而和洽，洋洋乎，沨沨乎，斯可谓之文也。

然而不自收拾，随手浮漂，其一艺之成，辄为人持去，故其所存才二十余首。夫随侯之珠，径不盈寸；赵王之璧，枚不逾双。至宝之所在，其精神有贯彻乎山川者，岂其以多为贵哉！

——录自《刘大櫆集》卷三，吴孟复标点，上海古籍出版社 1990 年

张俊生时文序

唐以诗取士，而杜、李二子无与于科名。明以八比之时文取士，而归氏熙甫晚乃得第。信乎高远杰出之文，非世俗之所能知，古今同然乎？虽然，唐之以诗拾祟科者，今人不传也。至于时文，则必取腐败者诵读之，而先民诸作藏瘗不观。时文之日就卑下，固其宜也。

今之时文，号称"经义"。以余观之，如栖群蝇于圭璧之上，有玷污而无洗濯，虽古圣之言，光如日月，极人世之能，不足使之晦蚀；而时文自为其不道之言，究何补于经哉？

吾友张君俊生耻为世俗之文，而为文一以先民为准则，然俊生之于乡试一发得之。则是先民之文，亦得以弋取科名，而彼之耑耑以科名为学者，徒自为腐败而已。

夫自书契以来，六经既往，文辞之士兴，剽英猎秀，以求自见于世者多矣。然卒与粪壤同秽，由其缪戾于圣人之道，植基浅狭，而光气不能自表见也。有志慕古之士，观俊生之文，可以益坚其向往矣。夫宁独时文也哉！

——录自《刘大櫆集》卷三，吴孟复标点，上海古籍出版社 1990 年

纪昀话八股

导读

纪昀（1724—1805），字晓岚，一字春帆，晚号石云，又号观奕道人、孤石老人，直隶献县（今河北献县）人。四岁入学，读书过目不忘。二十一岁以第一名考中生员。清乾隆十二年（1747）丁卯科乡试中举，为顺天第一名解元。乾隆十九年（1754）甲戌科会试中式第二十二名，殿试成二甲第四名进士。改庶吉士，散馆授编修，迁詹事府左春坊左庶子，充日讲起居注官，又充武英殿纂修、功臣馆纂修、国史馆总纂、庶吉士小教习、方略馆总校。历任山西乡试正考官，顺天乡试同考官、福建学政，乾隆二十五年（1760）庚辰科会试同考官。京察，授贵州都匀知府。乾隆帝以其学问优长，加四品衔仍留庶子任。随即迁翰林院侍读学士。因为姻亲卢见曾家被查抄事预先通风而获罪，革职并发乌鲁木齐效力赎罪。在乌鲁木齐他效力军署，安抚遣犯，游览纪胜，作文吟诗，两年后召归。因迎乾隆帝献诗称旨，复授编修。乾隆三十八年（1773）任《四库全书》总纂官，编撰《钦定四库全书总目》，旋迁侍读学士，累迁兵部侍郎。《四库全书》修成，迁左都御史，再迁礼部尚书，充经筵讲官。乾隆六十年（1795）以礼部尚书兼署左都御史。嘉庆元年（1796）充会试正考官，调任兵部尚书。嘉庆十年（1805）命以礼部尚书协办大学士，加太子少保，管国子监事。二月病卒，年八十二，谥文达。

纪昀学问渊通，撰《四库全书简明目录》，进退百家，抉奥提纲，溯源竟委，各得其要旨，始终条理，蔚为巨观。

他善诗能文，诗作清丽，纪事诗时有反映现实之作。古文雄劲，富逻辑性和学识气。其笔记小说《阅微草堂笔记》涉猎广泛，内容丰富。凡地方风情、宦海波澜、典章名物、医巫星相、狐精鬼怪、逸闻趣事无所不包。且立法谨严，尚质黜华，追踪晋宋，直承六朝志怪小说的传统，侧重记录见闻，常常测鬼神之情状，发人间之幽微，托狐鬼以抒己见。由于纪昀文才卓绝，使用的是随笔文体，信手拈来，涉笔成趣，创造出一种洗练明快、清新淡雅的格调。所以，虽以文言写成，却有老妪皆解之概，成为古典笔记中的精品，与《聊斋志异》成为清朝最流行的文言小说。

纪昀最重科举，因为他知科举是选择人才之工具，故他对科举的主要文体八股文和试帖诗均有很精深的研究，因为只有这样，才能识别人才。他曾于嘉庆元年（1796）丙辰科会试阅卷后写道："儒生上进，路仅存斯。孤寒之士，性命系之。进退予夺，责在主司。如云有命，操柄者谁？意见偏谬，或不自知。至于劳瘁，则不敢辞。句句圈点，卷卷加批。一行不阅，神鬼难欺。"由此可以看出他对科举阅卷，主要是八股文卷的重视。正由于他有识拔人才的高度责任感，他自然会拼力打造他的八股文能力。这一点可由他写了研究试帖诗的力作《唐人试律说》《庚辰集》《我法集》，选评了《馆课存稿》《近科房行书菁华》等八股文集得以证明。

纪昀善八股文，他的文章带有才子气。他重题旨，故认题时每将题目反复咀咏，再将程朱之旨细细体认。加上他才学广博，思维敏捷，故能一洗前人通解，别出新见，颇有识力。他富文采，故其文神清骨秀，略加点缀，更自幽艳异常。其文皆自胸中流出，振腕疾书，下笔如神，不傍倚他人，故叙致生动，流转自如，不似寻常之人下笔生涩，气势阻隔不通。由此之故，纪昀的八股文风行于乾隆、嘉庆二朝。

纪昀对八股文自有其独到之见，这表现在他的几篇序文当中。

从这些序文中可以看出，纪昀是个正统的遵经依注卫道士，强调“科场以经义为最重，所以明其理也”（《壬戌会试录序》）。在《四书撮言序》中，他指出：“国朝以制艺取士，莫先于明经。经者，所以正学术，而充腹笥也。然书理未悉而用经，终鲜所据。”在《甲辰会试录序》中，又说：“夫设科取士，将使分治天下之事也。欲治天下之事，必折衷于理。欲明天下之理，必折衷于经。其明经与否不可知，则以所言之是非醇驳，验所学之得失，准诸圣贤，以定去取，较他途尚为有凭。而学者求工经义，不得不研思于经术，借以考究古训，诵法先儒，不涉于奇邪之说，于民心士习，尤为先正其本原。经义一法，至今不变，明体达用之士，亦时时挺出于其间，职是故也。”

这两段话，都是从八股取士这个角度来揭示八股文为什么要依经的原因。前一段话只指明以八股文取士必先明经这一事实，后一段话则由以八股文为手段所取之士应承担的责任来反观八股文所应具备的传输理学的功能，从而揭示出写作八股文为何要明经的理由。所以纪昀向乾隆汇报时便说，甲辰会试所取之八股文“大抵以明理为主”。这便是纪昀的主要八股文观，虽无新意，却从所取之士这个角度阐发了这一观点，这是发人所未曾发。

纪昀特别重视八股文文体的纯粹性。他认为八股文是一种说经的文体，要代圣贤立言，故作文时必须谨守其规，而不得变异其体。

他在《丙辰会试录序》中说：“窃以为文章各有体裁，亦各有宗旨。区分畛域，不容假借于其间。故词赋之兴，盛于楚、汉，大抵以博丽为工。司马相如称合纂组以成文，刘勰称金相玉式，艳溢锱毫，是文章之一体也。经义昉于北宋，沿于元代，而大备于明。本以发明义理，观士子学术之醇疵。其初犹为论体，后乃代圣贤立言。其格主于纯粹精深，不主相矜以词藻。由明洪武以来，先正典型，一一具在，是又文章之一体也。自学者不知古法，混为一途，譬如郊庙礼服，而缀以金翠之首饰，争趋捷径，遂偭前规，岂制科取士之本意欤?”

一个时代有一个时代的文体，辞赋之兴，盛于楚、汉，八股文起源于北宋，沿于元代，而大备于明，故各有其文体特征。从这一事实出发，他指出八股文“本以发明义理，观士子学术之醇疵。其初犹为论体，后乃代圣贤立言。其格主于纯粹精深，不主相矜以词藻”，这就将八股文的本质与特征完整准确地揭示出来。从文体学的角度来揭示八股文的本质与特征，纪昀是第一个。

把八股文分为两派，也是纪昀的首创。在《丙辰会试录序》中他说：“至经义之中，又分二派。为汉儒之学者，沿溯六书，考求训诂，使古义复明于后世，是一家也。为宋儒之学者，辨别精微，折衷同异，使六经微旨，不淆乱于群言，是又一家也。”

经学分汉学与宋学，而八股文是解经析经的文体，其写作方法必然会受到它们的影响。纪昀以其精深的学识，犀利的学术眼光，分辨出八股文受其影响所形成的不同特征，从而将它们分为两大派，是既准确又独到的，非纪昀这种学贯古今的大学者莫能为。

在纪昀的序言中，他对八股文的发展变化轨迹做了简练而深刻的描述，澄清了八股文史上的一些疑难问题。

在《甲辰会试录序》中他说：“窃惟经义取士，昉自宋王安石。然俞长城所刻安石诸作，寥寥数行，如语录笔记，程试之制，定不如斯。其出自何书，亦无可考证，疑近时好事者所为。

惟《宋文鉴》载张才叔《自靖人，自献于先王》一篇，发挥明畅，与论体略同，当即经义之初式矣。”他指出俞长城《百二十名家制义》所载王安石诸作“寥寥数行，如语录笔记，程试之制，定不如斯”，而《宋文鉴》上所载张才叔之文，“发挥明畅，与论体略同，当即经义之初式”。抓住两者之特征，一下就解决了一个学界久争未决的疑难问题，足以反映纪昀的学识优长，目光犀利。

他又指出：“洪武辛亥会试卷，大抵皆阐明义理，未尝以矜才炫博相高。成化后，体裁渐密，机法渐增。然北地变文体，姚江变学派，而皆不敢以其说入经义。盖尺度若是之谨严也。”寥寥数语，即把以成化为节点的之前之后八股文的变化特征揭出。

他在《积静逸先生经义序》中也说及明正德、嘉靖时的八股文状态：“诗、古文自明正、嘉以来，前后七子倡言复古，而伪体于是大兴，然未敢以其说入经义。盖以诗、古文皆自立言，而经义则代圣贤言。圣贤之言，不容以杂说乱也。其以选体入经义者，则崇祯中几社为职志，然选言犹慎。卧子、彝仲诸遗篇，可覆按也。末学承流，失其本始，于是以选体为经义，而孔、曾、思、孟俱变为词赋家矣。”以作品为依据勾勒出了正德、嘉靖时八股文未受伪体影响，仍坚持以代圣贤立言为宗旨的状况。他还抓住特征来陈述，使崇祯八股文受《文选》影响的程度也跃然纸上。

虽只几篇序言，其信息量之大，见解之深刻独到，非纪昀莫为。这从一个角度证明了他的博学多能。

（龚　昊）

四书撮言序

国朝以制艺取士，莫先于明经。经者，所以正学术，而充腹笥也。然书理未悉而用经，终鲜所据。自得宋《朱子集注》，而大义炳若日星，洵为圣经羽翼。迨后说家辈出，皆以发明精义，阐明指归。而繁者苦于记诵，简者又无独断，求其一顾燎然，亦几难之。

适癸未岁，余督学十闽，相传为理学之邦，都人士深沉圣学者，代不乏人。下车临汀，有胡生蓉芝，以《四书撮言》证，于本文下逐字详解，朱注中逐句搜剔，会群言之腋，集诸说之成，真如日月经天，江河行地。今皇上崇儒重道，理学作人，得是集，不繁不简，其中提纲挈领，脉络联贯，了如指掌，有裨后学者，岂浅鲜哉！因命授梓，以公售世，庶不为群言所惑云。是为序。

乾隆癸未岁孟冬月，督学使者河间纪昀晓岚氏题于闽汀官署。

——录自《四书撮言》，胡斐才撰，清乾隆癸未年刊本

甲辰会试录序

乾隆四十有九年，会试届期，诏以臣蔡新、臣德保典其事，而以臣纪昀与臣胡高望副之，得士百有十人，录其文尤雅者，刊呈御览，臣例得扬言末简。

伏念臣北地庸材，过蒙知遇，出入翰林者近三十载，凡文字之役，率得簪笔敬从。中闻自蹈愆尤，复荷皇上弃瑕录用，典校秘书，叠被恩荣，洊佐司马。方自愧未效涓埃，兹复简任文衡，

弥增悚仄。

窃惟经义取士，昉自宋王安石。然俞长城所刻安石诸作，寥寥数行，如语录笔记，程试之制，定不如斯。其出自何书，亦无可考证，疑近时好事者所为。惟《宋文鉴》载张才叔《自靖人，自献于先王》一篇，发挥明畅，与论体略同，当即经义之初式矣。

元延祐中，定科举法，经义与经疑并用。其传于今者，经疑有《四书疑节》，经义有《书义卓跃》，可以略见其大凡。

明沿元制，小为变通。吴伯宗《荣进集》中，尚全载其洪武辛亥会试卷，大抵皆阐明义理，未尝以矜才炫博相高。成化后，体裁渐密，机法渐增。然北地变文体，姚江变学派，而皆不敢以其说入经义。盖尺度若是之谨严也。其以佛书入经义，自万历丁丑会试始，以六朝词藻入经义，自几社始。于是新异日出，至明末而变态极矣。

我朝龙兴，斫雕为朴。列圣以来，时时以厘正文体为训。我皇上丁宁告诫，尤恺切周详。是以士风醇厚，文教昌明，至今日而极盛焉。

夫设科取士，将使分治天下之事也。欲治天下之事，必折衷于理。欲明天下之理，必折衷于经。其明经与否不可知，则以所言之是非醇驳，验所学之得失，准诸圣贤，以定去取，较他途尚为有凭。而学者求工经义，不得不研思于经术，借以考究古训，诵法先儒，不涉于奇邪之说，于民心士习，尤为先正其本原。经义一法，至今不变，明体达用之士，亦时时挺出于其间，职是故也。

今之所录，大抵以明理为主。其逞辨才，骛杂学，流于伪体者不取。貌袭先正而空疏无物，割剥理学之字句，而饾饤剽窃，似正体而实伪体者亦不取，期无戾于通经致用之本意而已。若夫人品心术之邪正，视其人他日之自为，才略之短长，待圣天子他日之甄别器使，非场屋之文所可尽觇其生平。而臣等之识鉴，亦万万不能至是。固不敢摭即文知人之说，虚陈于黼座前焉。

——录自《纪晓岚诗文集》卷二，上海华普书局1928年

丙辰会试录序

嘉庆元年丙辰恩科会试，命礼部尚书臣纪昀充正考官，而副以左都御史臣金士松、兵部右侍郎臣李璜。臣等矢公矢慎，详加遴选，得士一百四十八人。详录其文尤雅者，进呈御览，臣例得扬言于简端。

伏念臣北方下士，樗栎庸材，叨荷殊知，屡司文柄，至是已再典春闱。高厚鸿慈，回逾常格。虽才疏学浅，未能窥作者之渊源，然四十年来，受恩深重，实不敢因循迁就，随流俗风气为转移。

窃以为文章各有体裁，亦各有宗旨。区分畛域，不容假借于其间。故词赋之兴，盛于楚、汉，大抵以博丽为工。司马相如称合纂组以成文，刘勰称金相玉式，艳溢锱毫，是文章之一体也。经义昉于北宋，沿于元代，而大备于明。本以发明义理，观士子学术之醇疵。其初犹为论体，后乃代圣贤立言。其格主于纯粹精深，不主相矜以词藻。由明洪武以来，先正典型，一一具在，是又文章之一体也。自学者不知古法，混为一途，譬如郊庙礼服，而缀以金翠之首饰，争趋捷径，遂偭前规，岂制科取士之本意欤？至经义之中，又分二派。为汉儒之学者，沿溯六书，考求训诂，使古义复明于后世，是一家也。为宋儒之学者，辨别精微，折衷同异，使六经微旨，不淆乱于群言，是又一家也。国家功令，五经传注用宋学，而十三经注疏亦列学官。良以制艺主于明

义理，固当以宋学为宗，而以汉学补苴其所遗，纠绳其太过耳。如竟以订正字画，研寻音义，务旁征远引以炫博，而义理不求其尽合，毋乃于圣朝造士之法，稍未深思乎！

夫古学，美名也。崇奖古学，亦美名也。名所集而利随焉，故弋获者有之。利所集而伪生焉，故割剥谶纬，掇拾《苍》《雅》，编为分类之书，以备剿说之用者亦有之。试官奉天子之命，其职在于正文体，幸承简任，不敢不防其渐也。是以臣等所录，惟以平正通达，不文于理法为主。而一切支离涂饰，貌为古学者，概不录焉。虽文体骤更，不能奥衍闳深，遽追曩哲，然窃闻前人之论明文也，谓北地、太仓如桓、文，长沙、嘉定如周、鲁，一则虽强而僭，一则虽弱而犹秉体也。臣等区区之志，亦窃附于斯意云尔。

——录自《纪晓岚诗文集》卷二，上海华普书局 1928 年

壬戌会试录序

嘉庆壬戌三月，当会试之期，诏以礼部尚书臣纪昀、都察院左都御史臣熊枚充正考官，而副以内阁学士臣玉麟、臣戴均元，取士如额，录其文尤雅者，进呈御览。臣昀例得扬言简端。

伏念臣北地庸才，叨两朝知遇。凡校阅文字之役，十恒得预其八九。至会试为抡才大典，自甲辰、丙辰至今壬戌，亦三膺是任。自惟年将八秩，学殖久荒，衡鉴恒虞其未允，尤不敢不夙夜兢兢。

窃谓国家设科取士，将使共理天下事也。士修于家而献于廷，亦预储其学，以分理天下事也。必深明乎理之是非，而后制事理有所措；必折衷于圣贤之训，而后能明理之是非。圣贤之训，莫著于六经，故科场以经义为最重，所以明其理也。自隋唐

以来，以诗赋试士者不过一两朝，以经义试士者，则自宋至元至明至本朝，相沿历久而不易，岂非以明经为致用之本欤？顾质文递变，踵事增华，趋向渐歧，门户遂别。如食本以御饥，其流至于讲珍错；衣本以御寒，其流至于讲纂组。波靡曼衍，有莫知其所以然者，虽圣人亦不能禁绝也，在司衡者去取之间，知所轻重而已。

考经义初体，不过如今之论，其式见于《宋文鉴》及刘一止诸家集者，尚可考见。元人经义、经疑，见于《书义卓跃》诸编者，亦大抵如斯，总以明理为本，初不以文章相耀也。明初尚仍古制，后乃渐变为八比。渐变渐远，于是隆、万尚机局，天、崇尚才尚学，失其本者遂多。而毅然自为，各辟门径者亦复不少。源流正变，遂淆杂而难分。平心而论，诸派之中各有得失，亦各有真伪。崇其真而黜其伪，亦可以酌乎其中。如成、弘、正、嘉之理法，真理法也，流而空疏庸陋，钞写讲章，则为伪。隆、万之机局，真机局也，流而纤仄吊诡，穿插斗巧，则为伪。天、崇之才学，真才学也，流而驰骋横议，偭规破矩以为才，则才为伪。流而剽窃钞袭，饾饤凑合以为学，则学亦伪。司衡者不察其本，而但喜其性之所近，则荒伧骍稚，人人得售其欺，于圣天子兴贤育才之本意，或未免相左矣。

臣等竭二十余昼夜之力，往来商榷，务核其真。虽识见梼昧，不敢自保其无讹，然黜伪崇真之念，则协力矢之，均未尝逾越尺寸也。至于三场对策，原以觇根柢之学，贵其确凿，不贵其曼衍。国家科场条例，以问十得五为中式，寓意良深。如不论所答所问是否相合，而但取征引之繁富，如题中有一“尚书”字，则古文若干篇，今文若干篇，胪列目录，动辄连篇，而题固未问今古文也。题中有一“春秋”字，则《左传》某字，《公羊》作某，《穀梁》作某，比较点画，亦每累牍，而题固未问三传异同也。如是之类，指不胜屈，殊不足以称实学，臣等公同核阅，亦惟以文与题应者入选。其望之斑驳陆离，而每篇洒洒千言，所对全非所问者，均置不录，一如考校经义之法。庶几屏除伪学，务得真才，以仰答简任深恩于万一。是则臣等区区之志云尔。

——录自《纪晓岚诗文集》卷二，上海华普书局1928年

积静逸先生经义序

谓清歌妙舞，不如胜水名山；谓珠玉锦绣，不如彝鼎书画；谓肥马轻裘，不如莳花养竹，此所谓不解事人矣。然彼一是非，此一是非，士各有志，究亦莫能相强也。尝通此意以谈艺。

诗、古文自明正、嘉以来，前后七子倡言复古，而伪体于是大兴，然未敢以其说入经义。盖以诗、古文皆自立言，而经义则代圣贤言。圣贤之言，不容以杂说乱也。其以选体入经义者，则崇祯中几社为职志，然选言犹慎。卧子、彝仲诸遗篇，可覆按也。末学承流，失其本始，于是以选体为经义，而孔、曾、思、孟俱变为词赋家矣。操觚之士，但钞得分类之书数册，即可以雄视一世，而先正遗稿，塾中束不复观，坊间亦置不复刻。后学欲求见典型，竟莫由焉。

嘉庆丁巳冬，观菊于积子庆亭家。庆亭出其大父静逸先生经义数十首相示。先生生于康熙中，尚及见当时硕学。其文多徐健庵、仇沧柱、孙起山、方朴山、王云衢、储同人、王虚舟诸公所点定。雍正癸卯举于乡，出高安朱文端公、桐城张文和公之门。后官侍讲学士，与昌平陈紫澜先生善。故三公所点定者尤多。其文按脉切理，具有典型，信为渊源之有自，与无师之学，迥然有殊。再四雒诵，觉耳目为之开朗。昔王、李纵横之日，归震川犹抱遗经，与之撑柱，当其时弗能胜也。日久论定，公道乃明。虽

弇州之傲然自命，后题震川遗像，亦有“千载惟公，继韩欧阳。余岂异趣，久而自伤”之语，岂非是非之心，人皆有之乎！先生之文，余不敢蹈文社标榜之习，遽谓可退步震川。然位置近代储王诸公间，实无愧色也。庆亭将谋剞劂，求序于余，余喜其不失古格，因不辞而序之如右。

——录自《纪晓岚诗文集》卷三，上海华普书局1928年

姚鼐话八股

导读

姚鼐（1732—1815），字姬传，一字梦穀，因书斋名惜抱轩，人称惜抱先生，安徽桐城人。清乾隆二十八年癸未（1763）科进士，选庶吉士，改礼部主事。历充山东、湖南乡试副考官、会试同考官，取录多有名文士。四库馆开，任纂修官，书成，以御史记事，上疏乞归养，主讲江南紫阳、钟山书院四十多年，以诲迪后进为务。嘉庆十五年（1810）重赴鹿鸣宴，加四品衔。年八十四卒。

姚鼐工古文，继方苞、刘大櫆之后成为桐城派的三大开创人之一。他为文提倡兼具义理、考据、辞章，以神、理、气、味、格、律、声、色为作文之大要。自为古文简洁高古，结构谨严，典雅凝炼，时杂有考据，对当时和后世学人影响很大。

亦能诗，诗的成就不如古文。他认为“文重在学”，“诗重在才”，其古文义法的主张也渗透到诗论当中。他在《荷塘诗集序》中说：“夫诗之至善者，文与质备，道与艺合。心手之运，贯彻万物而尽得人心之所欲出，若是者千载中数人而已。”其诗多载道之意，有些写自然风光的小诗，却也清新可人，语言形象，着墨不多，便勾勒出一幅淡淡的水墨画。曾仿王士禛《五七言古体诗选》为《今体诗选》，论者都以为很精当。著有《惜抱轩文集》，中有诗十卷。

姚鼐及桐城派古文家都善为八股制义文，其八股文贯彻的都是其为古文的主张，论文根柢于道德而探源于经训。故其文无不根据于经典传注，至其深发之际有古人所未尝言，能独抉题旨之微言大义，尽发其意蕴，从其内容而言真正做到了雅正。而行文方法全运用古文之法，开合正反，起伏顿挫，条理明晰，在严谨的结构中将题旨层层洗发。用语流利晓畅，明白易懂，也是其八股文的一个重要特点。所以人们把姚鼐和桐城派主要作家的八股文与古文视为合二为一的东西，并不是没有道理的，因为他们写出的古文也像八股文，八股文也似古文。虽然受人讥讽，但这其实正是他们要达到的目的。

姚鼐的八股观主要体现在他为人所写的八股文序和一些书信中。由于他是把八股文当作古文来写的，故他谈论八股文的视角主要集中在如何才能写好八股文上。

他认为，要写好八股文，必须认识八股文这种文体的实质。只有把握了八股文的文体实质，而不是其外在的如体分八股之形式，才能写作出中规合矩的优秀之作。

在《停云堂遗文序》中，他从指出当时八股文所存在的种种问题来强调认识文体实质的重要性："士不知经义之体之可贵，弃而不欲为者多矣。美才藻者，求工于词章声病之学；强闻识者，博稽于名物制度之事。厌义理之庸言，以宋贤为疏阔，鄙经义为俗体。若是者，大抵世聪明才杰之士也。国家以经义率天下士，固将率其聪明才杰者为之，而乃遭其厌弃。"出现这种背反现象的原因，姚鼐认为是他们没有认识到八股文体的实质不在于"美才藻""强闻识"，而在于"守宋儒之学，以上达圣人之精。即今之文体，而通乎古作者文章极盛之境"。也就是说，八股文是要依据程朱传注，来阐发孔、孟思想之精蕴的。只有真正懂得这一点，才能写出好文章来。

文既有体，就必须遵循其体，才能写出合符文体要求的文章来。所以姚鼐又强调写八股文要遵守功令，遵照文体需要。要斟酌古今，审察文质，使文章足以自立，足以应时。

在《陈仰韩时文序》中，他批评各类考官们“一依于古之格度”，使八股文“枯槁孤寂，与世违远，以觊见赏于俗目，此亦不近人情之事”。但他也反对因此而“背畔规矩，蔑理弃法，以趣时嗜”。而应该“酌古今之宜，审文质之中，内足自立，外足应时”，只有这样，才是士人们应取的态度。所以他看到陈仰韩的时文“体和而正，色华而不靡”，便称他为“足以自立，足以应时者也”。

姚鼐还有一个重要观点，即八股文只有在有才华者笔下才能写好，才能将时文写成古文。

在《陶山四书义序》中，他针对八股文“体卑而不足为”的论调，指出：“论文之高卑以才也，而不以其体。”对“谓其体卑而不足为”的“今世学古之士”，即那些复古主义者们，他批驳说：“吾则以谓此其才卑而见之谬也。使为经义者，能如唐应德（即唐顺之）、归熙甫（即归有光）之才，则其文即古文，足以必传于后世也，而何卑之有？”所以他说：“故余生平不敢轻视经义之文，尝欲率天下为之。夫为之者多，而后真能以经义为古文之才，出其间而名后世。使人率视为科举体，而无复为古文之志，则虽有其才而不能自振也。故贵有其才，又贵必有其识也。”这就是说，只要有唐顺之、归有光之才，八股文便也写成了古文。另一方面，又要有识，若轻视八股文，“而无复为古文之志，则虽有其才而不能自振也”。姚鼐之所以主张将古文与时文合二而一，其见解即出于此。在他眼中，好的八股文即是一篇好古文，是有才有识者如唐顺之、归有光这类人的专利。

以上观点，充分证明姚鼐是一个真正的八股文知音。

（龚　昊）

停云堂遗文序

士不知经义之体之可贵，弃而不欲为者多矣。美才藻者，求工于词章声病之学；强闻识者，博稽于名物制度之事。厌义理之庸言，以宋贤为疏阔，鄙经义为俗体。若是者，大抵世聪明才杰之士也。国家以经义率天下士，固将率其聪明才杰者为之，而乃遭其厌弃。惟庸钝寡闻，不足与学古者，乃促促志于科举，取近人所以得举者，而相效为之。夫如是，则经义安得而不日陋？苟有聪明才杰者，守宋儒之学，以上达圣人之精。即今之文体，而通乎古作者文章极盛之境。经义之体，其高出词赋笺疏之上，倍蓰十百，岂待言哉！可以为文章之至高，又承国家法令之所重，而士乃反视之甚卑，可叹也。

皋兰王诚亭先生，固秦中之聪明才杰士也。又当康熙时，世未甚厌经义，尽心为之，其文亦既工矣。盖异于今之所以得举者也。后卒于山西，家贫子幼，其稿几于湮没，今嗣孙光晟为江宁尉，乃雕板传之。以余持论素不厌弃经义也，来请为之辞。余既欲以前辈之究心经义者导后之人，而又念王君能勤勤尽其心力，以扬先人之美，是亦可纪也，作《停云堂遗文序》。

——录自《惜抱轩诗文集》，商务印书馆《四部丛刊》本

陈仰韩时文序

世之文士，以文进于有司，使一依于古之格度，枯槁孤寂，与世违远，以觊见赏于俗目，此亦不近人情之事矣。然遂背畔规矩，蔑理弃法，以趣时嗜，则必不可。譬如相人者，于俦类万众之中，求尧额而舜目，龙章而凤姿，然后许为人，固不得也。若

夫耸肩逾顶，隐口于脐，支离跛躄，而犹为全人乎哉？酌古今之宜，审文质之中，内足自立，外足应时，士所当为，如是而已。

休宁陈生仰韩，见余于江宁，惟余言之听。其为文体和而正，色华而不靡，足以自立，足以应时者也。然生从余游十二年矣，而犹困于场屋。谓生文不善乎？不然也。谓其枯槁孤寂而大远于时乎？亦不然也。夫草木之荣华，同本而迟速异时。夫守己不变以俟时者，此亦士信道笃自知明之一端也。生尚终取余言乎哉！因以是书生文之首云。

——录自《惜抱轩诗文集》，商务印书馆《四部丛刊》本

陶山四书义序

论文之高卑以才也，而不以其体。昔东汉人始作碑志之文，唐人始为赠送之序，其为体皆卑俗也。而韩退之为之，遂卓然为古文之盛。古之为诗者，长短以尽意，非有定也，而唐人为排偶，限以句之多寡。是其体使昔未有而创于今世，岂非甚可嗤笑者哉，而杜子美为之，乃通乎《风》《雅》，为诗人冠者，其才高也。

明时定以经义取士，而为八股之体。今世学古之士，谓其体卑而不足为。吾则以谓此其才卑而见之谬也。使为经义者，能如唐应德、归熙甫之才，则其文即古文，足以必传于后世也，而何卑之有？故余生平不敢轻视经义之文，尝欲率天下为之。夫为之者多，而后真能以经义为古文之才，出其间而名后世。使人率视为科举体，而无复为古文之志，则虽有其才而不能自振也。故贵有其才，又贵必有其识也。

长沙唐陶山先生，固尝以文取科第矣，而其志乃欲以经义为著书之事，不以科第论也。作《四书义》一编，寄以视余：余

乃知君之才与识，皆高出当世，而将上比于唐、归之流者也。余之鄙陋，持守孤论，虽欲率天下而不能得。君之倡为高文，将世必有应者，一代文章之兴，安知不出于是？余耄老矣，而重望于君，故欣然为书其编首云。

——录自《惜抱轩诗文集》，商务印书馆《四部丛刊》本

管世铭话八股

导读

管世铭（1738—1798），字缄若，号韫山，门生弟子都称其为韫山先生，江苏阳湖（今常州）人。他蹭蹬科场，其文乡试曾三次获荐都被刷下，直至清乾隆四十三年戊戌（1778）科才考中进士。授户部主事，迁郎中，充军机章京，受大学士阿桂倚重。管世铭为人正直，恪守孔孟的道德观。他深恶和珅之奸，会迁御史，便起草了奏疏，欲劾和珅。阿桂深恐他得罪了和珅而受惩，便设法将他留在军机处，依例留值者不得专达封事。管世铭不得已便在同僚友朋相聚时倡言劾和珅，回到家却突然发病而逝。

管世铭学问极好，深于经术，精诗、古文，尤长考据。只是这一切都被制义大名所掩，很少有人知道。著有《韫山堂集》。

管世铭是乾隆时期的八股文大师，与陈兆仑（字句山）、周镐（字犊山）并称“三山”。他对清代中后期的八股文界产生过巨大影响，受广泛追捧，将其文奉为典则。其孙管绳莱说他：“工制艺文，通籍后，犹时时为之。多读书，得间及抒写怀抱。自论少困场屋，又数教人为举子业，故成文多裔皇，不逮先正大家以此。然精深雄健，切近谛当，亦思过半矣。从游之士，不下数百人。居京师，假馆受业，东西舍恒满。其寒而好学者，不令执贽，且赒给焉。得府君之学，以科第称名者，岁相继。昔主讲乾州书院，去日，诸生祖郊外垂涕，或襆被走数百里相送。手札诗草，咸勒诸石。蒙古侍郎恩普、江阴进士包敏已成进士，来谒，执弟子礼甚恭。叩之，皆云：‘某读先生文，得今日也。’”（《先大父侍御府君行状》）李孟符说：“管侍御以制艺雄一代。其《韫山堂稿》百年以来几于家弦户诵，士束发受书无不知有管韫山者。”（《春冰室野乘》）同治、光绪年间几至家家都有其制义集。据叶德辉说：“咸（丰）同（治）之交，崇尚王、尤体。王为华亭王广心，尤为长洲尤侗，以骈俪之句为时文，一时掇巍科者接踵而起。然仅一两科，主起者相戒不录，录亦殿后，故一转移间，群趋于管稿。今相国南皮张宫保，于光绪初元任湖北学政，所选《江汉炳灵》，专尚才气，明用后世史事。其时管稿之帜甚盛，士人不敢轻于效颦。”（叶德辉：《郎园读书志》卷十五《钦定四书文》）由此可知管世铭影响之大。

管世铭一生雅好八股制义，为官后犹不辍笔。他考据与文章均工，既有考据家的博通经史典籍，又有古文家、诗人的才情技巧，两者之合力作用于八股文，使其文具有精深雄厚，却又深情流注，逸韵绵长的风格。在八股文坛独树一帜，别开生面，故影响深远，特能征服人心。

管世铭的八股文，都是他读书有感，学问至精所致。他博览古籍，于书无所不读，读后所得均运用于八股文写作，曾说“《后汉书》最利时文，《文心雕龙》作文体例大备，宜熟读”。又说，“每日不阅古书数寸，不得妄诩下帏。读书多则义理日出，境界日开。沉潜既久，但一含毫落墨，清言名理，自然辐辏，因题立格，自然成章，其乐殆不能喻诸人也”（震钧：《天咫偶闻》）。

他的文章以义理的出新精确求胜，不少文字对《四书》《五经》经文的阐释，纠正了朱熹注解中的不正确之处。其中许多是连有理学大师之称的李光地、以通经学而大名鼎鼎的方苞也未曾弄懂的，可谓能自树一帜，其见解可补入经书的注疏之中。

管世铭不仅是一个有学识有见地的经学家，还是一个古文高手，极善以古文为时文。月华山人曾在《管韫山文稿序》中说管氏“以古文之精神，奏时文之音节，堂堂乎盛世元音”。所以，管世铭解经说理考据，能深入浅出，以清丽明白之语言之，无经学家的晦涩深奥。但下笔看似平易，品味弥觉深醇，内蕴绵绵，显出大家本领。在他眼中，“文章之道，品类甚多，曰赋、曰骚、曰诏、曰玺文、曰策文、曰表……凡数十百种，统谓之文。初无所谓古文、时文也。时文权舆王荆公之经义，亦古文之一体。明初以之取士，始名曰制义，犹不失古文气骨。迄今四百余年，风气日靡，古时文遂天壤矣”（月华山人：《管韫山文稿序》）。管世铭以他的湛深学术，“于群经并有撰述，古体文字及古近体歌诗，亦各成编数寸”的功力修养，力求将古文与时文融合打通，恢复时文的初始面目。所以他岁引月伸，晨摩夕揣，穷理绩学，实有心得，以之用于八股文义理的阐释中，能发前人未发之覆。他洞见本原，直摅胸臆，如亲承风旨于孔、曾、思、孟，言人之所不能言，而又适如人人意中所欲出者。故其文豪气充沛，温润亲切，有感召力。持论则深浅大小皆宜，前后左右不相悖。下笔则清深温醇，雄刚简切，投之所向，无不如志。其文有的苍茫有汉朝气息；有的隽永带六朝之风；有的上下驰骋似唐宋雄文，气势雄浑，议论遂劲，或清丽飘逸，韵味无穷。不同题目，有不同作法，有不同笔墨，多姿多彩，形成了管文雄踞八股文坛上百年的局面。

管世铭虽为八股文名家，且弟子众多，但直接谈论八股的文章很少，大约是他更愿当面对请益者讲授所致。其友人或弟子回忆他的只言片语，都闪现出思想的火光。

其友董思駉在乾隆五十八年（1793）为其《韫山堂时文》三集所写序中，引述管世铭的论述说：“韫山常言传注解经，终是离而二之，制义代言，直与圣贤为一，不得不逼入深细。且《章句》《集传》本以讲学，其时今文之体未兴，大注极有至理名言，而不可入口气，最宜分别观之。设朱子之前已有时文，其精审更富，不止于是。”

这段话将八股文的解经本质及代圣贤立言对解经所起的独特作用揭示得十分精准，真个是能言前人之未能言。管世铭在《韦静山制义序》中说韦静山之八股文“贯穿三《礼》，而出之以心得”，更是他对八股文本质的深刻理解。

对于八股文的价值与功用，管世铭有着独特的评价标准。他在《论文杂言四十一则》的第三十九则中说：“尝记与周宿航论，时文虽小道，然果精其术，亦自足以刻划天地之情状，囊括古今之变态，其用与诗古文词等。”这种不问文体，只以是否“果精其术”来评估其价值与功用的视角，的确是非同凡响的，得出凡“精其术”的八股文“其用与诗古文词等”的结论，也是准确的。

作为一代八股文大师，管世铭既自作不辍，又诲人不倦，故对八股文的作法与名家的论说自然会十分重视。

在《赵榕冈文学制义序》中，管世铭借评赵氏之文提出了“元气灌输，脉络融畅，才不欲尽而韵自流，意不求奇而理自至”的八股文评价标准。

最为难得的是，他从总结自身写作经验与八股文发展入手，勾勒出了八股文写作的方法与规律。他在《周宿航制义序》中说：“制义起于近代，抗心希古者，平时多不屑为，而特降意于场屋，至时而强为之，辄山野不能入格。其专工帖括者，轨步绳趋，既尽得其曲折，而未尝沉浸古籍，以恢张而变化之，率皆老生常谈，卑无高论，令人厌而思去。是以才高者轶于法，法密者窘于才，二者交讥，实则楚失而齐亦未为得也。若既擅夫才，又习其法，足以矜能于一世矣。而文家境地可到，又若有域焉以限之。及乎限之六七，已足躐高科，收显誉。惟苦心强力之士，进而不已，始克底乎其域，而无毫发之歉焉。”管世铭以简练的笔墨，将山野才士与专工帖括者之优劣之处以及八股文写作中才与法、文境与域限的关系都阐发得一清二楚，充分展现了他八股文造诣之精到。

对清代的八股文大师或高手，如李光地、熊伯龙、韩菼、方舟、方苞、储中子、张江、王汝骧等之特点，管世铭都有精到的评述，可谓有一针见血之效，足见其对清代八股文坛了解之深刻。

录入本书的文章，均依清嘉庆六年读雪山房《韫山堂文集》刻本校点。

（龚　昊）

赵榕冈文学制义序

文学赵榕冈先生，吾友赵君罣申法伍之尊甫，周君景益宿航所从请业之师也。

余自束发论文，即与二子以文字相投分。宿航风流蕴藉，别有襟期；法伍挺特幽新，自开户牖。急与之角，往往出于其下。既而各有四方之役，大率六七年与二子一见，见则各出其所业以相示。卷帙山川之助，视向之所作，每变而益上焉。生平足迹半天下，所在能文之士，皆得而交之，而卒无居二子右。意二子之于此事，殆所谓天授，非人力者耶？抑有所受之，而能自竟其所学者耶？

庚子之春，余奉先人讳在里，法伍时相慰问，乃得读其尊甫榕冈先生之文。循循焉，抑抑焉，若不蕲胜于人，而元气灌输，脉络融畅，才不欲尽而韵自流，意不求奇而理自至。然后恍然，吾二友之文，其发源盖有自也。夫江出岷山，河探昆岭，视之若了不异人，而所以能致九曲而行万里者，来龙远而结脉深，导源之始，固已不侔于万川也。人第见长江、大河之浩瀚，而顾过岷山、昆岭而忽之，岂足语于水哉！余与法伍为昆弟交者二十年，今乃得读先生之文，亦可见先生之无意于人知，此文之所以能工，传之所以可远也。既受而卒业，识数语以归之，他日持示宿航，当有以益余言之未备也。

——录自《韫山堂文集》卷三，管世铭撰，读雪山房清嘉庆六年刻本

周宿航制义序

制义起于近代，抗心希古者，平时多不屑为，而特降意于场屋，至时而强为之，辄山野不能入格。其专工帖括者，轨步绳趋，既尽得其曲折，而未尝沉浸古籍，以恢张而变化之，率皆老生常谈，卑无高论，令人厌而思去。是以才高者轶于法，法密者窘于才，二者交讥，实则楚失而齐亦未为得也。若既擅夫才，又习其法，足以矜能于一世矣。而文家境地可到，又若有域焉以限之。及乎限之六七，已足蹑高科，收显誉。惟苦心强力之士，进而不已，始克底乎其域，而无毫发之歉焉。然犹致之于人，而非遇之以天也。必其苦心强力之尤至者，岁引月伸，晨摩夕荡，迟之又久，而此域豁然以开，清光大来，杳无际极，视昔之与人争胜者，概吐弃不足复道。身之遭值，目之俯仰，耳之听受，莫非吾文之所取资，而字里行间，醇古茂密之气，仍各视其所养以为厚薄。然则自兹以往，安有息肩止足之期哉！

周子宿航，与余生同里，齿同甲，少同塾，壮同游，于文至老而同好，互为师友者二十余年，每出一篇，必手相论次。后皆得禄以仕，踪迹不合并者十余年，而贻书相切劘，虽千里犹接席也。两人为文，生平未尝相袭。大率余之文雄，宿航之文雅；余之文健，宿航之文深。论者或莫能优劣。而余文踔厉风发，惟恐人之不知；宿航文朴属微至，汪洋淡泊，若无意于人之知。此余所以服膺宿航，而默愧其弗如者也。至于经营之惨淡，会悟之超旷，卷帙之酝酿，山川之感发，刻画天地之情状，囊括古今之变态，意在一雪后来之业此者，勿卑其体之后起，目为绝远于古文，而仅域以章句小儒之所可到。

吾两人自信所见同，所历同，以希钜公先正则不敢知，而欲更举平时文字之交，增而三之，若不可得。陈思王述丁敬礼之言曰：“后世谁相知，定吾文者耶?”言知己之贵同时也。余之文，宿航既序而行之矣，则余于宿航之文，又乌可以无言也乎?

——录自《韫山堂文集》卷三，管世铭撰，读雪山房清嘉庆六年刻本

韦静山制义序

余七试南北闱，三以副榜充贡大学，而未得一举于乡。最后甲午，今少宰富阳董蔗林先生，洗马长沙刘云房先生，典江南试，余卷为搜遗所得。本房心怍焉，摘首艺数语，訾其与《仪礼》不合，赖座主护持，改拨邻房取隽。既感两先生之知己，又未尝不自愧其经学未深，有以来求全者之口实，设不遇两先生，固当仍以爨薪终也。两先生并有文章鉴，得人逾于前后诸科。是年闱墨出，脍炙一时。

而余尤服膺韦子静山之文，贯穿三《礼》，而出之以心得，正余之所不足也。既以同年友订交，益相亲慕，因尽得窥其所业，精核渊雅，有张晓楼、任钓台之风。既而尊甫中丞公还官翰林，与静山外舅谢金圃少宰，叠主文柄，格不试南宫者数科，其间一二试又不售。则益发愤于文，文益进。甲辰，礼闱榜发，静山复无名。

夫以余之钝拙空疏，困踬场屋，自甲午遭逢举主，乙未亦以族叔分校礼部不入试，越三年戊戌，终得出今阁学朱南厓先生之门。静山以贵公子，挟冠古之才，绮岁列贤书，而艰苦力学，过于寒素，宜其取高第若掇蜩。而自甲午至甲辰，其业日昌，其遇日蹇，岂文章针芥之合，作者难，赏者亦复不易耶?抑将以所业垂名司命者，类皆靳其早达，啬之彼而丰之此，正所以成就之

耶？且静山文似晓楼、钓台，晓楼早荣，钓台晚达，而宗伯年位，过太史远甚。今静山之达即后晓楼，而其视钓台，犹翩然年少也。吾又乌能测其所就耶？

静山以校书内廷，例得铨敘邑令，失意后颇怏怏，将弃帖括以就选人，余惜近日制艺之学颇微，方恃静山为同志。书此以敘其集端，将以广其意，阻其行，而劝终其业也。

——录自《韫山堂文集》卷三，管世铭撰，读雪山房清嘉庆六年刻本

论文杂言四十一则（选七则）

○三十五　科举之文为能诗、古文、词者所不道，然既已为之，则亦不可不精。尝取国朝之文论之，以制义而直接八家之统者，方百川是也；以制义而尽撷注疏语录之精者，李安溪是也。熊次侯龙行虎步，振开国之元声；韩慕庐吸露餐霞，息尘寰之杂响。故论品方、李为高，论功熊、韩为大。

○三十六　经制题不可杜撰一语，当以六经为注脚，储中子、张晓楼是也；理境题不可抄袭一语，必以白战奏奇功，方百川、方望溪是也。

○三十七　王墙东文著著紧，储在陆文步步宽，皆人所最不能及者。

○三十八　名稿之最利举业者，其方望溪、储中子乎？方善用虚，储善用实，兼斯二者，犹掇蜩矣。

○三十九　尝记与周宿航论，时文虽小道，然果精其术，亦自足以刻划天地之情状，囊括古今之变态，其用与诗古文词等。曾选定熊钟陵、刘黄冈、张京江、李安溪、韩慕庐、储在陆、方百川、方望溪、王墙东、方朴山、储中子、张晓楼十二家专稿，

为《国朝十二家文》，衣食犇走，无力付梓，以为他日之券可也。

〇四十　松厓叔氏论时文、对策有云："作文之道，先积理，斯阴阳、向背、圣狂、敬肆、是非、可否之原，无不悉矣。亦多读书，斯天地、方物、礼乐、兵农、治乱、得失之原，无不悉矣。"

〇四十一　尝与同里诸子论文，余目周子宿航为仙，赵子法伍为鬼，沈子佩兰为怪。或戏曰："韫山当自作何品题?"宿航曰："管大英风浩气，固当以神明目之。"一时里中遂有"神仙鬼怪"之目，庄子虚庵诘余曰："何以处我?"余笑应之曰："君当是声闻辟支耳!"

——录自《韫山堂文集》卷三，管世铭撰，读雪山房清嘉庆六年刻本

法式善话八股

导读

法式善（1753—1813），原名运昌，字开文，号时帆，又号梧门、诗龛、陶庐、小西涯居士，蒙古伍尧氏，内务府正黄旗人。

法式善虽出生在一个官宦之家，但因祖父罢官而家道中落，加之嗣父早逝，故儿时生活极为困窘。幸得通经史、工韵语的嗣母带他转食外家，并典衣买书，教其读书。生性聪慧的法式善刻苦攻读，二十六岁便考中举人，次年联捷成进士，入翰林院成庶吉士，散馆授检讨，充四库提调。此后历官国子监司业、左庶子、翰林院侍讲学士，后转侍读学士，充日讲起居注官。三十九岁时因御试翰詹，考列三等，降为兵部员外郎行走，补工部员外郎，几乎是回到其任官的原点。四十岁时，由阿桂荐补左庶子，奉派办翰林院事，充功臣馆提调，后又升国子监祭酒。嘉庆四年（1799），因奉诏上书言事，触犯嘉庆帝而降为翰林院编修，再次回到仕途起点。次年起，又升侍讲、殿试收卷官。五十一岁大考又是三等，第三次降官为赞善，旋升洗马，充文渊阁校理；五十三岁又官侍讲学士；五十五岁以纂修《宫史》篇页讹脱，经嘉庆帝指出，降一级，授庶子，几乎又回到起点；五十六岁再充日讲起居注官；五十八岁后家居养疴，并课子读书，直至去世。

从以上履历可以看出，法式善在政坛不顺，每至官四品即会出问题而左迁。但他在诗坛却很吃香。

法式善是清朝早期著名的诗人和诗论家。其诗清远淡泊，题材广泛，各体皆精，很受时人追捧。当时的名诗人、名文士多与他有交往，甚至结为朋侣。他与袁枚、翁方纲、洪亮吉、赵翼、吴锡麒、王昶、秀水派金德瑛的外孙汪如洋等名家，或十年唱和，或千里论文，或形迹密切，或心灵契合，从而使得他“主盟坛坫三十年”（《清史稿》）。

对法式善在诗界的地位与影响，人们皆津津乐道，但对他在八股文坛的情况知之者却不多。其实，他在当时的八股文界也算一个有名人物，八股文写得很好，文运也好，否则，他怎么能在二十六岁中举并联捷成进士呢？

法式善的八股文颇有特色，其文理足气充，持论平正精粹。行文自然简质，有明显的古文风神，可知他对以古文为时文的把握已到炉火纯青的地步。

在八股文的理论方面，法式善也有其独到的造诣。他在《吴蕉衫制艺序》中说：“余学为时文三十年，官太学前后七八载，与生徒相砥砺。”既自学，又教人，还与学生们相砥砺，时间长达三十余年，对八股时文的认识自然会深刻独到。

经过几十年的写作、教学实践，法式善认识到代圣贤立言的关键在于“必敛抑其意气，和平其心思。及夫体验微至，发抒自然，使人读之，如接古人于千载之上”，方才是真正做到了代圣贤立言。法式善这种必摒弃个人主观意愿，全身心去体认圣贤原生状的思想并至深切之地步，方能使人读之“如接古人于千载之上”的认识，是把握到了代圣贤立言这一八股文基本原则之精髓的。这是他在《吴蕉衫制艺序》中所揭示出的八股文要义。

法式善对以古文为时文有深切的认识。

以古文为时文发展到乾隆时期，无论是理念上还是实践上都已臻完备。但因以古文为时文所营造的八股文文学性增强以致弱化了经学性的“疟疾原虫”仍在，故争议仍多，歧见仍在，连乾隆帝都出面干预了。乙卯（1795）年，乾隆帝召见时任国子监祭酒的法式善，说："制义不从古文中出，则气不盛，笔不遒，即制义亦必不工。"法式善听后大呼："大哉圣言！诚万世为学者之标准也。"由此话即可知法式善对以古文为时文的认同程度是多么高。

在《吴凤白必悔斋制艺序》中，法式善又指出："山林之士，不工为时文；科名之士，不工为古文。是说也，吾闻之。然而不工古文者，必不能工时文。"简单几句话，便把古文与时文的关系讲清了：要想写好八股文，必先写好古文。古文与时文是一种相辅相成的关系。

晚明以后，社会上有种否定八股文的舆论，认为八股文格式固定，不成其为文体。到清乾隆年间，随着八股文兴废之争，这种见识更是甚嚣尘上。法式善在《曹景堂制艺序》中指出此论的源流："夫应科目之文，唐之韩子曰'俗下'，宋之欧阳子曰'顺时'。于是好学能文之士，类以试作为无一可存者。"他以苏轼兄弟少年之作多为试作却大受赞赏，来驳斥对八股文等考试作文的轻蔑后说："文苟工矣，虽应试，曷足病乎？"他在这里提出一个衡量文体的标准：只以工不工，不以其用途来评价文体的高下，只要写得好，像曹景堂那样"理法清老，词藻又极绚烂"的八股文是极该称赏的。若写得不好，即诗、古文也要遭人指斥。能以工不工来衡量文体的价值，是法式善对时文做过深入研究后才得出的独到见解。

法式善对科举取士弊端的认识，也有独到之处。他在《成均课士录序》中说："然自有科举，士皆以艺为先资。泰平日久，条教日详，学官亦得治以有司之法，谨弥封、杜造请、绝游扬、禁延揽。执一卷以索之，冥冥不知谁何，之中虽有通经如马、郑、贾、孔，致用若诸葛武侯、王文成者，不假乎艺以自进，固无从而知之，无由而得之也。”这番话一针见血地将八股文取士对学校教育的破坏揭示出来。

而“乡、会试，为仕进之阶，士容有得失牵于中，所作不皆尽其才，主司亦或有关防磨勘之制于外，而取之不皆如是意”。这是说乡、会试时因科条太严，士子不能从容发挥，而考官又因关防磨勘的规定而对试卷加以苛求，故往往将英才阻于功名之外。这一被历朝多所诟病之弊端，法式善寥寥数语即揭示得一清二楚，反映出他对八股文与科场关系有深刻把握，也是他一贯奖掖后进，提携寒俊人品的表现。

法式善的八股文话留存的不多见，但从上所述亦可看出他的造诣与识见。

选入本书的序文，均依程邦瑞清嘉庆十二年所刊之《存素堂文集》卷二、卷三校点而成。

（乌　媛）

成均课士录序

成均课试之文，向例积数年辄一刊行。其后久废不刊，卷之在官中者，亦颇散失。自乾隆四十八年，法式善为司业，始加护视，不使复轶。逾二年，蒙恩擢他官去。去十年复来为祭酒，会前事诸君子，商刻课艺。于是相与论次之，得若干篇。

窃惟成均之设，国家所以养士，而磨厉之者甚具。其教以圣贤为归，其学以行己为先，以通经致用为极，而非独其艺之云尔也。然自有科举，士皆以艺为先资。泰平日久，条教日详，学官亦得治以有司之法，谨弥封、杜造请、绝游扬、禁延揽。执一卷以索之，冥冥不知谁何，之中虽有通经如马、郑、贾、孔，致用若诸葛武侯、王文成者，不假乎艺以自进，固无从而知之，无由而得之也，则艺又乌能不讲乎？乃者圣天子观文化成，厘正科场，训饬考官，不徒士之荣辱系乎是，将造士者之从违亦于是乎准之。斯余所为悚惧奋勉，而不敢已于是刻者也。

乡、会试，为仕进之阶，士容有得失牵于中，所作不皆尽其才，主司亦或有关防磨勘之制于外，而取之不皆如是意。惟成均之试则不然，士虽见录而无所弋也，取士者虽能取之，而不能进士也。果去取之有当，士必乐趋而知所勉焉。若去取无凭，士必弗之与。居其职者，可以知戒焉。如是而课艺之刊行，不愈可以励夫士与夫任教士之职者哉！法式善蒙上厚恩，自左降再起，忝与贤公卿学士大夫以职业相讲劝，虽甚梼昧，无所知晓，而不敢自隳其职业。因遂识之卷端，以告后来之嗣是职者。课艺旧皆无诗，今既颁为功令，与文并重，士之习之者，亦多彬彬可观，因并附之云。

成均课士续录序

自乙卯迄今戊午，三阅岁矣。法式善得与诸文士讲艺成均，朝考夕究，士靡不各以其能自献。即遐方僻土，见闻稍隘，耳目染濡，亦争自祓濯，喁喁如矣。课程既严，佳文日出，择其尤者，剞劂以行，犹前志也。

丙辰，恭逢圣天子诏广直省乡试中额。今岁临雍，复诏广国子监中额。大比届期，四方之士鳞集，咸思表见，奇文欣赏，乌容已乎？忆甲寅决科，余拔取十人，裒然居首者则莫晋也，次为刘嗣绾、陈超、曾卢泽、王德新、张树榖、陈栻、许会昌、萧培厚、陈球。是科获隽六人，乙卯获隽二人，王德新、陈栻俱荐而未中。莫晋旋登上第，选翰林，御试优等，超擢侍讲兼日讲起居注官，今且主试八闽矣。稽古之荣，有逾于此者耶？

或曰："莫子雄于文者也，若王子、陈子不皆雄于文者乎？不皆为先生所津津称道者乎？何莫子出而世莫撄其锋，王子、陈子屡战而屡北，文固可凭乎哉？"余曰："莫子之文之雄也，操诸莫子也，出而世莫撄其锋，不操诸莫子也；王子、陈子之文之雄也，操诸王子、陈子也，屡试而屡北，不操诸王子、陈子也。士但勉其操诸己者而已矣，其不操诸己者，听之焉。世之愿为莫子而不愿为王子、陈子者，皆当视其所操何如耳，彼王子、陈子之所操，夫何惭于莫子哉？士当励其所已能而俟其所未至，则庶几矣。"雕工既竣，爰以理之可信，事之足凭者，书之为诸生左券焉。若夫述典章、慎持择，前序已详，兹不赘。

成均学选录序

乾隆甲寅，法式善再官成均，既仿前此刊刻《课艺》之例，辑制义若干首，附以五言排律，序而行之矣。

敬维乙卯春，儤直西园，蒙恩召见，谕太学造士之法，制义仅帖括之一端，宜进以诗、古文词，庶几窥见古作者堂奥。且制义不从古文中出，则气不盛，笔不遒，即制义亦必不工。大哉圣言！诚万世为学者之标准也。法式善禀承睿训，退与诸生朝夕讨论，月试制义、经义外，兼试之诗、古文。诸生中究心于此者，固乐以才自见，即素未娴习者，皆得勉勉循循观摩兴起。

今行之三年，乃择其尤者，汇为一集，名之曰《成均学选录》，非专取"九变复贯"之义也。昔梁昭明甄错历代之文，谓之《文选》学，少陵诗云："续儿诵《文选》"，又训其子云："熟精《文选》理"。宋景文自言手钞《文选》三过。"选学"之见重于前代如此。我朝恢张文治，尊崇儒术，凡试新进士以诏疏论诗，试庶吉士以赋诗，试翰林以赋疏诗。其体制皆备于"选"，高文典册于是乎取之。矧大学为储才之地，又邀圣训谆切，不独六馆诸生当濡染风雅，为和声鸣盛之先资。而官太学者，有司教之责，所以讲诵解说，诱掖奖劝之，使不自安于固陋，更宜何如其兢兢耶？诸生由是进而上之，橐笔草制，宣天子命于四方，庶几无忝厥职。即扬休述烈，上追《子虚》《长杨》《羽猎》诸篇，亦可自托于不朽。美三十年，亲见操笔作文章，甘苦有以得其真，出言必能传信，故不属高才鸿儒而属余焉。果此意耶，则先生之集，安得不重刻，又安得不征余敘哉？附骥以传，谓非余之厚幸也欤？

曹景堂制艺序

曹子景堂学于成均有年，及予为祭酒，不数月，曹子充镶黄旗官学教习，例不随堂会课，其制艺未之多见也。既予以诗、古文课国子生，曹子亦间为之。每一首出，辄倾折其侪偶，余深赏焉。今年春，期满将归，裒畴昔应试之作示予，属序而行之。予因得尽窥曹子制艺之学矣。

夫应科目之文，唐之韩子曰“俗下”，宋之欧阳子曰“顺时”。于是好学能文之士，类以试作为无一可存者。然苏氏兄弟少年诸文，固多试作也。文苟工矣，虽应试，曷足病乎？曹子之作，理法清老，词藻又极绚烂，宜胜于人而取于人矣。乃屡困棘闱，徒以明经需次广文。予谓曹子，惟不早取科名，故得益肆力于经籍，沉酣贯串，振其采于诗古文词焉。其就余为诗古文词也，乃足以辅予教课之所未尽。然则曹子之不幸，实予之私幸也。是编出，世之不知曹子者，必将曰“此固试草也”。而竟若是，诚非文之罪矣。世有知曹子者，又将曰“此特试草也”。而且若是，则其学宁易测乎哉？

吴蕉衫制艺序

今操觚之士，莫不为时文。然于四子六籍不必穷其奥，于百家九流不必涉其藩，于古今盛衰升降之原，不必旁通而博览。取一二科场之作，剽其字句，谐其声音，欣欣然以为得其道，无惑乎时文之日敝也。余学为时文三十年，官太学前后七八载，与生徒相砥砺，久而益觉其难。何则？代圣贤立言，必敛抑其意气，和平其心思。及夫体验微至，发抒自然，使人读之，如接古人于千载之上。斯乃足以刊浮华，阐道术，而餍饫乎人心也。

嘉庆戊午七月，泾县吴子瑞清试太学，余奇其文，殆知时文之不易为者，取冠多士。旋捷秋榜，兹出其从兄蕉衫秀才文乞序。且言秀才生平于制举之业，未尝率尔为之，始受知于大兴朱竹均先生，继受知于无锡秦端崖先生，屡蹶省试，抑郁以终。呜乎，若秀才者，所谓知其难而不诡于遇者耶？秀才孝友朴质，读书明大义，其文真实淳懿，不屑剽字句、谐声音。骤读之，若无异于人，反复寻绎，乃觉其有以异于人之为之也。既惜秀才之不遇，又嘉孝廉之能表章其兄，而发其幽光。爰序之，以谂夫世之易视时文者。

吴凤白必悔斋制艺序

山林之士，不工为时文；科名之士，不工为古文。是说也，吾闻之。然而不工古文者，必不能工时文。昌黎曾悔其应试之作，东坡亦诫其子弟曰："绚烂之极，归于平淡。"由是言之，少年之作，皆得谓之时文；老年之作，皆得谓之古文乎？是又不然，盖文生于心，心之所之，向背殊焉。道义之士，其文和平；势利之士，其文诡随。和平则雅，诡随则俗，雅与俗不可不知也。

吴子凤白以文雄于乡，两试春官不售，刻其行卷曰《必悔斋制艺》，乞余为序。周览一过，所谓雅音也。复读其自序，知吴子之不欲以此自足，而有所惴惴焉，惕惕焉，以求其所未至者矣。吴子异日抒其所蕴，以建立名业于当世，弃去其所谓时文者，别自著书，成一家言，必有合于太史公所云。彼琐琐者，何足语哉？吴子诚能自赴厥志，吾且引昌黎、东坡为证佐，而重序之。

汪如洋话八股

导读

汪如洋（1755—1794），字润民，号云壑，浙江秀水（今嘉兴）人。清乾隆庚寅（1770）、辛卯（1771）师从著名的学者、八股文评家吴兰陔学经、诗赋、古文。因其八股文及诗赋写得好，且“在同学中年最少，蒙先生宠异特甚，每呈艺，喜动颜色。或有踳驳处，仍裁抑不少贷”（汪如洋：《八铭塾钞序》）。乾隆四十二年（1777）丁酉科乡试中举。乾隆四十五年（1780）领庚子科会元，殿试成状元，授翰林院修撰。但他并不恋栈官场，次年请假南归。乾隆四十八年（1783）充三通馆纂修官，并入值南书房。乾隆五十一年（1786）任山东乡试主考，随即出任云南学政。在任上大力兴办教育，还采用教家塾的办法，每考一道八股文题，便自作一篇范文供诸生揣摩，务使士子学成一艺。考试一结束，他便将诸生集合起来，听他一篇篇评析考生文章的好坏。言之切切，务必使大家有所领悟，各有所得。于是，云南文风蒸蒸日上。八股文与诗赋的水平大有提高。到己酉（1789），他这一届学政期满时，涌现出了一批人才。乾隆五十六年（1791），他丁母忧回乡。期满回朝，仍入值南书房，受乾隆帝的特别眷顾。乾隆五十九年（1794）病逝，时年四十岁，可谓英年早逝，才不竟其用。

汪如洋身体力行孔孟道德，修养很深。为人沉稳宽厚，喜怒不形于色。处事随和平易，方介廉洁。他中状元时，和珅威权赫奕，人争趋附。和珅欲招致之，他坚持不往，表现出高尚的节操，为众名流所敬重。

他少年便聪慧异常，博览典籍，称雄于文豪之间。工诗词古文，名重一时。诗词清圆朗润，命意选词坚凝密栗，不蹈寻常窠臼。每作一诗，即被人赞颂流传，甚至远达数千里外的边远之地。著有《葆冲书屋集》《葆冲书屋诗词集》《湖海诗传》《诗余》。

汪如洋原本就是乾隆年间的八股文名家，加上又连中会元、状元，名气便更大了。更何况他不仅以文学科名为重，而是谨守儒家伦理，刚直正派，坚拒权势冲天的和珅的拉拢。文以人名，其八股文名更是在乾、嘉年间飞驰天下。实话实说，汪如洋的八股文的确写得好，具有鲜明的特色。其文不但合乎理正气充的八股文基本原则，还有着独自特色。一是有创新性。其文既遵守程朱传注的大框架，又不迷信，时能提出自己的独到之见，或表现自己的独立人格和情操，言之有物，篇篇不虚发。其文说理精到，常避熟就新，侃侃而谈，使理境通彻，题蕴毕赅。构思不落前人窠臼，气势充沛，议论纵横，雄浑有力。其二，善以古文为时文，能于平正中出奇思，故其文皆深情逸致而不枯涩，具有义理充实，文词优美，清醇雅正的特色。其三，讲究行文技巧，正反开合，起承转合能运用得恰到好处，又善藏法脉于议论中，故其文有深度而又曲折起伏，很能打动人心。

汪如洋论八股文的文字罕见于世，仅存的这篇《八铭塾钞序》还是其恩师吴懋政（兰陔）在《八铭塾钞》初集编成后让他写的。这也是他为人谦和沉稳，不喜炫耀本性所致。

在这篇序言里，汪如洋只回顾、评价其师八股文识见之精妙及选编《八铭塾钞》指导思想之正确。但作为吴懋政之高足，且从汪如洋的八股文中所显现的特点来对照，可以知道文中所述“不专尚词华，惟熟审于气机血脉之间以决利钝”的观点，及

《八铭塾钞》中所显现的“理法一准乎先民，机致不违乎时尚”的做法，也无疑是汪如洋的理念。

（乌　嫒）

八铭塾钞序

潋川吴兰陔夫子与先君子同年至契。庚寅、辛卯间，洋执经门下，在同学中年最少，蒙先生宠异特甚，每呈艺，喜动颜色。或有踳驳处，仍裁抑不少贷。尝赋七古见赠，有“凤皇谁敢题凡鸟，蓏臼真堪作外孙”之句，盖以外大父海住翁相期也。既先生出秉括州铎，屡邮书相敦勉，反复论文，前后不下千余言，洋志之不敢忘。

丁酉秋赋，先生送试来省。试毕，以闱文呈阅者，座上客常满。先生一一区剖，某必售，某荐而未必售。榜发，无或爽者。盖先生之论文，不专尚词华，惟熟审于气机血脉之间以决利钝。此殆有神契也。是科洋举于乡，庚子捷南宫。辛丑请假南还，谒先生于濮川书塾，窃窥齿发稍稍衰矣。款留信宿，犹慷慨论文，于酒阑烛跋时娓娓无倦色。

会塾选初定，出以见示，受而读之，心怦怦有动。恍如前十年侍皋比之旁，负剑辟咡，口讲手画时也。是选理法一准乎先民，机致不违乎时尚。其旁注总评不惜语长，郑重为学者标示正法眼藏。世有会心人，因指见月，更复见月忘指。其于此事庶几登古人之堂，而哜其胾乎！

洋自束发受书，见赏于先生独早，而窃闻绪论亦最详。故于开雕之始，谨志操选之苦心以告来者。

乾隆壬寅年五月朔日，受业门人汪如洋百拜序。

——录自《八铭塾钞》，吴兰陔编次，清乾隆壬寅经国堂刊本

焦循话八股

导读

随着八股文的发展变化，对其写作理念、作法以及功用、变化规律的研究逐渐增多并走向深入。至清乾隆时，散见于文人书信及时文集序，乡、会试录序、各种时文选本的序跋、尾评中对八股文的论述触目皆是，中有不少真知灼见。其中纪昀、沈德潜的论述对八股文的发展变化规律做出了准确的描述，焦循则对八股文进行了多角度的探视，见解独到精深。

焦循（1763—1820），字里堂，一作理堂，江苏甘泉（今扬州）人。少颖悟异常，八岁即因能分别“冯夷”读音的正误而获妻。十七岁为诸生，旋因岁、科考名列一等而补廪。历乡试十一次，至嘉庆六年（1801）方举于乡，次年应会试，发榜前纷传其取中会元，结果却落第而归。从此以母病为辞，不复参与会试。在乡修葺老屋，曰半九书塾，又构雕菰楼，读书、著作其中，不入城市者十余年。曾坐馆授徒以为生计，又入阮元山东、浙江学政幕，批阅诸生月课卷及岁、科考试卷。

焦循生性诚笃直朴，孝友声著远近。恬淡寡欲，不干仕禄，只一心向学。

他精研经学，受学识淹通、长于书法的学政刘墉赏识，取为生员，并嘱其读经，说：“不学经，无以为生员也。”（焦循：《雕菰集》卷一《感大人赋并序》，清道光岭南节署刻本。以下凡引用同一书者，均不再一一注明版本）故他毕生致力于经学，尤精《易经》，经术与阮元齐名。于书无所不窥，经史、历算、声韵、训诂皆通，与江郑堂（藩）皆以淹博而获“二堂”之目。

他善为古文，取径于柳宗元。工诗词，其诗质而有味，一洗俗韵，亦无经生肤廓之习，阮元称其“老成”。亦擅曲，有《续邯郸梦》传奇及《曲考》《剧说》等著作，其《易余籥录》二十卷，汇集戏曲资料，阐发其戏曲观。

焦循是嘉庆时的八股文高手，“十三岁，受业于母舅谢君，谢君教以时文，凡四年。每作文，率千余言”（焦循：焦循诗文集·与秦敦夫太史书》，广陵书社，2009 年，第 438 页）。虽四十五岁后即“科举仕宦之心皆废”（焦循：《雕菰集》卷二十四《告先圣先师文》），却终其一生对八股文保持浓厚兴趣，不仅写八股文，教八股文，阅评八股文，还对八股文进行过深入思考与研究。乾隆庚戌（1790）在《与秦敦夫太史书》中说：“庚戌、辛亥间，呕血，不能深思，乃用力于时文，三年而后，得其梗概。”（焦循：《焦循诗文集·与秦敦夫太史书》，第 439 页）

焦循的时文根柢经史，不作空议，运以训诂考证之法，以阐发复制题中之奥旨微言为旨归，说理精确，作法出于先正，文字古朴平易，文学性足以羽翼经学性。

其文最大特点是从不趋风揣摩，严守遵经守注的底线，抓住题中神理再施以文法，阐叙自己的独到见解，并终生恪守这一信条。十七岁时，求教于亲戚夫己氏，夫己氏谓焦循“笔拙难成就，抑其所能，强以所不悦，于是文情窘涸，虽自视亦以为不可文也”。他由此得出文必己出，法必自运的理念，后“承父命，又以文数首质之夫己氏，是文仍用我法，而夫己氏益以为非文也”（焦循：《焦循诗文集·与秦敦夫太史书》，第 439 页）。这种理念，与其座师、乾嘉八股文名家英和教给他的相同。在他参加会试前，英和对他说：“考试不必趋风气，主师好尚之不同，往往至于相反，莫如据己之所学而自用之，一听人之去取，庶不失乎己耳。”（焦循：《雕菰集》卷二十《壬戌会试记》）他自称“余质木，不善自转移，每持此论，闻师言，益自信”（同前）。“掘己之所学而自用之”，“不失乎己”，也即我手写我心，六经注我。这就是焦循八股文的特色所在，也是他乡试屡考不中，会试落第之原因所在。

焦循“于众好中尤好时文及古文”（焦循：《焦循诗文集·里堂札记·甲子手札·与某》，第638页），故以极大的热情，连“呕血”时都在不倦地对八股文进行钻研，形成了其八股文观。

首先，他深刻地把握了八股文的“说经”本质，认为经学性是八股文的灵魂。所以，他为文“必根柢经术”，反对追风揣摩，反对时文是敲门砖之说，“谓不必根柢经术，但求涂饰有司耳目”（焦循：《雕菰集》卷二十三《先考事略》），这种论调是他所反对的。故他授徒作时文，“则必使之知经学”（焦循：《里堂家训》卷上，《续修四库全书》，上海古籍出版社，2002年，第951册，第521页），“看诸经注疏”（焦循：《忆书》卷五之十五）。

其次，他认为八股文经学性不能单凭以经说经来体现，而要与其他学问相融贯，才能避免空议，才能通经致用，有补于世。所以，他授徒“必使之知经学、史学及典章制度、六书九数、天文地理，以渐而博洽贯通”（焦循：《忆书》卷五之十五）。因为他认识到八股文“考核典礼，似于说经”，“议论得失，似于谈史”，“关键起伏，似于欧、苏古文”，“探赜索隐，似于九流诸子”，“严气正论，似于宋、元人语类”，（焦循：《里堂家训》卷上，《续修四库全书》，第951册，第532页）必须融贯各种知识学问才能写好，也只有这样，才能通过八股文写作培养人们的经世才能，培养通人，消除八股文徒托空言的弊端，化无用为有用。他的这种认识，从《里堂家训》中可看出：“乾隆丁未，叶霜林以其子托余教之，谓余曰：不愿儿作状元，愿儿作通人。幸勿授以时文、诗赋也。余曰：不然，未有不为通人而状元者。卒授以时文。”（同前）

最后，他主张改变八股文入口气代圣贤立言的基本原则，以求为文融贯古今以增其经世才能。他依据自己丰富的词曲、传奇知识，认为入口气代圣贤立言源于词曲、传奇代为人物拟言的做法，“又一变而为八股……习之既久，忘其由来，莫不自诩为圣贤立言，不知敷衍描摹，亦仍优孟衣冠……至摹写阳货、王驩、太宰、司败之口吻，叙述庾斯抽矢、东郭乞余，曾何异传奇之局段邪？而庄、老、释氏之旨，文人藻绘之习，无不可入之，第借圣贤之口以出之耳”（焦循：《焦循诗文集》，第866、867页）。他认为这种做法是有辱圣贤，必须改变，这样，不许称述三代以下之事和言的功令自然会作废，作者即可上下古今征引史实切入时事，增益其经世的才识和本领。焦循这种认识有其合理性与可行性，如果实行，必然导致八股文文体的革新，可使八股文成为培养实学人才的平台，适应变化了的形势需要，增强其生命力。但这样一来，必然弱化八股文传输孔孟之道的能力，于专制统治不利，故只能纸上谈兵，徒作空言。但这种认识，表现出焦循的胆识与真知灼见，表现出他为国家前途思虑的真诚。

焦循还有一些值得重视的观点，如主张辩证地看待八股文的功用，既要看到它引发的弊端：“今学究之谈义理者，起于为八股时文，而中于科第爵禄之见。”（焦循：《雕菰集》卷十五《王处士纂周易解序》）又要看到它对培养为统治者服务的人才，传播经学的巨大作用，是“不朽之业”。他说：“王介甫不朽之事业有三：曰雇役，曰经义，曰《字说》……经义为八股之滥觞，元、明以来用以取士，五百年不替。”（焦循：《焦循诗文集·里堂书跋》，第567页）用这种观点来研究八股文，才能得出正确的结论。

焦循八股文观的提出，是时代的产物，表现出一个有担当精神的士人对世变的敏锐观察力，对八股文即将走向衰败时的救亡思考，在当时有着积极的意义。

（龚　昊）

王处士纂周易解序

今学究之谈义理者，起于为八股时文，而中于科第爵禄之见。其童而习者，惟知有讲章，讲章之所引据，则采摘于宋儒语录，故为是学者，舍宋人一二剩语，遂更无所主，不自知其量，犹沾沾焉假义理之说以自饰其浅陋，及引而置之义理之中，其芒然者如故也。处士王芗城先生，名方魏，字大名，明南京吏部员外郎纳谏之孙，慈溪令玉藻之仲子。始从父于浙，既而归湖，隐居授徒，不应科举。一乡之人，服其道，重其品，称之曰先生。时祖若父之门生故人多居显贵，数以书邀之，均不应，自以胜代遗民，闭门自守，不入城市者三十许年。所著有《周易广义》，以本义大略，申其说而广之也。《纂解》者，其晚年之书，明太极、阴阳、爻象、占变大旨，不烦言而举其要，凡五篇，手录附诸《广义》之后。盖先生无志荣禄，不为科举文，特津津于义理中者数十年，精熟于宋儒道学之书，又能见诸躬行，信于乡里。此真能学宋儒之学，非中于科第爵禄之见者所可拟之为伦也。先生之曾孙从重字容若。与先人为中表兄弟，守祖父遗书，虽贫困难苦，不轻示人。循自入小学，稍知识字，借读先生遗书，乞之再三，始见其《纂解》一册，未一月，先生旧庐不戒于火，遗帙尽焚，而此册以循借读，岿然独存。呜乎！其命也夫。先生善书法，片纸只字，里人重之，而甚不易得。此本为其手迹，尤可宝焉。时乾隆戊申春二月，焦循序。

——录自《焦循诗文集》第 276—277 页，焦循撰，广陵书社 2009 年

壬戌会试记

正月二十二日，驾小舟过湖，至邵伯埭，夜大雨，宿竹巷口。明日，汪年丈舟来，从之。二十七日渡河，二十八日登车，值两淮监漕察院自京来赴任，客寓皆增价数倍。二月初一日至堰头，遇谈阶平。初二日过坝头，有新矼知州鲁君善政也，无向来过渡之艰，然每车尚费钱二百。初三日，渡陶沟，梁坏，其水中路已掘之使不平，非多与钱不易过也，晚宿阴平，是日余四十生日，汪年丈杀鸡煮酒，为一夕欢，同席者李滨石、汪星岩、张又篯、喻阶符。初四日，雨雪。初十日，宿刘智庙，问土人，不知智为何人。按《晋书·律历志》："武帝时，有侍中平原刘智，修改黄初术。"汉、晋时，德州为平原郡，盖即祀侍中也。十一日至景州，州城为水啮，有圮者漫河，村市没于水，卖饭于平野庐中。十四日由鄚州城至雄县，水淹没道路，尚不便于车行。自景州至涿州，一路皆赈粥，提筐者杂聚于市。十七日至芦沟桥，桥左设茶亭以待会试者，验批即放行，遂入彰义门，寓南柳巷郑柿里舍人寓中。三月初一日，吴玉松太史来。明日往候，太史称刑部戴金溪精于算学，是时未试，不便识其人，试毕始访之。初四日，与诸同年生公谒座师英煦斋侍郎于史家胡同，师见余甚喜曰："吾知子之字里堂，江南老名士，屈抑久矣。"予蹙然，师曰："考试不必趋风气，主师好尚之不同，往往至于相反，莫如据己之所学而自用之，一听人之去取，庶不失乎己耳。"余质木，不善自转移，每持此论，闻师言，益自信。是夜，足痺发，大痛不能屈信。初八日，足稍差，入场坐国字三十五号，遇无锡孙平叔。明晨题纸下，首题："为人君，止于仁，为人臣，止于敬"，场中纷纷以趋风气为说，余不知所趋，乃核是题神理以为文法。

出场遇李冠三，索余文，甚称道之，写一纸去。张开虞见之曰："是可得元。"桐城姚孝廉，姬传先生之子，已欲得元，见余文自失曰："元当让焦某矣！"十六日，王伯申来，赠以所著《周秦名字解诂》。十八日，访戴金溪于铁厂。十九日，李冠三邀与汪星言、徐德三、朱休臣、李滨石饮于龙王堂楸树下。二十日，看花于崇效寺。二十二日，郑舍人邀同刘芙初、汪珊樵、唐竹虚游钓鱼台。二十九日，奴子病不能溲，呻吟之声，殊乱人意，十日乃可。初六日，忽有传余为会元者，已而贩夫贩妇皆言之。至初十日早，则公然有报录者贺者十余起，皆曰会元，闻之者且亦曰此固不愧为会元者。余曰："会元卷至末乃拆，日间何得知？此妄说。"趋避于外，然言者固牢不可破。是夜榜发，下第。十二日，往南海店双关庙见英煦斋师，师方下值，见之太息曰："命也！命也，吾所见试文二百余首，惟子文第一，次则王尚旟，吾曾于南斋中向彭芸楣、朱石君两先生道子文之善，时彭先生亦举江西一佳篇，榜发皆无之，吾与彭公相对默然。"余告以归期。二十六日，偕郑舍人出都。五月二十日抵家。

是役也，凡一百一十六日。昔者归熙父己未会试，先三日，梦报中会元，而文则为一时所丑诋。余非梦而梦亦同于熙父，然时则甚传余之文佳，尚较幸于熙父也。嘉庆七年五月下弦记。

——录自《焦循诗文集》第365—366页，焦循撰，广陵书社2009年

与秦敦夫太史书（节录）

循六岁，受业于表兄范君，范君教以作对识字，辨平仄，凡七年。十三岁，受业于母舅谢君，谢君教以时文，凡四年。每作文，率千余言。其间学诗赋于族父熊符先生，得闻古今体歌行乐

府之法。己亥二月十二日，县试在城，姊言府院试近，可读书于其家，而以文令其子甲乙之，先父曰："以文章质人，必尽弟子之礼。"其时议定不拜，不用受业帖，彼呼舅氏，余呼先生，三十年来，彼或自大，仆则以师事之者，惟谨遵父命也。夫己氏谓仆笔拙难成就，抑其所能，强以所不悦，于是文情窘涸，虽自视，亦以为不可文也。五月，院试，以古学入学，刘文清公当堂面谕至二鼓，以为能识字，能知声韵，而时文则全篇不辞，是则得力于范君之教者也。是冬，承父命，又以文数首质之夫己氏，是文仍用我法，而夫己氏益以为非文也。循乃归，告诸先君，先君曰："何必文?"先君好五子书，因命学周、程之学。时甘泉姚雨田先生授徒于崇圣祠，阅说《太极通书》，仆是年居安定书院，每逢讲日，往听之，稍得其门径。壬寅，吉渭岩先生主讲席，勉循为经学，宜从吕东莱、严华谷两家入手，求二书不可得。兴化顾子超宗以经学名，折节与交，得习经之门户，乃从事于汉唐注疏，循之补禀膳生，以经学超宗之益也。至今思之不能忘，而时文则仍十年以前之习。庚戌、辛亥间，呕血，不能深思，乃用力于时文，三年而后，得其梗概，已而习术算者五年，则折衷于汪孝婴、李尚之二子者，亦循所得力者也。仆以文质夫己氏仅三阅月，而业之所受，则自有真，是亦不容不辨者也。

——节录自《集循诗文集》第 438—439 页，焦循撰，广陵书社 2009 年

易余籥录卷十七（节录）

《云麓漫抄》云：'唐之举人，先借当世显人以姓名达之主司，然后以所业投献，逾数日又投，谓之温卷。如《幽怪录》《传奇》等皆是也。盖此等文备众体，可以见史才、诗笔、议

论。至进士，则多以诗为贽。今有唐诗数百种行于世者是也。’按：此则唐人传奇小说，乃用以为科举之媒，此金、元曲剧之滥觞也。诗既变为词曲，遂以传奇小说；谱而演之，是为乐府杂剧。又一变而为八股，舍小说而用经书，屏幽怪而谈理道，变曲牌而为排比，此文亦可备众体，史才、诗笔、议论。其破题开讲，即引子也；提比、中比、后比，即曲之套数也；夹入领题、出题、段落，即宾白也。习之既久，忘其由来，莫不自诩为圣贤立言。不知敷衍描摹，亦仍优孟之衣冠。至摹写阳货、王驩、太宰、司败之口吻，叙述庾斯抽矢、东郭乞余，曾何异传奇之局段邪？而庄、老、释氏之恉，文人藻绩之习，无不可入之。第借圣贤之口以出之耳。八股出于金、元之曲剧，曲剧本于唐人之小说传奇，而唐人之小说传奇，为士人求科第之温卷，缘迹而求，可知其本。

元人曲，止正旦、正末唱，余不唱。其为正旦、正末者，必取义夫贞妇、忠臣孝子厚德有道之人，他宵小市井不得而干之。余谓八股入口气，代其人论说，实原本于曲剧。而如阳货、臧仓等口气之题，宜断作不宜代其口气。吾见工八股者，作比种题文，竟不啻身为孤装、邦老，甚至助为讪谤口角，以逼肖为能是，当以元曲之格为法。

——节录自《焦循诗文集》第866—867页，焦循撰，广陵书社2009年

吴兰陔话八股

导读

在清代中期以后的八股文坛，吴兰陔具有很高地位，他以刊印受人欢迎的几种八股文选评本而备受尊崇。

吴兰陔，生卒年不详，但可知道他主要的生活经历均发生在乾隆年间，故可推知他大约生于康熙末年或雍正年间，卒于乾隆末年或嘉庆初。浙江海盐人。名懋政，字维风，号兰陔，以号行世，人称兰陔夫子。

吴兰陔博学能文，经史、诗赋、古文均有较高造诣，尤对八股文有精深研究。他熟悉八股文的发展变化轨迹，评判八股文的优劣往往能从史的角度切入，故往往有中肯之见。他对八股文的写作方法了如指掌，故评析八股文均能一语中的，能简明扼要地解析出其优长与不足，而且令人心服口服。在乡、会试结束后，不少学生或好友拿所作墨卷的背诵稿向他请教，他在读过之后能指出某某之文能中，某某之文不会取。等取录榜一出，果如其言。其学生，清代八股文大家，考中过乾隆庚子（1780）科会元、状元的汪如洋曾回忆说："丁酉秋赋，先生送试来省。试毕，以闱文呈阅者，座上客常满。先生一一区剖，某必售，某荐而未必售。榜发，无或爽者。"（汪如洋：《八铭塾钞序》）

吴兰陔论文，不专尚词华，只"熟审于气机血脉之间以决利钝"（汪如洋：《八铭塾钞序》）。这一句名言至理，是他多年阅文评文经验的总结，以及他对八股文本质精准把握的结晶。

他大概只有贡生身份，除当过处州府学教授外，大半生都以坐馆教私塾为生，对学生极为认真负责，口讲手画，谆谆善诱。教学之余，还动手选评八股文集，是为享誉全国的《八铭塾钞》初、二、三集。“是选理法一准乎先民，机致不违乎时尚。其旁注总评不惜语长，郑重为学者标示正法眼藏。世有会心人，因指见月，更复见月忘指。其于此事庶几登古人之堂，而哜其胾乎!”（汪如洋：《八铭塾钞序》）这是其高足汪如洋对他所选编的《八铭塾钞》的评价。就是这几种选本和他几十年的私塾教学，使得他培养出的举人、进士数以百计，可他本人却与举人、进士无缘，只能以一领青衿终其一生，这是科举考试的悲哀。

《天崇百篇》是吴兰陔又一著名选评本，曾风靡乾、嘉两朝，直至同治、光绪年间，仍为受广大士子遵奉的八股文读本。

该书选取明代天启、崇祯年间诸名家的八股文传世之作一百篇，采辑其评语并参以己见而行世，以能示天启、崇祯八股文正法眼藏而广受追捧，风靡八股文坛一百多年。

天启、崇祯的名家名作，在清代最受青睐，连乾隆帝都下旨要士人以之为样板加以学习。吴兰陔选编《天崇百篇》显然有迎合乾隆帝之意，但他选编此书确实把握住了天启、崇祯八股文的精要。这在他所写的《天崇绪论》一文中有所体现，从他对天、崇八股文特点和名家优长的分析中可看出其八股文观。

首先，他认为“其精神永远不敝者，是之谓真新也”，而“天、崇之精华”便在于此。所谓“永远不敝”之精神，就是指天、崇名家八股文中所阐发的义理具有精、深的特点，足以传之久远。在吴兰陔看来，这就是永远不敝的精神所在。他把天、崇八股文分为神品、能品、逸品三个层次。把“运神之机，笼罩万有”定为神品，这就包括了对义理的阐发必精与深在内。能品则明确指出必须是“阐发题蕴，无稍渗漏者”。这无不表明，吴兰陔衡文是以对题旨中的义理阐发的程度来评定其品级之高下的。

其次，吴兰陔把气之纯驳作为衡量八股文高下的又一个重要标准。他说，八股文之“理也，识也，度也，皆赖有气以运掉之。读天、崇文，但当辨其气之纯驳何如耳”。他还借凌仲远在《探微集》中评价金正希（即金声）“以小心行浩气”来说明“气”对八股文的重要。因为金正希之文“难乎其为继”，在天、崇八股文坛，是数一数二的角色。以金正希为例证，关于“气”的重要性之论断就更具说服力。

对与金声齐名之陈际泰以及章世纯、黄淳耀、艾南英、陈子龙等这些彪炳史册的天、崇八股人物，吴兰陔都给予了极高且准确的评价，如评陈际泰（大士）时借用凌仲远的话说：“大士早誉晚成，言满天下，捉笔如风发泉流，兔起鹘落，瑕瑜不相掩，老气横九州，奇文豹变，岂出正希下哉!”又引凌氏之言评黄陶庵（淳耀）说：“伟论似《东莱博议》，正气似文山歌行。其忧时经世，卓荦似贾傅，剀切似宣公。《大畜》之君子刚健，笃实辉光，是之谓矣。”吴兰陔认为凌氏说的还不够准确，自己又加了一段话：“愚按：陶庵先生熟于史学，文境出入于眉山父子，故指事类情，意无不尽之言，言无不尽之意。方望溪谓金、黄二家，言及世道人心，能使读者义理之心勃然而生，故知言为心声也。”

对于天、崇年间八股文坛有争议的人物，如黎耳庵（志陛）、项水心（煜），吴兰陔也能公正地予以评价：“黎耳庵（志陛）、项水心（煜），文体好为纤仄，固难语于大家。其一种新警之色，绵密之思，诸大家亦无此至致。今日且就文论文，不必以人废言。”而对于公然投降李自成的周钟和投李自成后又改投清朝的陈名夏，虽然他们俱有赫赫之文名，都是天、崇八股文坛之高手，吴兰陔就毫不客气地指斥：“惟陈百史（名夏）、周介生（钟），人文俱无可取。”这表明了吴兰陔论八股文须先看人品，后识文章的八股文评析观。

吴兰陔虽力主八股文要阐发出文题中包蕴之精深义理，但又反对过度阐发，他认为“圣贤立言，和平中正，作者穷力追深，不觉说得过当了”，他把这当成天、崇八股文的一种“病处”而郑重指出。

他认为，“读天、崇文，当知其识见高处”，“当知其制局紧处”，“当知其用笔巧处”，“当知其一笔作两笔用处”，“当知其善于引伸处”，“当知其善于简括处”。这六个“当知其”，彰显了吴兰陔所主张的八股文作法。

凡此种种，无不证明吴兰陔具备以精简的文字揭示出八股文写作之真谛的能力，故其成为一代八股文名师也是顺理成章的了。

（龚　昊）

天崇绪论

余曩有《读墨一隅》之选，为习墨卷者，药其有声无辞，有辞无骨之病。海内文士，谬许为知言，群奉为应试楷式。其实文章之能事，墨卷不足以尽之。凡墨卷之佳者，定不从墨卷出，此余《塾钞》初、二集所由踵刻也。今年春，门弟子复请定《天崇读本》，余喜其祈向之进而逾上也，乃裒集天、崇诸刻本，择其纯粹以精，历经前辈所鉴赏者，为采辑其评语，间以管见参焉。约以百篇，便读也。客有见而哂之者，曰："文犹是文，评犹是评，无所为推陈而出新也，安用复选之而辑之为?"解之则曰："夫所谓新者，非耳所创闻，目所创见之谓。正惟日在人耳目之前，而其精神永远不敝者，是之谓真新也。昔沧溟李氏选唐诗，鹿门茅氏选八大家，皆就世间流传习熟者，抉古人之苦心，诏来者以成法，岂与当世殊其弃取哉！是集也，不敢谓倾琨取琰，然天、崇之精华，略具于此。"

明季社稿盛行，专以才气相竞。然碔砆偕琬琰互登，蛇蚓并蛟螭杂出。凡子书、释藏、稗官小说，往往拦入经义中。苏氏（苞九）《甲癸集》捃摭选本至一百廿四种，专稿至五十七家，想见当时文风之盛，而不知实则文体之衰也。学者读天、崇文，贵精不贵博。余仿钟嵘选诗之例，分为三品，运神之机，笼罩万有，神品最上。次则阐发题蕴，无稍渗漏者为能品。又或有孤韵独攻，或有偏师制胜，戛然表异于流俗者为逸品。拟之王氏八编，神品则《大观》，能品则《精诣》，逸品则《别情参变》也。

孙氏（起山）《明文选》分初、盛、中、晚四集。其序晚集云："晚明纯以气用事。六月返照之日最烈，腊月暮号之风最劲。经术疏而后参之以史，史学疏而后杂之以子。盖文以理为上，识次之，度又次之，至最下而求之于气云云。”似乎看得气太粗了。韩子不云乎，气盛则言之大小毕浮。又云气盛则言之短长，声之高下皆宜。古人十年养气，与十年读书并重，理也，识也，度也，皆赖有气以运掉之。读天、崇文，但当辨其气之纯驳何如耳。

大含元气，细入无间，二者盖难兼之，惟正希金先生两擅胜场。有明二百余年，集文字之大成者也。同时艾千子操选政，持论最苛，指驳诸家文不少贷，独于正希则无间。然《定》《待》两选可按也。苕溪凌氏（仲远）《探微集》列大家十有二，各系总评。其论正希云：“以小心行浩气，以精理铸奇思。出入班、马、韩、柳之间，驰骤隆、万、天、崇之际，独往独来，能醇能肆，正希之文难乎其为继矣!”盖先生学问气节炳耀今古，故其发为文章，皆粹然儒者之言。余尝拟元遗山作论文诗三十首有云：“风回紫海壮波澜，文至嘉鱼始大观。不信墨池方寸水，此中真有老蛟蟠。”

陈与金并称，犹诗中之李杜、元白，名齐而格不同也。凌氏评大士，早誉晚成，言满天下，捉笔如风发泉流，兔起鹘落，瑕瑜不相掩，老气横九州，奇文豹变，岂出正希下哉！王氏（云衢）《明文治》，大士好为恢夸之言，说理必取过火一步。合此二说，可以见大士矣。

凌氏评陶庵先生，伟论似《东莱博议》，正气似文山歌行。其忧时经世，卓荦似贾傅，剀切似宣公。《大畜》之君子刚健，笃实辉光，是之谓矣。愚按：陶庵先生熟于史学，文境出入于眉山父子，故指事类情，意无不尽之言，言无不尽之意。方望溪谓金、黄二家，言及世道人心，能使读者义理之心勃然而生，故知言为心声也。

几、复两社人文蔚起，艾千子攻之甚力，未免自尊而卑人。

后来选家因艾评遂分左右袒，亦未免责耳而贱目。按杨氏（葭渔）《文炳》讥千子始犯杂驳，继犯枯燥。今阅其文稿，诚未见有卓然不磨之作也。若大樽、陶庵天骨开张，英姿飒爽，自足与章、罗、陈、杨四家画疆而霸，岂遽就小邾之列哉。窃谓云间、江右之文，历下、竟陵之诗，天地间合有此两种笔墨，如水与火不能合一，亦不可缺一也。

黎耳庵（志陞）、项水心（煜），文体好为纤仄，固难语于大家。其一种新警之色，绵密之思，诸大家亦无此至致。今日且就文论文，不必以人废言。惟陈百史（名夏）、周介生（钟），人文俱无可取。

读天、崇文，当知其病处。圣贤立言，和平中正，作者穷力追深，不觉说得过当了。如《君子怀刑》项作后比，只图搏挠“君子”字。紧凑，却似深文周内。圣人警醒人的本旨，何尝如此。

读天、崇文，当知其识见高处，如《荡荡乎》，黎作通篇捺倒名字，不用欲抑先扬之法，恰合白文细注语脉。当知其制局紧处，如正希《恶紫》篇，入手将紫朱、郑声、雅乐六实字一齐揭过，全篇直发挥“夺乱”二字。大士《人之有德慧》篇，入手将德慧、术智、疢疾六实字一齐揭过，全篇专摇曳“恒存乎”三字，此入水擒蛟手也。当知其用笔巧处，如大士《事君》数篇中比，他人粘接处忽扬开，他人顺接处忽逆转，用笔有游龙惊鸿之妙。当知其一笔作两笔用处，如正希故以某之在今日也，则亦有非礼而从之者，最有远神。当知其善于引伸处，他人一二语便尽者，偏能衍作数十百句。如正希《何以报德》，大意只统计进求一联已了，却从此推勘进去，如剥蕉抽茧，层出不穷。当知其善于简括处，他人数十百句不能尽者，偏能一二语了之。如项作《其身正》篇，谓“身与身类乎”，谓“令与身类乎”，“谓载之身者质乎”，谓“悬诸令者质乎”，如徐夫人匕首，血濡缕，人立死。略举数条，以示读文之法。一隅三反，是在学者。

八铭主人识。

——录自《天崇百篇》，吴兰陔选评，清光绪辛卯湖南思贤书局刊本

陶澍话八股

导读

陶澍是中国近代一位杰出的政治家，对八股文也有很高的造诣。

陶澍（1779—1839），字子霖，号云汀，晚年自号桃花渔者，湖南安化人。

陶澍自小聪慧，又勤学好问，在以学问名闻远近的父亲陶必铨悉心教育下，熟读四书五经，十二三岁时即“学八比之文，凡一月而成篇，先生大惊喜，齿之异于诸弟子”（陶澍：《上舍王虎文先生墓碣》）。凭着于一月之间便能学会并写出令先生“大惊喜”之八股文的悟性，他十八岁即考中秀才。八股文名家、时任湖南学政石韫玉在其试卷上批曰：“清新，无半点尘氛气。”（陶澍：《题石琢堂师独学书室图》）

二十三岁时，陶澍与其父同赴长沙参加湖南庚申（1800）科乡试。父落榜，儿中式，取为第三十名举人。二十五岁，参加壬戌（1802）科会试，取中，殿试原拟取中一甲二名进士，但因策文内偶遗一字，句读未协，被改置二甲五十三名进士。历任翰林院庶吉士、国史馆修纂、乡试副考官、会试同考官、詹事府詹事、监察御史、给事中、掌印给事中等京官。嘉庆二十四年（1819）后，因才干超群，政绩卓著而青云直上。先任川东兵备道，后升山西按察使，调福建按察使，擢安徽布政使、巡抚，调江苏巡抚，升两江总督并兼江苏巡抚，还兼两淮盐政。

陶澍少年时随父在岳麓书院学习过，受学院实学风熏陶，故于地方官任上，实心任事，兴利除弊。无论是救灾兴农，河漕吏治，水利海塘，还是整顿两淮盐务，改漕粮河运为海运，件件都是实事，件件都取得很大成效。而保证实事实办的，是由八股文写作中所获得的儒家治国平天下的理念和解决问题的思维方式。

八股文所传输的是儒家的伦理价值观，也是儒家治国平天下的理念。而八股文写作通过文体的训练，能使人具有正反思维和高度概括分析的能力。陶澍对八股文的本质有着深刻的把握，自小即能作出极难作的好破题。据传他小时随父外出，见有两个木工用大锯一推一拉在解大木，父亲便命他以此作破题。陶澍未假思索，应声而出："送往迎来，其所厚者薄也。"此破题准确地将两人一拉一送解木板的动作及实质形象地破解出来，需要很强的分析概括抓往事物本质的能力。长期如此的文体训练，使陶澍具有解决现实问题的能力。所以，终其一生，陶澍对八股文有着很高且能切中其要的评价，这体现在他所写的一系列评述八股文的文章中。

陶澍认为八股文的本质在于明经术。

在《四川乡试录序》中，他指出："自古文章之盛，视乎上之所以教，下之所以学，而其要在于宗经。经者，恒久之至道，不刊之鸿教也。经术明，则人才蔚起。其深者，渐摩浸润，密移于性命之际，发为文词，必充实光辉，粹然一衷于道。由是见之设施，则通经致用，亦经正而庶民兴。"即是说，只有宗经，使经术明，才能写出充实光辉之文，才能通经致用，见之于设施，使庶民兴。具体到"制举之文"，因其"代圣人、贤人以立言，心之精微，通乎词气，尤足觇其所学"，故他在选取试卷时，"一以经为根柢，其支离鄙僿，不衷于经者，弗敢取录，以期言为有物，学为有用"。

在《尊经书院课艺序》中，他强调四书五经俱为经，"经者，常也。圣贤之言，如天地之常道，范围而不过，曲成而不遗。约之为四子，散之为《易》《诗》《书》《礼》《春秋》”，两者相辅相成。故“不贯通乎”五经，“以阐发四子，而能代四子立言，吾尤不信也”，八股文只有“有得于经，则根茂实遂，言中体要，皆经之精液也。无得于经，虽猎取浮华，譬彼行潦之水，朝盈而夕涸耳”。这又重申了他八股文必明经术的思想，并对当时科场重四书文轻五经文的做法予以了批判，其目的也是强调明经术，只有“经术明”，才能写出“粹然一衷于道”，可“密移于性命之际”，“通经致用”的好八股文来。

陶澍还指出八股文写作的要义是“为文必从心得”。

从根本上说，八股文就是学习四书五经的心得体会。这一认识，在八股文史上能明确指出的学者不多。虽然陶澍是在《胡竹塘制艺序》中引用了罗慎斋（即罗典）、余存吾（即余廷灿）教人作文之话，但他是肯定此话的，还点赞说“旨哉言乎，可谓善言文矣”。所以，可把“为文必从心得”视为陶澍的八股文观。能有“为文必从心得”的观点，就意味着陶澍自己写作的八股文，全是他对四书五经深研并能联系实际所致，故“能植品敦行。其后出而有为，亦俱能覃精竭力，不苟流俗”，成就他后来的治绩与事业。

在陶澍的八股文话中，还可看出，他特别强调八股文写作要“实”。这个“实”体现在两个方面，即形式与内容都必须讲究“实”。

他在《钟山书院课艺序》中指出：“夫自八比取士之法行，虽魁才硕学不能不降而就律令。至其文之高下，则随时地为转移，要惟以实而不以华，为能垂世而可久焉。”这就指出八股文词句及表现方法要朴实而不取浮华。在内容方面，更要做到“有实学”。而要做到这点，在“读古圣贤之书”时，要“恍若謦欬接而声与通”，这样，在写作八股文时，方能“悉如古圣贤之所欲言，而犁然有当于人人之心。亦如亲见古圣贤，而聆其意中之所欲言，以是出而应有司之知，其亦可矣”。可以看出，陶澍将能深切体味圣贤之言行并于文中再现，视为“实学”，即代圣贤立言，真正发掘出四书五经的内蕴真谛，方为有“实学”。而“有实学，斯有实行，斯有实用”，用今天的话说，就是只有这样，才能用以指导改造主观世界与客观世界。

陶澍的八股文观有其精诣之处，且作为一个以实学精神贯注于八股文之中，从而提升了思想水平和分析综合能力，并能于理政中取得巨大成绩的人，其八股文观便更值得研究了。

选入本书的序文，均依清道光十四年所刻《印心石屋文钞》校点而成。

（龚　昊）

四川乡试录序

嘉庆十五年，岁在庚午，各直省举行乡试，有旨命臣澍、副臣史评，典四川试事。

臣楚南谫学，由嘉庆七年进士，改庶吉士，散馆授编修，旋以外艰归籍，前后供职未及二载，即荷洪慈，畀以抡才重任。闻命之下，祗惧弥增。谨星驰抵蜀入闱，恪共襄事，得士如额，选缮试录，恭呈御览，臣例得缀言简末。

臣伏思自古文章之盛，视乎上之所以教，下之所以学，而其要在于宗经。经者，恒久之至道，不刊之鸿教也。经术明，则人才蔚起。其深者，渐摩浸润，密移于性命之际，发为文词，必充实光辉，粹然一衷于道。由是见之设施，则通经致用，亦经正而庶民兴，所谓文章，莫大乎是，而时代升降之说，不足言也。

蜀自汉以来，人文最盛，如司马相如、扬雄、苏轼父子之伦，尤杰出。论者谓天下之山水在蜀，峨岷毓秀，江汉炳灵，以故奇才辈出。臣窃以为皆经学之所致耳。考汉孝景时，文翁治蜀，作讲堂石室，遣隽士东诣博士受经。东汉兴平中，高眹作周公礼殿。厥后，毋昭裔有石刻十经，田元均补刻《公羊》《穀梁》二传，席升献补刻《孟子》，而十三经咸备。若此者，类能尊圣经以延教，为天下冠。即如马、扬词赋，艺苑所推。而长卿之学成，由于东受七经。子云作《法言》比《论语》，作《太玄》比《易》，后儒颇讥之，然其研经之功，实有心得。大醇之目，昌黎非谰言也。眉山三苏，文各名家，而老泉则六经皆有论矣。东坡则有《易传》《书传》。颍滨则有《诗传》。虽其文各称其所见之大小，所养之浅深，要皆习于经而有得焉。斯所以义极乎性情，而词匠乎文理也。

我朝经学昌明，迈于前代，蜀士之奋兴鼓舞，涵濡圣泽者，蒸蒸日上。而制举之文，代圣人、贤人以立言，心之精微，通乎词气，尤足觇其所学。臣与臣评，悉心甄拔，一以经为根柢，其支离鄙僿，不衷于经者，弗敢取录，以期言为有物，学为有用，用副我皇上乐育化成之至意。区区之忱，尤愿与多士共勉焉尔。

——录自《印心书屋文钞》卷五，陶澍撰，清道光十四年刻本

胡竹塘制艺序

竹塘先生，梓其制艺寄余，索为序。余时方自川东赴晋臬任，匆匆就道，携其稿舆中观之，连日不能释手，乃叹先生于此事诣之深也。

先生以名孝廉令蜀中二十余年，清苦自励，所至之处，吏畏民怀，有古循良遗意。今大府鏞堂蒋公亟称之。余以菲材，承乏川东一载，亦资臂助，每叹吏治如先生，可谓能尽其才，卓然不苟于流俗者。今观其文，始知先生之卓然不苟者，其所由来渐矣。

先生与严观察乐园，暨先乡贤萸江公，读书于城南、岳麓两书院，风雨鸡鸣，称莫逆交。严公常云："吾师罗慎斋、余存吾两夫子，教人为文必从心得，一字不苟随，一笔不妄下。以故一时能文之士，类能植品敦行。其后出而有为，亦俱能覃精竭力，不苟流俗，皆因读书作文时，能尽其心之故。"旨哉言乎，可谓善言文矣！彼以文章、政事为两事，而谓不足以观人者，真浅人之论。徒见夫东涂西抹，苟且以弋功名者之为，而不知人与文之相为表里，固自有真也。先生平时能尽其心于文，固宜其当官为政，能尽其心于民也。

往者，少宰黄冈李小松先生，序先乡贤公文云："晰理于毫芒，运思于沉奥，蕴之宏深，出之精悍。"兹观先生之文，亦复如是。盖其时良师益友，观摩鼓厉，其效有然。读先生文，不觉为之皇然思奋焉！

——录自《印心书屋文钞》卷五，陶澍撰，清道光十四年刻本

钟山书院课艺序

江左为人文之薮，而钟山如龙蟠，扶舆清淑之气蓄泄于兹。国家人文化成，因明制，立书院，岁选高材之士肄业其中，储他日通经学古之用，意甚盛也。

余以庚寅秋，恭膺简命，建节斯土，得时以退食之暇，进诸生观其角艺，四年于兹矣。适院长胡竹村先生，将有课义之刻，于以觇诸生诣力所就之浅深，非苟为标行卷博虚誉也。夫自八比取士之法行，虽魁才硕学不能不降而就律令。至其文之高下，则随时地为转移，要惟以实而不以华，为能垂世而可久焉。古称扬州，其气轻扬而上浮，江、鲍、徐、庾所患，非藻绘不足也。我世宗宪皇帝御书"敦崇实学"悬之讲堂，其隐寓箴砭而示之正鹄者，至深切矣。

大学何以实？盖必从"衣锦尚絅"之始，以驯致于不见是而无闷之域，而后读古圣贤之书，恍若謦欬接而声与通。故发之为文，悉如古圣贤之所欲言，而犁然有当于人人之心。亦如亲见古圣贤，而聆其意中之所欲言，以是出而应有司之知，其亦可矣。遇与否，则命也。有实学，斯有实行，斯有实用；非是，则五石之匏，非不枵然大也，其中乃一无所有。以中无所有之人，即幸邀有司一日之知，责其实用难矣哉！

往时，卢抱经、钱竹汀、姚姬传诸先生，尝主斯席，皆以实学为教。数十年来，流风未替。今又得胡先生为之提唱，吾见其风气蒸蒸日上也。故于课义之刻，重举圣训，为诸生勖焉。

——录自《印心书屋文钞》卷九，陶澍撰，清道光十四年刻本

尊经书院课艺序

刻《钟山书院课艺》将竣，而尊经院长任阶平太史，亦汇其尊经课艺见示，遂同付之梓。

盖金陵有二书院：一钟山，一尊经。其岁取高材，而廪之饩之，月煅而季炼之，均也。则诸生之角艺于尊经，与角艺于钟山亦均也。余之所以告钟山之士者，尊经之士亦备闻之，复何赘焉！抑余更有说也。

夫国家造就人才，自三年大比、岁科两试之外，又以书院课试辅贡举之不逮，其所望于诸生，岂惟是能为制举之文，遂诩然自足哉？亦将励之以通经学古，而致诸用也。昔胡安定教授苏湖，立"经义""治事"二斋，一时经术极盛。今书院以尊经名，犹前志也。院长太史，为翼圣先生之孙，以经学世其家者，其教人又可知也。

夫六经谓之经，四子之书亦谓之经。经者，常也。圣贤之言，如天地之常道，范围而不过，曲成而不遗。约之为四子，散之为《易》《诗》《书》《礼》《春秋》。不贯通乎《易》《诗》《书》《礼》《春秋》，而能阐发四子，吾不信也。不贯通乎《易》《诗》《书》《礼》《春秋》，以阐发四子，而能代四子立言，吾尤不信也。夫即末可以知本，有得于经，则根茂实遂，言中体要，皆经之精液也。无得于经，虽猎取浮华，譬彼行潦之水，朝盈而夕涸耳。

韩子曰："约六经之旨而成文。"故不徒以义人见。诸生之文，其已进于是乎？抑犹未也？如遂沿而不止，将他日通经致用之学，其端即于今课艺卜之，岂可以制举之文而少之哉？诸生亦顾名思义，蕲克副乎所谓尊经者，斯已矣。

——录自《印心书屋文钞》卷九，陶澍撰，清道光十四年刻本

丁明经制义序

予主讲澧阳时，丁君元定时已登拔萃科，受知吴稷堂学使。予见其行卷，理法精到，一轨于正，心窃许之。嗣后，宦辙迁转，闻问久疏，而予于制艺，亦既庋之高阁矣。

吾姻王君平舫，司铎是邦，今年夏，邮寄其文百首，致书曰："丁君潦倒不偶，齿亦就衰，门下士将刊其文稿，愿得一言张之。"予诺，未果为。平舫复敦促再三，乃于公退之余，时一翻撷，叹其学养醇邃。视前此益进，而要不外夫向所谓一轨于正者，正则自可以传，无俟予言为也。

因思予于澧阳居最久，交最多，情谊款洽，无异桑梓。以故自都门而蜀、而晋、而皖、而吴来谒者，乞文无虚岁。今丁君又以文序諈诿，此固澧人士亲爱之雅，亦未始非平生鸿雪之缘，所请每不忍却，独吝不为丁君序乎哉？书成以复平舫，为我语丁君曰："传世无疑也。"

——录自《印心书屋文钞》卷九，陶澍撰，清道光十四年刻本

路德话八股

导读

在晚清八股文坛上影响最大，对清真雅正标准维护最力的当属路德。

路德（1784—1851），字闰生，陕西人。清嘉庆十四年（1809）己巳科进士，改庶吉士，散馆授户部主事。后以病放归，历充关中、宏道、象峰、对峰各学院主讲，以擅传授八股文作法著称于世。

路德有才有学，但精力专注于八股文作法之探求。他的八股文也写得好。文思敏捷，文笔平正，文气畅达，文章灵动，极见功力。题目出自《诗经》的《无感我帨兮，无使尨也吠》题文，是其代表作，也是一篇名文。

从此文可看出路德才学兼优。他遵经守注，旁搜远绍，将《诗经》中可为此文用的其他篇章内容连缀成文，以赋的形式、工丽灵动的语言、和谐的音节、委婉含蓄的语气、股段相杂的体式，将男女相交必守礼，“非礼相陵则狗吠”的题理形象、生动、准确地表现了出来。故该文尾评云：“诗词婉蓄不着激烈语，诗意决绝不着模棱语，理法兼赅，华实并茂。”

路德时文的最大特点在于能严守功令，尽量做到与之严丝合缝。

他崇尚机法，讲究篇法、股法、句法、字法，及操纵、开合、抑扬、起伏、顿挫、错综的运用，故他极善作必用巧法的小题文。但他又讲究巧不伤理，运用机法不露痕迹。故他作文必先将题目咀嚼再三，品出精义，才抓住关键字眼切入。行文时他注意选用最巧妙的技法，以最精练的语言去表达。故其文无繁词赘语，无离经背注之意，生动准确，受到追捧，直到光绪时，其文还为学习写作的典范。他的这番心机，从他自述其作截上题《与命与仁》的作法时即可看出。他说："利、命、仁三项，不得平列，看两与字自知。若以通节命题，宜用一头两脚格，今既截去上四字，便是截上题，不惟上文利字紧粘本题与字，不得顺承，即罕言字亦万万顺承不得。作法当从本题命、仁字回抱上文利字及罕言字。若云利与命，利与仁，罕言命，罕言仁，便是连上。即仅云言命言仁，亦是连上。上文利字乃本题两与字之根，作法须就命与利、仁与利之交关处凿凿言之，便是两与字之理，万不可空衍了事。若不能切实说理，势必用类推、递及、胪列、并举等字，及类而不类、不类而类等语，便堕入描画家空套。上文罕言包本题四字在内，作法须将本题四字归入上文罕言中，然后题解明，题气足。但只须就本题四字抉出所以罕言之故，所以然处既透，不待缴回罕言，已暗暗归入罕言，能如此，方算便捷。若处处于题下缴回，非笨重，即文冗矣。玩注命之理微，仁之道大，知圣人另有意思，不是概以利视。但命、仁中原自有利，若对常人言之，未免动他计利之心，此亦题中自有之理，并非强题就文。况题之妙处，全在两与字，若不从此处发挥，两与字终难悚切。然题意又实不止此，若一味说向这边，又未免失之一偏。此文后比对股，将命、仁提空言之，不肯沾实利字，其索诸虚无，求诸高远云云，正与命之理微，仁之道大二句吻合。得此一比，题理乃全，不得以偏锋目之矣。凡作文，须先究题理，后审题法，不可舍法说理，尤不得舍理用法，一有不合，便非此题之文。后比对边，虽将命、仁提空，却隐隐有利字在内，虽未明抱，正未尝不暗融也。若抛却上文利字，便抹煞本题与字矣。所以将命、仁提空者，乃因题理不全，不得不用斡旋。但须理法兼到，不得顾此失彼，既不沾定利字，又须融合利字，不沾何以能融，既融乌得不沾？此等处务要轻圆，轻则无迹，圆则善转，转而无迹，故能不着一边，而两边俱到。”（见李元度编：《小题正鹄》三集该文《自记》，清道光丁未刻本）

从这番话中可看出路德审题是如何细密，作法是如何周到，犹如水银泻地，无孔不入，从而使文章理法兼顾，极利初学，极便场屋。所以李元度编辑的《小题正鹄》一、二、三集，都是以路德文为主。其书为晚清选本中发行量最大者，被刘成禺称为“咸同以来”小题文之“正宗”（见刘成禺：《世载堂杂记·清代之科举》，山西古籍出版社，1995年）。

路德在八股文坛的影响，更主要的是他编撰了《时艺引》《时艺阶》《时艺开》《时艺课》《时艺综》《时艺话》《时艺辨》《明文明》等八股文作法指南一类的书，对八股文的作法从审题到机法，无不条分缕析，字斟句酌，面面俱到，极为详尽，极便揣摩。故在同治、光绪之时，几乎家有一编。

李元度在《小题正鹄》三集的目录《附识》中说：“先生著作苦口婆心，自有选家以来，未有确凿至此者。西北方多有其书，而南省僻远无闻，故重加编订，急公诸同人。”（见李元度编：《小题正鹄》三集目录《附识》，清道光丁未刻本）此话便可证明这点。

其《明文明》将明代名家八股文中不利于科场之处一一删改，并详加说明，有利于士人明了科场之文应如何写才合标准。据路德自己在该书序中所说：“矧以明文之不明者为之师，不明者日益多，明者日益少，奚取于读明文哉！兹特取而明之，聊以便门下士之读明文者。”（路德：《仁在堂明文明序》，清道光丙午英德堂刊本）他认为只有将明代名家文不利科场之处一一纠正，方能使明文复明，故他将删改了的明文读本给其弟子学习，以便捷取功名。事实证明，其努力也确实达到了目的。

清代中后期，以八股文名，又专以时文作法传授生徒，历充书院主讲，弟子众多者，莫过于陈钟麟和路德二人。而影响最大的，当数路德。仁在堂有弟子千人以上。其文其书从道光至光绪都在发挥作用。他作文评文改文都着眼于先理后法，理法兼备，一心在考虑如何使自己和别人的八股文都符合清真雅正的标准，以便取功名，光门庭。其心既如此符合广大士人心理，其文其书也必会受他们推崇。路德在晚清这个八股文日渐衰靡的时代，欲力挽狂澜，是有功于清真雅正主流八股文的。但他这种逆潮流而动，看不到八股文没落趋势的行为是不足取的。故王谢家在《仁在堂制义书后》中批评说：“自道光以后，中国之大害有二：一、洋烟之入中国；一、路氏之文遍天下。”

路德谈论八股文的文字，多见于他所选的八股文集之眉批、夹注、尾评之中。且这些文字多是谈“法”的，即谈八股文的理法与作法。本书所录他的三篇八股文集的序言，也一概如此。

这三篇序言依三种书的内容可分为两类：第一类为指导儿童学习八股文写作而讲基础作法，其文为《柽花馆训蒙草序》《时艺开序》；第二类为指导成人提高其八股文写作水平而讲技法，其文为《仁在堂明文明序》。

第一类既然是供儿童发蒙用的，所讲之作法当然是最基础的部分。故《时艺开序》就专讲八股文的冒子中的破题与承题。该文首先指出二者在八股文中的重要地位，作好破题、承题的重要性。因为“国朝文人蔚起，作者如林，闱中校艺尤加意于前半幅，有‘三句擒题，八行中式’之语”。他还梳理出八股文作破、承时存在的种种弊病，概括出“俗破、承”“假破、承”“荒破、承”三类不合作法的破、承，为初学者懂得破题、承题如何作是错的树立了标识。他还根据自己的所见所闻及作文经验，概括出“真破、承”的标准：“情理逼真，分际恰好；朴而不陋，轻而不佻；因题所有，随手变化；动刀甚微，謋然立解；纳须弥于芥子，含百意于片言；减一字则歉，增一字则赘，改一字则杌陧而不安，题之本来面目，俾观者开卷而识之，此之谓真破、承。”

路德还将起讲和讲下与破题、承题作比较，指出“破、承之难难于起讲、讲下。何也？起讲虽浑文之，则浑者明矣。讲下虽虚文之，则虚者实矣。独破、承尚质恶文，不受雕缋，文可为也，质则难为。起讲、讲下，其为地也宽，神行而官不必止。破、承之为地也狭，言简而意不能赅，则难之又难者也。不知其难而率为之，俗矣，即不俗亦假矣。知其难而勉为之，假矣，即不假亦荒矣。真而不荒者，诸本中时时间出，学者未始不见。俗而且假者纷出而眩惑之，终迷乱而不知所为。是以起讲、讲下工者甚多，而工破、承者绝少”。

路德就是以其几十年的讲学与写作积累起来的经验，对八股文有着精准把握之后，才如此提纲挈领地把破题、承题的重要性、好坏的标准、作法都一一表述出来，给学习者指明了路径。至于具体的作法，一招一式如何，则在书中去找即可。

在《柽花馆训蒙草序》中，路德以问答的方式，将为什么教初学者写八股文的范文一篇有十八比之多，能在科考场上用否，文中用典多，初学者能否适应等初学者关心的问题，都一一予以解答，从而为初学者勾画出一幅学习八股文的路线图。有些话堪称经典，如：“教以此文，则为此文。使之变此文，则又不为此文。或并数层为一层，或镕八比为二比。每篇六比、四比可也，两大比、三大比亦可也。即不用排比，纯以散行，无不可也。”他指出为适应写作的需要，以变化的观点来对待八股文的文体，这才是正确的态度。

至于《仁在堂明文明序》，路德无非是告诉欲学习明代八股文以求提高者，明文也有许多不足之处，不要迷信，要从认识其错讹处、不足处中去体悟合于已的正确写作方法。

作为一个清代最有名的八股文作法讲授者，路德讲论八股文的文字多未曾记录下来，这三篇序言只能见其思想之一斑。但从中足以看出他高度重视八股文，对八股文作法的研究已到达至深至透、无微不至的地步。且他思想并不僵化，能以发展变化、唯文所需的开明态度来对待八股文，这在当时是难能可贵的。

（乌　媛）

柽花馆训蒙草序

余官京师，犹子慎舆、长男慎庄从。时舆文初有规模，庄年十二始操觚作单句题文。其前路多直，后路多窘。余知其心花未开也，思有以启发之。每拈一题，辄授意于舆，令拟作一篇，余因而修饰之。前半必层层翻跌，不得于两比后遽尔出题，中、后必层层生发，不得仅以二中比、二后比了之。讲下必呼本题，不得仅领上文。出落必分析题字，不得囫囵吞枣。阅两月，得文十余篇，授庄读之，文自此渐进矣。归里后，远近辗转借钞，乌焉之讹，不知其数。吾友乙垣者廉见而惜之，为细加雠校，将附剞劂，属余作弁言，未果。

适有客问曰："子之《训蒙草》一篇多至十八比，前辈有此格乎？"

余曰："无之。"

客曰："子何故创之曰训蒙也？训蒙之文宜短小，而子文甚长；宜清空，而子文多典。以此训蒙，可乎？"

曰："子以三百字为短，则吾文赘矣；子以不用书为空，则吾文靡矣。短莫短于明文，初学读而得者能有几人？空莫空于坊刻之小品，率俗浅鄙陋，令童子学之，病入膏肓矣。是编文多逾额，而股法鳞次，句法简净，合而计之则长，分而观之则短。所用典故，不出经书。其眉目分明，转折浏亮。且此郤导窾，游刃于虚，不惟前半篇不敢占实，即中、后诠发，亦处处凌空，不肯将此笔横卧纸上，走入平实一路。其貌虽典，其气则空。岂以三百字为短，以不用书为空哉！"

客曰："以此用之场屋可乎？"

曰："不可。场屋之文，不得过七百字，每篇多止八比，太多则嫌琐碎。余特以此训蒙耳，岂欲其终于此哉！”

客曰：“学者之业时艺，为场屋计也。今以场屋不可用之文，令学者步趋之，使一成不变，竟以此文用之场屋，无乃害乎？”

曰：“子特患无此学者耳，若有之，将欣喜之不暇，尚何优乎！初学能为此文者，其心思必锐，其才华必富，其气力必充，其解悟必易，其变化必速。任吾指授，无适不可。教以此文，则为此文。使之变此文，则又不为此文。或并数层为一层，或镕八比为二比。每篇六比、四比可也，两大比、三大比亦可也。即不用排比，纯以散行，无不可也。安有能为此文而终于此文者。吾阅人多矣，未尝见此学者也。子犹惴惴焉恐其一成不变哉！大凡学者之病，多穷于词意，窘乎篇幅，但患不足，不患有余。吾所以为此者，将以有余补不足，非教以鸿文无范也。”

客曰：“子之文无一字无来历，初学俭腹之士，未必尽晓，为之奈何？”

曰：“此篇也，吾初以课子，如后用之课徒，凡稍能读书，略知用心者皆能变化。惟情者不变耳。文所征引，皆初学必读之书，未敢杂以僻典。童子自入塾后，读书七八年始开笔为文。此七八年内，但日诵二百字。凡时艺所应用者，不难尽读。一见此文，即可了了。至此而犹有未晓也，则父兄师长之过也。急取此等文授之，使之知前日之误，翻然有志于读书，见兔顾犬，犹不为迟。若更以俗浅鄙陋之文使之摹仿，摹仿既成，沾沾自喜。且谓经书无用，可以不读，坐使此心中枯木朽株，虽竭力灌溉，不复萌芽，可不哀与！且子不见乞人乎？游村墟，历阛阓，号呼半日，始得一文钱或半碗粥，苟延残喘，不足果腹。故终岁行乞，不免冻馁。槁面黄馘，卒填沟壑。设有富者见而悯之，量其能授以事，代筹衣食之资，而勤督课之句，非游荡即温饱终身矣。余之以是编训蒙也，惟欲代筹衣食之资，使之温饱终身，诚不忍以一文钱、半碗粥博济人之虚名也。”

言未竟，客蹙然改容，作而言曰：“鄙人固陋，缺疑寡闻，幸聆子言，昭然若发蒙矣。”

客既退，爰叙问答之辞，弁之简端，并质诸乙垣，未知乙垣首肯否也。

道光癸卯三月，盩厔路德序于关中书院。

——录自《柽花馆训蒙草》，路德编撰，平江李氏家塾本，清道光丙午重刊

仁在堂明文明序

明文明者何？明明文也。明文不明乎？文莫明于明文，虽有不明，不以掩其明也。虽然，人但慕明文之明，于其不明者亦强谓之明，人心之明为明文掩矣。且读明文者师其明则难，师其不明则易。不明不待师也，矧以明文之不明者为之师，不明者日益多，明者日益少，奚取于读明文哉！兹特取而明之，聊以便门下士之读明文者。

道光丙午秋九月，盩厔路德序于灞东贺韶村之七早楼。

——录自《仁在堂明文明》，路德评选，清道光丙午英德堂刊本

时艺开序

时艺之有破、承也，可省乎？曰：不可。人之身莫尊于首，服莫重于冠，见冠而知其人矣，人而不冠，可乎？宫府、第宅、祠庙、寺观下逮阛阓卖儥之所，门各有额，途人翘首望之，不必入门升堂，已想见其中之所有，门而无额，奚以辨乎？时艺之有

破、承，其不可省也，亦犹是已。然贵人一冠之费，数倍于衣，周冕尚文，今犹古也。题门必选名书，召巧匠，度良材，施以雕镂，文以金漆，未有病其奢者，独时艺之破、承则不然。科、岁考之所登，乡、会试之所录，诸家选刻之所收，一篇之中圈若连环，点若贯珠，破、承则一句一点，鲜有圈者。凡点而不圈者皆文中不佳处也。今其文既入彀矣，独于篇首句数概示以不惬心也者，是绣其衣而桑其冠也，是轮奂其室而垩其门额也。称乎不称乎？既而思之，此非持衡者之疏也，亦非选文者之刻也，乃作文者之过也。抑非尽作文者之过也，乃由径路未开，法诀未备，而作者无所适从也。五十年前之试帖，起联平平淡淡，可圈者少。《吴祭酒外集》出，海内翕然从风，起联之可圈者遂多。正、嘉以上之时艺起讲多不经意，不过为八股作缘起耳。至天、崇诸名家各出手眼，争奇制胜，起讲可圈者渐多。国朝文人蔚起，作者如林，闱中校艺尤加意于前半幅，有“三句擒题，八行中式”之语，起讲之可圈者益多，皆风气为之也。破、承何独不然哉！

余之论时艺也，以破、承为一篇之主，以四等区其高下。不究题理，不审题情，不顾题法，但知空套，曰俗破、承。泥守题面，情理朦胧，粗具规模，不着痛痒，曰假破、承。腕力不灵，笔头不锐，情理虽是，辞气未适，或失之涩，或失之支，或失之粗直，或失之矫揉，曰荒破、承。情理逼真，分际恰好；朴而不陋，轻而不佻；因题所有，随手变化；动刀甚微，謋然立解；纳须弥于芥子，含百意于片言；减一字则歉，增一字则赘，改一字则杌陧而不安，题之本来面目，俾观者开卷而识之，此之谓真破、承。学人之作俗者十九，假者十三，荒者十一，真者十不得一。前辈名家及近日能手所为，俗者绝少，假者恒有。真而荒者十七八，真而不荒者十二三。甚矣，其难也。人但知起讲、讲下之难，而不知破、承之难难于起讲、讲下。何也？起讲虽浑文之，则浑者明矣。讲下虽虚文之，则虚者实矣。独破、承尚质恶文，不受雕缋，文可为也，质则难为。起讲、讲下，其为地也宽，神行而官不必止。破、承之为地也狭，言简而意不能赅，则难之又难者也。不知其难而率为之，俗矣，即不俗亦假矣。知其难而勉为之，假矣，即不假亦荒矣。真而不荒者，诸本中时时间出，学者未始不见。俗而且假者纷出而眩惑之，终迷乱而不知所为。是以起讲、讲下工者甚多，而工破、承者绝少。

余授徒三十余年，所阅者不知几万艺。遇有真破、承则改润之，真而荒者亦改润之，其假且俗者改润无所施也。积久渐多，汇为一编，题曰“时艺开”。开有三义：一曰开本题，二曰开全文，三曰开人心目。题不开，文恶乎开；题、文不开，观者之心目恶乎开。会得一开字，其于破、承也思过半矣。开则众窍通，不开则众窍塞。会得一开字，其于起讲、讲下及提股以下之文思过半矣。如开云见日，如开门见山，如庄子说剑，示之以虚，开之以利；如曹不兴画人物，一下笔即开生面。彼假且俗者，正与一开字相反，名为破，实未破也；名为承，实非承也，则不如其省之矣。虽然，假且俗者诚无取矣；真而荒者，其心则是，其文则非。惟真而不荒之破、承在文家最为难能。其冠贵者人必不贱。其门额之所书，必其门内之所有。但观篇首数句而其人之才、学、识一一在吾目中矣。若仍以一句一点之例概施之人，孰肯为其真者哉！是所望于主持文教者。

咸丰元年岁在辛亥闰八月，盩厔路德序于宏道书院学日益斋。

——录自《时艺开》，路德编撰，清咸丰元年刘福善堂刊本

何绍基话八股

导读

何绍基（1799—1873），字子贞，号东洲，晚号猿叟，湖南道州（今道县）人。他出生在一个官宦家庭，其父何凌汉，为清嘉庆乙丑（1805）科一甲三名进士，道光间官至户部尚书，为官能主持公议，善画能文。何绍基自小即受到良好教育，熟读经史。道光丙申（1836）科中二甲八名进士，选庶吉士，散馆授编修，迁四川学政。他好学，博涉群书，于六经、子、史皆有著述，尤精小学，旁及金石、碑版、文字。尤喜历史，举凡历朝掌故，无不了然于胸。有诗名，诗宗东坡、山谷。擅书法，书法上溯秦、两汉古篆籀，下至六朝南北碑，皆心摹手追，卓然自成一家，草书尤为一代之冠。著有《东洲草堂诗钞》《东洲草堂文钞》《说文段注驳正》等。

何绍基自小即攻习八股文，由于有深厚的经史根柢，加上能诗善文，故其八股文出经入史，旁搜远绍，显得理足气充。且他极讲究作法，其文开阖起伏，极有法度。在任四川学政时，就以善于衡文及指导诸生写作八股文而受好评。这一点在其所写的《华国斋小题文醒叙》中有充分体现。

在这篇叙中，何绍基把“醒”字作为八股文写作的要诀，提出要醒题、醒小讲、醒领处、醒提比、中比、后比。对于单题、截上题、截下题、截搭题等，“任举一题，未有不醒而能做者。任举一处，未有不醒而能工者”。他列举“不醒”之害，使人懂得作八股文讲究“醒”字的重要性。

他还指出了“醒”的方法，要讲“先正法门”，要“洗炼”，要“清切”，要有“柱义”，“局阵”不能昧。对《华国斋小题文醒》能给读者于“醒”字上的种种启示和示范作用，他给予了准确的评述，这也是一种方法的提示。凡此种种，都表现了何绍基对八股文作法的重视以及对作法的独到之见。

（乌　媛）

华国斋小题文醒叙

士子执笔学为时艺，总以醒题为主。盖醒则亮，不醒则闷；醒则灵，不醒则滞；醒则眉目分明，不醒则颟顸莫辨。小讲不醒，则擒题不快。领处不醒，则呼题不动。提比不醒，则入题不紧。中比不醒，则弄题不活。后比不醒，则诠题不透。单题不醒，则敷衍套话，足以生厌。截上不醒，则复说上文，失之笼统。截下不醒，则混入下文，末由收勒。截搭不醒，则起止不明，几于无界。任举一题，未有不醒而能做者。任举一处，未有不醒而能工者。盖缘俗下不讲先正法门，欠洗炼则冗长不醒；少清切则宽泛不醒；无柱义则乱杂不醒；昧局阵则叠架不醒。无怪乎文之疵累百出也。

华国斋小题文，特为学人痛革斯弊，极洗炼，极清切，柱义必析，局阵必展，合之无题不醒，分之无处不醒。而高低、前后、横竖、浅深、开合、对面、旁面、翻面无一不备。学者童而习之，篇法、股法、笔法、句法、字法朗然在目。以之作文，断断无不醒之患矣。余故俾之付梓，而标其旨曰“小题文醒”。

时同治壬申新刻，子贞何绍基。

——录自《华国斋小题文醒》，何绍基选评，清同治元年小西山房刊本

曾国藩话八股

导读

曾国藩（1811—1872），原名子城，字伯涵，号涤生，湖南湘乡（今双峰）人。清道光十三年（1833）中秀才，同年入岳麓书院读书，次年中举。连续两科赴京会试皆不第，居京师，读韩愈文。道光十八年（1838）戊戌科中三甲进士，改庶吉士，散馆后授翰林院检讨。后以翰林院侍讲任四川乡试正考官，升礼部右侍郎兼署兵部右侍郎。咸丰二年（1852）署吏部左侍郎，六月，任江西乡试正考官。母丧归里，次年奉旨于长沙、衡阳等地办团练，后扩编为湘军，与太平军苦战。七年，丁父忧，回籍守制。十年，清军江南大营彻底溃败，清廷为调动曾国藩的积极性，第一次给予他地方行政大权，赏加兵部尚书衔，署理两江总督，以钦差大臣督办江南军务。同治三年（1864），湘军攻破南京城，赏加太子太保，封一等毅勇侯。次年奉旨督办河北、山东、河南军务，围剿捻军失败，在上海办洋务，创江南制造总局。同治六年（1867）授体仁阁大学士，次年授武英殿大学士，奉调直隶总督。同治九年（1870）调天津处理教案失机，调回两江任总督。同治十一年（1872）病逝。追赠太傅，谥文正。

曾国藩在清朝咸丰、同治年间，是一个举足重轻的人物。他在荡平太平天国和推动洋务运动的过程中，显示出卓越的政治、军事及组织才能，其生平事功及道德文章，对后世具有深远影响。

要走科举晋身之路，八股文是不得不写的，舍此便无由得功名利禄。曾国藩自小攻读儒家经典，虽然在科举场中也受过挫折，生员、举人、进士都是考了几次，发扬了屡败屡战的精神才考上。但他毕竟二十八岁便中了进士，比起别人来真是幸运万分，应该感恩才对，可他偏偏要说自己不喜欢八股文。其中的原因，比较复杂，要仔细比较才能弄清。

他曾在家书中说："八股文、试帖诗皆非今日之急务，尽可不看不作。至要至要！""纪鸿儿不必读八股文，徒费时日，实无益也。"（《曾国藩全集·家书（一）》）这种态度，与他热衷科举功名、屡挫屡考的个性大相径庭。这是因为他的儿子在他的庇荫下，不走科举之路亦有富贵之路可走，无须耗尽心力去写八股文，而且当时办洋务才是时髦之举。曾国藩计虑周全，方发此论，若无此背景，他绝不会讲这种话。不过，曾国藩也不是一概反对八股文，而是反对那些匆匆写就的考卷闱墨和截搭小题。他在家信中说："万不可徒看考墨卷，汩没性灵。"（《曾国藩全集·家书（一）》）因为考卷闱墨皆是严守规矩之作，不比平常练习尚有自由度，可发挥性情。他对六弟温甫说："年过二十，不为少矣，若再扶墙摩壁，役役于考卷截搭小题之中，将来时过而业仍不精，必有悔恨于失计者，不可不早图也。"他还结合自己的所历所为说："余当日实见不到此，幸而早得科名，未受其害。向使至今未尝入泮，则数十年从事于吊渡映带之间，仍然一无所得，岂不腼颜也哉？此中误人终身多矣。"（《曾国藩全集·家书（一）》）小题，尤其是截搭题掐头去尾，随意截搭，弄得经文句不成句，意义全变，脱离了程朱传注规范的思想框架，使八股文的载道功能大减，且这种题极难作，规定太多，对思想束缚极大，一动笔就要提防触犯规则，曾国藩反对它们还是有道理的。

不过，曾国藩的八股文还是写得很好的，这与他精研过理学有关。八股文载的便是程朱理学之道。虽然他与其他政治人物一样，具有多重性格，文与人往往是脱离的。但真也好假也好，为功名计，在他的笔下，自然会恪遵传注，深发题理，在内容上恪守理学正宗。其文便说理深入透彻，有着较强的经学色彩。这也是他能较顺利地走完科举之路，考中进士的主要原因。

此外，他的八股文讲究义法，条理明晰，读来声调铿锵，气势雄浑。这得力于其深湛的古文功底。他曾深研过唐宋古文，推崇韩愈之文，又是桐城派古文作家，作古文讲究义理、辞章、考据。他是以作古文的方法来作八股时文的，所以，其八股文具有古文的色彩。

他的八股文还讲究有补于世，这与他为文不仅强调义理、辞章、考据，还主张要讲究经济有很大关系。故其八股文往往借题以言时世，具有一定的现实针对性。

本书所收的曾国藩两篇有关八股文的序及几封家书，都反映了他在八股文认识上存在很大矛盾。一方面，他历数八股文的种种不是，列出其误人误国之弊端，不断告诫家人要远离八股文，对八股文表现出一种道德上的义愤。在《钱港舫先生制艺序》中，他从自己所闻所见“乡之老成夙学笃于文律者，恒困顿无以自拔，或终身不得当于行省有司之试。而其所教之子若弟，往往分沾余技，飞腾速化以去”的事实出发，分析造成这种现象的原因是：“制艺试士既久，陈篇旧句，盗袭相仍。有司者无以发覆而钩奇，则巧为命题以困之，乖割乎经文，钒析乎片语。由是为文者有钩联之法，有补斡之方，有仰逼俯侵之患。名目既繁，科条日密，虽过百人之智，穷十年之力，犹不能洞悉其窾郤。及其彻于心而调于手，而齿已日长，少时英光锐气，稍稍衰减矣。而子若弟之濡染焉者，自其未冠，已别开简易于纤仄曲径之中，使其才得以自骋。故前者难而因者易，势固为之也。”

曾国藩以新老两代人面对为防剿袭这一八股文难以根绝之弊端而创制各式小题，特别是要用钩联、补斡之法才能写成文章的截搭题来对付考生，从而造成新老两代人命运巨大差异来揭露八股文从胎里带来的病根，从而起到否定八股文的作用，用意是良好的，收效也是明显的。从这一角度来分析曾国藩对八股文所持的批判态度，有其正确的一面。

这种态度，在其与弟弟、儿子的家书中频频出现。如道光二十四年五月十二日与其四位弟弟的信中，一再叮嘱六弟如当年考不上秀才则“当尽弃前功”，以免“役役于考卷截搭小题之中”之类的话，便显露出他对八股文的不屑。在咸丰四年十一月廿七日信中说：“至甲三读书，天分本低，若再以全力学八股试帖，则他项学业必全荒废，吾决计不令其学作八股也。”决计不让儿子学八股时文，是因为天分低的人会因此而荒废“他项学业”，可见曾国藩视八股文为祸端。

但另一方面，他又把八股文抬得很高，据其《墨海探源序》所说，他因当时的选家见“前若科偶尚清真，见有运用经典者，概置弗录，既不免网漏珊瑚，而乡居之士得其粉本，专效白描，遂以为经书可不读。不揣其本而齐其末，予窃虑学为清真而不得，流为薄弱而不知也”。故他特选道光初年以来的乡、会墨卷三百三十四篇，“其上者取镕经义，不徒以词旨富丽为工。其次亦藻采纷披，蒸蒸如釜上气。谓非平日沉酣于经史，餍然于诸子百家以浚其灵源之府，而能若此之滔滔汩汩也乎？因付之剞氏，签曰《墨海探源》”。由此可知曾国藩对能“取镕经义”“藻采纷披”“为清真”而又能源于经史的八股文是赞许的。

在其家书中亦屡见类似言论。如咸丰九年三月二十三日给其儿曾纪泽的信中说：“制艺一道，亦须认真用功。邓瀛师，名手也。尔作文，在家有邓师批改，赴营有李次青批改，此极难得，千万莫错过了。”在咸丰九年五月初四在抚州军中给曾纪泽的信中说：“尔作时文，宜先讲词藻；欲求词藻富丽，不可不分类钞撮体面话头。近世文人，如袁简斋、赵瓯北、吴縠人，皆有手钞词藻小本，此众人所共知者。……尔去年乡试之文，太无词藻，几不能敷衍成篇。此时下手工夫，以分类手钞词藻为第一义。尔此次复信，即将所分之类开列目录，附禀寄来。分大纲子目，如伦纪类为大纲，君臣、父子、兄弟为子目；王道类为大纲，则井田、学校为子目。此外各门，可以类推。”为让儿子写出好的时文，曾国藩叮嘱曾纪泽要克服时文中“太无词藻”的毛病，教他“以分类手钞词藻为第一义”，足见他对八股文重视的程度。在同治四年七月初三与曾纪泽、曾纪鸿的信中说：“少年文字，总贵气象峥嵘。东坡所谓‘蓬蓬勃勃，如釜上气’。古文如贾谊《治安策》……时文如黄陶庵、吕晚村、袁简斋、曹寅谷，墨卷如《墨选观止》《乡墨精锐》中所选两排三叠之文，皆有最盛之气势。尔当兼在气势上用功，无徒在揣摩上用功。”

综上所述，可知曾国藩对八股文的态度充满着矛盾，他对八股文所引发的剿袭、空疏不学、不源于经史是持批判态度的，而对那些镕铸经史、生气蓬勃又富于辞藻之文是提倡的。从知文这一角度去看，这种态度是正确的。

录入本书之文，《墨海探源序》录自曾国藩选评清道光己酉德粹山房所刻之《墨海探源》。《钱港舫先生制艺序》选自民国六年上海扫叶山房石印之《曾文正公文集》卷一。所收家书则出自湖南大学出版社 1989 年出版的《曾国藩家书》。

（龚　昊）

钱港舣先生制艺序

自吾有知识以来，见乡之老成夙学笃于文律者，恒困顿无以自拔，或终身不得当于行省有司之试。而其所教之子若弟，往往分沾余技，飞腾速化以去。及吾来京师，究询四方魁杰特达之士，其先世多亦不遇。始谓不闳不亨，不诎不信，理则然矣。既深求其故，抑匪直尔也。

制艺试士既久，陈篇旧句，盗袭相仍。有司者无以发覆而钩奇，则巧为命题以困之，乖割乎经文，鉥析乎片语。由是为文者有钩联之法，有补斡之方，有仰逼俯侵之患。名目既繁，科条日密，虽过百人之智，穷十年之力，犹不能洞悉其窾郤。及其彻于心而调于手，而齿已日长，少时英光锐气，稍稍衰减矣。而子若弟之濡染焉者，自其未冠，已别开简易于纤仄曲径之中，使其才得以自骋。故前者难而因者易，势固为之也。

予与乌程钱君仑仙同举进士，同出江阴季公之门。官词曹也同居于僧舍，使蜀中也先后同持文柄。间出其尊甫港舣先生遗稿示予，又知两家庭训所历之艰苦曲折，同者十得八九，而不合者盖寡焉。予之蒙陋，于家大人之学，百不承一。即仑仙文鸣一时，视先生之孤诣覃思，要亦不无少逊焉。故叙先生之文而发其例于此，庶使有衡文之责者，知所措意也夫。

——录自《曾文正公文集》卷一，曾国藩撰，民国六年上海扫叶山房石印本

墨海探源序

今夫沧溟之水浃天墟而浮析木，沐日月而浴星辰，浩乎莫窥

其涯涘也。而因流溯源，则来自昆仑之山，泄于尾闾之宅，滔滔汩汩，岂非有本者如是乎？时墨亦然，夫文章自六经来，文章其流也，经史其源也，未有不裕其源而能令流之滔滔汩汩者也，即未有不探其源而能识滔滔汩汩之所自来也。

国朝以制艺取士，清奇浓淡，未尝不博采兼收。乃选家因前若科偶尚清真，见有运用经典者，概置弗录，既不免网漏珊瑚，而乡居之士得其粉本，专效白描，遂以为经书可不读。不揣其本而齐其末，予窃虑学为清真而不得，流为薄弱而不知也。

爰翻阅近科乡、会墨，得文三百三十四篇。其上者取镕经义，不徒以词旨富丽为工。其次亦藻采纷披，蒸蒸如釜上气。谓非平日之沉酣于经史，餍然于诸子百家以浚其灵源之府，而能若此之滔滔汩汩也乎？因付之剞氏，签曰《墨海探源》。窃愿海内同志，因流溯源学海而旋至于海，庶几含华佩实，仰答圣天子明经取士之至意耳。

时道光二十九年岁在己酉仲春月，上湘曾国藩涤生氏识。

——录自《墨海探源》，曾国藩选评，清道光己酉德粹山房刊本

道光二十四年五月十二日与弟书

四位老弟足下：

自三月十三日发信后，至今未寄一信。余于三月廿四日移寓前门内西边碾儿胡同，与城外消息不通。四月间到折差一次，余竟不知；迨既知而折差已去矣。惟四月十九欧阳小岑南归，余寄衣箱银物并信一件。四月廿四梁䓫庄南归，余寄书卷零物并信一件。两信皆仅数语，至今想尚未到。四月十三黄仙垣南归，余寄闱墨，并无书信，想亦未到。兹将三次所寄各物另开清单付回，

待三人到时，家中照单查收可也。

内城现住房共廿八间，每月房租京钱叁拾串，极为宽敞。冯树堂、郭筠仙所住房屋皆清洁。甲三于三月廿四日上学，天分不高不低，现已读四十天，读至自修齐至平治矣。因其年太小，故不加严。已读者字皆能认。两女皆平安。陈岱云之子在余家亦甚好。内人身子如常，现又有喜，大约九月可生。

余体气较去年略好，近因应酬太繁，天气渐热，又有耳鸣之病。今年应酬较往年更增数倍：第一为人写对联条幅，合四川、湖南两省求书者几日不暇给。第二公车来借钱者甚多，无论有借无借，多借少借，皆须婉言款待。第三则请酒拜客及会馆公事。第四则接见门生，颇费精神。又加以散馆，殿试则代人料理，考差则自己料理，诸事冗杂，遂无暇读书矣。

三月廿八大挑，甲午科共挑知县四人，教官十九人。其全单已于梁菉庄所带信内寄回。四月初八日发会试榜，湖南中七人，四川中八人，去年门生中二人，另有题名录附寄。十二日新进士复试，十四发一等廿一名，另有单附寄。十六日考差，余在场，二文一诗，皆妥当无弊病，写亦无错落，兹将诗稿寄回。十八日散馆，一等十九名。本家心斋取一等十二名，陈启迈取二等第三名，二人俱留馆。徐棻因诗内皴字误写皱字，改作知县，良可惜也。廿二日散馆者引见，廿六、七两日考差者引见，廿八日新进士朝考，三十日发全单附回。廿一日新进士殿试，廿四日点状元，全榜附回。五月初四、五两日新进士引见。初一日放云贵试差。初二日钦派大教习二人，初六日奏派小教习六人，余亦与焉。

初十日奉上谕，翰林侍读以下，詹事府洗马以下，自十六日起每日召见二员。余名次第六，大约十八日可以召见。从前无逐日分见翰詹之例，自道光十五年始一举行，足征圣上勤政求才之意，十八年亦如之，今年又如之。此次召见，则今年放差，大约奏对称旨者居其半，诗文高取者居其半也。

五月十一日接到四月十三家信，内四弟、六弟各文二首，九弟、季弟各文一首。四弟东皋课文甚洁净，诗亦稳妥，《则何以哉》一篇亦清顺有法，第词句多不圆足，笔亦平沓不超脱。平沓最为文家所忌，宜力求痛改此病。六弟笔爽利，近亦渐就范围，然词意平庸，无才气峥嵘之处，非吾意中之温甫也。如六弟之天姿不凡，此时作文，当求议论纵横，才气奔放，作为如火如荼之文，将来庶有成就。不然一挑半剔，意浅调卑，即使获售，亦当自惭其文之浅薄不堪，若其不售，则又两失之矣。

今年从罗罗山游，不知罗山意见如何？吾谓六弟今年入泮固妙，万一不入，则当尽弃前功，壹志从事于先辈大家之文。年过二十，不为少矣，若再扶墙摩壁，役役于考卷截搭小题之中，将来时过而业仍不精，必有悔恨于失计者，不可不早图也。余当日实见不到此，幸而早得科名，未受其害。向使至今未尝入泮，则数十年从事于吊渡映带之间，仍然一无所得，岂不腼颜也哉？此中误人终身多矣。温甫以世家之子弟，负过人之姿质，即使终不入泮，尚不至于饥饿，奈何亦以考卷误终身也！

九弟要余改文详批，余实不善改小考文，当请曹西垣代改，下次折弁付回。季弟文气清爽异常，喜出望外，意亦层出不穷，以后务求才情横溢，气势充畅，切不可挑剔敷衍，安于庸陋，勉之勉之，初基不可不大也。书法亦有褚字笔意，尤为可喜。总之，吾所望于诸弟者，不在科名之有无，第一则孝弟为瑞，其次则文章不朽。诸弟若果能自立，当务其大者远者，毋徒汲汲于进学也。

冯树堂、郭筠仙在寓看书作文，功无间断。陈季牧日日习字，亦可畏也。四川门生留京约二十人，用功者颇多。余不尽书。兄国藩手草。

——录自《曾国藩家书·与弟书》，锺叔河整理校点，湖南大学出版社 1989 年

道光二十四年十月二十一日与弟书

四位老弟足下：

吾人为学，最要虚心。尝见朋友中有美材者，往往恃才傲物，动谓人不如己，见乡墨则骂乡墨不通，见会墨则骂会墨不通，既骂房官，又骂主考，未入学者，则骂学院。平心而论，己之所为诗文，实亦无胜人之处，不特无胜人之处，而且有不堪对人之处。只为不肯反求诸己，便都见得人家不是，既骂考官，又骂同考而先得者。傲气既长，终不进功，所以潦倒一生而无寸进也。

余平生科名极为顺遂，惟小考七次始售。然每次不进，未尝敢出一怨言，但深愧自己试场之诗文太丑而已。至今思之，如芒在背，当时之不敢怨言，诸弟问父亲、叔父及朱尧阶便知。盖场屋之中，只有文丑而侥幸者，断无文佳而埋没者，此一定之理也。

三房十四叔非不勤读，只为傲气太胜，自满自足，遂不能有所成。京城之中，亦多有自满之人，识者见之，发一冷笑而已。又有当名士者，鄙科名为粪土，或好作诗古文，或好讲考据，或好谈理学，嚣嚣然自以为压倒一切矣。自识者观之，彼其所造曾无几何，亦足发一冷笑而已。故吾人用功，力除傲气，力戒自满，毋为人所冷笑，乃有进步也。

诸弟平日皆恂恂退让，第累年小试不售，恐因愤激之久，致生骄惰之气，故特作书戒之，务望细思吾言而深省焉，幸甚幸

甚！国藩手草。

——录自《曾国藩家书·与弟书》，锺叔河整理校点，湖南大学出版社 1989 年

道光二十四年十一月二十一日与弟书

四位老弟足下：

前月寄信，想已接到。余蒙祖宗遗泽，祖父教训，幸得科名，内顾无所忧，外遇无不如意，一无所觖矣。所望者再得诸弟强立，同心一力，何患令名之不显？何患家运之不兴？欲别立课程，多讲规条，使诸弟遵而行之，又恐诸弟习见而生厌心，欲默默而不言，又非长兄督责之道，是以往年常示诸弟以课程，近年则只教以有恒二字。所望于诸弟者，但将诸弟每月功课写明告我，则我心大慰矣。

乃诸弟每次写信，从不将自己之业写明，乃好言家事及京中诸事。此时家中重庆，外事又有我照料，诸弟一概不管可也。以后写信，但将每月作诗几首，作文几首，看书几卷，详细告我，则我欢喜无量。诸弟或能为科名中人，或能为学问中人，其为父母之令子一也，我之欢喜一也，慎弗以科名稍迟，而遂谓无可自力也。如霞仙今日之身分，则比等闲之秀才高矣。若学问愈进，身分愈高，则等闲之举人、进士又不足论矣。

学问之道无穷，而总以有恒为主。兄往年极无恒，近年略好，而犹未纯熟。自七月初一起，至今则无一日间断，每日临帖百字，钞书百字，看书少须满二十页，多则不论。自七月起，至今已看过《王荆公文集》百卷，《归震川文集》四十卷，《诗经大全》二十卷，《后汉书》百卷，皆朱笔加圈批。虽极忙，亦须了本日功课，不以昨日耽搁而今日补做，不以明日有事而今日预

做。诸弟若能有恒如此，则虽四弟中等之资，亦当有所成就，况六弟、九弟上等之资乎？

明年肄业之所，不知已有定否？或在家，或在外，无不可者。谓在家不可用功，此巧于卸责者也。吾今在京，日日事务纷冗，而犹可以不间断，况家中万万不及此间之纷冗乎？

树堂、筠仙自十月起，每十日作文一首，每日看书十五页，亦极有恒。诸弟试将《朱子纲目》过笔圈点，定以有恒，不过数月即圈完矣。若看注疏，每经亦不过数月即完。切勿以家中有事而间断看书之课，又弗以考试将近而间断看书之课。虽走路之日，到店亦可看，考试之日，出场亦可看也。

兄日夜悬望，独此有恒二字告诸弟，伏愿诸弟刻刻留心，幸甚幸甚！兄国藩手草。

——录自《曾国藩家书·与弟书》，锺叔河整理校点，湖南大学出版社 1989 年

咸丰四年十一月二十七日与弟书

前信已封，而春二、维五于廿五到营，接奉父大人手谕及诸弟信件，敬悉一切。

曾祖生以本境练团派费之事，而必求救于百里之外，以图免出费资，其居心不甚良善。刘东屏先生接得父大人手书，此等小事，何难一笑释之，而必展转辨论，拂大人之意？在寻常人尚不能无介介于中，况大人兼三达尊而又重以世交，言不见信，焉能不介怀耶？望诸弟曲慰大人之意，大度含容，以颐天和，庶使游子在外，得以安心治事。所有来往信件，谨遵父大人谕，即行寄还。

吾自服官及近年办理军务，中心常多郁屈不平之端，每效母

亲大人指腹示儿女曰："此中蓄积多少闲气，无处发泄。"其往年诸事，不及尽知，今年二月在省城河下，凡我所带之兵勇仆从人等，每次上城，必遭毒骂痛打，此四弟、季弟所亲见者；谤怨沸腾，万口嘲讥，此四弟、季弟所亲闻者。自四月以后，两弟不在此，景况更有令人难堪者，吾惟忍辱包羞，屈心抑志，以求军事之万有一济。现虽屡获大胜，而愈办愈难，动辄招尤。倘赖圣主如天之福，歼灭此贼，吾实不愿久居官场，自取烦恼。四弟自去冬以来，亦屡遭求全之毁、蜚来之谤，几于身无完肤，想宦途风味，亦深知之而深畏之矣。温弟、季弟来书，常以保举一事疑我之有吝于四弟者，是亦不谅兄之苦衷也。

甲三从师一事，吾接九弟信，辞气甚坚，即请研生兄以书聘之。今尚未接回信，然业令其世兄两次以家信催之，断不可更有变局。学堂以古老坪为妥。研兄居马托铺乡中，亦山林寒苦之士，决无官场习气，尽可放心。至甲三读书，天分本低，若再以全力学八股试帖，则他项学业必全荒废，吾决计不令其学作八股也。曾兆安、欧阳钰皆已保举教官，日内想可奉旨。

——录自《曾国藩家书·与弟书》，锺叔河整理校点，湖南大学出版社 1989 年

咸丰九年三月二十三日与曾纪泽书

字谕纪泽儿：

廿二日接尔禀并《书谱叙》，以示李少荃、次青、许仙屏诸公，皆极赞美，云尔钩联顿挫，纯用孙过庭草法，而间架纯用赵法，柔中寓刚，绵里藏针，动合自然等语，余听之亦欣慰也。

赵文敏集古今之大成，于初唐四家内师虞永兴，而参以钟绍京，因此以上窥二王，下法山谷，此一径也；于中唐师李北海，

而参以颜鲁公、徐季海之沉着，此一径也；于晚唐师苏灵芝，此又一径也。由虞永兴以溯二王及晋六朝诸贤，世所称南派者也，由李北海以溯欧、褚及魏北齐诸贤，世所称北派者也。

尔欲学书，须窥寻此两派之所以分：南派以神韵胜，北派以魄力胜。宋四家，苏、黄近于南派，米、蔡近于北派，赵子昂欲合二派而汇为一。尔从赵法入门，将来或趋南派，或趋北派，皆可不迷于所往。我先大夫竹亭公，少学赵书，秀骨天成。我兄弟五人，于字皆下苦功，沅叔天分尤高。尔若能光大先业，甚望甚望。

制艺一道，亦须认真用功。邓瀛师，名手也。尔作文，在家有邓师批改，赴营有李次青批改，此极难得，千万莫错过了。付回赵书《楚国夫人碑》，可分送汪、易、葛三先生及二外甥暨尔诸堂兄弟。又旧宣纸手卷、新宣纸横幅，尔可学《书谱》，请徐柳臣一看，此嘱。

——录自《曾国藩家书·教子书》，锺叔河整理校点，湖南大学出版社 1989 年

咸丰九年五月初四日与曾纪泽书

字谕纪泽儿：

尔作时文，宜先讲词藻；欲求词藻富丽，不可不分类钞撮体面话头。近世文人，如袁简斋、赵瓯北、吴縠人，皆有手钞词藻小本，此众人所共知者。阮文达公为学政时，搜出生童夹带，必自加细阅。如系亲手所钞，略有条理者，即予进学；如系请人所钞，概录陈文者，照例罪斥。阮公一代宏儒，则知文人不可无手钞夹带小本矣。昌黎之记事提要，纂言钩元，亦系分类手钞小册也。

尔去年乡试之文，太无词藻，几不能敷衍成篇。此时下手工夫，以分类手钞词藻为第一义。尔此次复信，即将所分之类开列

目录，附禀寄来。分大纲子目，如伦纪类为大纲，君臣、父子、兄弟为子目；王道类为大纲，则井田、学校为子目。此外各门，可以类推。尔曾看过《说文》《经义述闻》，二书中可钞者多，此外如江慎修之《类腋》及《子史精华》《渊鉴类函》，则可钞者尤多矣，尔试为之。此科名之要道，亦即学问之捷径也，此谕。

——录自《曾国藩家书·教子书》，锺叔河整理校点，湖南大学出版社 1989 年

同治四年七月初三日与曾纪泽曾纪鸿书

字谕纪泽、纪鸿儿：

纪泽于陶诗之识度不能领会，试取《饮酒》二十首、《拟古》九首、《归田园居》五首、《咏贫士》七首等篇反复读之。若能窥其胸襟之广大，寄托之遥深，则知此公于圣贤豪杰皆已升堂入室。尔能寻其用意深处，下次试解说一二首寄来。

又问“有一专长，是否须兼三者，乃为合作”，此则断断不能。韩无阴柔之美，欧无阳刚之美，况于他人而能兼之？凡言兼众长者，皆其一无所长者也。

鸿儿言此表范围曲成，横竖相合，足见善于领会。至于纯熟文字，极力揣摩，固属切实工夫；然少年文字，总贵气象峥嵘。东坡所谓“蓬蓬勃勃，如釜上气”。古文如贾谊《治安策》、贾山《至言》、太史公《报任安书》、韩退之《原道》、柳子厚《封建论》、苏东坡《上神宗书》，时文如黄陶庵、吕晚村、袁简斋、曹寅谷，墨卷如《墨选观止》《乡墨精锐》中所选两排三叠之文，皆有最盛之气势。尔当兼在气势上用功，无徒在揣摩上用功。大约偶句多，单句少，段落多，分段少，莫拘场屋之格式，

短或三五百字，长或八九百字、千余字，皆无不可。虽系四书题，或用后世之史事，或论目今之时务，亦无不可。总须将气势展得开，笔仗使得强，乃不至于束缚拘滞，愈紧愈呆。

嗣后尔每月作五课揣摩之文，作一课气势之文，讲揣摩者送师阅改，讲气势者寄余阅改。《四象表》中，惟气势之属太阳者，最难能而可贵。古来文人虽偏于彼三者，而无不在气势上痛下工夫，两儿均宜勉之。

——录自《曾国藩家书·教子书》，锺叔河整理校点，湖南大学出版社 1989 年

同治五年五月十一日与曾纪泽曾纪鸿书

字谕纪泽、纪鸿儿：

接尔两人禀，知九叔母率眷抵鄂，极骨肉团聚之乐，宦途亲眷本难相逢，乱世尤难，留鄂过暑，自是至情。

鸿儿与瑞侄一同读书，请黄泽生看文，恰与我前信之意相合。屡闻近日精于举业者言及，陕西路闰生先生（德）《仁在堂稿》及所选《仁在堂试帖》《律赋》《课艺》，无一不当行出色，宜古宜今。余未见此书，仅见其所著《柽华馆试帖》，久为佩仰。陕西近三十年科第中人，无不出闰生先生之门，湖北官员中想亦有之。纪鸿与瑞侄等须买《仁在堂全稿》《柽华馆试帖》悉心揣摩，如武汉无可购买，或折差由京买回亦可。

鸿儿信中拟专读唐人诗文，唐诗固宜专读，唐文除韩、柳、李、孙外，几无一不四六者，亦可不必多读。明年鸿、瑞两人宜专攻八股试帖，选“仁在堂”中佳者，读必手钞，熟必背诵。尔信中言须能背诵乃读他篇，苟能践言，实良法也。读《柽华馆试帖》，亦以背诵为要。对策不可太空，鸿、瑞二人可将《文献

通考》序二十五篇读熟，限五十日读毕，终身受用不尽。既在鄂读书，不必来营省觐矣。

——录自《曾国藩家书·教子书》，锺叔河整理校点，湖南大学出版社1989年

王先谦话八股

导读

王先谦（1842—1918），字益吾，湖南长沙人。因其退居长沙时将在城内荷花池的寓所命名为葵园，室名虚受堂，故人称葵园先生。

家中数世业儒，故王先谦从小即攻读经史，学写八股文。清咸丰七年（1857）补县学生，同治三年（1864）中式举人，次年联捷成进士，时年二十三岁。历官翰林院编修，国史馆协修、总纂，翰林院侍读、侍讲。光绪六年（1880）迁国子监祭酒，江苏学政。光绪十四年因抗疏放归，旋被聘为长沙思贤讲舍主讲，开设思贤书局。光绪十七年（1891）任城南书院山长，三年后任岳麓书院山长，在位九年，直至改制。光绪二十九年（1903）底，辞湖南师范馆长职而家居，直至弃世。其间主要精力用于撰写学术著作，整理、校刊古籍。

王先谦笃信孔孟，尊奉程朱，但他身处晚清这个大动荡、大变革的时代，不可避免地受到时代的感染。加上他集官、绅、学、商于一身，故在基本守住儒家正统伦理价值观之底线的基础上，能与时俱变，依时而动。

人们对王先谦在湖南维新运动中的形象大为诟病，认为他是使湖南维新运动夭折的主要人物。其实，他在维新运动的前期，是支持拥护的。与湖南维新运动的领袖人物陈宝箴、江标及中坚陈三立、熊希龄等皆交好，相处和谐，并创立了宝善成机器制造公司，还积极参与兴办湖南内河行轮，对兴办时务学堂与聘梁启超为教习以及办《时务报》和南学会，他都是支持的。因为他从旧营垒中来，知道这个政权的腐朽，而时代的巨变，让他深切地感受到如不变法，便将有大祸临头，国将不国，民将不民。加上他早年家境贫寒，用现在的话讲是穷怕了的人，对钱财看得很重。他知道在兴办洋务的过程，有巨大的商机可资利用，可以发财致富，为国为己都有利益，所以他对维新运动是支持的，他以“名流领袖”的身份，以湖南乡绅之首的号召力投入到了一系列的维新举措之中。

然而，当他发现维新在向变法发展的过程中，冲击到他忠君护清的政治底线时，他的绅士班头、名流领袖的地位受到挑战，加上他主持兴办的机器制造公司、电灯厂等因经营无方，亏损严重，他投入的全部积蓄将化为流水，而要求陈宝箴改为官办以得到补偿却被拒绝。在这种情况下，他开始告别维新，站到了坚决反对维新运动的队伍中，策划、指挥了一系列绞杀湖南维新运动，追杀其参与者的活动。

事后，他解嘲似地对人说，自己所为，“依然先后一人，并无两样面孔，两样心肠”，因为“国家以西学导中人，亦是于万难之中，求自全之策。督抚承而行之，未为过也；绅士和之，未为过也。故从前火柴、机器各公司，先谦与闻其事，确系中心之诚，以为应办，至今并无他说”；“然朝廷之所采者，西学也，非从西教也……康、梁谬托西教，以行其邪说，真中国之巨蠹，不意光天化日之中，有此鬼蜮”。（见《复吴生学兢》，《葵园四种》，岳麓书社，1986 年，第 864 页）一副常有理说辞，却掩盖不住两面人的嘴脸。

王先谦这种惯于顺时而动的性格，还表现在他对待八股文的态度上。

王先谦强记博学，潜心学问，经史子集，全面贯通。他与王闿运、叶德辉，是湖南经学界的泰斗，被称为“二王一叶”，整理、训释了许多经学典籍，如《尚书孔传参正》《诗三家义集疏》《释名疏证补》等。他能诗，叶德辉说：“每闻先生论诗大旨，不主性灵，亦不主典实，欲以杜、苏、陆三家融冶一炉，而自成一子。于三家集中诗，十九可以背诵，无一句遗忘。同时与湘绮先生并称二王。”（见叶德辉：《虚受堂诗存·后序》，1921年王氏家刻本）

此外，王先谦于史学及诸子都有精深研究，其《汉书补注》等享誉学界，还被湖广总督奏呈御览，被赏给内阁学士衔。而最令他驰名全国，享誉儒界的，还得数他对八股文的精到把握。他曾多次充乡、会试考官，又担任过江苏学政，晚清许多著名文人都是他通过八股取士选拔的。著名学者叶德辉曾向他讨教：“衡文是否专重四书义，抑或重视经策以究其长？”王说：“功令重在首场，首场重在合乎程式。向所取士，如李慈铭、缪荃孙、于式枚、朱一新、梁鼎芬、柯逢时，皆负一时重名。当其时，实取决于制艺，未尝见制艺之不工而遽信其为绩学能文之士也。”（叶德辉：《山居文录·岁寒居士制艺序》）由王先谦的话可知他是以制艺“工”与“不工”来识别“绩学能文之士”的。

王先谦最高明之处在于他对以八股文为灵魂的八股取士制有着透彻的把握。作为孔孟之道的忠实信徒，王先谦对专门传输儒家正统理念的八股文评价很高。他在《江西乡试录前序》中说：“文与时为变通，而制艺取士，前古莫尚之良法也。圣贤之微言奥理，备于四子书。学者正心修身，推而至于平天下，舍是无由自。……以制艺取士，《四书》命题，然后斯世尊奉一致，口复心研，不能自已。其智者随所之而入道，鲁者缘习生悟，亦能驯致义理之途。达则穷事变，充器识，为国家纯臣；穷抱遗经，亦不失为乡里好修之士。”一席话将八股文传输“圣贤之微言奥理”于士人，使他们正心修身进而致于平天下的功用，揭示无遗，又将以“《四书》命题”的作用点明，足见他对八股文认识的深切。

在《葵园校士录存序》中，他赞扬“国朝功令以时文取士，二百数十年，名臣硕儒，骈出其中”。对当时“以无人无学为时文罪”，他不以为然，因“文之为体不一，靡不有创有因，历千载而一致。……时文一小技，废而废耳，若制科一日不变，法固自有程式。在今谈文者，方且离凡近而索高言，捐绳尺以求奇士，才贤未必俯而就，徒使教学之事失所凭依，人心滋不靖，道亦日敝矣”。

然而，王先谦并不固执己见，当他看到八股文取士已不适应时代的需要后，便主张废八股文，以新的文体来取士。这些见解在《科举论上》《科举论下》有系统的阐发。值得注意的是，王先谦始终对八股文以《四书》《五经》为题的做法极为重视，认为这是保证士人钻研《四书》《五经》，以其“立身之根柢也”，故主张新的取士文体要“用四书之题目，易策论之体裁，如宋王安石创始之作，虽废犹不废也。充之子史，以博其趣；推之时务，以观其通。试不一题，本末赅贯，使上下其议论，而求才之道备焉。”

王先谦对八股文的弊端的认识，对优秀时文的评判标准，如说孙渔笙的时文“落落然自抒所得，使人读之殆忘其为制艺”，都有其独到而时人不可及之处，证明其八股文造诣之深。

录入本书之文，皆依清光绪刻本《虚受堂文集》校点。

（乌　媛）

科举论上

光绪丁酉、戊戌间，时文之敝极矣。群议变科举法，予亦韪之，作《科举论上》。

一统之天下之士，以制艺造之；列国之天下之士，不可以制艺造之。今之世论海内则一统，合环球为列国。然而设科校艺，儴仍前政，用时文取士，而罔识变通，殆未抉其弊也。

自宋、明以来，制御臣下之道既得，倒持末大之患不生，故上之计虑惟在于民。考选之法，禁约之方，视唐世而递加密，俾士人抟心奋志，求合有司，餍其宠荣，不生佚志，魁桀俯首而趋入吾彀。椎愚者固知其无能为，君上息偃于深宫，而常有鞭笞万里之势。然逮及末造，积弱势成，外侮凭陵，群熟视而无策。为下者虽有忠义之气，手足如被桎梏，徒瞋目张胆，效死以殉，前事昭然可睹已。所以然者，知束缚其民之为利，而不暇计及其民不足用之为害，狃于一成，而不知变化以至此也。

国朝因明之旧，乡、会试一场承用四书文，二、三场为经文，为策。二百数十年中，得人盛矣。民之服事国家，其收效与宋、明无异也。而天子施德惠于民者，积厚而未有已。果无外惧，百世不易可也。道、咸之际，知有海国矣，情事未灼也。同、光以来，知列国所以驾吾上者，端绪可究矣，而势弗棘也。朝廷之上，振兴商务。封疆之吏，习勒海军。吾财弗外流，而势足自振。由其道而人才日出乎其间，虽不改制科无害也。自日本之役，国威不张，列邦劫持，财力殚竭，岌岌如不终日。我国家属望者，惟在人才，而所以造进之者，犹无异乎束缚其民之为，苟以救时活国为心，不待反复辨难，而决其不可矣。

然则试士当奈何？曰："宜以策论代。"难者曰："本朝康熙间，废制艺，用策论矣，未几而复旧。乾隆中，廷臣请改策论矣，而仍试制艺。子谓策论之视制艺，果有以相高乎？”曰：“唯唯，否否。文之为道，所以化成天下，历千万祀不变也。而用于试士者，今有数端：经艺以存经学，试律以存诗学，试赋以存赋学，楷字以存书学。虽去深至者绝远，而不失为从入之途，此无论矣。独制艺自明至今，名其家者可偻指，而陈言相因，无穷期也。幸而取科目，入仕途，唾弃如刍狗；不则牵率因循，头童齿豁，弗能决舍，而远大之学业，或终身未能梦见。上之人睹通才辈出，不以为早达历练而成，而归其效于科目。至于深山困饿，把卷穷年，饮恨入地，不知几千万人，使生附志士之列，而死蒙鄙儒之称，谁之咎也？况今之时文，决裂横溃，其体已不能自立。昔人谓代圣贤立言者，去之弥远。吾为士人议废此者，专欲啬其精神，优其日力，多读有用之书而已。若夫策论，以存古文之学，则亦不能废也，岂谓与制艺较优绌哉？”

难者曰：“国家以制艺试，则人皆读四子书。四子书，士人立身之根柢也。子不且以废制艺者废四子书乎？”曰：“奚为其然也？用四书之题目，易策论之体裁，如宋王安石创始之作，虽废犹不废也。充之子史，以博其趣；推之时务，以观其通。试不一题，本末赅贯，使上下其议论，而求才之道备焉。今也以时文为名，而杂家后世之言，纷然间出，几不辨其为何体，以彼较此，不犹愈乎？”

难者曰：“是则然矣。然国朝文试屡变，先有性理，论及表、判矣。乾隆二十二年，去乡试表、判，与会试俱用律诗。四十七年，移论二场改诗于一场文后，旋去论不用。今子以为宜用策论，策又三场所固有也，存者疑于复重而去者不邻于妄议乎？”曰：“性理之说，有穷者也；经、史、诸子、时务，无穷者也。论无穷之与有穷，固有间矣。三场策近考据之文，殿廷策取对扬之义，视散文为策，抑又不同。夫策论，统词耳。合订其章程，而审思其损益。有主者在，非吾敢议也。”

难者曰：“光绪乙亥，合肥李公有请废制艺之疏。子时典试江西，为《乡试录序》，以为不必轻议，而今自偝之邪?”曰：“吾前固云云矣。所谓不必轻议者，非当时之急务也。当时之要，惟在商务、海军，事理至明，吾词非遁也。今万不得已而求转机于异日之人才，吾亦非谓策论即兴起人才之本也，思先避制艺之害而已。虽然，以李公当日言之，而吾不谓然也，又恶知吾言出，不有人焉尚以为不必然者邪?”

科举论下

光绪戊戌夏，奉旨废制艺，试策论。已而康有为逆案事觉，新政复旧，作《科举论下》。

或曰：“甚哉！论事之不可喜新也。以朝廷数百年之成法，遵奉之唯恐或失，一旦视若弁髦，乃欲并制艺废之，乱党之设心亦巧矣，子非力攻乱党者乎？何立说之相似也?”予曰：“是未可以概论也。夫康党立心背畔，议改制度，以炫乱天下耳目，其欲变衣冠，更宪法，断不可行者也。自我朝开国以来，官制非不时有损益，彼既裁冗职，复请设散卿，自相违覆，此大谬也。至于制艺，则豪俊有志之士，类不乐为。章句所困，而庸庸者因之束书不观，人才消耗，半由于此。又其体实已灭裂，群激而为废之之言，非乱党之创论，彼攘其说以自鸣焉尔。既奉旨废去之，天下之士喁喁然也。今以乱党倡言之故，而复其旧，则亦非吾辈所敢议矣。”

曰：“子明制艺之害，而未明其益。闻天下之士之以废为乐，而未闻其以为苦也。”予曰：“制艺之益，予固言之矣。然必以人才兴起之益，专归之四子书与制艺，彼康有为之徒，皆习四子书由制艺出身者，又何说也？夫其心已悖乱，虽日诵其文而精其技，未见果有益也，且所谓苦其废者何？”

曰：“以制艺试，贫士家有十千钱书，可以成名。易策论，虽什倍于此而不足供周览，其不便实甚。”予曰：“子诚爱士，将欲其多读书以成才乎？抑徒悯其贫而不思诱进之道也？吾闻立政者，以育才为亟，不闻教学者以恤贫为先，子何论之卑也！”

曰：“今科举已复旧矣，子言太切，吾惧子且得罪。”予曰：“相时宜为张弛者，国家化成之妙也。抒至言以备采择者，臣民献纳之诚也。若子谀媚之词，则非吾所愿闻也。今天下所当究图者甚众，徒各执其偲闻隅见，胶固于心胸，而莫能相发，此人才所以日乏而世运所以不振也。且制艺之宜更定，舒赫德、杨述曾言之于乾隆时，李相国言之于光绪初，朝廷虽不从，未尝加谴也。今之时，诚急于舒赫德、杨述曾、李相国言事之时矣。使子而在高位，视吾之言果有异于舒赫德、杨述曾、李相国之言邪？”

江西乡试录前序

皇上御极之元年举行恩科，命臣先谦偕副考官臣潘衍桐典江西试。时监临某官臣某等进学政臣某所录士，扃闱三试之。臣与臣衍桐率同考官臣某等，详慎去取，得士如额。择其文尤雅者恭呈御览，臣例得扬言简端。

臣维文与时为变通，而制艺取士，前古莫尚之良法也。圣贤之微言奥理，备于四子书。学者正心修身，推而至于平天下，舍是无由自。朱子集《论语》注，又从《礼记》中摘《大学》《中庸》为章句，配以《孟子》，题曰《四书》。苟无制艺，则其书与诸子等耳。上好刑名，人师申、韩；崇虚无，人讲庄、老；

进诗赋，人习潘、谢、曹、马。以制艺取士，《四书》命题，然后斯世尊奉一致，口复心研，不能自已。其智者随所之而入道，鲁者缘习生悟，亦能驯致义理之途。达则穷事变，充器识，为国家纯臣；穷抱遗经，亦不失为乡里好修之士。而科目出身，仕途所重，士虽儿齿宣发，皆思得一第为荣。束天下豪杰于追章琢句之中，以柔其犷悍横逸不驯之气，其为功岂可一二数哉？

国朝制艺设科，实沿明旧。康熙中改用论策，后弊益甚，仍复其初。乾隆时舒赫德、杨述曾等有更定文体之请，卒从廷议而罢。流及今日，论者渐忘前事，又激于风气日卑，复有以制艺为可废者。臣愚谓法屡更，则国是纷；教不一，则民志惑。我朝圣圣相承，凡有创垂，极之细微，无不再三精审。矧制科大典，苟有可易，岂待后来？故今日之要，务在求才，不在变法。且寇乱以来，勋臣半出科目，朝廷收制艺之效，而未受其弊。此其不必轻议，断可识矣。

江西鸿生巨儒，炳铄往代。即以制艺论，王安石肇其端，文天祥备其体，四隽五家畅其流。谈斯事者，必用江西为称首。其人文章行谊，咸卓然表见于世，曷尝为制艺掩邪？我朝薰陶涵育二百余载，庐山赣水，旁薄而郁积者，疑必有发见焉，以其时考之则可矣。将复有魁奇闳达者出，以应圣代文明之运乎？

臣等忝与试事，甄拔必严，选录尤慎，期以昭示先民矩矱，此则职所当勉者。多士生长名邦，果抗心前哲，感奋兴起，不以制艺自画，是圣天子作人之泽也，臣与荣焉。维时官斯土者某某等，例得备书。

浙江乡试录后序

光绪二年丙子，臣王先谦奉命副臣潘斯濂典浙江试。事竣，录其尤进于朝。谨拜手稽首缀言简末。

臣伏睹龙兴之初，秀水朱氏、鄞县万氏诸人，承明旧学，用文采彬雅，倡于乡二百余年。承流向风，天下通材，称浙最盛。寇乱起咸丰初，逾江湘，穴金陵，凭陵大吴，以窥全越。郡邑残破，人文散失略尽矣。然乙丑而后，举科凡六，每试应者万余，得士数百。奇才宿儒，骈出其中，美矣至哉！非夫圣人之教，涵濡薰习，极深且久，孰克致于斯乎？

班固曰："本吴越与楚接比，数相并兼，故民俗略同。"臣去岁奉命典试江西，其地古介吴楚之交，而与越接。人禀经术，为文善言名理。今浙人之文，藻绘论议，乃或过之，斯班氏之论为不然与？臣愚以谓文章之道，生于人心，而成为风俗。周世十五国，其地尽今齐、晋、秦、豫数省，犬牙相错，然方其分裂，歌诗一出，则审音者知为何国之风。屈原哀而楚以骚鸣，相如奋而蜀以赋竞。若有方隅风气之限，而莫识所由。然制艺之行于世久矣，其所谓同异亦微矣。然各行省之业此者，父诏而师勉，心慕而手追，亦皆自为风尚。浙人出其含英咀华之余力，以蔚为应举之文，其于江西之善是者，并驾分驰，争能而各极其胜。合则俗同，分则习异，亦古今之世变然也。

臣闻高宗朝访求遗籍，浙中奏进，著录至数千百种。上既嘉此邦能读书矣，巡幸东南，特命给帑缮《四库全书》颁之浙，藏庋有阁，赐名"文澜"，俾士子得就近诵览。然则今日陶染教泽、奋身著作之林者，乌可不识所从来也？臣不敏，于文事无能为役。敬述圣天子栽培延企之盛心，及其乡先正笃信好古、今昔人才学术倚伏衰兴之故，愿与邦人士共勉焉。

四书文豳序

《豳风·七月》之诗，周公陈古以戒今者也，余皆为周公而作。文中子以《豳》为变风，谓成王终疑，则风遂变，惟周公至诚，能卒正之。孔子伤夷王已下变风不复正，故终以《豳风》言变之可正也。

夫自古天下风无不变，亦无变而不能正者。文章，小道耳。然诗之变也，极于绮丽，李、杜正之。文之变也，极于骈偶，昌黎正之。虽谓李、杜、昌黎为诗文中之周、孔可也。制义之于文，又小之小者也，变至今日极矣。

常熟张君瑛，邃于经史之学，能古文，兼精制义。汇前明、国朝名家制义尤雅者为一编，名之曰《文豳》。盖君为文之力，足以复古。而复录斯编以蕲正文风之变，其诸读诗而有周、孔之思与？吴公子札观乐于鲁，为歌《豳》而美之。君，吴人也，以《豳》正天下，宜自其乡始。余忝视吴学，文风之变正，无所辞责。览君文及斯编，以为《豳风》尽在吴矣。因叹其美，遂为之序云。

杨丹山试艺序

杨君丹山，以同治庚午举于乡，辱与余有相知之雅。越七年丙子成进士，以知县分发江苏。吴子健中丞语余曰："杨君非独文士，乃经济才也。吾与之语，其见理明而处事当，新进鲜能及者。"时君到省甫数月。未几，任沭阳，换铜山，锄奸煦良，声绩蔚起。比余视学吴中，而君已由上元知县擢通州直隶州矣。

君牧通二年，士民相与安其政教，盗贼不兴，狱讼衰止。而君治之益勤，朝究夕图，殚瘁而弗恤。尤以劝学育材为急，于培植书院，考校文事，意恒有余于其力。间采吴士之佳者告余，又条举兴学诸务，以助余志虑所弗逮。

盖君仁恕明敏，自入官后，敝精于民事，常有经纬万端、弥纶世宙之心，文艺不足为君多。而生平寝馈其中，所以开智能而成功名者，宜其亦有乐乎此也。

通人士既爱颂君，尤喜读君之诗文。君乃都其试艺如干卷，将授之梓，以式多士，而请序于余。余维君文，体正而材优，神闲而气定，适肖其为人以出。取而读之，知非其才与学足以自树者不能为也。余方选刊吴士试艺，冀于文风有所裨益。今君试艺行，求工于文者皆有所取则，而风气丕变无难。君真助我者哉！

江左制义辑存序

督学者，于士子之文三年而两试，第其高下，而操其进退，至切近矣。然方其莅官也，于庠序之教，可以坚明约束。至士子为文之方，与吾之所以取士，不能言也。岁科试毕，例进士于庭，勖以修己为学之道，于文亦间及之。须臾之告诫，不足转移风气亦明矣。抑匪特此也，三年试于其乡，众竞于圆美软熟之文，以冀试官之一当，不则其父兄交游，群訾病之。苟获选矣，则诧为奇遇，而人亦弗能尽知也。为督学者，诚爱重其士，而冀其成名，孰肯驱而反之于古而俾其取戾于时者？文之变，殆靡所终极乎！

余自视学吴中，按试诸府州，得佳文辄刊布为多士式。既有《清嘉》三编之选矣，思稍进之，复辑是编。常熟张君瑛邃于文，因委重焉。余复加增损，自嘉庆以来迄于今，都若干人，弗及知者阙焉。文若干首，皆醇雅有根柢可观览。夫惟其不专求工于文，故其工如此也。诸作者大半获登于甲乙科，暨余顷尝拔高等。然则鼓琴于空山，艺兰于幽谷，而谓世必无闻见之者，其说诬矣，是余所以进多士也。光绪十四年夏六月。

庞濬卿时义序

宁津庞濬卿先生，高材博学，壮岁举于乡。会试危得而复失者娄矣，先生益愤发。以赀为户部主事，居京师，穷年键户，综览坟典，于科举之学敝精求之，迄不得志。

光绪甲申，令弟省山中丞举其时义视余，则皆精实闳深之作，近世捷获之士罕能逮者。中丞且曰："吾与兄幼同学，同试有司，同官于京，友爱笃至。每谈经较艺，昕夕忘倦。文字之饮必偕，归则评骘人物高下，议论臧否，及天下事措置得失，莫逆于心。当时以谓宋眉山苏氏后，数百年无此乐也。兄在官，鞠躬履方，为大僚所器异，以衰老不复应试。既补主事，迁员外郎，尝祁寒入直，遇烈风几仆地，遘疾遂卒。生平著作散佚，时义甚富，而懒不自收拾，今存者廑十数首。吾将授梓以无没其心力之勤，子其为弁言。"语次怆然不能竟。

经曰："凡今之人，莫如兄弟。"中丞盖有以知天下至乐，无逾于兄弟无故者矣。今距其没有年，犹珍护遗文，必欲传之以不死其兄，用意深长可念哉！余两兄一弟，并积学早逝。今岁甫为亡弟辑刻遗书，而两兄丛稿盈箧，都未整理。岁月奄逝，行坐疚心。以视中丞，弥自恧也。

王氏塾课初编序

制艺至今日而变态极矣，作者之不古，风会然哉？先大夫诏余兄弟曰："余学为文时，师犹教以先辈义法。师女等者，但闻讲求时尚，余为世道惧焉。"此语距今垂二十年，每忆之有余悲也。暇检行箧，得先大夫所为文暨先伯父文数篇，恐就湮失，并搜两兄一弟文又数十篇，板藏于家。南中尚有存稿，他日取以来，当悉刊之。

孙渔笙时文序

光绪丙子，余主浙试。榜放，浙翕然称得士。然浙之文美，不可以究。迫束解额，摧落裁抑，虽不重为人訾，余心固不能无憾。

孙生渔笙，好古多闻之士也。闱中得其文，笔势才藻，拔出途径，心甚异之。顾额取盈矣，又其时磨勘新例加密，相戒不敢逾程式，同事者持之，卒置副榜。后知生果奇士，不怡累日。一再来谒，词意肫然若有深感者，余尤愧之。明年，邮寄向所为文京师而请益于余，余则何以益吾渔笙？

今夫持货而入市者，欲其速雠也。郢客之歌，引商刻羽，杂以流徵，其和弥寡，以曲高也。今渔笙之文，瑰意孤行，奇趣间发，落落然自抒所得，使人读之殆忘其为制艺。渔笙欲以此传于后，穷极其变化，则余不能知矣。若将以应世之所求，愿且无歌最高之曲，而持必雠之货。既为之序，且用是为规。

葵园校士录存序

《葵园校士录存》者，从弟先慎与及门诸子裒《三省乡墨》《两同门录》及《吴中清嘉三集》选辑合刊者也。

溯余通籍以来，凡五与试差之考，而三主省试，再校礼闱。

光绪乙酉，奉命督学江南，以未与考得之，驽劣小臣，蒙被异数，忝窃甚矣。迨戊子告归，七八年间，养疴里闾，因循坐废。乙未，倭人不靖，边事大坏，二三豪俊，瞋目扼腕，太息于国之无良，富强之不亟讲，相与归咎制艺无用之学，思一扫刮绝。余弟辈复何取于前此历试之文而录之存之也哉？虽然，国朝功令以时文取士，二百数十年，名臣硕儒，骈出其中。至今日以无人无学为时文罪，则亦有未尽然者。

且夫文之为体不一，靡不有创有因，历千载而一致。今将使工制器，而命之曰尔其舍所为方员平直之具，务单精骋思，取象于手，则超般与扁，殆非善诲之大匠也。时文一小技，废而废耳，若制科一日不变，法固自有程式。在今谈文者，方且离凡近而索高言，捐绳尺以求奇士，才贤未必俯而就，徒使教学之事失所凭依，人心滋不靖，道亦日敝矣，岂扶世翼教之君子而忍出此？

余于时文无能为役，然每与试事，兢兢致慎，不敢别立宗旨，好尚诡异，幸免取讥当世明哲，而所得魁奇博通之士，亦往往而有。犹忆甲戌分校，缪筱珊编修，李莼客、朱蓉生两侍御，赵桐孙太守卷，并出余房，力荐未售，同人诧余。此四君获隽，足冠一榜，余时亦颇自负。文章声气之微，其果冥合符契，有非尽出于适然者邪？而世俗徒泥文句求之，抑又傎已。刻既成，书数语简端。

葵园者，余归里后所筑居，遂自号也。

张謇话八股

导读

张謇（1853—1926），字季直，号啬庵，别署张季子，因在家中排行第四，人称张四先生。通州（今江苏南通市）人。

张謇出生在一个贫苦的农家，少年时即要从事农作。因家庭不和，他曾出继外公家中，改名吴起元，但不久即复原姓，二十五岁时才更名张謇。

张謇自小好学，三岁读《三字经》，少年时代即饱览群书，这还是在他要不时下田农作的情况下取得的。十六岁，以名张育才、字树人改籍赴如皋参加童试。但时运不佳，曾历县、州试，岁、科试十余度，乡试六度，会试五度，才于清光绪二十年（1894）甲午恩科考中状元，授翰林院修撰，时年已四十有二。胪唱时，喜极而失足跌倒，传为科场一段佳话。因为屈指计算，他在场屋生活已历一百六十天，前后落第八次，终于否极泰来，中得状元，怎不令人感慨万分，喜极而忘形！

为了养家糊口，他二十四岁即入淮军吴长庆幕，治机要文件，月俸二十两白银。三十岁时，朝鲜与日本起衅，乞援于中国，清廷派吴长庆至朝鲜，张謇亦随同前往。朝鲜王李熙赠以三品官服。所著《乘时归复流虬策》《规复朝鲜善后策》，大受吴氏称赏。为此，吴以千金寄张家以示嘉奖。

吴长庆去世后，他回到南通，兴办海门蚕桑。考中状元后父逝，他旋即南归奔丧。故他有“不堪重忆科名事，宫锦还乡变雪衣”之诗句。四十三岁时掌南京文正书院。四十七岁被朝廷任命为学部咨议官。居乡期间，创办南通纱厂、南通州师范及女师范、油厂、面厂、实业公司、吕四盐业公司及渔业公司等，并于五十一岁时游历日本。光绪三十年（1904），朝廷赏给他三品衔，为商部头等顾问官。宣统元年（1909），被推为江苏教育总会会长和咨议局议长，两年后又任中央教育会会长，投身于立宪运动。

武昌起义爆发，朝廷简为农工商部大臣兼江苏宣抚使，未就职。是年剪辫，与章士炎等创统一党，思想转向共和。民国建立，任实业部长，与孙中心分歧而辞职。因与袁世凯在吴长庆幕交好，有师徒之谊，便拥护继任总统的袁世凯，入京任熊希龄内阁的农商总长。袁世凯恢复帝制，他不满，辞职南归。袁派人游说他北上，遭断然拒绝，但仍尊他为嵩山四友。致力于大生集团，事业鼎盛，累达纯利白银千多万两。被推为中国银行联合会会长，又任华成盐垦公司总理，聘欧阳予倩办伶工学社于南通。列强入侵，其企业由盛转衰。后周旋于军阀之间，任过吴淞商埠督办、交通银行总裁等兼职。逆境奋斗，不休不止。

晚年居南通，经营地方事业，不时赋诗观剧，有时鬻字助赈，有时通电求和。1926年夏，忽遍体发热，不治而逝，享年七十有六。

张謇工书善文。五岁时，在邻家私塾附读。一天塾师以“月沉水底”命对，他举笔立书“日悬天上”，令人称奇。但十一岁时参加州里的童子试，列于百名之外，业师宋璞斋斥之曰：“譬如一千人参加考试，录取九百九十九人，那一个不中的，必定是你。”张謇受此刺激，便在床帐的顶上写下“九百九十九”五字以警诫自己，并锯根短竹放于枕上，睡觉时一转侧即醒，醒即起读，夜尽油二盏是常事。因此，其八股文水平迅速提高。其文既大体遵经守注，又能针对时世，言之有物。且理足气充，有大气磅礴之感，在当时有相当影响力。

他科场每试必败，与其不注意细节，造成试卷有疵有关。如参加殿试时，在试卷上将错误之处挖补后忘记填上应改的字就去交卷，被担任收卷的黄思永发现，乃取怀中笔墨，为之补上一字。张卷抬头误将“恩”字作单抬，违背了对与皇帝有关之字要顶头的规定，他又于“恩”字上补上一个“圣”字。补改完后，送阅卷大臣翁同龢审阅，因他知张謇是翁最赏识的门生，张因此大魁天下。此卷若不落黄手，张謇的状元头冠就戴到别人头上而已置三甲之末了。而张謇入读国子监时考为第一，顺天乡试考中第二，这证明他八股文确实写得好。入读国子监的为全国各省贡生，都是功底深厚者。而顺天乡试规定第一名必为北方士子，南方士子能考中第二名，相当于第一名，故世称南元。顺天乡试也是全国各省考生都有，张謇考中南元，其八股文水平是很高的，当年魏源考中南元，很在湖南轰动了一阵子。

但是张謇论述八股文的文字很少，这大概与他在科场屡败屡战的痛苦感受有关，不愿多说。本书辑录其《四书义鹄序》与《续四书义序》，是两篇极为罕见的文章，但还不是正面谈八股文的，而是在废八股取士以后，代之以四书义欲教人习作时，将两种文体相比较时涉及的，但其中透露出他对八股文的独特观点。

首先，他在《四书义鹄序》中指出，新的用以取代八股文的四书义这种文体与八股文“固二而一者也”。因为“前明及国初诸名士于制艺一道，纯乎古文，篇中往往发程朱所未发精理名言”，所以无论八股文还是今之四书义，都属于古文一类，只要像明代和清初诸名家高手一样，以古文写法从中阐发程朱传注所未曾发掘出的精理名言，四书义便是八股文。

张謇这番话揭穿了清代废八股而以四书义取士的真相，其实质并未变，是新瓶装旧酒，换汤不换药而已。这一方面是防止“平昔孳孳于墨卷讨生活”的士人们因考试文体变更变得如“瞎马登途”，无法适应而心生不满。另一方面也表明清朝政府废八股而用四书义是在耍手段，搞欺骗，并非真正在搞改革。这给我们认识清末的维新运动的实质提供了新的史料。

在这两篇序言中，张謇还根据在清末的亲见亲闻，揭示了八股文在当时的衰败征状：“虽曰四书义，读书士之操觚家，揣摩老调，或剽《文选》以貌古，袭新书而竞奇，非腐词滥调，即怪诞不经，而制艺之道遂坏。”（《四书义鹄序》）在《续四书义序》中，张謇更指出，八股文的弊端在于“袭腐抄烂而无其实”。他说：“宋儒苏轼有言曰：‘得人之道在于知人，知人之道在于责实。’制艺之坏，由于袭腐抄烂而无其实，自明迄今，积弊相仍。”八股文徒托空言，于时世无补，这是自明至清一些人士指斥八股文的经典理由。这种理由有其事实作依据，但由于剑之所指，乃是八股文体，而未看到它仍可言实，也有其实用，可以传输儒家伦理价值观，为巩固专制统治起到难以替代之作用，故这种指责归指责，并未起到很大作用。

张謇的说法与他们的有所不同，他是从“由于袭腐抄烂”这一八股文坛已形成共识的弊端切入，而说其“无其实”，且“自明迄今，积弊相仍”，当然就应废止了。他更认为废止八股文，“诚振兴士学之一大关键也。盖能责实，则虽深明书理，阐发大义，而人材自可奋兴。若惟绳之以范围，严之以法律，于造士终无所益。”即是说，八股废止后，虽改考同是要“深明书理，阐发大义”的四书义，“人材自可奋兴”。若不废八股，一味以种种严规苛律去禁止“袭腐抄烂”，也不可能。这些话反映出张謇对八股文的不满。

张謇对“前明及国初诸名士”，“纯乎古文，篇中往往发程朱所未发精理名言”，即“能清真雅正”的八股文是赞赏的，对清代中晚期已坏的“制艺一道”则持否定态度，故乐见八股文废止，四书义代行。这就是张謇两篇专谈四书义的序言中所表现出的八股文观。

（乌　媛）

四书义鹄序

方今诏废八股，改试四书义，海内帖括之徒懵焉若丧。盖平昔孳孳于墨卷讨生活者，一旦废去，为瞎马登途，茫无趋向。不知此辈于制艺亦非必能清真雅正也。

夫义与八股固二而一者也。前明及国初诸名士于制艺一道，纯乎古文，篇中往往发程朱所未发精理名言。虽曰四书义，读书士之操觚家，揣摩老调，或剽《文选》以貌古，袭新书而竞奇，非腐词滥调，即怪诞不经，而制艺之道遂坏。仆有言文正讲席，凡诸生课文有犯，悉屏不录。以是诸生奋然思勉，一洗敷泛堆垛陋习。

去岁兼以四书义命题，住院诸生应课外窗作亦夥。每前席请正，仆辄为甄别优劣。今为课徒计，谋付手民，问序于仆，并假选其简明朴实，可为后学之正鹄者，一一供诸当道，为今日急要之务。于是仆亦嘉其志而乐为品评，凡得义三百八十余首，并志数语于简端。

光绪岁次辛丑仲春，通州张謇序于金陵讲舍。

——录自《四书义鹄》，张謇批选，清光绪辛丑上海书局石印本

续四书义序

宋儒苏轼有言曰："得人之道在于知人，知人之道在于责实。"制艺之坏，由于袭腐抄烂而无其实，自明迄今，积弊相仍。我皇上毅然废之，诚振兴士学之一大关键也。盖能责实，则虽深明书理，阐发大义，而人材自可奋兴。若惟绳之以范围，严之以

法律，于造士终无所益。

壬寅春间，江宁士子即有印行《四书义鹄》之举，意只为课徒计，非以问世也。各出书院课士同人会课，与余前主讲文正前茅者甚夥。适以匆促返里，未暇备选，故付梓者仅得三百八十余首，未付梓者尚余大半焉。里居无事，复陶汰一二，数与前编印行，颇有不胫而走之势。其在坊间诸刻，率病庸滥芜杂，未足颉颃，而于是有偏嗜者，竟以未窥全豹为憾。迩值选定，同人怂予付梓。吾愿读是编者心领神会，毋忘昔儒责实之意也，是余所厚望。夫爰例志数语于简端，以为之序。

光绪癸卯又夏五，通州张謇季直甫。

——录自《续四书义》，张謇批选，清光绪癸卯上海书局石印本

叶德辉话八股

导读

叶德辉（1864—1927），字奂彬，又作焕彬，号直山，一号郎园。祖籍江苏吴县，占籍长沙府属湘潭，遂为湖南湘潭人。少随父学，读《四书》《五经》《资治通鉴》《朱子名臣言行录》等。因性钝随读随忘，父不喜。清光绪四年（1878），令其辍学从商。年十五，神志忽开，忆父授之书皆能理解，自作文以示父老，无不称好，便重新入学。二十岁时考中县学附生。光绪七年起，入岳麓书院。光绪十一年（1885），乡试中举。次年赴京会试报罢，心中郁闷，开始读唐宋律诗绝句。又应光绪十八年壬辰（1892）科会试，中式第九名，殿试列二甲进士，朝考二等，授吏部主事。旋请假还乡，以养亲为名，不复出仕。受王先谦启示，专事著述。1927年4月，因写对联讽刺农会而被杀。

叶德辉是清末民初之大学者，经学、史学、小学、诸子、金石学无所不通，尤擅版本学、文物、钱币、书画鉴定，小说戏曲、诗词乃至相术无一不能，是个学识渊博的读书种子。

叶德辉是读《四书》《五经》，写八股制义出身的。但叶德辉读儒家经典，写解经的八股文，并非为改造思想，养怡心性。他是为了取功名及做学问而学而作的，这些东西并未深入他的思想，更未力行实践，故其思想、行为、个性均呈现出纷繁复杂性。然而，叶德辉是个天分极高的人，他虽因个性不愿受拘束，怕考试，故亦不喜八股文，但对八股文却有真知灼见。

在《岁寒居士制艺序》中，他指出：“制艺之兴，离经解、古文而独立者，垂八百年。然其体实兼经解、古文之长，非融会汉唐人注疏，精熟唐宋人古文义法，未有能制胜传远者也。”寥寥数语，即揭示了八股文解经之性质，并要融汇注疏，运用古文作法方能作好的规律。他关于“盖制艺与经义、古文代兴，非悬一格以求人才，人才亦无由趋于正轨”的说法，将八股文为何要设置那么多规矩的道理一言说清。他还说，好的八股文，“其于经史诸子，不在猎取其词藻，而在吸取其精华。譬之汉廷射策，虽董、贾未肯逞其纷纶；唐试赋诗，虽陆、韩未敢乖乎声律。况明明以经训试士，曾何有背乎圣贤之道，别挟兔园策以夸行秘书者哉!”“大抵为文非本源经术，精熟义理，决无佳文。”（失名：《郎园学行记》）叶德辉还认为时文之难在难以深入，他引述王先谦之话来发抒自己对八股文作用之见解。他曾问做过多次乡、会试主考与江苏学政，取录过许多大名士的学者王先谦，“其衡文是否专重四书义，抑或重视经策以究其长?”王先谦说：“功令重在首场，首场重在合乎程式。向所取士，如李慈铭、缪荃孙、于式枚、朱一新、梁鼎芬、柯逢时，皆负一时重名。当其时，实取决于制艺，未尝见其制艺之不工，而遽信其为绩学能文之士也。”这就指明八股文对检测一个人的知识结构和才能的作用，也即八股文的价值所在。（以上引文均见叶德辉：《山居文录·岁寒居士制艺序》）叶德辉还说：“今相国南皮张宫保，于光绪初元任湖北学政，所选《江汉炳灵》，专尚才气，明用后世史实。其时管（指管世铭）稿之帜甚盛，士人不敢轻于效颦。迨甲午以后，合省渐效其体，獭祭书名篇目，挦扯子书僻文，于所谓代圣贤立言之旨，渺不相涉。士习诡遇，缪种流传，外患既乘，论者遂归咎制科之无用，于是始改策论试士。未两科，疆臣袁世凯、刘坤一、今相国张公合辞奏废科举。截至己酉（1909）科，多选优拔贡止，以后即以学堂出身。自时文之兴，始元延祐取士，迄于今六七百年。一旦废除，而邪说诐辞，日益滋蔓。取士无良法，又胡为专责时文之陋哉!”（叶德辉:《郎园读书志》卷十五《钦定四书文》）这一番话，揭示了晚清八股文衰败的原因及弊病所在，在他看来，八股文若违背其精心筹划设置的各项规则与规定，便会扰乱士心，败坏社会。言短而理深，不是精深研究者说不出这样的道理。特别是他说既废科举，却找不出替代八股文取士的良法，便只能“邪说诐辞，日益滋蔓”，终使清朝倾覆，这样的见解，确是有道理的。

出于这些认识，叶德辉自己虽不喜欢作八股文，但他“教人之法，导以读经史有用之书，而不废帖括声律。盖科举之世，非立于制艺，不能为进身之阶”（失名:《郎园学行记》）。

由于叶氏不喜作八股文，故今存世者只有他会试中式的七篇朱卷。这七篇八股文的特点在本于经史，说理深入透彻。所以王先谦从光绪壬辰（1892）科会试闱墨中看到叶德辉的朱卷，马上就判定叶某真通经学。此外，由于叶德辉通达事理，故他的八股文虽随手结构，却义法井然，造句选辞无不雅洁，充分显示出一个学者之文的风范。

（龚　昊）

岁寒居士制艺序

制艺之兴，离经解、古文而独立者，垂八百年。然其体实兼经解、古文之长，非融会汉唐人注疏，精熟唐宋人古文义法，未有能制胜传远者也。前明为制艺极盛时代，自成、弘，正、嘉，隆、万，天、崇，体凡四变，亦犹唐诗之有初、盛、中、晚也。其间作者无虑千家，专稿房卷，汗牛充栋，于是元灯、魁灯之说，若衣钵之相承。盖制艺与经义、古文代兴，非悬一格以求人才，人才亦无由趋于正轨。

圣清膺命，熊、刘为开国无音，二方继之，其体益臻纯正。自后诸家踵起，虽鸿才硕学，不敢肆其驰骋，逾越范围。余尝选录乾、嘉两朝若纪文达、翁方纲、王鸣盛、钱大昕、王文简、阮文达、邵晋涵、吴锡麒诸公之文，裒为百篇。复取张惠言茗柯制艺，拟明人诸作附之，秘之巾箱，以时讽诵。闻者或疑诸家皆一代鸿儒，所为文必摛藻扬华，标奇炫博，异乎寻常制举之文。及取而观之，则皆法律谨严，义理深邃，平日虽五车在腹，举不足以犯其笔端，而后知制艺一道，其于经史诸子，不在猎取其词藻，而在吸取其精华。譬之汉廷射策，虽董、贾未肯逞其纷纶；唐试赋诗，虽陆、韩未敢乖乎声律。况明明以经训试士，曾何有背乎圣贤之道，别挟兔园策以夸行秘书者哉！

长沙王阁学先谦屡典文衡，所获多知名士，晚乞祠禄，迭主城南、岳麓讲席，评校月卷，凡矜才藻、谱声调者，辄乙等之，而其列甲第者反不利于试事。余尝与阁学从容谈论，询以曩昔分校礼闱，典试诸名省，其衡文是否专重四书义，抑或重视经策以究其长？阁学谓功令重在首场，首场重在合乎程式。向所取士，如李慈铭、缪荃孙、于式枚、朱一新、梁鼎芬、柯逢时，皆负一时重名。当其时，实取决于制艺，未尝见其制艺之不工，而遽信其为绩学能文之士也。迩者士盲于学，文离其经，主司不习典章，为之士者又人人存诡遇之心，不复循于理法。此天下将乱之兆，而亦运会有以主之。今则人事沧桑，神州俶扰，追思阁学之言，不诚为先见哉！

阁学于光绪丙戌督学江苏，以经学、小学诏苏士，士之治朴学及工为制举文者，悉为阁学赏拔殆尽，昆山王严士先生即其一也。先生为文导源经训，简古有法度，独以一衿终老，不获与李缪于朱梁柯诸人回翔禁院，扬历藩封。运会之说，诚可信耶？余自丙辰回苏，与先生论交，读其文而知其人。既幸不厕于科目，同为亡国大夫，又幸其文不遇于时，不至如今之所谓殿元、会元者，拜伪命，履贰庭，靦颜不知廉耻为何事。先生命名“岁寒”，夫亦可以见其隐矣。

居恒与先生笑谈，吾辈穷老尽气，耗一生精力于制艺之中，更阅二十年，人之见之者，必将等于三代鼎彝，按其文而索解不得者。斯稿之存，欲以待千载之知音，恐未有之事也。虽然，鼎彝之铭，阅千百年后，且有薛尚功、王厚之其人，摩挲考释，以传其真。先生之文，安知不有赏音如阁学，好奇如吾辈者，反覆转录，为之墨板，以永其传者耶？夫《梁甫吟》，里谣耳，诸葛武侯讽之；王羲之《临河序》、陶靖节《闲情赋》，至文也，昭明《文选》摈之。人之所好，不必出于一途；文之可传，不必工于一体。

先生不求知言于文字巨子，独以余为可论文，出其全稿，以相商榷。余不敏，何足以知文？然以一生之所历试，师友之所讲授，固尝推见其得失，而可断其传不传焉。子曰：“岁寒，然后知松柏之后凋也。”先生之人如是，先生之文亦如是。后有读《岁寒》文稿者，庶几取证余言而不以为谬乎？岁在屠维协洽夏五，同郡叶德辉谨序。

——录自《山居文录》卷上，叶德辉撰，民国刻本

周作人话八股

导读

周作人（1885—1967），原名櫆寿、奎绶，字星杓，后改名作人，又名起孟、启明。由此发端，他还以岂明、开明、难明、不明为笔名，并有独应、仲密、遐寿等笔名九十多个。浙江绍兴人。

周作人出生在一个传统的士大夫家庭。祖父周福清中过进士，当过知县，捐过内阁中书。后为族人获取举人功名而去贿赂浙江乡试主考，事发被判斩监候，在杭州监狱监候了七年，顿使家庭急剧衰败至一蹶不振。父周凤仪考中过秀才，英年早逝。周作人与兄周树人（鲁迅）、弟周建人皆有成就，被视为“周门三杰”。

周作人从小即攻读儒家经典，光绪二十七年（1901）考入南京江南水师学堂管轮班。光绪三十二年（1906）出洋考试及格，因近视不能学海军，改为学习土木建筑，由两江督练公所派赴日本。留日期间，学过日文、英文、俄文、古希腊文，还师从章太炎学《说文》。

宣统三年（1911）回国，先后任浙江省教育司视学、浙江第五中学英文教员、绍兴县教育会长。民国六年（1917）往北京，任北京大学附属国史编纂处编纂员、文科教授，兼任燕京大学副教授、女高师教员等职。1937 年，日本侵占北京，北大南迁，被任命为留京教授之一。后遇枪击，幸而不死，心胆俱恐，便出任伪北京大学文学院院长、伪华北政务会教育督办。1945

年抗战胜利后，以汉奸罪被捕，在南京入狱，判刑十年。1949年出狱后回北京。

新中国成立之初，周作人以给《亦报》写稿与翻译作品维持生计。后人民文学出版社出面邀约他翻译外国作品，接受其译稿，并给他预支稿费。从1952年起，每月预支二百元。在一般干部、工人每月仅三四十元工资的二十世纪五六十年代，这是很高的收入了。1960年，又提升为每月预支稿费四百元作其生活费。他便在其八道湾住处平静地从事写作、翻译工作。1966年，“文化大革命”开始后，他受到批斗。1967年5月6日去世，享年八十二岁。

周作人虽然当过汉奸，但在早年，也曾参加过反对专制和北洋军阀、国民党的斗争。他曾积极为《新青年》撰稿，支持学生运动，救助过李大钊的家人，保存过其遗稿。

他又是中国新文学史上一位绕不过的重要人物，以散文著称于世，鲁迅曾称他为当代散文第一人，排名在自己之前。

周作人的散文题材广泛，举凡天文地理、三教九流、花鸟虫鱼、衣食住行、古今人物、历史掌故、当今事件、读书随感、科学知识、世界轶事等，无所不包，既有知识性，又有趣味性。

他学贯古今中外，写作时各种事例信手拈来，且所写内容常有鲜为人知的材料，选取的切入点又独出心裁，故给人以新奇之感，特能抓住人心。他的散文一般都篇幅短小，但由于他驾驭文字的能力已达炉火纯青的地步，虽征古引洋，却能深入浅出，以平易的语言，讲透难言的事理，从而未因篇幅短小而产生紧迫感与拘束感。

其叙事及语言最有特点，简单、自然、本色，不加任何粉饰，却能真实地把事物或人物的本来面目如实地勾勒出来。他的语气平和，不愠不火，娓娓道来，节奏舒徐闲适，结构平淡无奇，却透出一股浓醇的韵味，让人如饮了一杯老酒般爽心怡神。这是其个性使然，生活经历使然，修为素养使然，晚明小品、佛经粹语、魏晋文风影响使然。多种因素，造就了他独特的风格，使他受到当时及后世无数人的仰慕。斯人已矣，虽百代犹敬！

周作人渊博的知识，融贯古今中外的修养，使他对各种文体都了如指掌，对八股文也是如此。

在现代作家中，他与鲁迅都是下过科场，进过矮屋之人。光绪二十四年（1898），因为八股文可以完篇，他便与鲁迅去应了县试。经过初试及四次覆试之后，出一总榜，著名学者马一浮为案首即第一名。鲁迅只参加初试，不曾覆试，却为三图三十七，周作人是十图三十四，都是榜上有名，可参加府试。可是鲁迅因上南京考矿路学堂去了，不曾参加府试，否则中个秀才是有把握的，但家里花钱请了个枪手，考在八图三十。周作人参加了府试，考了个四图四十七，两人都可参加院试。次年己亥（1899）院试，鲁迅已入矿路学堂，不曾应试。周作人参加了，却落了榜。这是清朝以八股文取士的最后一次考试，周作人从此再也没参加过八股文取士的考试了。但这三次参试，多为难作的小题，即截下题、截搭题等，他小小十四五岁年纪，初次下场，即能连过县、府试，进入院试，可知其八股文已有一定水平，对八股文已有一定认识。

此后，随着学养的加深，古今中外书籍的博览，使他能用现代的科学眼光来审视八股文，其八股文观自然超出前人及现代人的水准，能洞穿八股文的本质。

如在《关于考试》一文中，他在罗列了张献忠、李自成、洪秀全的科举考试文体后指出："张李洪三家的做法不一样，虽然都是考试。张家似乎是《西游记》里的人物，或是金角大王之流，全是妖魔的行径，所可取的就是这上谕煞是奇妙，在《西游记》也很少这种幽默的点缀。李家却是合乎程式的，牛相到底不愧为不第秀才，题目也出得有意义，所考当然仍是八股文吧……各人的信仰与空想本来尽可随便，但据我从这考试上看来李家天下总也是朱元璋那一套而已。洪家的办法最特别了，考试天主教的策论，表面上似乎是以西学为体中学为用，然而既然重视文字的考试，无论做的是经义或策论，总之仍是中国本色的考试，此殆可谓之教八股也。”（周作人：《苦茶随笔》，岳麓书社，1987年，第199页）

他在这里已看出，只要用八股文取士，就必然造成朱元璋式的专制思想横行。在专制社会，只要“重视文字的考试，无论做的是经义或策论，总之仍是中国本色的考试”。无论是中的或洋的，是用八股还是策论，都是在传输专制思想。周作人的认识十分精透，对八股文的本质一目了然。

在《谈策论》中，他又指出：“原来这洋八股的本名就只是策论。顶好的证据是，前清从前考试取士用八股文，后来维新了要讲洋务的时候改用策论，二者同是制艺或功令文，而有新旧之别，亦即是土洋之异矣。”（周作人：《风雨谈》，岳麓书社，1987年，第47页）这是上述见解的又一说，同样一针见血。

对于八股文与古文的关系，周作人也有透彻的认识。他引了清代蒋湘南《游艺录》卷下论近人古文云：“因闻古文绪论，谓古文以方望溪为大宗，方氏一传而为刘海峰，再传而为姚姬传，乃八家之正法也……夫文以载道，而道不可见，于日用饮食见之，就人情物理之变幻处阅历揣摩，而准之以圣经之权衡，自不为迂腐无用之言。今三家之文误以理学家语录中之言为道，于人情物理无一可推得去，是所谈者乃高头讲章中之道也，其所谓道者非也。八家者唐宋人之文，彼时无今代功令文之式样，故各成一家之法，自明代以八股文为取士之功令，其熟于八家古文者，即以八家之法就功令文之范，于是功令文中钩提伸缩顿宕诸法往往具八家遗意，传习既久，千面一孔，有今文无古文矣……今三家之文仍是千面一孔之功令文，特少对仗耳。以不对仗之功令文为古文，是其所谓法者非也。”（蒋湘南：《游艺录》，清光绪戊子长白豫山湖南重刻本）周作人赞同此见说：“八家以后的古文无非是不对仗的八股，这意见似新奇而十分确实。”这就揭穿了八股文与唐宋之后的古文之关系。

在《厂甸之二》中，他引谢章铤《赌棋山庄笔记·课余偶录》卷二中的话：“窃谓文之未成体者冗剽芜杂，其气不清，桐城诚为对症之药，然桐城言近而境狭，其美亦殆尽矣，而迤逦陵迟，其势将合于时文。盖桐城派之初祖为归震川，震川则时文之高手也。其始取五子之菁华，运以欧曾之格律，入之于时文，时文岸然高异。及其为古文，仍此一副本领，易其字句音调，又适当王李赝古之时，而其文不争声色，浏然而清，足以移情，遂相推为正宗。非不正宗，然其根柢则在时文也。故自震川以来，若方望溪、刘才甫、姚惜抱、梅伯言，皆工时文，皆有刻本传世，而吴仲伦《初月楼集》末亦附时文两三篇，若谓不能时文便不足为古文嫡冢者。”（周作人《苦茶随笔》，岳麓书社，1987年，第29页）周作人不仅赞同桐城派古文即时文的观点，还说：“就是唐宋八大家传诵的古文亦无不然。韩退之诸人固然不曾考过八股时文，不过如作文偏重音调气势，则其音乐的趋向必然与八股接近，至少在后世所流传模仿的就是这一类。《谪星说诗》中云：‘同年王鹿鸣颇娴曲学。偶叩以律，鹿鸣曰，君不作八股乎，亦有律也。’此可知八股通于音乐。”（同前）

周作人不仅指出桐城派的古文即时文，还从唐宋八大家之古文偏重音调气势，其音乐性与八股文相通来论述两者之同一性，这是他以现代眼光看八股文与古文的结果。故他在《论八股文》

及《清代文学的反动（上）——八股文》中对这一观点做了系统的阐发，形成了其独特的八股文观。

在《论八股文》一文中，周作人运用语言音韵学和社会人类学的知识，揭示了八股文的来源。

他指出，由于汉字有平仄，讲音韵，具有音乐的元素，故中国人有吟诵的喜好。八股文便顺应了人们的这一天性，以分股对偶的形式，“实行散文的骈文化，结果造成一种比六朝骈文还要圆熟的散文诗，真令人有观止之叹。而且破题的作法差不多就是灯谜，至于有些‘无情搭’显然须应用诗钟的手法才能奏效。所以八股不但是集合古今骈散的菁华，凡是从汉字的特别性质演出的一切微妙的游艺也都包括在内，所以我们说它是中国文学的结晶，实在是没有一丝一毫的虚价。”

“再从反面说来，做八股文的方法也纯粹是音乐的。它的第一步自然是认题，用做灯谜诗钟以及喜庆对联等法，检点应用的材料，随后是选谱，即选定合宜的套数，按谱填词，这是极重要的一点。从前有一个族叔，文理清通，而屡试不售，遂发愤用功，每晚坐高楼上朗读文章（《小题正鹄》?），半年后应府县考皆列前茅，次年春间即进了秀才。这个很好的例可以证明八股是文义轻而声调重，做文的秘诀是熟记好些名家旧谱，临时照填，且填且歌，跟了上句的气势，下句的调子自然出来，把适宜的平仄字填上去，便可成为上好时文了。”

这就从汉字所具有的平仄而产生的音乐性培养起的中国人喜吟诵天性入手，揭示了八股文创制之因与写作方法。这也是“假如想要研究或了解本国文学而不先明白八股文这东西，结果将一无所得”的原因所在。

其次，他又从“几千年来的专制养成很顽固的服从与模仿根性”着眼，揭示了八股文最根本的属性即“代圣贤立言”设置的原由。周作人称："换句话就是奉命说话。"做'制艺'的人奉到题目，遵守'功令'，在应该说什么与怎么说的范围之内，尽力地显出本领来，显得好时便是'中式'，就是新贵人的举人进士了。"而且"它的精神在科举废止后在不曾见过八股的人们的心里还是活着"。

周作人运用语言音韵学及社会人类学的科学方法，将八股文的形式与内容产生之因做出了具有独创性的解释，做到了言前贤之不能言。

他《清代文学的反动（上）——八股文》中指出："八股文是以形式为主，而以发挥圣贤之道为内容的。"对八股文产生之因，基本上是依据了《论八股文》中所阐发的观点。虽然有其不足之处及片面性，但的确从一个新的角度揭示了八股文的某些本质问题，能启发人们思考，并为我们提供了一种新的思考方式。

（乌　媛）

论八股文

我查考中国许多大学的国文系的课程，看出一个同样的极大的缺陷，便是没有正式的八股文的讲义。我曾经对好几个朋友提议过，大学里——至少是北京大学应该正式地“读经”，把儒教的重要的经典，例如《易》《诗》《书》，一部部地来讲读，照在现代科学知识的日光里，用言语历史学来解释它的意义，用“社会人类学”来阐明它的本相，看它到底是什么东西，此其一。在现今大家高呼伦理化的时代，固然也未必会有人胆敢出来提倡打倒圣经，即使当日真有“废孔子庙罢其祀”的呼声，他们如没有先去好好地读一番经，那么也还是白呼的。我的第二个提议即是应该大讲其八股，因为八股是中国文学史上承先启后的一个大关键，假如想要研究或了解本国文学而不先明白八股文这东西，结果将一无所得，既不能通旧的传统之极致，亦遂不能知新的反动之起源。所以，除在文学史大纲上公平地讲过之外，在本科二三年应礼聘专家讲授八股文，每周至少二小时，定为必修科，凡此课考试不及格者不得毕业。这在我是十二分地诚实的提议，但是，呜呼哀哉，朋友们似乎也以为我是以讽刺为业，都认作一种玩笑的话，没有一个肯接受这个条陈。固然，人选困难的确也是一个重要的原因，精通八股的人现在已经不大多了，这些人又未必都适于或肯教，只有夏曾佑先生听说曾有此意，然而可惜这位先觉早已归了道山了。

八股文的价值却决不因这些事情而跌落。它永久是中国文学——不，简直可以大胆一点说中国文化的结晶，无论现在有没有人承认这个事实，这总是不可遮掩的明白的事实。八股算是已经死了，不过，它正如童话里的妖怪，被英雄剁做几块，它老人家整个是不活了，那一块一块的却都活着，从那妖形妖势上面看来，可以证明老妖的不死。我们先从汉字看起。汉字这东西与天下的一切文字不同，连日本、朝鲜在内：它有所谓六书，所以有象形会意，有偏旁；有所谓四声，所以有平仄。从这里，必然地生出好些文章上的把戏。有如对联，“云中雁”对“鸟枪打”这种对法，西洋人大抵还能了解，至于红可以对绿而不可以对黄，则非黄帝子孙恐怕难以懂得了。有如灯谜，诗钟。再上去，有如律诗，骈文，已由文字的游戏而进于正宗的文学。自韩退之文起八代之衰，化骈为散之后，骈文似乎已交末运，然而不然：八股文生于宋，至明而少长，至清而大成，实行散文的骈文化，结果造成一种比六朝骈文还要圆熟的散文诗，真令人有观止之叹。而且破题的作法差不多就是灯谜，至于有些“无情搭”显然须应用诗钟的手法才能奏效。所以八股不但是集合古今骈散的菁华，凡是从汉字的特别性质演出的一切微妙的游艺也都包括在内，所以我们说它是中国文学的结晶，实在是没有一丝一毫的虚价。民国初年的文学革命，据我的解释，也原是对于八股文化的一个反动，世上许多褒贬都不免有点误解，假如想了解这个运动的意义而不先明了八股是什么东西，那犹如不知道清朝历史的人想懂辛亥革命的意义，完全是不可能的了。

其次，我们来看一看八股里的音乐的分子。不幸我于音乐是绝对的门外汉，就是顶好的音乐，我听了也只是不讨厌罢了，全然不懂它的好处在哪里，但是我知道，中国国民酷好音乐，八股文里含有重量的音乐分子，知道了这两点，在现今的谈论里也就勉强可以对付了。我常想中国人是音乐的国民，虽然这些音乐在我个人偏偏是不甚喜欢的。中国人的戏迷是实在的事，他们不但在戏园子里迷，就是平常一个人走夜路，觉得有点害怕，或是闲着无事的时候，便不知不觉高声朗诵出来，是《空城计》的一节呢，还是《四郎探母》，因为是外行我不知道，但总之是唱着什么就是。昆曲的句子已经不大高明，皮黄更是不行，几乎是“八部书外”的东西，然而中国的士大夫也乐此不疲，虽然他们如默读脚本，也一定要大叫不通不止，等到在台上一发声，把这些不通的话拉长了，加上丝弦家伙，他们便觉得滋滋有味，颠头摇腿，至于忘形：我想，这未必是中国的歌唱特别微妙，实在只是中国人特别嗜好节调罢。从这里我就联想到中国人的读诗，读古文，尤其是读八股的上面去。他们读这些文章时的那副情形大家想必还记得，摇头摆脑，简直和听梅畹华先生唱戏时差不多，有人见了要诧异地问，哼一篇烂如泥的烂时文，何至于如此快乐呢？我知道，他是麻醉于音乐里哩。他读到这一出股：“天地乃宇宙之乾坤，吾心实中怀之在抱，久矣夫千百年来已非一日矣，溯往事以追维，曷勿考记载而诵诗书之典要。”耳朵里只听得自己的琅琅的音调，便有如置身戏馆，完全忘记了这些狗屁不通的文句，只是在抑扬顿挫的歌声中间三魂渺渺七魄茫茫地陶醉着了。（说到陶醉，我很怀疑这与抽大烟的快乐有点相近，只可惜现在还没有充分的材料可以证明。）再从反面说来，做八股文的方法也纯粹是音乐的。它的第一步自然是认题，用做灯谜诗钟以及喜庆对联等法，检点应用的材料，随后是选谱，即选定合宜的套数，按谱填词，这是极重要的一点。从前有一个族叔，文理清通，而屡试不售，遂发愤用功，每晚坐高楼上朗读文章（《小题正鹄》?），半年后应府县考皆列前茅，次年春间即进了秀才。这个很好的例可以证明八股是文义轻而声调重，做文的秘诀是熟记好些名家旧谱，临时照填，且填且歌，跟了上句的气势，下句的调子自然出来，把适宜的平仄字填上去，便可成为上好时文了。中国人无论写什么都要一面吟哦着，也是这个缘故，虽然所做的不是八股。读书时也是如此，甚至读家信或报章也非朗诵不可，于此更可以想见这种情形之普遍了。

其次，我们再来一谈中国的奴隶性罢。几千年来的专制养成很顽固的服从与模仿根性，结果是弄得自己没有思想，没有话说，非等候上头的吩咐不能有所行动，这是一般的现象，而八股文就是这个现象的代表。前清末年有过一个笑话，有洋人到总理衙门去，出来了七八个红顶花翎的大官，大家没有话可讲，洋人开言道“今天天气好”，首席的大声答道“好”，其余的红顶花翎接连地大声答道好好好……，其声如狗叫云。这个把戏是中国做官以及处世的妙诀，在文章上叫作“代圣贤立言”，又可以称作“赋得”，换句话就是奉命说话。做“制艺”的人奉到题目，遵守“功令”，在应该说什么与怎样说的范围之内，尽力地显出本领来，显得好时便是“中式”，就是新贵人的举人进士了。我们不能轻易地笑前清的老腐败的文物制度，它的精神在科举废止后在不曾见过八股的人们的心里还是活着。吴稚晖公说过，中国有土八股，有洋八股，有党八股，我们在这里觉得未可以人废言。在这些八股做着的时候，大家还只是旧日的士大夫，虽然身上穿着洋服，嘴里咬着雪茄。要想打破一点这样的空气，反省是最有用的方法，赶紧去查考祖先的窗稿，拿来与自己的大作比较一下，看看土八股究竟死绝了没有，是不是死了之后还是夺舍投胎地复活在我们自己的心里。这种事情恐怕是不大愉快的，有些人或者要感到苦痛，有如洗刮身上的一个大疔疮。这个，我想也可以各人随便，反正我并不相信统一思想的理论，假如有人怕感到幻灭之悲哀，那么让他仍旧把膏药贴上也并没有什么不可罢。

总之我是想来提倡八股文之研究，纲领只此一句，其余的说明可以算是多余的废话，其次，我的提议也并不完全是反话或讽刺，虽然说得那么地不规矩相。

十九年五月。

——录自《看云集》，周作人著，岳麓书社 1988 年

清代文学的反动（上）
——八股文

以袁中郎作为代表的公安派，其在文学上的势力，直继续至清朝的康熙时代。集公安、竟陵两派之大成的，上次已经说过，是张岱，张岱便是明末清初的人。另外还有金圣叹（喟）、李笠翁（渔）、郑燮、金农、袁枚诸人。金圣叹的思想很好，他的文学批评很有新的意见，这在他所批点的《西厢》《水浒》等书上全可看得出来。他留下来的文章并不多，但从他所作的两篇《水浒传》的序文中，也可以看得出他的主张来的，他能将《水浒》《西厢》和《左传》《史记》同样当作文学书看，不将前者认为诲淫诲盗的东西，这在当时实在是一件很不容易的事。李笠翁所著有《笠翁一家言》，其中对于文学的见解和人生的见解也都很好。他们都是康熙时代的人。其后便成了强弩之末，到袁枚时候，这运动便结束了。

大约从一七〇〇年起始，到一九〇〇年止，在这期间，文学的方向和以前又恰恰相反，但民国以来的文学运动，却又是这反动力量所激起的反动。我们可以这样说：明末的文学，是现在这次文学运动的来源；而清代的文学，则是这次文学运动的原因。不看清楚清代的文学情形，则新文学运动所以起来的原因也将弄不清楚，要说明也便没有依据。我常提议各校国文系的学生，应该研究八股文，也曾作过一篇《论八股文》，说明为什么应该研究它。这项提议，看来似乎是在讲笑话，而其实倒是正经话，是因为八股文和现代文学有着很大的关系之故。

清代的文艺学问情形，在梁任公先生的《清代学术概论》中说得很详尽了，我们不必多说。但今为便利计，姑归纳为下列几种：

一、宋学（也可称哲学或玄学）

二、汉学（包括语言学和历史）

三、文学

（1）明末文学的余波——至袁枚为止

（2）骈文（文选派）

（3）散文（古文，以桐城派为代表）

四、制艺（八股）

在清代，每个从事于学问的人，总得在这些当中选择一两种去研究。但无论研究哪一种，八股文是人人所必须学的。清代的宋学无可取，汉学和文学没多大关系，文学里明末文学运动的余波已逐渐衰微下去，而这时期的骈体文也只是剽拟模仿，更不能形成一种力量。余下的便只有散文和八股了。

关于八股文的各方面，我们所知道的很少，怕不能扼要地讲得出来。可供参考的书籍也很少，能找到的只有梁章钜的《制艺丛话》，在里边可以找到许多很好的材料，此外更无第二部。刘熙载的《艺概》末卷也是讲制艺的，只是所讲全是些空洞的话，并没有具体的例证。但我们对八股文如不晓得是怎么一回事，则对旧文学里面的好些地方全都难以明了，于此，也只得略加说明：

所谓制艺，是指自宋以来考试的文章而言。在唐时考试用诗；宋时改为经义，即从四书或五经内出一题目，由考的人作一段文章，其形式全与散文相同；到明代便有了定型：文章的起首是破题，其次是承题，再次是起讲，后面共有八股，每两股作为一段，此平彼仄，两两相对，成为这样的形式：

$$\begin{cases}\text{甲}\quad\text{乙}\quad\text{丙}\quad\text{丁}\\\text{甲}'\quad\text{乙}'\quad\text{丙}'\quad\text{丁}'\end{cases}$$

下面再有一段作为结尾。这便是所谓八股文。到明末清初时候，更加多了许多限制，不但有一定的形式，且须有一定的格调。这样，越来便越麻烦了。

现在将清代各种文学，就其在形式和内容两方面的差别，另画作这样的一张表：

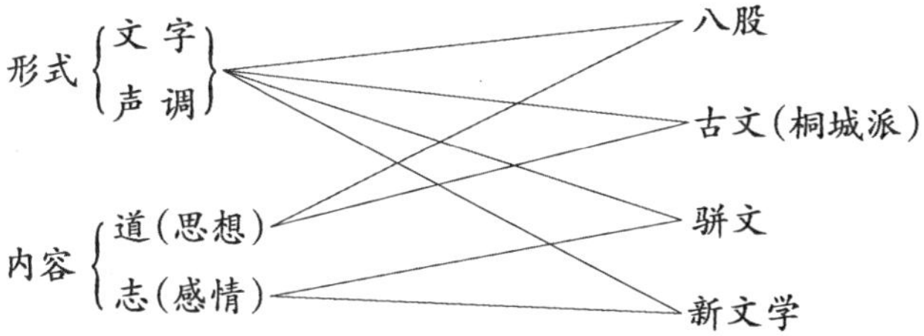

这里边，八股文是以形式为主，而以发挥圣贤之道为内容的。桐城派的古文是以形式和思想平重的。骈文的出发点为感情，而也是稍偏于形式方面。以感情和形式平重的，则是这时期以后的新文学。就中，八股文和桐城派的古文很相近，早也有人说过，桐城派是以散文作八股的。骈文和新文学，同以感情为出发点，所以二者也很相近，其不同处是骈文太趋重于形式方面。后来反对桐城派和八股文，可走的路径，从这表上也可以看得出来，不走向骈文的路便走向新文学的路。而骈文在清代的势力，如前面所说，本极微弱，于是便只有走向新文学这方面了。

为什么会有八股文这东西起来呢？据我想这与汉字是有特别关系的。汉字在世界上算是最特别的一种，它有平仄而且有偏旁，于是便可找些合适的字使之两两互对起来。例如“红花”可用“绿叶”作对，若用“黄叶”或”青枝”等去对，即使小学生也知其不合适，因为“红花”和“绿叶”，不但所代表的颜色和物件正好相对，字的平仄也是正对的，而且红绿二字还都带有“纟”旁，其它的“青枝”“黄叶”等便不足这些条件了。

从前有人路过一家养马的门口，见所贴门联的一幅是“左手牵来千里马”，觉得很好，但及至看到下幅，乃是“右手牵来千里驹”，又觉得很不好了。这在卖马的人只是表示他心中的愿望，然而看门联的人则以为应当对得很精巧才成，仿佛“千”定要对“万”或“手”定要对“足”才是。

这样子，由对字而到门联，由门联而到挽联，而到很长的挽联，便和八股文很接近了。

中国打“灯谜”的事也是世界各国所没有的，在中国各地方各界都很普遍。譬如“人人尽道看花回”，打四书一句“言游过矣”，又如“传语报平安”打“言不必信”等等，意思尽管是牵强附会，但倒转过来，再变化得较高级一些，便成为八股中破题的把戏，因此，我觉得八股文之所以造成，大部分是由于民间的风气使然，并不是专因为某个皇帝特别提倡的缘故。

关于破题有很多笑话，但虽是笑话，其作法却和正经的破题完全相同。据说有人作文章很快，于是别人出题目要他作，而只许他以四个字作为破题。题目是“君命召不俟驾行矣”，他的破题是“君请，度（踱）之”。又如有人以极通俗的话作破题解释“三十而立”说：“两当十五之年，虽有椅子、板凳而不敢坐也。”另外要举一正经的例子：题目是“子曰”，有人的破题是“匹夫而为百世师，一言而为天下法”。这是明代人所作的，那时候这样的破题还可以，到清代则破题的结尾一定要用一虚字才行。

从这些例子看来，便很可以明白，低级的灯谜，和高级的破题，原是同一种道理生出来的。

“破题”之后是“承题”，承题的起首必须得用一“夫”字，例如，要接着前面所举“三十而立”的破题作下去，其承题的起首一定是“夫椅子、板凳所以坐者也……”一类的话头。

总之，作文章的人，处处都受有限制，必须得模仿当时圣贤说话的意思，又必须遵守形式方面的种种条规。作一篇文章消磨很多的时间，作成之后却毫没价值。

然而前面所举的还都是些普通的题目，还较为简单易作，其更难的是所谓“截搭题”，即由四书上相邻的两章或两句中，各截取一小部分，凑合而为一个题目。例如从“三十而立，四十而不惑”两句当中，可截取“而立四十”作题。这种题目有很多凑得非常奇怪的，如“活昏”，本是“民非水火不生活”的末一字和“昏夜叩人之门户”的首一字，毫无关系，然而竟凑为一个题目。遇到此类题目，必须用一种所谓“渡法”，将上半截的意思渡到下半截去。在《制艺丛话》中，有一个很巧妙的例子，题目是“以杖叩其胫阙党童子”，这是《原壤夷俟》章的末句和《阙党童子将命》章的前半句，意思当然不相连接，然而有人渡得很妙：

> 一杖而原壤痛，再杖而原壤哭，三杖而原壤死矣，一阵清风而原壤化为阙党童子矣。

作八股文不许连上，不许犯下，不许骂题漏题，这篇文章全没违犯这些规则，而又将题中不相干的两种意思能渡在一起，所以算最好。

八股文中的声调也是一件很主要的成分。这大概是和中国的戏剧有关系的事。中国的歌曲早已失传，或者现在一般妓女所唱的小曲还有些仿佛吧，然而在民间已不通行。大多数国民的娱乐，只是在于戏剧方面。现在各学校所常举行的游艺会欢迎会之类，在余兴一项内也大半都是唱些旧剧，老百姓在种地的时候，或走路害怕的时候，也都好唱几句皮簧之类，由此可见一般人对于戏剧的注意点是在于剧词的腔调方面。当我初到北京时是在光绪三十年顷，在戏院里见有许多当时的王公们，都脸朝侧面而不朝戏台，后来才知道这是因为他们所注意的只是唱者的音调如何，而不在于他们的表演怎样。西皮二簧甚至昆曲的词句，大半都作得不好，不通顺，然而他们是不管那些的，正如我们听西洋戏片，多半是只管音调而不管意思的。这在八股文内，也造成了同样的情形，只要调子好，规矩不错，有时一点意思也没有，都可以的。从下面的两股文章内，便可看出这种毛病来：

天地乃宇宙之乾坤，吾心实中怀之在抱，久矣夫千百年来已非一日矣，溯往事以追维，曷勿考记载而诵诗书之典要。

元后即帝王之天子，苍生乃百姓之黎元，庶矣哉亿兆民中已非一人矣，思入时而用世，曷勿瞻黻座而登廊庙之朝廷。

这是八股中的两中股，在这两股中，各句子里起首和煞尾的字，其平仄都很对，所以，其中的意思虽是使人莫名其妙，文章也尽管不通，只因调子好，就可算是很好的“中式”文字。

上面所举的各种例子，游戏的地方太多，也许八股文中所有的特别的地方还看不清楚，于此，再举一个正经的例子：

父母惟其疾之忧（章日价）

罔极之深恩未报，而又徒留不肖之肢体，贻父母以半生莫殚之愁。

百年之岁月几何，而忍吾亲以有限之精神，更消磨于生我劬劳之后。

这是八股中的后两股，其声调和句子，作得都很好，文字虽也平常，对题中的意思却发挥得很透澈，所以这算是八股中之最上等的。作不好的即成为前面所举“天地乃宇宙之乾坤”一类的。

我以前在《论八股文》中也曾举例说明过，凡是从前考试落第的人，只须再用功多读，将调子不同的文章，读上一百来篇，好像我们读乐谱样，读到烂熟，再考时就可从中选一合适的调子，将文章填入，自然也就可以成功了。鲁迅在《朝华夕拾》内说到三味书屋里教书的老先生读文时摇头摆脑的神情，是事实，而且很有道理在里边的：假使单是读而不摇头，则文字中的音乐分子便有时领略不出来，等自己作时，也便很难将音调捉摸得好了。

和八股文相连的有试帖诗。唐代的律诗本只八句，共四韵，后来加多为六韵，更后成为八韵。在清朝，考试的人都用作八股文的方法去作诗，于是律诗完全八股化而成为所谓“试帖”。在徐宝善的《壶园试帖》里面，有一首题目为《王猛扪虱》，我们可从中抄出几句作例：

建业蜂屯扰，成都蚁战酣。

中原披褐顾，余子处裈惭。

汤沐奚烦具，爬搔尽许探。

搜将虮虱细，劘向齿牙甘。

这首诗，因为题目好玩，作者有才能，所以能将王猛的精神，王猛的身分，和那时代的一般情形，都写在里面，而且风趣也很好。不过这也只是一种细工而已，算不得真正文学。

这种诗的作法，是和作诗钟的方法有很大的关系的。诗钟是每两句单独作，譬如清朝道光时代的一位文人秦云，曾用“蜡，芥”为题目，作过这样的两句：

嚼来世事真无味，拾得功名尽有人。

这看来好像很感概，但这感概并不是诗人自己的牢骚，而是从题目里面生出来的。诗钟作到这样，算是比较成功的了，但和真文学相去则很远。而所谓试帖诗，从前面的例上可以看出，就是应用这样的方法作成的。即八股文的作法，也和这作诗钟的方法很有关系。

总括起来，八股文和试帖诗都一样，其来源。一为朝廷的考试，一为汉字的特别形状，而另一则为中国的戏剧。其时代可以说自宋朝即已开始，无非到清朝才集其大成罢了。

言志派的文学，可以换一名称，叫做“即兴的文学”，载道派的文学，也可以换一名称，叫做“赋得的文学”。古今来有名的文学作品，通是“即兴文学”。例如《诗经》上没有题目，《庄子》也原无篇名，他们都是先有意思，想到就写下来，写好后再从文字里将题目抽出的。“赋得的文学”是先有题目然后再按题作文。自己想出的题目，作时还比较容易，考试所出的题目便有很多的限制，自己的意见不能说，必须揣摩题目中的意思，如题目是孔子的话，则须跟着题目发挥些圣贤道理，如题目为阳货的话，则又非跟着题目骂孔子不可。正如刘熙载所说的，“未作破题，文章由我，既生破题，我由文章”。只要遵照各种规则，写得精密巧妙，即成为“中式”的文章。其意义之有无，倒可不管。我们现在作文章有如走路，在前作八股文则如走索子。走路时可以随便，而走索子则非按照先生所教的方法不可，否则定要摔下来。不但规矩，八股文的字数也都有一定，在顺治初年，定为四百五十字算满篇，康熙时改为五百五十，后又改为六百。字数在三百以内不及格，若多至六七百以上也同样不及格。总之，这种有定制的文章，使得作者完全失去其自由，妨碍了真正文学的产生，也给了中国社会许多很坏的影响，至今还不能完全去掉。正如吴稚晖所说，土八股虽然没有了，接着又有了洋八股，现在则又有了党八股。譬如现在要考什么，与考的人不必有专门研究，不懂题目也可以按照题目的意思敷衍成一段文章，使之有头尾，这便是八股文的方法。

规则那样麻烦，流弊那样多，其引起反对乃是当然的。而且不仅在清末，在其先已经就有起而反对的人了。最先的是傅青主（山）和徐灵胎（大椿）二人，他们都是有名的医生，都曾作过骂八股的文字。在徐灵胎的《洄溪道情》里面，有一首曲子叫《时文叹》，其词是：

> 读书人，最不济。烂时文，烂如泥。国家本为求才计，谁知道变作了欺人计。三句承题，两句破题，摆尾摇头，便是圣门高弟，可知道三通四史是何等文章，汉祖唐宗是那朝皇帝？案头放高头讲章，店里买新科利器。读得来肩背高低，口角嘘唏。甘蔗渣儿嚼了又嚼，有何滋味？辜负光阴，白白昏迷一世！就教他骗得高官，也是百姓朝廷的晦气。

当然这是算不得文学的，但却可以代表当时一部分人的意见，所以也算是一篇与文学史有关系的东西。

清代自洪杨乱后，反对八股文的势力即在发动。到清末，凡是思想清楚些的，都感觉到这个问题。当时，政治方面的人物，都受了维新思想的传染，以为八股文太没用处。研究学问的人则以为八股文太空疏。因而一般以八股文出身的人们，也都起而反对了。力量最大关系最多的，是康有为、梁任公诸人。不过那时候所作到的只是在政治方面的成功，只使得考试时不再用八股而用策论罢了。而在社会上的思想方面，文学方面，都还没有多大的改变，直到陈独秀、胡适之等人正式地提出了文学革命的口号，而文学运动上才又出现了一支生力军。

现下文学界的人们，很少曾经作过八股文的，因而对于八股文的整个东西，都不甚了然。现在只能将它和新文学运动有关系的地方略略说及，实不容易说得更具体些。整篇的八股文字，如引用起来，太长，太无聊，大家可自己去查查看。以后如有对此感到兴趣的人，可将这东西作一番系统的研究，整理出一个端绪来，则其在中国文学上的价值和关系，自可看得更清楚了。

——录自《中国新文学的源流》第三讲，周作人著，岳麓书社 1989 年

刘咸炘话八股

导读

刘咸炘（1896—1932），字鉴泉，别号宥斋，先世湖北麻城人，明季入蜀，居眉州，后徙双流，遂以为籍。祖父刘止唐，生于道光、咸丰间，以授徒为业，著书数十种，自成一家，培育的人材，遍布巴蜀。父刘子维，继志讲学，至于耄年，仍讲授不已，生徒益众，因住处成都纯化街又名三巷子，世人至以“三巷子”称之而不名，其见重如此。

刘咸炘幼而绝顶聪明，刚学走路即喜欢书。五岁，便效前人弄笔，仿作《鸡史》。因聪慧异常，连考中拔贡的兄长都无力教他，只得由其父亲担教责。读书有一目十行之能，九岁时常从书斋抱书数十册到他的读书处阅览，翻阅一过，又送回书斋，有时一天往返几次，其翻阅速度之快，令人咋舌。族人戏称他为“老秀才”。

父亲去世后，他向堂兄，即中过举人、创办了尚友书塾的刘咸焌问学，撰《汉书知意》四卷。1916年后，任尚友书塾塾师，于是翻遍四部，旁涉西学。他独具慧眼，见解益精，著述日富，尤究心于校雠学和史学。

刘咸炘主尚友书塾讲席十余年，又历任敬业学院哲学系主任，成都大学、四川大学教授。

他学贯中西，虽得年仅三十六，所著书却达二百三十五部，四百七十五卷。他笃学精思，明统知类，举凡哲学、诸子学、史学、方志学、校雠学、文学以及道学研究，均有重要创获，发前人所未曾发，卓然自成一家。在近代学术史上，与刘师培并称为二刘，皆天才卓特，渊博精深，冠于一时，虽得年均未过四十，而各著书数百种，为中国学术做出重要贡献。张尔田、陈寅恪、梁漱溟、蒙文通、卢前等著名学者，都对刘咸炘的学术成就推崇备至。蒙文通更誉其为“一代之雄，数百年来，一人而已”。

刘咸炘因年龄关系，无由参加科举考试，也没有写过八股文。但他学贯古今，且其从学的二位兄长一为拔贡、一为举人。在那个科举时代，其父授徒讲学，也必讲八股文。所以耳濡目染，便对八股文有了感性认识。从他在《浅书续录》卷下所开列的“制义选目”和《浅书》中的《制艺法论钞》（均载《刘咸炘学术论集·文学讲义编》，广西师范大学出版社2007年）来看，他是读了大量八股文及论述八股文的著述并做了深入研究的。否则，他开列不出“制义选目”，也摘录不了《制艺法论钞》。在这个基础上，他写出了《四书文论》这样有份量、有见地的文章。

著名学者卢前在其《八股文小史》第一章《帖括经义之变体》中说：“八股文为学所贱已久，科举废后以至于今，垂四十年，此体弃置，已无人道，惟自通识观之，盖不平之甚者也。造文学史者，故应还其应得之地位。往在成都，亡友双流刘鉴泉咸炘示所作《四书文论》，最为知言，其通论部分至精核，可作八股文之价值论观。”

卢前之所以称《四书文论》的通论部分“可作八股文之价值论观”，是因为在这个部分，刘咸炘列举了古代各种文体及其作用来比较，证明“文各有体，本无高下”，且“唐之律诗、律赋、判词，宋之经义、论策、四六，孰非干禄之具?”这些文体至今仍受人重视，为什么八股文干禄就被人贱视呢?

刘咸炘在《四书文论》中还征引了历代著名文人的话，来反驳八股文“不足与于立言”而轻视它的论调。这些话中，有章学诚的“学问文章，无今无古”说，王鏊的“作文须先打扫心地洁净”说，唐顺之的“作文要真精神透露”说，瞿景淳的“作文须从心苗中流出”说。他还引吴默、陶望龄、王畿、顾宪成、俞长城、彭绍升等明、清著名学者的论述，来证明“疑于时文之非立言”之荒谬。这就表明刘咸炘对八股文的价值是充分肯定的。

在该文的主干部分，刘咸炘征引了焦循、方苞、顾咸正、苏翔凤、周以清、郑灏若、彭绍升等明、清学者的有关言论，来阐发八股文的发展变化史，并以唐诗的初、盛、中、晚分期来比拟八股文的起源、兴盛、衰败过程，揭示了八股文的与时俱变性。其中不少言论，对明代八股文在不同时代、不同阶段的特点有着准确的勾勒，从而使人们能真正认识八股文的本质。

刘咸炘还运用文体相承相继的规律来揭示八股文产生的原因。他引焦循在《易余籥录》中的话：“诗既变为词、曲，遂以传奇、小说谱而演之，是为乐府杂剧。又一变而为八股，舍小说而用经书，屏幽怪而谈理道，变曲牌而为排比，此文亦可备众体，见史才、诗笔、议论。其破题、开讲，即引子也；提比、中比、后比，即曲之套数也；夹入领题、出题段落，即宾白也。习之既久，忘其由来，莫不自诩为圣贤立言，不知敷衍描摹，亦仍优孟之衣冠，至摹写阳货、马骥、太宰、司败之口吻，叙述庾斯抽矢、东郭乞余，曾何异传奇之局段耶？而庄、老、释氏之旨，文人藻缋之习，无不可入之，第借圣贤之口以出之耳。”虽然刘咸炘指出“焦氏以八比法配引子、套白实未安稳，八比句调乃出于宋四六之长句，然谓敷衍描摹出曲则是也”，但他们都能从古代文体之相承相变的关系来分析八股文的源头，这种看问题的方法是值得称赏，也是实事求是的。

刘咸炘还指出八股文的变化，是一种文化的反映，与一个时代所崇尚的学术、思潮有关："时文之初、盛、中、晚盖与理学之晦庵、阳明有关，非独如诗、词之正变而已也。千子、厚庵，宗朱者也。梨洲、尺木，宗王者也。王派之风，尚质而多容，与朱派之密、狭殊，吾已屡论之矣。尺木《论文》又曰：'明初学者，多墨守《章句》，并为一谈。自阳明先生作，而承学之士始知反求诸心，要于自得。其见于文者，往往如圆珠出水，秋月写空。庆、历以还，脱落清虚，渐成故习，一二选家尽力弹射，矫枉之过，清响渐微，至有白首铅椠，著书满家，而莫能名其所自得者，其为得失，岂独经义然哉？'此言最足见其宗旨。尺木于时文最好邓定宇（以赞）、杨复所（起元）、郑谦止（鄤），谓其体递变而不离其宗，一以自得为宗。邓、杨皆王派也。隆、万之时，王学甚盛，故文风如此。"能从时代、学风、思潮的变化来探寻八股文变化之因，这是刘咸炘唯物辩证思维的反映，说明他也受到时代新思潮的影响。

经过上述论证，刘咸炘最后做出结论："如上所论，校之于诗、词，推之于理学，其文之通，大略可知矣。即以论世资史而言，四书文亦为明一代之重材。唐诗可以观唐史，明文可以观明史。盖时代虽代言，而四子书语简意广，推假无所不可。"把时文抬至可"论世资史"的高度，称其"为明一代之重材"，"可以观明史"，可见刘咸炘对八股文价值之推崇。

《制艺法论钞》是刘咸炘为纠正世人对八股文的偏见，让他们去学习八股文如何做到理路清晰的行文之法，以改变"学者文之粗疏"的状况，而"取昔人论制艺法之要语，钞为一篇"，以之行世的。钞文选取明、清两代学者讲述八股文作法之言论，供学习写论说文的人作参考，因"相题析理，则固凡理文之所同，六朝之讲疏，唐之何论，宋之经义，无不讲此者也。不龟手之药或可以封，而况于文理之通法哉！”可见刘咸炘对引入八股文作法以治“自变策论以来，不及一纪，而学者文心日粗，徒为大言，实多谬误”，实为理路不清之弊病，寄予很大的期望。这也表明他对八股文有出于真心的推崇。作为一位学贯中西，古今融合的天才学者，这么对待八股文，从一个侧面说明八股文确为中国文化之结晶。

（龚　昊）

四书文论 丁卯九月三日

制艺之为学者所贱久矣，校雠著录者与曲剧、平话同屏不录，编文集者偶存之，必别为外集，乃至其序，亦以为不雅而当删，科举既废，更弃置无人道，一二老生偶以为谈谐而已，其贱也如此。以通识观之，盖不平之甚者也。今述旧说以表之。

制艺者，诸文之一也，亦本出于心，亦自成其体，固与诸文无异，不知其不能等观者安在？谓其体下邪？文各有体，本无高下，高下者，分别相对之权词耳。为古文者斥下时文，恐乱其体可也，而时文不以是贱也。彼为古诗者固斥下律诗，为律诗者固斥下词，为词者固斥下曲，律诗、词、曲岂以是贱哉！谓其为干禄邪？彼唐之律诗、律赋、判词，宋之经义、论策、四六，孰非干禄之具？今论策盛传于异代，律诗、判词皆编在别集，律赋且有总集。韩退之之试论在《昌黎集》，张才叔之经义入《宋文鉴》。曲剧、平话，今皆有专家考论，列于文学之林。而独于制艺，则掩鼻过之，是得为平乎？焦里堂（循）《时文说》曰："御宽平而有奥思，处恒庸而生危论，于诸子为近。然诸子之说根于己，时文之意根于题，实于六艺九流诗赋之外，别具一格。余尝谓学者所轻贱之技，而实为造微之学者有三：曰弈，曰词曲，曰时文。"江国霖《制义丛话序》曰："制艺指事类策，谈理似论，取材如赋之博，持律如诗之严。"二论皆非过誉。制艺之足为知言论世之资，固同于策论，齐于诗词，其尤且足上拟诸子，远非律诗、律赋、四六之所能及，今反谓为不足与于立言之伦，岂为平乎？

谓不足与于立言者，莫刻于龚自珍"不自言，而代他人言"之说。其说实非也。章实斋先生《叶鹤涂文集序》曰："二十年来，举及时艺，辄鄙弃之为不足道。夫万物之情，各有其至，苟有得于意之所谓诚然而不为世俗毁誉所入，则学问文章，无今无古，皆立言者所不废也。”此论可谓明且清矣。言之有物与否，固不在于体制。子部不少剽窃之作，制诏亦有诚恳之言，策论自抒其意而抄纂盛行，曲剧止如其事而襟抱可见，况四书文题狭而词长，引申推扩，何非己意耶？明世此道名家论文绪言，罔不崇尚自得。王守溪（鏊）谓：“作文须先打扫心地洁净。”唐荆川（顺之）谓：“作文要真精神透露，肯说理，肯用意，必是真实举子。”瞿昆湖（景淳）谓：“作文须从心苗中流出。”吴因之（默）谓：“著一分词，便掩一分意。意到时，只须直写胸臆，家常话儿，尽是精光闪灿。”（因之作文，不看时艺，不寻讲章，咀味白文，移晷始成一艺。）陶石篑（望龄）谓：“自胸臆中淘写出者为好。”凡此诸说，如出一口。又王龙溪（畿）谓：“作文如写家书，句句道实事，自有条理。”陶石篑言：“作文正如人诉事耳，敏口者能言，其甚敏者能省言而无费。”此二论尤为精到。自汉以来，文家骛于派别格律，而忽于本质。词华盛而论理衰，使文不能达意而远于实用，乃为西洋逻辑所乘。其能存论理者，独制艺家耳。若此诸论，不可谓非名言宝训也。此岂犹可谓为不足立言耶？顾泾阳（宪成）曰：“唐、瞿之文，中行也。我之文，狂也。陈筠塘、储樊桐之文，狷也。”梁赞图曰：“言者，心之声。古今诗文往往能自肖其人，制义则言之尤畅，如徐文长作《今之矜也忿戾》文，直是自作小传。”俞桐川（长城）曰：“忠臣之文多发越，孝子之文多深沉。”此皆可以知言之明证。桐川又谓：“陈白沙为一世儒宗，吾疑其文必方整严肃，凛不可犯。及诵其集，乃潇洒有度，顾盼生姿。”此自桐川之疏耳。白沙学风之异于朱派，正以潇洒耳。文且可以见学风如此。彭尺木（绍升）《论文》曰：“文之用有三，曰明天德，陈王道，辨物情，而所以行之者四，曰恻隐之心，羞恶之心，是非之心，辞让之心，是四者，根于性，效于情，而成于才。才者，性情之所由达也。而泥注疏之体者则曰无事才，方恶人之以才汩之也。不知才不尽，恻隐、羞恶、是非、辞让之心不可得而著也，后之读其文者，恻隐、羞恶、是非、辞让之心不可得而兴也。若是者，不作可也。吾读有明中晚诸先辈文，而四者之心不觉其勃然兴也。天德、王道、物情因是益辨晢而察焉。”此论之精正与实斋同，知此则何疑于时文之非立言邪？

尺木之独举中晚而讥拘者，有深意焉。盖中晚为明文之极盛，知言论世之资，中晚为最富，而论者多轻忽之也。周书昌谓“文必有法而后能，亦必有变而后大”，制艺亦然。昔人有言汉赋、唐诗、宋词、元曲，谓其为一代之所擅也。焦里堂谓“明二百七十年镂心刻骨于八股，如胡、归、唐、章数十大家，洵可继楚骚、汉赋、唐诗、宋词、元曲而立一门户”，是也。论其源流，大氏化、治、正、嘉为正，而隆、万、启、祯为变，正者不过注疏讲义之支流，变者乃成知言论世之渊海。此犹诗至李、杜、韩、白，词至苏、辛也。变之极，不无奇滥，则矫以复正，然体益纯而亦益窘，遂复为注疏讲义之附庸矣。方望溪（苞）作《钦定四书文·凡例》曰：“明人制艺，体凡屡变。自洪、永至化、治百余年中，皆恪遵传注，谨守绳墨，尺寸不逾。至正、嘉作者，始能以古文为时文，融液经史，使题之义蕴隐显曲畅，为明文之极盛。隆、万间兼讲机法，务为灵变，虽巧密有加，而气体茶然。至启、祯诸家，则穷思毕精，务为奇特，包络载籍，刻雕物情，凡胸中所欲言者，皆借题以发之。凡此数种，各有所长，亦各有所蔽。化、治以前，亦有直写传注寥寥数语及对比改换字面而意义无别者。正、嘉而后，亦有规模虽具、精义无存及剽窃语录、肤廓平衍者。隆、万亦有轻剽促隘、无实理真气者。

启、祯名家之桀特者，思力所造，涂径所开，或为前辈所不能到，其余偭弃规矩以为奇，剽剥经、子以为古奥，雕琢字句以为工雅，而圣经贤传本义转为所蔽矣。"此说虽略而明。明末顾端木（咸正）曰："今之作者，内倾胸臆，外穷法象，无端无涯，不首不尾，可子可史，可论策，可诗赋，可语录，可禅，可玄，可小说，人各因其性之所近而纵谈其所自得，故其为道也，似难而实易。"苏苞九（翔凤）曰："文之在明，犹诗之在唐也。初唐浑穆，盛唐昌明，中唐名秀，至晚唐而忧时悯俗之意，发而为言，感激淋漓，动人也易。洪、宣之文，初唐也；成、弘、正、嘉之文，盛唐也；隆、万之文，中唐也；启、祯则晚唐也。三百年元气，发挥殆尽。盖名理精于江右，经术富于三吴，而谈经济、论性情皆擅其长。其所言者，大之化育阴阳、兴亡治乱、纲常名教、性命精微，小之及鸟兽草木之情、饮食居处之节，凡三才所有，无不晰其神明，得其情状。"此二说足明启、祯文之长。周以清（《四书文源流考》）谓文至金、陈，如诗至李、杜，然皆出晚季，故明文不可以初盛中晚论。此与苏说比拟不同，而实有理。俞桐川以王守溪拟杜，亦未是，实则洪、宣、成、弘可拟初唐，正、嘉诸家以古文为时文，正如盛唐诗之复古，唐、归诸人乃可拟李、杜，隆、万、启、祯宜比中唐，金、陈诸人适如韩、白，其余亦孟、贾主张，卢仝、刘义之伦也。然其小体者，拟之晚唐，亦无不可。郑灏若《四书文源流考》谓"天启之文深入而失于太苦，崇祯之文畅发而失于太浮"，此谓其境之广深，正与中、晚唐诗境相同也。当崇祯之末，张天如（溥）以经学倡，陈卧子（子龙）以史学倡，艾千子（南英）与二人不同，固守旧法，易代以后，李厚庵（光地）等承之，标雅正为宗义，理限于程、朱，体制尽于传注，史、子皆不得阑入。此犹言诗者之排宋而宗唐，排中、晚而宗开、宝，排少陵而宗六朝也。顾论诗不及中、晚，何足以穷诗之变？而专宗唐调，势必至于摹拟肤廓无生气。故论者每不肯如是逆趋极端，而矫弊者且倡宋诗焉。制义亦然。黄黎洲论文崇本质，论诗不废宋，故于制艺，亦不满千子。方望溪固李厚庵之门人，而其论亦不过贬启、祯，其评金正希《德行颜渊　一节》文云："往者李厚庵尝谓中二两比义实浮浅，以拟诸贤，非伦也。其后肤学增饰其词，遂谓李氏深恶金、陈之文，以为乱世之音。不知《史记》之文显悖于道者多矣，而呜咽淋漓，至今不废也。"又曰："制科之文，至隆、万之际，真气索然矣。故金、陈诸家，聚经史之精英，穷事物之情变，而一于四书文发之，义皆心得，言必己出，乃八股中不可不开之洞壑也。迩年不学无识人谬谓得化、治规矩，极诋金、陈，盖漫为狂言以掩饰其庸陋耳。"此论极允。金、陈、黄诸人之文，盖明之诸子也。明世子家不竞，晚乃在制义，其可贵倍于诗赋，顾以讲章绳之，岂为通论哉？彭尺木曰："成化、弘治间，夏忠殷质，元气内充。正德、嘉靖，理达词昌，茂而有间。彬彬乎唐元和、宋庆历之盛也。隆庆以降，迄崇祯，屡变益华，不无离合，就其善者，周、程之坠绪，屈、贾之心声，往往而在。后之论者欲执成化、弘治之一概以量列朝，亦通人之一蔽也。原流正变，若天之四时，穷则复始，岂可局乎哉？"望溪之言正如论诗之宗唐而不废宋者，尺木之言则与主中唐、北宋诗者之论同矣。善夫焦里堂曰："明人之于时文，犹唐之诗，宋之词，元之曲也。执成、弘之朴质，隆、万之机局，以尽时文，不异执陈子昂、孟襄阳、韦苏州以尽诗，执姜白石、张玉田以尽词，亦学究之见而已矣。"非独时文之可与诗并论也，即合汉赋、唐诗、宋词、元曲、明时文而统论之，亦如是也。吴修龄（乔）谓"制艺代言如剧本"，论者谓为轻诋之词，实则此言有见，不可非也。焦里堂《易余籥录》曰："《云麓漫钞》谓唐之举人以所业投献，如

《幽怪录》传奇等，盖此等文备众体，可以见史才、诗笔、议论。按此则唐人传奇、小说乃用以为科举之媒，是金、元曲剧之滥觞也。诗既变为词、曲，遂以传奇、小说谱而演之，是为乐府杂剧。又一变而为八股，舍小说而用经书，屏幽怪而谈理道，变曲牌而为排比，此文亦可备众体，见史才、诗笔、议论。其破题、开讲，即引子也；提比、中比、后比，即曲之套数也；夹入领题、出题段落，即宾白也。习之既久，忘其由来，莫不自诩为圣贤立言，不知敷衍描摹，亦仍优孟之衣冠，至摹写阳货、王驩、太宰、司败之口吻，叙述庾斯抽矢、东郭乞余，曾何异传奇之局段耶？而庄、老、释氏之旨，文人藻缋之习，无不可入之，第借圣贤之口以出之耳。”按焦氏以八比法配引子、套白实未安稳，八比句调乃出于宋四六之长句，然谓敷衍描摹出曲则是也。

赋衰诗盛，诗实自赋而变，易见也。诗衰词盛，词实自诗而变，亦易见也。词衰曲盛，曲实自词而变，亦易见也。曲衰时文盛，时文亦自曲而变，则不易见。疑者将谓时文之于曲其体远，非若曲之与诗、词其体近也。不知后之代兴者，其境每较前为广。大氐旧者不足用，而新者乃出，旧者虽仍保其故疆，而新者则更拓其异境。赋之道情者与诗同，而不若诗之便，诗之富韵者与词同，而不若词之谐，词之达意者与曲同，而不若曲之畅，曲之代言者与时文同，又不若时文之宽。一异境开而举世之精神注焉，不得发于故疆者皆发于是。故观唐文者不于赋而于诗，观宋文者不于诗而于词，观元文者不于词而于曲，其势然也。盖观文之道有二，辨体式者必探其源而严其别，论容质者必极其流而广其变，二者固不可偏废也。唐诗、宋诗纷争互胜，皆为是耳。

时文之初、盛、中、晚盖与理学之晦庵、阳明有关，非独如诗、词之正变而已也。千子、厚庵，宗朱者也。梨洲、尺木，宗王者也。王派之风，尚质而多容，与朱派之密、狭殊，吾已屡论之矣。尺木《论文》又曰："明初学者，多墨守《章句》，并为一谈。自阳明先生作，而承学之士始知反求诸心，要于自得。其见于文者，往往如圆珠出水，秋月写空。庆、历以还，脱落清虚，渐成故习，一二选家尽力弹射，矫枉之过，清响渐微，至有白首铅椠，著书满家，而莫能名其所自得者，其为得失，岂独经义然哉?"此言最足见其宗旨。尺木于时文最好邓定宇（以赞）、杨复所（起元）、郑谦止（鄤），谓其体递变而不离其宗，一以自得为宗。邓、杨皆王派也。隆、万之时，王学甚盛，故文风如此。复所以禅语入文，尤为时人所攻，至有改正文体、禁用真虚等字之论旨（此事本可笑，昔有俚诗讥之，引在《三进篇》中），顾亭林《日知录》以复所与王龙溪同诋，谓其以禅乱儒，亭林固宗朱，开后来之汉学者也，汉学实由朱学脱变而成，吾已别有详论，此亦可窥其关系。有清代兴，始则朱学专行，继则汉学大盛，故隆、万之文风阒无嗣响，矫放纵而为窘狭，时文亦自是衰退，一代四书文遂索然无大观，盖学者之精神又移于名物训诂矣。尺木在当时，可谓豪杰之士，抑三百年中主王学者皆豪杰之士，不独文为然矣。

如上所论，校之于诗、词，推之于理学，其文之通，大略可知矣。即以论世资史而言，四书文亦为明一代之重材。唐诗可以观唐史，明文可以观明史。盖时文虽代言，而四子书语简意广，推假无所不可，就其著者，如赵忠毅（南星）非其鬼而祭之谄也、如有周公之材之美章、鄙夫可与事君章，皆刺张江陵为相时事。梁茝林（章钜）《制艺丛话》谓古以杜诗为诗史，此可当时文史。黄忠节（淳耀）馆钱牧斋家日，阅邸报，见朝政得失、时事废兴，辄作文以抒愤，固世所咸知也。俞桐川选百二十家，家各冠以小序，颇以生平节行错综言之。张希良谓其以史法论文，五百年之文即可以当五百年之史。章实斋《与阮学使论求遗书》书谓:“会稽进士徐廷槐竺山,以四书文义名家,撰有《文航》一书,选文二千余篇,皆前明天启、崇祯及国初前辈名作,外间不甚著者,以帙大不及付梓。其书所重不尽在文,文后评跋多记明末遗文逸典,东南文献,师友渊源,棘闱故事,多可考见。其意在于史法论文,实有裨于论世知人之学。”实斋又云:“四书文艺虽曰举子之业,然自元、明以来,名门大家,源分派别,亦文章之一派。近日通人多鄙弃之,不知彼固经解流别,殆如赋之于《诗》,附庸蔚成大国者也。尝欲汇辑古人名选佳刻,博采前辈评论故事,仿《诗品》《文心》及唐、宋诗话之意,自为一书,以存其家学。无如时文风弊,前辈名刻不甚购求,坊估无所利而不复估贩,亦恨事也。”实斋之志甚大,惜未及下手。阮公后修《四书文话》,亦成而未行,梁氏《制艺丛话》殊草草,未得知言论世之意,今即欲举启、祯诸家之文,而亦不易矣,惜哉!

——录自《刘咸炘学术论集》,广西师范大学出版社 2007 年

制艺法论钞

二十年来,学人言及制艺,辄望望然,若将掩鼻,然自变策论以来,不及一纪,而学者文心日粗,徒为大言,实多谬误。新学者患其不清不确也,乃注重论理,力崇质实,驯至变为白话,虽云揭橥普及之名,实亦有激以成之也。忆《池北偶谈》有一条云:“予尝见一布衣,盛有诗名,而诗实多格格不达处,以问汪钝翁,汪云:‘此君坐未解为时文故耳。’时文虽无与于诗古文,然不解八股,则理路终不分明。”此论甚佳,非八股之贵也,理路之贵也。文儒雅士谓之䚡理,西人新学谓之论理,实即八股家所谓理路耳。岂有他哉?吾论文极戒时文气,虽桐城大家,吾

总嫌其不免，然所嫌者其声势之咿嚘耳，若其入理之深，固与周秦名家、魏晋玄学不相上下也。吾患学者文之粗疏，撰《理文百一录》以授之，末录制艺四篇，尝详为演说，听者皆喜。今取昔人论制艺法之要语，钞为一篇，未始非析理之助。盖文法有大有细，有活有死，领上、落下、出题及起、承、转、合诸法，皆细法死法，非制艺则无用，即制艺亦自删去大结以后乃有之，若夫相题析理，则固凡理文之所同，六朝之讲疏，唐之何论，宋之经义，无不讲此者也。不龟手之药或可以封，而况于文理之通法哉！

崔学古《少学》中有《作文五要》，略曰："第一要晓得宾主虚实，正反开合，无宾则主不出，无虚则实不透，无反则正不显，无开则合不灵。第二要晓得脉理，一题到手，便细想其来踪去路。第三须知步骤，大约前半徐徐而来，后半沛乎有余。所谓前不突，后不竭也。第四要晓得能转，作文切不可说头一层话，切不可说一边的话，一句一转，一转一意，自然活泼不穷。第五要生造文，须有作性，会创辟。"

唐翼修《读书作文谱》曰："前辈制艺之法有六位，六位者，曰顶，曰面，曰心，曰背，曰足，曰影。顶位者，题前也。题前有一层者，有二层者，有在上文者，有在本题者。知题有顶位，则文有来历，前半不患无生发矣。面位者，题之正面，不烦言而解者也。心位者，题之所以然也。知题有所以然，则当求其所在而搜剔之，斯理境深入，不落肤浮矣。背位者，题之反面也。从反面挑剔，逆取其势，则正面愈醒矣。足位者，题之后一层也。知题有后一层，必宜于后幅补之，而题意始完也。影位者，题之对面与旁面也。影在对面，描写其对面，影在旁面，描写其旁面。知题有影位，则题中题外不患无生发矣。凡题不必六位皆全，而四五位则在所必有。能就四五位阐发尽神，即有佳境矣。”

唐翼修曰：“文有一意分出两层者，如黄陶庵《敬事而信》题文‘推此心以敬，国家之大事；推此心以敬，国家之小事’，吴国华《在下位不援上》题文‘上援我而我援之，上不援我而我援之’之类是也。有一意翻作两层者，如魏光国《孰能一之》题文以‘无论诸侯王实竞且争，无问诸敌国实应且憎’，宋学显《丹之治水也愈于禹》题文以‘禹治难而丹治易，禹治远而丹治隘’，分股作翻之类是也。有一层衬出两层者，如萧士纬《邹人与楚人战》题文后幅‘臣见今人之所欲类此，臣见今人之所求似此’，分股衬贴之类是也。知此三法，则凡题到手，自不患窘缩矣。”

李榕村《语录》曰：“做时文要讲口气，口气不差，道理亦不差，解经便是如此。若口气错，道理都错矣。”

郑小谷《制义杂话》曰：“实字研义理，虚字审精神。此看书法也。虚处起楼台，实处开洞壑。此作文法也。虚处认得不真，实处必说得不透，故曰理贵踏实，神必摹虚。如‘自诚明谓之性，自明诚谓之教’，‘之’字在‘谓’字下，易解也。‘天命之谓性，率性之谓道，修道之谓教’，‘之’字在‘谓’字上，难解矣。朱子注云：‘盖人知己之有性，而不知其出于天。知事之有道，而不知其由于性。知圣人之有教，而不知其本吾之所固有者裁之也。’之谓虚字既分明，本节实义益透辟。若如今人囫囵读书，似谓之二字，亦同之谓二字，则岂有一言之当乎？又如‘回也非助我者也，于吾言无所不说’，本是赞赏，而乃加以指斥，得注中喜憾字则了然。‘由也升堂矣，未入于室也’，本当推崇，乃反贬抑，得注中特耳字则豁然。此皆摹虚为蹈实之证也。作文何独不然？”

又曰：“神理之切泛，由临时之体贴；义蕴之浅深，则由平日之讲求。其功在多读书，其效即在精研《集注》。若《孟子》有不虞之誉有求全之毁节，说此二句似无谓，故作二句多牢骚，注中填实本旨曰：‘言自修者勿以是为忧喜，观人者勿以是为进退。’解此则下笔有主矣。又《论语》吾日三省吾身节，自检三件何所益，故说此三句殊少味，注中补实其功曰：‘有则改之，无则加勉。’解此则立言有归矣。又如子路志在车裘，颜渊志在善劳，夫子志在安怀，各执一词，殊不一类，作文便如满屋散钱，注中揭出本义曰：‘子路求仁，颜子不违仁，夫子安仁。’便觉滴滴归源，层层入细。若不解此义，第一节只似侠士，第二节只似善人，其与夫子所言三句皆不相入，理既粗而文亦谬矣。”（此二段讲得最明）

李榕村曰：“旧来立法，科场文字谓之清通中式。清通二字最好。本色文字，句句有实理实事，这样文字不容易，必须多读书，又用过水磨工夫方能到，非空疏浅易之谓也。”又曰：“某初次会试，将所作时文就正于乡前辈王耻古，就中一篇批云：‘骨节尚大。’某请此批是优是劣。答云：‘骨节大不得，脉络一线，谓之单微，无庞然而大之状，知道单微，便能密细，粗大不是好消息。’此论大妙。”

王耘渠论初学作文四字诀，一曰清，清楚而不模糊也；一曰醒，醒豁而不晦闷也；一曰紧，紧密而不松懈也；一曰警，警策而不庸弱也。

——录自《刘咸炘学术论集》，广西师范大学出版社 2007 年